苏联的命运

戈尔巴乔夫回忆录

[俄罗斯]米哈伊尔·谢尔盖耶维奇·戈尔巴乔夫 / 著

石国雄 杨正 / 译

译林出版社

图书在版编目（CIP）数据

苏联的命运：戈尔巴乔夫回忆录 /（俄罗斯）戈尔巴乔夫著；石国雄，杨正译．—南京：译林出版社，2018.1（2022.10重印）
ISBN 978-7-5447-7068-2

Ⅰ.①苏… Ⅱ.①戈… ②石… ③杨… Ⅲ.①戈尔巴乔夫-回忆录
Ⅳ.①K835.127=5

中国版本图书馆CIP数据核字（2017）第227247号

著作权合同登记号 图字：10-2015-387 号

苏联的命运：戈尔巴乔夫回忆录 ［俄罗斯］米哈伊尔·谢尔盖耶维奇·戈尔巴乔夫 / 著
石国雄 杨 正 / 译

责任编辑 许 昆
装帧设计 韦 枫
校　　对 张红霞
责任印制 董 虎

原文出版 Izdatelstvo Ves Mir, 2014
出版发行 译林出版社
地　　址 南京市湖南路 1 号 A 楼
邮　　箱 yilin@yilin.com
网　　址 www.yilin.com
市场热线 025-86633278
排　　版 南京展望文化发展有限公司
印　　刷 江苏凤凰新华印务集团有限公司
开　　本 718 毫米 ×1005 毫米 1/16
印　　张 26.5
插　　页 16
版　　次 2018 年 1 月第 1 版
印　　次 2022 年 10 月第 8 次印刷
书　　号 ISBN 978-7-5447-7068-2
定　　价 75.00 元

目 录

致读者

我的书《孤独相伴》出版已几个月。它产生得不容易，不少篇页我重写了许多次。我希望呈现在读者面前的不仅仅是政治事件，而且还有人，让他们看到我，我的亲人，感觉到那些年我们生活的氛围，人们的感受、希望和失望。我觉得，它将是我写的最后一本书。我对基金会的同事是这么说的，在采访中对记者也是这么说的。

2012年秋——确切些说，是2012年晚秋——《孤独相伴》问世。我在“莫斯科”商店举行了首发式。聚集的人很多。商店二楼宽敞的大厅挤得水泄不通。一天就售出了数百册。我给读者在书上签名直至半夜——我不能拒绝任何人。

人们关注我的书令我非常激动。于是我决定继续与读者交谈，谈谈苏联的命运和自离开总统职位后我是怎么度过那些岁月的。

我是怎么被埋葬的

……2013年8月8日，许多通讯社和媒体在新闻中发布了一条通告："'苏联第一位也是最后一位总统去世。'这条通告出现在俄罗斯新闻通讯社的官方推特上。他享年八十二岁。目前官方没有证实这条消息。"

俄通社-塔斯社记者安德烈·卡尔普柳克（以前在国际文传电讯社工作）给我打来电话。我与他保持接触已经多年了。

"米哈伊尔·谢尔盖耶维奇，我常给您打电话，但这个电话，请相信，是不同寻常的。"

我感觉到他声音中含着一种笑意。

"也就是说有不同寻常的缘由给您打电话。"

"你要讲什么？"

"是这样，俄罗斯新闻通讯社报道说，戈尔巴乔夫去世了，在圣彼得堡。我不相信。"

"我也不信。"我回答。我们俩哈哈大笑起来。

过了九分钟，新闻就销声匿迹了。第二天，我收到了通讯社的来信：

尊敬的米哈伊尔·谢尔盖耶维奇！

我们无比遗憾，黑客利用您的名字制造了又一场损害媒体的喧嚣的运动。那是卑鄙的信息，它是通过窃取我们通讯社在社交网络上的账号并将伪造的有关您的信息放到网上而引起哗然，为此请接受我们深深的歉意。

对于所发生的事，我们认为不光是一场博弈或胡闹，而且是犯罪，必须追究。俄罗斯新闻通讯社向司法机关递交了对俄通社推特账号遭窃取的申诉，我们将竭尽所能对这一事件以及过去所有的虚假信息进行仔细调查。

窃取俄罗斯新闻通讯社账号，最大的媒体被用来传播虚假信息，这种情况不是第一次发生。但是这一起事件太严重，太不道德，太无耻。

米哈伊尔·谢尔盖耶维奇，您知道，我们对您怀有深深的敬意，我们心情尤为沉重地意识到，发在俄通社账号上的攻击涉及您。信息挑衅、伪造的企图还会继续，对此我们已有准备。我们请您和所有的读者相信，我们将竭尽全力及时地反击它们。

我与俄罗斯新闻通讯社早就有联系。2013年春天，我在通讯社楼里对一大群青年做演讲，题目是《人改变政治，还是政治改变人?》。我谈了自己的生活、迫切的问题、俄罗斯走向民主的艰难道路——它还得去走的道路。大家用心地听，提了许多问题。那一天令人难忘：在与青年的交流中，我总是怀着美好的感情。

这件事就是这样的……

这种已经不是第一次发生的挑衅背后是什么？戈尔巴乔夫已经“被埋葬了”多少次？为什么？我有答案。

有人想算改革的账。主要的手段就是造假。诬蔑。肆无忌惮地捏造和歪曲事实。在那些年月是这样，现在也还是用这种武器与我斗争。

我很容易记起这种“斗争”的例子。

在1990年12月的人民代表大会上，苏联最高苏维埃主席阿纳托利·卢基扬诺夫不知为什么会让某位萨日·乌马拉托娃发言。她要求把不信任戈尔巴乔夫这一问题放进会议日程。代表们不接受这种攻击。1991年4月的中央全会也安排了这样的“心理攻击”，我被迫宣布：“我离开，尽可以一下子当两个，三个甚至五个政党的总书记。”当时政治局恳求我留下来……

后来一次是借会见英雄城市的代表之机，参加会见的各级党的领导讨论“酝酿成熟的问题”——怎么推翻戈尔巴乔夫？1991年夏天，我会见各共和国的领导人，最后讨论新联盟条约的草案。在苏联最高苏维埃会议上，强力部门的三位部长提议重新分配总统的权力给总理和强力部门。没有一天，一星期听不到“反对改革者”普罗哈诺夫等人的夸夸其谈。

今天他们还在散布荒谬的流言，制造虚假信息在网上传播，在电视上放映充满谎言、恶毒捏造的“纪录片”。

摘自戈尔巴乔夫基金会的网页：

> 2008年8月底，在俄罗斯和白俄罗斯联盟中身居高位的巴维尔·博罗金在《共青团真理报》的采访中对戈尔巴乔夫和德国前总理科尔公然进行诽谤。在与赫尔穆特·科尔联系之后，戈尔巴乔夫得到了他的确认，上述博罗金的言论“纯属捏造”。戈尔巴乔夫基金会诉诸法律。我们采取了必要的措施，并在《共青团真理报》上辟谣，该文如下：

辟　谣

2009年1月28日

2008年8月29日第127期（24154）《共青团真理报》刊登了不实的报道。

2008年8月29日第127期《共青团真理报》和网址http://

www.kp.ru/daily/24154/369892刊登了对俄罗斯和白俄罗斯联盟国务秘书П.П.博罗金的采访，标题是《巴维尔·博罗金：如果南奥塞梯和阿布哈兹加入俄罗斯和白俄罗斯联盟，我也准备喝掉三升酒》。据巴维尔·博罗金所言，德意志联邦共和国前总理赫尔穆特·科尔对他说，米哈伊尔·谢尔盖耶维奇·戈尔巴乔夫“为东欧”请求“给自己的基金会一亿美元，给谢瓦尔德纳泽基金会一亿美元，给另外一个同志的基金会一亿美元”。

该报道正如赫尔穆特·科尔告诉巴维尔·博罗金这事一样，是不符合事实的，其目的是玷污戈尔巴乔夫的人格和名誉。

《共青团真理报》

2009年1月28日

我妨碍着俄罗斯当权者。现今俄罗斯上层采取的方针是巩固自己的“永恒权力”，以保证他们不受监督的统治和物质福利。为他们服务的媒体污辱改革，把脏水泼在承担着变革和选举这样宏大和有风险的事业的人身上，而这个国家负载着数十年都未曾解决的众多问题。

可以用而且正在用“自由”这个词的不仅有想讲真理或寻求真理的人，也有揣有卑污的心和不怀好意的人。

至今仍令我惊讶的是一些人的背叛，而这些人我曾经信任过，曾经与他们共同工作多年。最有力的证明是国家紧急状态委员会的政变，它打通了通往国家崩溃的道路。

经历艰难危机几个月后，将近1991年8月时，反危机纲领制定并通过了，波罗的海的几个共和国也表示同意。制定新联盟条约的工作也完成了，8月20日各共和国的领导人应该签署条约。秋天，我们计划召开党的非常代表大会，想使党转向社会民主和改革。当然，在任何情况下，后面的事必然是不容易的，但是我深信，假如没有政变，是可以避免随后毁灭性的混乱的。

确实，民主是艰巨的考验。1989年举行的人民代表大会的选举得到的结果是出人意料的。一方面，84%的候选人是苏共党员；另一方面，数十名党的官员未能当选。选举者对他们不信任。党的干部中的反对派强烈地抵制改革。在公开的斗争中，我的反对者未能达到自己的目的。于是他们就走向了政变。

政变失败了，但是它为分裂主义分子、激进分子、极端分子打开了道路。其后果举不胜举。联盟国家解体，实际上所有的共和国都背离了民主，经济上一团糟，最贪婪和不择手段的人利用了这一点，几乎把其他所有人都变贫困了，民族间产生冲突，俄罗斯和其他共和国发生流血事件，最后是1993年10月炮轰俄罗斯最高苏维埃。

常常有人问我，我是否觉得要对一切负责任？有人说，1991年底，在《别洛韦日协议》[①]之后，我应该"更坚决地行动"。我现在回答：我曾经为了统一的国家斗争到最后一刻。不能让形势滑向国民冲突，甚至可能是国内战争。很明显，这对于一个装满了武器，不仅是常规武器，而且还有核武器的国家意味着什么。因此在经过认真严肃的思考之后，我作出了决定，即使在今天，我仍认为它是在那种情势下唯一正确的决定——我宣布，停止履行苏联总统的职责。

致苏联公民

1991年12月25日

（苏联总统的电视讲话）

亲爱的同胞们！同一国籍的人们！

由于建立独立国家联合体形成的局势，我停止自己在苏联

---

① 1991年12月8日，俄罗斯、白俄罗斯、乌克兰三国领导人在白俄罗斯的别洛韦日森林中签署建立独立国家联合体的协议，宣布苏联作为国际主体和地缘政治主体停止存在。

总统岗位上的活动。我是基于原则上的考虑作出这个决定的。

我坚决主张各民族的独立、自主，主张各共和国的主权。但同时也主张保留联盟国家，保留国家的完整性。

事态走上了另一条道路。我不能同意分解国家和分离国家，但这条路线占了上风。就是在阿拉木图会见和作出决定后，对这一点我的立场也没有改变。此外，我坚信，应该在民意的基础上作出如此重大的决定。

但是，我将尽我所能使那里签署的协议给社会带来真正的和谐，减轻摆脱危机的困难，使改革的进程不那么艰难。

作为苏联总统，这是我最后一次对你们讲话，我认为对1985年以来走过的道路说出自己的评价是必须的。何况对这个问题有不少矛盾的、表面的和不客观的意见。

命运是这么安排的，我成为国家首脑时就已经明白，国家有问题。资源很丰富：土地、石油和天然气、其他自然资源，还有智慧和人才。上帝没有亏待我们，而我们的生活比发达国家差得多，越来越落后于它们。

原因已经是显而易见的——在官僚指挥体制的束缚中，社会窒息了。国家注定要操纵意识形态和承受军备竞赛的可怕负担，已经到了承受能力的极限。

局部改革的一切尝试——有不少——一个接一个，但都没有成功。国家失去了前景。不能继续这样生活下去。应该从根本上改变一切。

这就是为什么我一次也没有后悔没有利用总书记的职责再“统治”几年。就算这是不负责任和不道德的吧。

我明白，在我们这样的社会开始这么重大的改革是十分艰难，甚至冒险的事。但是即使在今天，我也深信1985年春开始的民主改革的历史正确性。

国家革新和世界共同体根本变化的过程比预想的要复杂得

多。但是，应该对做过的事作出正确的评价。

——社会得到了自由，在政治上和精神上摆脱了桎梏。这是最主要的成果，我们还没有完全意识到这一点，因为还没有学会使用自由。但是我们完成了具有历史意义的工作。

——取代了苏联政府，它不可能使国家早日富足安康和繁荣昌盛。

——在民主变革方面有了突破。选举自由、出版自由、宗教自由、政权机构的代表性、多党制成为现实。人权被公认为最高原则。

——开始迈向多种结构的经济，确立了各种形式的所有制一律平等。在土地改革的框架内开始重新产生农民、出现农场，千百万公顷土地交给了农村居民和城市居民。生产者的经济自由获得了合法地位，企业家的活动、股市、私有化开始加强。

——在经济转向市场时，必须牢记这么做是为了人。在这艰难时刻所做的一切应该是为了给他们社会保障，这特别关系到老人和孩子。

我们生活在一个新的世界。

——结束了“冷战”，停止了毁坏我们的经济、社会意识和道德的军备竞赛和国家疯狂的军事化。消除了世界大战的威胁。

我想再一次强调，在过渡时期，为了对核武器保持可靠的监督，我做了一切努力。

——我们使世界了解我们，摈弃干预别国事务、在境外使用军队的做法。回报我们的是信任、团结和尊重。

——在创建以和平、民主为基础的现代文明方面，我们已成为主要支柱之一。

——人民，各民族得到了真正的自由来选择自己的地位。对多民族国家民主改革的探索使我们即将缔结新联盟条约。

陈旧、衰腐、反动的势力——以及原先的党政组织，经济部门，还有我们的习惯和思想成见，平均主义和依赖别人的心理的抵抗日益增强，在这种情况下，所有这些变化需要付出巨大的努力，经历激烈的斗争。这股抵抗的势力碰上了我们的偏执、低水平的政治素养、对改革的惧怕。这就是我们失去了许多时间的原因。在新的体制开始运作之前，旧的体制就已瓦解了。社会的危机加剧了。

我了解当时艰难的局势引起的不满，以及对各级政府和我个人活动的尖锐批评。但是我想再次强调：在这样大的国家，而且还有这样庞大的遗产，要进行根本的改革不可能没有痛苦，没有困难，没有动荡。

“八月政变”把全部危机推至极点。在这场危机中最致命的是国家的解体。我们的人民失去伟大国家的国籍至今仍使我难以心安——对所有人来说，后果都是非常沉重的。

维护近年取得的民主成果对我来说是非常重要的。它们是我们饱经整个历史的痛苦和悲痛得来的。在任何情况下，都不能以任何借口否认它们。否则将会埋葬掉对美好未来的一切希望。

我说这一切是诚实和直率的。这是我的道德义务。今天我想向支持革新政策、参与民主改革的所有公民表示感谢。

我感谢国务活动家、政治活动家、社会活动家，以及千百万境外的人们——那些理解、支持我们的意图，迎合我们，与我们真诚合作的人们。

我是怀着忐忑不安的心离开自己的岗位的。但是也怀着希望，怀着对你们，对你们的睿智和精神力量的信任。我们是伟大文明的继承者，现在它的振兴，它向现代化的、名副其实的新生活的迈进，依靠的是大家，每一个人。

我想衷心感谢这些年与我一起捍卫正义和美好事业的人们。也许本可以避免某些错误，许多事可以做得更好。但是我深信，我们的共同努力迟早会结出果实，我们的人民会生活在一个繁荣和民主的社会里。

祝你们大家一切如意。

《别洛韦日协议》是一个大骗局。此外，它也是参加者，特别是俄罗斯一方的自我欺骗。他们希望他们想出来的独联体会成为“没有戈尔巴乔夫的联盟”。没有成功。形式上写进协议的有关协调对外政策和国防政策的条款马上就被置之脑后了。我一再提请议员们负起责任——他们应该为选民服务，对他们负责，而不是为政治冒险分子服务。这可是俄罗斯、乌克兰、白俄罗斯的最高苏维埃——实际上全体成员，其中有今天对国家解体感到伤心的共产党员，欺骗了国民，批准了《别洛韦日协议》。为什么我们忘了这一点?

我竭尽全力阻止的事发生了——联盟国家被毁了。在总统岗位上活动的最后日子，我认为我的作用在于不使这件事导致社会的进一步分裂，导致经济联系和人们的联系割断，导致解体过程加速。我利用我的国际关系，呼吁西方的领袖们帮助俄罗斯。在与布什、密特朗、梅杰、科尔的通话中，我谈过这一点。

——应该帮助独联体，首先是俄罗斯。目前这是主要的事。请抛弃因循守旧的态度，支持旨在改革的努力……

我已经不记得什么时候读到《共青团真理报》的一篇文章，里面有关于攀登珠穆朗玛峰的统计数字。这些数字令我吃惊。1 500名登上山峰的人中，有200人左右死了，而且大部分是在下山时遇难的。人们尤其容易在征服高峰后的第一段行程中马上死去。

那些登上山峰的人并不一定能胜任下山的挑战。

* * * * * *

……国家生活和我个人生活中的新阶段开始了。我没有幻想——面临的将是困难、苦恼。谎言和诽谤像潮水一样劈头盖脸打在我身上。经济困难日益增大，要寻找“替罪羊”，候选人——就是他！事情就这样发生了。

在离开克里姆林宫后最初的那些日子里，是什么支撑着我，是什么使我没有屈服或者“被压垮”？

支撑我的是我恪守的坚定原则、生活道路上获得的斗争经验，以及性格。

支撑我的是我最亲近的人——首先是赖莎，我全家。支撑我的还有朋友和改革年代的战友，以及我后来接近的人们，他们不为利益，而是凭信念在工作中，在新的行动计划中帮助我。

但是支撑我的首先是对改革的信念，坚信它是历史的必然，这副担子不轻松，但我们要责无旁贷地扛起来。尽管有错误和过失，我们却把国家带出了历史的死胡同。我们给了它自由的初步经验，解放了人们，使他们有可能凭自己的智慧生活。我们给“冷战”、核武器竞赛画上了句号。

对于我来说，那时很重要，今天依然重要的是我的许多同胞理解这一点。因此，在序言之后，我想援引他们的一些信件。它们是我不认识的人写来的。

我感谢他们。

“您有很多拥护者”

对苏联总统离职声明的反应

1991年

谢谢说真话，有勇气。

费利莫诺夫船长

代表白海渔民，白海市

这新的一年将是最悲伤的一年。过去我们总是与您在一起，赞扬您，通过电报等竭尽所能帮助您。让所有的总统为您考虑一个适合您的位置。祝您和您的家人健康、幸福。

А.П. 瓦利科娃

画家，莫斯科

我们怀着遗憾但是理解的心情获悉您离职。五年前播下的民主、自由、公开的种子已经长出嫩芽，我们深信，过些年它就会长大，结出美好的果实。请您好好休息，蓄足力量，继续开创事业。

B.C.冈察洛夫

农场，沃罗涅日州，康捷米罗夫卡

为能够自由思索、思考、说话，我们感谢您。其余的能迎刃而解。

俄罗斯科学院远东部工作人员

Г.格卢霍马纽克、П.洛格文契夫，符拉迪沃斯托克市

如果可以，请原谅我们。祝您健康，有强大的精神力量，幸福。上帝保佑您！

卡舒利科

奥伦堡州，阿达莫夫卡

尊敬的米哈伊尔·谢尔盖耶维奇：

在您困难的时刻，我想向您表示感谢。

请您相信，并非所有人都只根据目前的困难来评价您的活动。这一切是不好，但是暂时的。“困难的时刻会过去，优秀的人则会留下来”——牧师在一次讲经布道中这么说。您的离职是富有勇气和道德高尚的一步。我个人是带着遗憾来接受它的。

但是也怀着希望，困难会被克服，时间会作出修正。

您是真正的领袖。您有很多拥护者。

祝您获得新的力量、创造性的成就和建树。

沙杜尔斯卡娅·叶列娜·格奥尔基耶夫娜

明斯克，1991年12月27日

摘自1992年的新年贺信

尊敬的米哈伊尔·谢尔盖耶维奇：

祝您新年好！

您为国家、俄罗斯、世界做了许多事。谢谢您。您是在走向民主的道路上迈开第一步的总统。但是我们国家目前还没有民主，不尊重人，所以您必将面临困难……

祝您有勇气；祝您和您的家人健康；祝您新年吉祥。

我是个“小人物”；但是，如果需要帮助，我将尽力为您效劳。

H.A.特里福诺娃

莫斯科

摘自1996年总统选举前期的信件

尊敬的米哈伊尔·谢尔盖耶维奇：

……国家紧急状态委员会成员瓦解了苏联，而“别洛韦日兄弟”叶利钦、克拉夫丘克、舒什克维奇签署了法律文件。

如果可以责备戈尔巴乔夫的话，那仅仅是因为他那么仁慈地对待这些、那些人和事。

伊什科夫·尤里·安德烈耶维奇

退休人员，市选民俱乐部成员

梁赞

1996年4月26日

尊敬的米哈伊尔·谢尔盖耶维奇：

我知道，您现在心情很沉重。我这封真诚的信也许对您困难重重的事会有微小的帮助。

在改革刚开始的时候，我觉得全体苏联人民都热爱您。您在法国时，我赞赏过您，激动过。我与联盟的人一起欢腾——成千上万人想握您的手，我真为您感到骄傲！

但是我也曾有感到痛心和羞耻的时候，不只是这样，在巴库开始杀戮，在第比利斯、维尔纽斯等地枪杀没有武装的人们时，我愤懑、愤慨。

对于所有这些不幸，您也有罪责。

在您一会儿向左、一会儿向右摇摆的时候，我感到困惑。在这十年中，我明白您害怕什么。您在上面看得比我清楚。

您在福罗斯被软禁时，我很为您担心。现在我想，假如不是这该诅咒的国家紧急状态委员会，我们就会慢慢地向民主行进，也许就不会有车臣的屠杀、塔吉克的悲剧。但是历史没有假定式。

是什么就是什么。

我同情您，但是您的形象被新的英雄——叶利钦覆盖了。他站在“白宫”旁的坦克上，成为民主胜利的化身。人们（我和他们在一起）又欢腾了。

而民主派方面，共产党人的指责纷纷落到您身上。一切都归罪于戈尔巴乔夫。

我从未忘记您在联合国发表的讲话，它宣告了“冷战”的终结，也就是说，防止了动用原子弹的第三次世界大战。我深信，感恩的人类永远不会忘却这一点。

我关注着您现在做的事。我知道，您做这些事不是为了自己，而是为了俄罗斯，为了民主，为了人类。

现在您背负着沉重的十字架走向自己的各各他。我又为您而感到万分高兴。……

怀着尊敬、信任和希望

核安全运动成员

卢契奇·斯韦特兰娜·伊戈列夫娜

1997年5月16日

摘自20世纪90年代末的信件

总统先生：

我早就是您的积极拥护者和真诚崇拜者。似乎一生都是。要知道我二十二岁。我在下诺夫哥罗德生活、学习、工作。很遗憾，在我们市实际上没有关于您现在的活动、您领导的国际社会-经济和政治学研究基金会工作的任何信息。而我非常想了解这一切。

我想为我成为现在这样的人向您表示衷心的感谢。真的，真的，您别惊讶，因为有了您和您启动的社会改革，我们才有可能自由思考，客观地分析过去和未来。由于您，我有了我父母没有的东西，有了我现在的学生没有（非常遗憾）的东西。

在我的课上，我要求孩子们别不加考虑地轻率下结论，要多想想，多思考。遗憾的是，现在的历史教科书也把现成的评价强加给孩子们，仅有的差别是与十年到十五年前的评价完全相反。虽然如此，学校里还是有些孩子对祖国的历史，尤其是20世纪的历史真正感兴趣。这方面您最近出的书《对过去和未来的思考》对我，一个中学老师，非常有帮助。在书中，我发现许多地方与我对苏维埃俄国历史的思考是相吻合的。谢谢您写了这本明哲、有趣、至今仍必要的书。

您的其他著作对我也很有帮助。就拿您的回忆录《生活与改革》来说，我的科研课题是改革前俄罗斯地方和中央政权的关系，在您的著作中，我看到了对这种关系的历史的精准分析，以及对这种关系的特点的论断。

今天，政治是我们社会讨论得最多的话题，这已不是秘密。又是多亏了您，人们保留了这种意愿——对迫切的问题愿意议论、思考、说出自己的观点。为什么现在没有斯大林时期存在的恐惧，没有停滞时期特有的萎靡的漠不关心？对我来说，答案是显而易见的——是因为改革和戈尔巴乔夫。常常有这种情况，我对您和您当政时期的态度使我的熟人、同事、亲人不解："为什么支持他？是戈尔巴乔夫使国家陷入贫困，瓦解了伟大的强国！"于是我立即就开始争论，证明自己的观点。是戈尔巴乔夫吗？改革是必需的吗？难道戈尔巴乔夫要摧毁国家吗？不，他要改革。难道改革的终极目的是这样的吗？难道我们打算生活在这样的社会里吗？不。难道你们自己不支持戈尔巴乔夫的行动，不想变革吗？马上，许多人就垂下了眼睛，不想继续讲下去了。我很久都不能理解为什么，后来理解了：回忆这个时代、自己的青春、自己的希望，他们是痛苦的。我对自己说：如果他们为自己小小的希望未实现而痛苦，那么注定看到千百万人的希望破灭的改革者又会是什么心情呢？把一切都归咎于一个人是容易的。大概人的本性就是这样——完全相信你的不幸是别人，而不是你自己造成的。是啊，这样大概轻松些。但是最轻松的道路并不一定是最正确的。

基皮亚特科夫·鲁斯兰·尼古拉耶维奇

下诺夫哥罗德

1999年8月25日

摘自本世纪初的信件

米哈伊尔·谢尔盖耶维奇，您好！

我给您写信是为了表示支持和道歉。请原谅我过去像大多数人那样想您。周围所有的领导人都在胡闹，我们望着您和赖莎·马克西莫芙娜，便想这是装模作样。请原谅，我们错了。

我要支持您。我早就想给您写信。今天看了独立电视节目——是播报关于您的消息的，我就决定写信了。就只是为了表表心意。就只是要说声谢谢，您没有把国家抛向国内战争。您平静而有尊严地离职了。

我想，亲密战友的背叛一定使您感到痛苦。您的正派换来了无法无天和盗窃。我相信，历史是不会把您遗忘的。

我是一个小人物，不知道所有的细节。但是我知道，您讲的话是真诚的，发自内心的。遗憾的是，我不能帮助您，但是假如您参选总统，我一定投票选您。

科尔恰金·谢尔盖，三十岁

萨拉托夫州，巴拉科沃，2000年10月4日

尊敬的米哈伊尔·谢尔盖耶维奇，您好！

使我惊讶的是，有人认为您是失败的政治家。我个人不这么认为。为什么？国家不再是过去那样的国家。到处都进行着这个过程——在经济方面和社会心理方面。国家有了自由呼吸的可能。确实，它的民族矛盾尖锐了，国家崩溃了。但是显然不可能不这样。党强加给人们许多好的东西。但是它强加的一切应该由全社会的意识来提出，那才是发展。那些对您不尊重的人是缺少修养和完全不思考的人。

娜塔莎

2003年12月15日

我明白，我很想感谢您，为当代世界发生的许多变化感谢您。

世界变得比过去开放多了，现有的机会是1985年之前比不了的，当然，首先这关系到前苏联公民。

我明白我在说什么，因为我出生的年份是1954年。

谢谢您表现出的勇气、责任心、对国家命运的关切。在苏联，甚至不像在铁幕后面，而像在无缝无孔的箱子里生活。

当然，社会关系骤然改变所产生的后果严重地影响了人们的生活，但这是不可避免的。然而对当今的人们和他们的后代来说却出现了前景……

瓦列里娅·卡尔洛夫娜·阿格耶娃

圣彼得堡，2012年6月19日

尊敬的米哈伊尔·谢尔盖耶维奇，您好！

也许，这是多余的，但还是给您写几句。

从您当政起直至结束，我和亲人们一直支持您。

关于对您的“审判”，我想说出自己的意见。

无论是在改革年代还是在今天，这对您都是卑鄙的、不诚实的。

我们民族（斯拉夫人——白俄罗斯人、俄罗斯人、乌克兰人）已经形成了这样的传统：当一个人执政时，大家都颂扬他，当他离开时，许多人紧接着就唾骂他。这是卑劣的。

我认为，“戈尔巴乔夫有罪还是无罪”这个问题根本就是不正确的。

怎么可以审判一个给了苏联人民自由（说话、行动的自由，最后是选举的自由）的人？

怎么可以审判苏联总统？他为了改革苏联，为了保留它一切好的东西，做了一切可能和不可能的事。但还是有国家紧急状态委员会及它带来的一切后果（连锁反应）。

我十分崇拜赖莎·马克西莫芙娜。她是个非常好的女人、妻子、母亲、外婆。

尊敬的米哈伊尔·谢尔盖耶维奇，让上帝保佑您和您的家人、亲近的人不受一切恶的侵害。

尊敬您的巴维尔·列瓦达。三十五岁

乌克兰，利沃夫，2012年8月6日

来自基辅的安娜的信

米哈伊尔·谢尔盖耶维奇，您好！

我叫安娜，三十二岁。我生于苏联并记得您在电视上的讲话。我还是孩子的时候什么都不懂，这完全不奇怪。奇怪的是，不知为什么我亲爱的父母在看电视新闻或转播会议时就发出嘘声，让我们，孩子们，安静，让我们别妨碍他们看电视。

后来流传着“政变”这个词。先是奶奶，后是妈妈不再爱您了……从童年起，我就记住了，一切都归咎于戈尔巴乔夫。

只是现在我才看懂您在那些年的电视讲话、对您的采访，我很惊讶。您怎么能经得住这一切？您怎么会有力量和勇气来作出那些决定并为它们承担责任？要知道那个年代的人们甚至是无法理解的——为什么？

我明白，您未必会读我的信，但是……米哈伊尔·谢尔盖耶维奇，我很想对您说，您是非常好的人！是个实际上想使人们的生活变得更好的总统。我很遗憾，现在我们政府中没有这样的人……也很难相信很快会有这样的人。

谢谢您，并且马上请您原谅我的话有些幼稚。

2013年1月13日

尊敬的米哈伊尔·谢尔盖耶维奇，应该承认，我从来都不理解您所做的事（委婉地说）。虽然1986年到1991年是作为生活中最好的年代来回忆的。自由！

今天，您一切作为的意义才为我所理解！

您出生于体制内，做了相对它而言大量的外部工作。您做了不可能做的事。我不知道您有没有志同道合的团队，但是我能想象这副沉重的担子。

为那个年代，请接受我衷心的感谢。

我不能向许多人解释这些变革的重要性和意义，再说也不需要。时间本身会证明一切的。这是它的特性之一。

致敬！

康斯坦丁·C.卡普斯京

2013年2月5日

我叫弗拉季斯拉夫·戈尔维茨。

我在乌克兰出生和长大，1989年，我家得到允许，可以离开苏联。

当时我十六岁，而现在我已经四十岁。

我一生都梦想着感谢戈尔巴乔夫，感谢他为我们的家庭和全世界千百万人所做的一切。

我代表千百万人只是单纯地想寄去自己的感谢，您拯救了在监狱、在阿富汗的人们的生命，给了我们自由。我从来都不哭泣，可是给亲爱的米哈伊尔写这封信时——眼泪简直就流个不停。

亲爱的米哈伊尔·谢尔盖耶维奇，感谢是无条件的。

我附上我小时候与父母在一起的照片，只是让您看到您使其生活变好的千百万人中的三个。

弗拉季斯拉夫·戈尔维茨（现名弗拉德·詹姆斯·米切尔）

2013年2月28日

尊敬的米哈伊尔·谢尔盖耶维奇，您好！

我叫伊万，三十四岁，我是个企业主。我想为您对俄罗斯的发展付出的努力感谢您。我个人则要为我今天拥有的自由感谢您。

让上帝保佑您身体健康，一切吉祥如意。也祝愿您取得的成就得以发扬光大，不会随着时间的流逝而消失。这是我们大家需要的。

许多卓越的人为您所做的事感谢您。

谢谢您！祝您幸福！祝您平安！

致敬

亚布隆科·伊万

2013年6月3日

尊敬的戈尔巴乔夫先生！

不久前我读了您的书《孤独相伴》，我想，如果您不反对，与您谈谈我的一些想法。

我四十七岁，生于莫斯科郊外的谢尔科沃，在军队，在埃里温长大。

您当总统期间我已成人了，足以理解和分析发生的一切。我记得，大部分人不满意您的政策。

我始终觉得，我们不了解全部信息，因此我从未委过于一个人，力求做到公正。

您的书使我有可能对发生的事的原因有一个清晰的图景。现在我深信，无论谁都无法防止出现这样的结果或者使局势变好。

尽管过去犯了错误，这些错误是我们大家犯下的，其中也有我，我还是高度评价您试图做的事。岁月流逝，一代代新人会继续谈论您，会回忆使国家转向正确方向的人。我想，您是非常配得怀念的。

我很尊重您在自己书中回忆了妻子——她过去是，到今天也仍然是国家唯一的第一夫人，她能公开地讨论国家的问题，同时表现出智慧和远见。过去我们的人民从来都不喜欢这点。

祝您身体好，长寿。

上帝保佑您！

巴维尔·萨尔基扬

2013年6月11日

我要特别强调，您是自己时代的杰出人物，您的地位是历史决定的。这并不因为似乎是您“毁了苏联”而改变。这个认识是荒谬的。您发现了苏联的破绽并采取措施纠正，强调人的因素的意义，为了人们改革社会，解除了苏联的国际孤立并打开了通向现代文明的道路。而毁了苏联的是喜爱拥有权力和金钱的人，一些统治者。

假如按您的模式在苏联进行改革，那么到今天它还会存在，对居民和民族没有害处，还会保留集中管理能源、经济和文化的做法。

祝阁下取得成就，坚持不懈，身体强健！

大学教授，科学博士捷奥-捷奥多尔·马尔沙尔科夫斯基

别利齐，2013年10月18日

我想祝米哈伊尔·谢尔盖耶维奇身体健康，有耐心，取得成功，并想为他在过去和现在为社会福利付出的劳动、对俄罗斯自由和正义的关心而感谢他。我希望有一天俄罗斯人民终于不再当奴隶，睁大眼睛，把应有的尊敬不是献给今天“夸夸其谈”的改革者，而是献给为了别人真正牺牲自己的利益和地位的人，给真正的人竖起哪怕是一块纪念碑以取代给刽子手竖立

的无数纪念碑。

T.A.卡苏莫夫

圣彼得堡，2013年10月20日

我相信管理国家的人的真诚，而这个国家的人民在漫长的历史中处于贫困和"颓伤"状态。我不由得想，正是这种真诚推动他去唤醒人民自我意识中的骄傲并赋予我国的许多公民内心自由的感情。

历史没有假定式。联盟解体是体制的原因。早就必须承认这一事实。今天，俄罗斯是一个警察国家，有着发育不全的政治体制，并承受着它的后果——没有选举。自由、骄傲、互相尊重的感情永远也不会消失。对卑鄙作出反应是没有意义的，它自身会消失、消亡，因为它毫无用处。应该从事实际的事——这是变得更强有力的唯一方法。

致以敬意和真诚！

伊利亚·阿列克谢耶夫

建筑师

顿河-罗斯托夫，2013年11月12日

米哈伊尔·谢尔盖耶维奇！我非常感谢您已经多年了，因为您使我摆脱了每天对发生核战争的担忧，八岁起它就成了我能感受到的实际危险。您，只有您将我从成为生活一部分的这种恐惧中解放出来。

我还要为青年时代能读到非常好的书，一系列反映整个国家意识的好书感谢您。

转播的第一次代表大会，我是在准备考试的间隙看的，谢谢您……

致敬！

叶列娜·罗季娜

2013年12月1日

我们想对尊敬的米哈伊尔·谢尔盖耶维奇·戈尔巴乔夫表达支持和感谢。互联网上又一次出现了关于他的卑鄙流言。我们想让米哈伊尔·谢尔盖耶维奇知道，尽管有无休止地抹黑他的肮脏活动，还是有人爱他和崇拜他。

尊敬的米哈伊尔·谢尔盖耶维奇，我们的童年和青年适逢您为国家掌舵的那些年。为公开性（这个词多么美好呀！！！）我们非常感谢您，它给了我们国家成为自由和繁荣国家的现实机会。遗憾的是，这个机会暂时没有利用成功。但也许还没有完全失去。

祝您和您的亲人身体健康。再次谢谢您。

亚历山大·亚戈德金率全家

2013年12月26日

第一篇

20世纪90年代：捍卫改革

由于命运的摆布成为超级大国的首脑并处于1992年最初几个月局势中的人感觉怎样？坦率地说，经受这一切并不容易。

担任总统的最后一个月不同于往常，过得特别紧张，充满了矛盾冲突。但是为了保住革新联盟的前途以及成了独立国家的前加盟共和国之间的合作和联系，我继续竭尽全力。但为权力去争权力，不惜任何代价去争权力——我不去做。

改革半途而废，甚至不如说在一开始就中断了，这是令人痛苦的。那时我就已经感觉到，旧意识在传统、社会意识、习俗上是异常深刻的，几乎渗入社会组织的所有毛孔。

由此产生的忧虑在那些日子没有离开过我，在之后的二十多年也仍未消失。

克里姆林宫的最后一天

1991年12月26日，我来到克里姆林宫的办公室，我与叶利钦商定要在12月30日前清空它。应该清理文件和个人物品。首先令我感兴趣的是国内各地对我宣布离开总统岗位的反应。我看了报纸、通讯报道、公民的电报。大部分是善意的，表示同情。也有些别的反应。诬蔑和诽谤的机器已经开始工作，说我“在瑞士银行有存款”“在国外有多处别墅”。我想，许多人还不明白，他们失去了国家。

现在概述一下最初的一些电报和我收到的其他一些反应。

大部分记者是带着理解接受我的决定的。许多函电感谢摆脱了核战争的威胁、消除了对专横跋扈的政权的恐惧，感谢向民主化和自由的突进，祝愿“回到大政治中”，呼吁前加盟共和国的领导人“为戈尔巴乔夫找一个当之无愧的位置”。有许多祝贺新年的邮件祝愿我身体健康、“内心平静”，邀请我全家去做客。

另一些电报批评我迈出的这一步，因为“改革的进程尚未完成”，它们怀疑独联体是否有能力团结加入过苏联的各民族，保障它们关系的和睦和实际的平等，改善人们的生活。有许多是批评成立独联体的决定的，认为准备不充分，无法律根据。也有函电表示愿意帮助独联体或者不去妨碍它。

还有指责国家解体、经济崩溃的。函电写到在许多地方几星期都没有面包、牛奶和其他食品，在商店里买东西要排几小时队，冬天的准备工作很差，电力、燃料、暖气的供应断断续续，房间里很冷。人们大声请求提供必要的药品，抱怨药品不足。函电还写到必须赶快注意前加盟共和国军队的地位、军职人员的社会保障。许多来函来电者呼吁支持军队，它应该“捍卫的不仅是国家，还有全体人民的生命”。

我给自己最亲近战友的几张照片签了名。总的意思是：“我们开了头，生活在继续，那些认为戈尔巴乔夫时代似乎结束了的人是错误的。一切只是刚刚开始。”

在清理邮件时，心绪不佳的赖莎·马克西莫芙娜打电话来告诉我说，新政权派来的管理人员要求尽快腾出莫斯科的总统住宅，还有办公的别墅，与此同时不提供搬运东西的交通工具。我不得不按男人的（也按俄罗斯人的）方式跟新行政当局热心工作的房管员做解释。

不久前，我在文档里找到了字条：

关于住宅私有

> 戈尔巴乔夫和赖莎·戈尔巴乔娃于1991年12月28日与莫斯科政府住房政策委员会签订合同。根据符合《俄联邦住房基金私有法》第7条的合同，他们各自对他们占据的柯西金街的住宅拥有相同份额的所有权。该住宅总面积140平方米，其中居住面积65.1平方米。公民戈尔巴乔夫和赖莎·戈尔巴乔娃照管和修缮私有住宅的费用由自己负担。过去苏联总统的警卫人

员曾住在这套住宅中。

女公证人保证在1991年12月29日办好关于住宅私有的合同副本，她惊讶地问我的助手："难道真的戈尔巴乔夫现在私有的只是这套实际上面积不大的住宅吗？"而我们过去住的、急着要腾出来的公家的总统住宅，据人家告诉我，叶利钦本人看过，但他不喜欢。后来得到新政权的允许，它被几次转售。

……就在那一天，我在离职后第一次接受了意大利《新闻报》和《共和国报》记者的采访。

意大利记者的第一个问题是："您自我感觉怎样？"我回答："作出决定后，通常会轻松些。生活条件的改变不会吓倒我——我和我的家人不是娇生惯养的人。"《新闻报》的记者朱利叶托·基耶萨抓住机会提了几个原则性的问题。

基耶萨：您像过去一样称自己是社会主义者吗？您认为社会主义依然是可以相信的计划吗？

戈尔巴乔夫：失败的不是社会主义，而是戴着社会主义面具的斯大林主义。失败的是消灭一切差异的模式，不是各种探索。我则相反，觉得自己是集体探索公正、自由和民主的参与者。人类将继续这种探索，会有宣扬各种理想的流派参加其中。

基耶萨：可以想到，您引用的是萨哈罗夫的思想……

戈尔巴乔夫：是的，两个世界趋同的理论。像他这样的人的思想、他们的道德威望对我来说是非常重要的。

基耶萨：您是否觉得自己内心很安宁？如果事情进展得不好，您是否害怕变成"替罪羊"？

戈尔巴乔夫：历史上常有这样的事。当执政的政治家失败了或者未能掌控局势时，会竭力把人民的注意力转移到别的问题上，狂热地寻找一个人，把自己的错误归到他名下。不能什么都排除。

无论是俄罗斯的还是外国的记者都对下面的问题感兴趣：我是否打算领导反对派？

我所持的意见是，我没有丝毫理由转向反对派：无论是从政治观点还是从国家利益来说。让戈尔巴乔夫反对俄罗斯的改革政策，这完全是不可能的。我可以提建议，说出意见，但是我赞同改革的基本方针，并声明我们应该支持俄罗斯的领导人。

“我甚至无法想象有转为反对派的念头。反对什么？民主改革吗？去反对自己吗？戈尔巴乔夫不是这样的人，这一点大家都知道。”在总统岗位上的最后几星期，几乎在所有的采访中我都说过这一点。对叶利钦也说过这一点。

12月26日晚上，在“十月”饭店——新政权将它更名为“总统”饭店，我出席了我的新闻供稿处为记者举行的告别招待会。

记者们，俄罗斯的和外国的，用掌声迎接了我。两个多小时，我回答问题、签名、接受无数美好的祝愿。

下面就是我说的主要内容。

现在应该把一切政治爱好，也许甚至是分歧，放到一边。最首要的是帮助国家推动改革。

这是主要的。我也请我的同事，首先是肩负国家重任的人，这样去做。这也涉及我们的外国伙伴，因为未来几个月发生的一切会决定整个世界的进程。我们想保留改革的方针。我们想使改革继续下去，使民主得以巩固。因此我请我们的外国伙伴帮助支持我们的国家，也许，甚至要逾越某些东西……因为对大家来说代价是很大的。我必须实际地——不仅在政治方面，而且在所有方面——把支持俄罗斯放在第一位。它的作用将是巨大和重要的。

记者们问我有什么计划。正像这些日子里对所有的谈话者说的那样，我对他们说，无论是在原始森林还是在境外，我都不打算隐瞒。我不会离开政治和社会生活。像原先那样，我认为尽一切可能促进俄罗斯的民主改革是我主要的事业，现在它已经具有新的性质，“新思维”得到了世界的肯定。我希望我建立的国际社会-经济和政治学研究基金会将为这些目标服务。

12月27日上午我计划接受日本记者的采访。我决定在克里姆林宫办公室接受最后一次采访。他们已经在那里等待了。

在驶近克里姆林宫时，有电话打到轿车里，报告说：“一早叶利钦、波尔托拉宁、布尔布利斯、哈斯布拉托夫就坐在您的办公室里，饮酒作乐，喝了一瓶……”

叶利钦急不可耐地要占据总统办公室，这里被管理克里姆林宫事务的人称为“高峰”。他等不及，离12月30日还有三天就与自己的“伙伴”提前占领了“高峰”。他们举办自己人的威士忌酒会庆祝胜利——那些人两年后在摧毁人民代表大会的行动中朝彼此开枪！在他们迫不及待地出现前，就有人赶快把苏联总统的最后一些个人用品用小推车运走了。从那时起，我再没有到过那间办公室……

新的开端——没有总统的保障

我工作的地方过去是，直至现在也仍然是我的基金会。

1991年12月30日，国际社会-经济和政治学研究基金会（“戈尔巴乔夫基金会”）在司法部注册，基金会主席是戈尔巴乔夫。

戈尔巴乔夫基金会的创办者是以院士叶夫根尼·韦利霍夫为首的人类生存和发展国际基金会俄罗斯分会，以爱德华·谢瓦尔德纳泽为首的对外政策协会，以院士斯坦尼斯拉夫·沙塔林为首的经济和社会改革基金会以及俄罗斯公民M.C.戈尔巴乔夫、Г.И.列文科和A.H.雅科夫列夫。我是基金会主席，我在改革方面的战友列文科和雅科夫列夫是副主席。

根据俄罗斯联邦总统的指示，前苏共中央社会科学院的建筑转交给基金会使用。建筑的花销，与基金会的活动一样，没有任何来自国家方面的物质保障。

俄罗斯，还有欧洲、美国、加拿大、日本等许多国家的著名经济学家、社会学家、政治学家、人文科学主导方向的专家、社会活动家表达了要参与戈尔巴乔夫基金会工作的意愿。

按我的想法，基金会应该分析苏联民主改革的进程，发表与它的历史、成就和错误相关的材料，消除臆测、诋毁、篡改，澄清这段历史。接下来，必须对后苏联时代俄罗斯最重要的生活进程、它发展的可能方案和选择进行研究性调查。最后，研究的第三个重要方向是，俄罗斯在其中存在和发展的国际进程。

叶利钦没有反对我的意图，似乎高兴地签发了相应的指示。说真的，与此同时，他担心地问我是否打算把基金会变成反对他的反对派组织。我说，只要俄罗斯继续进行民主改革，我的反对派立场就无从谈起。相反，我会支持和捍卫改革。但是他害怕我这方面的反对派。我想，这一点可以用来解释移交总统文件时他的声明，他说“根本不可能谈”苏联总统不受审判和侦讯的事。他说：“如果您觉得自己有罪，那趁您还是总统的时候，最好还是承认。”

我没有请求得到任何“总统的保障”——无论是向叶利钦，还是向他的继任者。叶利钦过分敏感地理解了这一点。

顺便说，叶利钦本人离职时，通过弗拉基米尔·弗拉基米罗维奇·普京的特别命令给自己争取了总统不受侵犯的保障。而那时，没有不受侵犯的保障，我已生活了二十多年，工作着并捍卫着自己的信念。女儿伊琳娜与我在一起，1999年起，她是戈尔巴乔夫基金会副主席。

到基金会来工作的是苏联总统机关我最亲近的同事和助手——阿纳托利·切尔尼亚耶夫、格奥尔基·沙赫纳扎罗夫、瓦季姆·梅德韦杰夫、瓦季姆·扎格拉金、维克托·库瓦尔金等。他们全是高水平的专业工作人员，拥有功勋称号和学位。转到基金会工作的还有我技术方面的助手，常任速记员——伊琳娜·瓦季娜和塔马拉·莫卡切娃。他们所有人作出的决定都是无私的，凭着信念，绝不是为了追逐金钱和奖赏，他们在基金会的工资比在国家机关要少得多。在克里姆林宫和老广场工作时，无论谁都没有挣得富丽堂皇的石砌宅邸和奢华的餐具，也没有国外的账户。

那时或是稍后来到基金会的有：社会科学研究所前研究人员亚历山大·加尔金、尤里·克拉辛、弗拉德连·洛吉诺夫、伊琳娜·马利科娃、叶卡捷琳娜·扎瓦尔济娜，科学研究所前研究人员瓦连京·托尔斯特赫、叶列娜·马丁诺娃，基金会现在的执行经理奥尔加·兹德拉沃梅斯洛娃。

基金会没有得到国家的支持。基本的资金来源是我演讲和出书的报酬，以及个人的捐款。支付给工作人员的报酬是微薄的，与庞大的俄罗斯官僚机关的官员的收入无法相比。而不久前，在国内许多公民生活很不容易的情况下，这些官员又大幅提高了工资。

“处于休克状态”

俄罗斯，以及前苏联其他的共和国进入了“未知时代”。从这个时代期待得到什么？国家和千百万人的生活发生了骤变。“解散”联盟的决定未经充分思考，是不合法的。克服它造成的后果，走上发展市场经济的轨道，找到世代生活在一个国家的各族人民合作的新形式——这一切有希望吗？

坦率地说，那时我对这些问题没有答案。在对未来的思考中，我多半忧虑不安。不是为自己，而是为国家，为人民。我总还是希望这些会好起来……

俄罗斯总统在新年电视讲话中称来临的1992年是特殊的一年："我们面前是创建新生活基础的工作。我不止一次说过，现在想再说一次：我们将面对困难，但是这个时期不会太久，也就六到八个月。"

叶利钦相信他许诺的话吗？当然有人使他确信能奇迹一般迅速克服困难，他们用外国专家关于"休克疗法"在东欧、拉丁美洲等地区实施的有益经验这一论据使他信服。但是，无论是叶利钦，还是要他的团队相信经济改革的叶戈尔·盖达尔，大概都没有预料到，他们许诺的六到八个月经济困难期变成对俄罗斯、对绝大多数居民来说漫长的痛苦岁月。在差不多十五年的时光中，国内的生活水平更低了，在有些年份比苏联时期的1990年灾难性地降低了一半多。根据俄罗斯统计局的官方数据，到2005年底，居民的实际收入才达到1990年——改革前一年的水平。

俄罗斯代总理叶戈尔·盖达尔在采访中对俄罗斯记者说明于1992年1月2日"放开"价格的决定时声称："根据最好的方案，1—2月的价格增长大约是每月100%。"事实上，商店里大部分主要商品的价格与1991年12月相比上涨了5—10倍，而与1991年1月相比则上涨了10—20倍。

1991年初，养老金和工资的最低水平维持在100卢布，而平均工资是其1—1.5倍。1992年初，居民收入的最低水平上升了2.5倍，平均水平则上升了0.5—1倍。然而面包贵了10—15倍，牛奶10—20倍，黄油和酸奶油30倍，土豆10—20倍，而在市场上它们则贵了50—100倍。

在1992年1月价格"休克"之前，1991年12月店铺柜台就变空了。看不到火柴和盐。人们用袋子来买各种食品和糖……1991年10月俄罗斯联邦总统叶利钦向全国宣称，他的选择有利于"彻底的经济改革”，这加剧了上述情况。人们明白，他的意思就是不可避免地提高物价，于是就争相购买商品。生产者和贸易组织期待涨价，就把商品扣压在仓库和供应站。结果预计通货膨胀的局势更为严峻，这一年的最后几个月，整个商品流通实际上陷于瘫痪状态。而排队几个小时和空空的货架的罪责却归于“戈尔巴乔夫的改革”……这样比较简单。只是俄联邦食品的平均消费直到本世纪头十年中期才接近苏维埃俄国的相应水平，怎么把这一事实“归于戈尔巴乔夫”呢?

提高物价对人们来说是异常痛苦的。1月的第一个星期，在俄罗斯的许多城市社会–政治形势就已经变得很紧张，开始有自发的抗议。叶利钦总统决定去伏尔加河流域，照他的说法，是为了“了解地方上的状况，了解价格自由化实行得怎样，有没有变样”。陪同叶利钦出行的记者安德烈·切尔基佐夫写道：

“改革进行得很艰难，改革是残酷的，几乎没有得到任何社会支持。”他用这一点来解释总统“焦急地寻找补充的宣传资源”。叶利钦不是思考如何帮助人们，减轻价格对他们的打击，而是突然谈起了黑海舰队，说到了反对伏尔加河流域德国人的自治。“一开始打黑海的牌，现在则是德国的牌。”这一切“说起来都是铿锵有力的”。记者得出结论，似乎“叶利钦–盖达尔的经济改革需要冲突”。

对涨价的气愤在升级。但是我认为，不应急于下最后的结论。我对在基金会大门口围住我的记者们说了这一点：“价格自由化开始了十一天，要下结论大概还早。我认为，目前对于俄罗斯领导者来说，首先必须消除生产垄断，保护居民免受物价暴涨之苦。”

寻找罪人，威胁

但是情况一天天地明朗起来。朱利叶托·基耶萨是对的，他推测新的俄罗斯政权可能需要“避雷针”，确切些说是“替罪羊”。似乎意想不到的方面“帮助”了他们。共产主义反对派的领导人，犹如不久前激进的自由派做的那样，把“俄罗斯及其人民所有不幸的主要和根本罪人”的名字——米哈伊尔·戈尔巴乔夫——声嘶力竭地在广场上喊叫出来。

在莫斯科，根据俄罗斯共产主义工人党、共产党人联盟、“劳动俄罗斯”的倡议，人们在练马场广场反对“野蛮的”市场、“野蛮的”私有化，以及国家和军队的崩溃。但是最响亮的号召是“审判戈尔巴乔夫”。以改革的老反对者亚历山大·普罗哈诺夫为首的《日子报》在专刊中是这样写的：

> 广场上的人要求审判这个可怕的、背叛了所有人的人。世界上规模最大的会议自愿选出一些人，他们开始审理戈尔巴乔夫的案件。维克托·伊柳欣领导委员会，着手弄清前总统、前总书记在不寻常的案件——为别的强国的利益自觉地损害本国、盟友和伙伴的对外政策，把失去理智的公民推向国内战争的对内政策——中的作用……

这里不能不说，类似奇谈怪论的发表者今天也没有从国家电视频道消失，在本世纪第二个十年中，他们以当今俄罗斯政权的积极追随者，近乎思想家，以及新的“国家思想”的设计者的面目发表讲话。统一俄罗斯党的许多活动家是其热心的“学生”，不仅附和反戈尔巴乔夫的言辞，而且还对我进行威胁。

最初的威胁是在1992年初。俄罗斯共产主义工人党莫斯科组织部向最高苏维埃和即将召开的人民代表大会提出，在公开和合法审理检察长B.伊柳欣和社会各界对戈尔巴乔夫提出的控告之前，也在完全结束审判国家紧急状态委员会之前，“不允许他离开俄罗斯联邦的疆界。任何人、国家或社会组织以任何形式帮助前苏共中央总书记、前苏联总统、前苏联武装力量最高统帅米哈伊尔·戈尔巴乔夫逃往境外的行为，都将被视为对俄罗斯和其他前苏联加盟共和国人民的敌对和犯罪行为”。

国家紧急状态委员会案的被告律师附和共产党人，他们要求审问戈尔巴乔夫，禁止他去境外。接踵而至的是俄罗斯当局的威胁。俄罗斯副总检察长E.利索夫在接受华盛顿《每日新闻报》的采访时表示，他把戈尔巴乔夫视为苏共给外国共产党拨款案的“嫌疑人”。

后来在“苏共案”的听证会上，E.利索夫说，虽然没有戈尔巴乔夫涉及该案的直接证据，但他负有“集体责任”，因为在讨论这类问题的苏共中央政治局会议上他“从未投反对票”。

总之，从各个方面对我施加压力。我对此的反应是一个具有纯洁良心和坚强神经的人应有的反应。我没有“逃往”任何地方的打算。这些人无法吓倒我。使我不安的是，赖莎·马克西莫芙娜、家人、亲近的人对发生的事非常不安。

这些日子常常有人问我：如何评价俄罗斯发生的事，如何反应？我们的西方伙伴对此也感兴趣。1月我会见英国大使罗德里克·布雷特韦特时说，俄罗斯和其他缺少经费、条件困难的独联体国家需要的与其说是评论，不如说是实际的帮助。我提及了在主要工业国的七国伦敦峰会（1991年7月）上达成的协议，再次呼吁全力支持俄罗斯的根本经济改革，因为它的失败将意味着整个民主力量的崩溃。至于未来的独立国家联合体，最重要的不是口头上而是实际上帮助它成为联合体。

基金会：初步评价

在正式宣布成立前，戈尔巴乔夫基金会就开展了积极的工作——我们吸引一些权威的分析家分析俄罗斯的形势，参加工作的有我的同事和改革的战友。1月底，他们聚集在一起，试图评价发生的事情，找出原因，提出能克服消极倾向的措施。当时作出的一些评价是很准确的。遗憾的是，我没有听他们的。

使分析家们激动的问题是，解体苏联的加盟共和国是否可能实现新的一体化。历史学家格里戈里·沃多拉佐夫提出形成独联体即“多种结构的共同体”的思想：“目前建立独联体即各共和国联系的统一形式的思想占主导地位，但是我建议在独联体的框架内建立较紧密（有的地方有此可能）和不大紧密两种联系形式。”

这些问题——长久的、前瞻性的——当然令我烦忧。使我不安的还有经济改革的进程，实质上它变成了价格自由化、崩塌式的私有化、开放进口市场和寄希望于外来的帮助。我越来越怀有批判情绪。在接受意大利《全景周报》和《文学报》采访时，我提到1991年12月与叶利钦的最后一次谈话，我曾对他说，我并不打算开展反对派活动，但这并不意味着放弃批评缺点和错误。而仅仅一个月，他已经犯下了许多错误。我是这样说的：

> 我认为，放开价格之前应该有刺激生产的措施、税收和信贷政策。日益加剧的社会不稳定令人担忧。如果它发展到人们走上街头那样严峻的地步，那么就将产生如何引导、控制事态的问题。这就是现在就应该积极地行动，不让局势发展到那样严峻的地步的原因。由此我又提出了“必须和谐”的口号。不能容许各政治派别的代表成群走上对垒相斗的道路。
>
> 我依然认为，最大的战略错误是停止苏联作为一个统一国家发挥职能，这一错误破坏文化、摧毁经济和国防、撕裂人之间的关系。

而在《共青团真理报》的访谈中，我直截了当地说，如果对税收政策不作修正，不去刺激生产，不建立能影响独联体经济和政治状况的有积极作用的研究所，事态就会发展为严重的政治危机。

1991年12月。政治和道德

几乎整个1月份，我都在写《1991年12月。我的立场》。这本纪实性的书叙述了“八月政变”后我为拯救苏联所做的努力。在书的简介中，出版社指出：“戈尔巴乔夫把读者带入1991年12月——对国家和前苏联总统个人的命运有着重大意义的月份——的氛围。作者的解说和思考把谈话片断、访问、电话记录、声明和其他文件结合成一体。”

写这本书，我付出了很大精力，首先是情志。要知道一切还历历在目，还翻腾着，让人心忧着。但是我有极大的愿望——要讲出那个时期的真相，对一切作清醒的分析。

在《致读者》中，我写道：

> 最近几个星期我读了许多有关各种事情的文章——通情达理的和批评指责的，有理有据的和无根无据的，平和冷静的和怒气冲冲的。其中有许多讲的事是真实的，但是更多的是凭空臆造或杜撰的……
>
> 我想让人们知道我在12月的事件进程中的立场，因为对大部分公民来说它是未知的。我的论据不合许多人的心意，因此他们违背公开性的原则，对我的讲话或者避而不提，或者删减压缩得不成样子。
>
> 这些事件的根延伸到我国久远的时期和改革年代。但是今天已经可以讲出事件的一个主要原因——社会的解体，它在“八月政变”后集结了一切破坏力量。即使现在还可以听到有

人说，国家紧急状态委员会的成员们是为了防止国家解体，保住国家的完整。而有人企图把叛乱说成是意欲保护民主改革成就的行为。这一切是臆测。阴谋的意图是显而易见的——不惜采取最极端的措施保留和恢复旧秩序。国家紧急状态委员会分子的行动打断了联盟协议的签订，破坏了反危机纲领的实施，阻挠了苏共改革的进程。

在书出版前的最后一刻，我决定对它作一补充——就当是第二篇前言。在主题上最合适的，我觉得是1991年3月8日我访问德意志联邦共和国时在慕尼黑的演讲。下面是最重要的部分：

在改革期间，当然犯了一些错误，包括策略上的失算。这是始终存在的。但是我想指出一个原则性的因素，因为无论是过去还是现在，正确理解它就能解释许多事情。我说的是政治和道德的相互关系。

还是在改革的最初阶段，当时刚有一个改革的概念，刚有一个初稿，改革构思的轮廓本质上是对整个社会深刻的革命性改造，我对自己起誓并公开声明：我要尽一切努力，使我们国家的首次社会变革和平地、没有流血地、不分裂成“红”与“白”、“黑”与“蓝”地进行。不使一方靠消灭自己的对手、消灭所有不同意自己的力量而取得胜利。要知道，到目前为止，我们社会的政治文化正是这样的。但是在这种文化的基础上我们不可能建成、革新我们的社会，达到改革框架内提出的那些目标。

“新思维”作为改革的哲学建立在全人类价值之上，而不是始终导致对抗、分裂、斗争的阶级的立场之上。我现在也坚信，这是唯一正确的立场。在整个改革期间，我所持的正是这个立场。我认为，这不是软弱的表现，相反是力量和决心的表现。

有人责备总统没有利用自己的权力。但是问题不在于权力，不在于利用这权力。问题在于他的道德立场。既然我们承认在经济、政治、整个社会生活中多元论的合法性，那就必须结束用行政手段，用强力解决摆在社会面前的问题的立场。这也是一门学问，我们还没有彻底了解它。应该边干边掌握它，而这并不那么容易。

对于采取的方针的正确性，我们需要蕴积起巨大的信心和毅力，有了它们就不会放弃初始的选择。

我回想起我们俄罗斯历史上一个有趣的例子。沙皇亚历山大一世刚开始执政时，谁在他身边？斯佩兰斯基，俄国的改革者。而在亚历山大一世在位末年，是谁掌控着政权？阿拉克切耶夫。阿拉克切耶夫推行军警暴虐统治，阿拉克切耶夫制度。这就是在环境的压力下改革者起了变化！与他们开始想做的、追求的背道而驰。

将自己的道德立场坚持到底是最困难的。但是我决心不放弃我作出的这一最主要的政治选择。道德选择。说到底，我认为，总统的这种“踌躇”、他的“迟缓”（我都用了引号），也就是我的策略、我的方法，使在社会中积聚力量有了可能，正如现在说的，这种力量为保留和推进民主改革建立了基础。

有时候我得以脱身去剧院。受奥列格·叶夫列莫夫之邀，1月27日我与赖莎·马克西莫芙娜出席了莫斯科模范艺术剧院的晚会。1月29日，我们参加了在电影之家举办的《独立报》的庆祝活动。这是我离开总统岗位后第一次出现在公众场合，与许多人见面。我与一些人握手，与另一些人谈天、回忆往事、讨论问题。在改革年代，知识分子代表的行为举止是各不相同的。后来我与那天在电影之家的许多人的关系也是不一样的。但是这个晚会是公开和自由的。俄罗斯的历史道路充满曲折，应该珍惜和保卫改革的这个成果。在聚会者面前我谈到了这一点。

2月28日，在戈尔巴乔夫基金会我会见了来自民主党派的年轻人，戈尔巴乔夫基金会社会知识中心的听众。大部分参与者来自民主和人民的政党“自由俄罗斯”。

青年政治家们给我留下了很好的印象。主要的是，使他们感兴趣的不是后来流行起来并常常变为各种政治阴谋的所谓“政治手腕”，而是国家的现实问题，它的改革道路。我支持这样的观点：

> 内行的民主政治家不会采用“暴民政治”，而蛊惑家恰恰挑唆“暴民政治”。在这一点上，今天我们的极“左”和极“右”分子走到了一起。在这种情况下，今天执政的或在政权左右的我们的民主派的态度非常奇怪。

我还说了重要的一点：

> 我希望你们知道，我赞成叶利钦政府在继续进行民主改革方面取得的成就，反之——等待我们大家、俄罗斯的将是不幸。而在对外政策方面必须继续坚持新的政治思维，继续执行20世纪80年代后期开始的方针，而不是重新发明一切，如布尔布利斯声称的那样，仿佛历史是从1991年12月才开始的。不能重复德国20世纪30年代的情势，当时民主派争论不休，互相斗争，而同时希特勒却攫取了政权。

向我提的众多问题之一是土地所有制。在与土地有关的事情上轻率决定造成的过失是很严重的。回答这个问题时，我说：“我主张不同形式的土地所有制共存，集体的、农场主的——只要实践证明可行。顺便说一下，在西方传统的农业国家——意大利、法国、西班牙——个体农民经济是被引入合作联系网中的。”

在《共青团真理报》的采访中，我谈了1992年最初几个月国内形势的发展。2月份，政府对政策做了某些修正。到月底，这就在形势上反映出来了——它已不那么严峻了。我肯定这一点，因为我从来也不持有“越糟越好”的观点：“我很高兴，一个月前发表在《共青团真理报》上的我对政治危机的预测没有完全得到证实。依我看，俄罗斯的领导人，总统抓住了现实生活的脉搏。”

但是在发行数百万份的报纸上，我应该放开喉咙对全国讲讲以久加诺夫为首的人及支持他们的人围绕着我的名字开展的诽谤活动。我处于一种荒谬的境地：报复主义者要求揭露民主派戈尔巴乔夫，而激进分子则要求揭露党阀戈尔巴乔夫。没有一份报纸，没有哪一天是不损害戈尔巴乔夫名誉的。

我回答两方面的人说：

遭遇失败的反动派妄图使社会回到改革前的时代并开始败坏所有改革设计者的名誉。这与人们生活最艰难的时刻正好凑在一起。他们利用紧张的局势，在我身上寻找一切灾难的原因。

通过你们的报纸，我向世界上所有的银行家宣布：我允许你们公布有关我国外存款的数额和日期的信息。公布吧！

关于戈尔巴乔夫想去境外，留在那里并靠存款生活的流言已经超过了我能容忍的限度……让他们别指望吧。我不会逃到那里去。我过去在这里生活，将来也还在这里生活。虽然许多人希望我别回来。那永远也不会发生。

12月，人们对苏联总统的立场缄默不言，现在则想歪曲我的立场。在一封信中，有人劝我自尽；但在几百封信中，人们支持我。在我觉得我能对国家有用的时候，我不会沉默。1974年，我在斯塔夫罗波尔开始撤销受贿分子的警察职务，当时舍洛科夫就试图压住我。那时我已是政治局委员，他们硬搞出对我的指控——这是一位内务部副部长临死前对我说的。这些人哪儿也跑不了！他们想把人民卷入这种迫害吗？

我认为必须在推进新的政治思维的框架中继续我的社会-政治活动。当然是促进改革，促进国内的民主改革。对鲍里斯·叶利钦我也说过这一点。

在工作中拯救

我的六十一岁生日是在家庭圈子里按家常的方式庆祝的。我收到了许多祝贺，而且不少是从前我根本不认识的人发来的。整个房子放满了鲜花。电报来自各地——从大城市到边远地区。有的很短——就三五个词。"祝健康，坚定。"这特别使我和全家人感动。人们明白，我们不轻松，想支持我们。有些信很有内涵，思想深刻。人们，公民们理解必须变革，应该改变生活，这令人高兴。

3月3日，国际社会-经济和政治学研究基金会——戈尔巴乔夫基金会举行正式招待会。这一天数百位受邀请的人陆陆续续地走向圣彼得堡大街上的基金会大楼。他们是莫斯科科学和创作组织的代表，社会活动家，其中有爱德华·谢瓦尔德纳泽、叶夫根尼·普里马科夫、叶夫根尼·韦利霍夫、亚历山大·雅科夫列夫、叶戈尔·雅科夫列夫、尼基塔·米哈尔科夫和许多其他著名人物。还有许多外国客人、外交家、记者——总共千人左右。俄罗斯副总统亚历山大·鲁茨科伊代表俄罗斯当局。

在简短的讲话中，我说：

在时代交替的时候我们聚集在这里。我们决定继续开展智力工作，因为它促进人们理解当今时代和世界的巨大变化，发现增进国家以及人民之间关系的新机会。由此我们基金会的口号是“走向新的文明”。

我们不是政府的而是科学的组织。我们没有实际影响政治的杠杆，我们也不追求直接参与政治进程。

但是基金会不会像象牙塔，不会漠然地观望国内发生的一切。基金会的目的是分析和研究，它们应该帮助俄罗斯走出危机。

客观地研究国内和世界上发生的事，成为政治力量的广泛代表进行智力探索的平台，当然，极端分子除外——我和我的同道认为基金会的使命就是这样。现在回头来看，我可以确定，基金会是胜任这个任务的，基金会是有作为的。

基金会开始走自己的路，这些年在不寻常的条件下它继续走这条路。首先必须为它的活动，为研究项目和慈善项目搞到经费。我们没有得到过（现在也没有）国家的任何财政支持。渐渐地，主要的经费来源是我去国外演讲的收入。我不用为此感到羞愧。因为演讲不仅仅有报酬，而且提供了机会与人们谈论俄罗斯和世界上发生的事。尽管国内形势相当复杂，尽管发生的事在许多方面受到批判，我总是对自己的听众——学者、大学生、生意人——说，俄罗斯会站起来，它会成为世界进程最重要的参与者。它历史上也常有困难时期和混乱时代，但是它总能重生并为人类作出贡献。这一次也一样。

想要我脱离轨道

我的总统后时代生活逐渐走上轨道，工作计划表排得满满当当。有许多来自德国、美国、日本、意大利的国外演讲邀请。许多时间花在准备出行上。我与学者们、顾问们商量，准备在德国议会和美国国会发表重要的演讲。同时，有人继续用各种“控告”——参与国家紧急状态委员会政变啦，花“苏共的钱”啦等等，企图使我心灰意懒。有人很需要这样做！对早就被遗忘的代表别洛泽尔采夫这类人传播谤言，可以不予理会。但是这样的造谣中伤出自俄罗斯总统之口，我就向俄罗斯总检察长瓦连京·斯捷潘科夫要求进行实质性调查。

3月15日，在莫斯科的媒体代表会上，总检察长斯捷潘科夫在回答国际文传的总统通报的撰写记者安德烈·佩尔申时说，根据我的要求，检察长进行了调查。无论是在国家紧急状态委员会案的材料中，还是别洛泽尔采夫本人，都没有确凿的证据。说到这里，总检察长宣布，发给戈尔巴乔夫相应的文件。

我与总检察长也谈了“苏共案”。我没什么要隐瞒，一开始就很明白，这个案子有许多凭空捏造的东西。我看出来，有人企图利用司法机关和法院反对我，但是我仍然认为表现出对它们的尊重很重要。谈话是有礼貌的，没有说起任何类似禁止出境这样的“限制措施”。我们约好第二次见面的时间。

第二次见面是在4月初，持续了一个半小时左右。以下是国际文传电讯社的报道：

> 米哈伊尔·戈尔巴乔夫宣称，他准备与检察院合作以弄清“苏共案”的所有事实。据戈尔巴乔夫所言，他想以到检察院之举表示，尊重法律应该成为我国“所有人的准则”。
>
> 戈尔巴乔夫说，检察长在谈话过程中没有对他提出任何具体的指控。他怀疑调查能否查明隐瞒苏共财产或把苏共财产非法转移到别国银行的事实。

关于“苏共案”，我也回答了《消息报》记者B.别雷赫和B.鲁德涅夫的问题：

《消息报》：米哈伊尔·谢尔盖耶维奇，关于党的财务问题已经说得很多、写得很多了……但大家都在等您的话。

戈尔巴乔夫：坦率地说，报纸和谈话在这个问题上有太多的渲染、太多的臆测。在这里，我支持调查组的努力：最终应该弄清一切，画上句号。但是不应该由此制造出轰动一时的消息。一定要把调查的结果传达给人们。在党的财务问题上不应有任何秘密。

而且最近也没有秘密。当然，过去苏共的预算是不公开说明的，甚至不是所有的党员都了解我们的收入和支出。但是在党的二十八大上，我们向共产党员公开了党的全部预算。

另一个问题是，我们是怎么对待这些钱的。起先党的资金似一堆死物躺在银行里。后来我们减少了党员的党费，自然也就失去了部分收入。是相当重要的部分。这就产生了一个问题：怎么填补亏空？我们开始学习生意经：精简中央和州委机关，把党的钱用于实业，流通起来，让它们为党带来收益……我要强调的是，我们所做的一切都是建立在法律基础上的。还有一个问题是，我们是做这事的内行吗？

《消息报》：但是关于“苏共案”，据说有营私舞弊……

戈尔巴乔夫：恰恰就是这个“据说”。围绕着我的名字已经有那么多传闻了，对不起，简直是诽谤。请随便用什么手段查吧：调查，采取行动，媒体。我的良心是清白的。

还有人企图利用公开苏共的档案来反对我。新政权的宣传家们断言：“一旦公开苏共中央的档案，就会找到有碍戈尔巴乔夫名声的文件，全世界都会震动。”

就在3月份，档案公开了，莫斯科现代文献中心举行了发布会，该中心是在苏共中央档案室的基础上建立的。会上宣布，苏共档案“反映了1991年8月前，苏联政权机构的情况”，其中1.6亿多份文献将对实际上想了解它们的任何人开放。

媒体报道：

> 在发布机构组织的标有“绝密”字样的展览会上，展出了苏共中央政治局的会议记录，其中包括1990年的记录，党的领导人、上级任命的工作人员、军事首长的人事档案（如Э.谢瓦尔德纳泽、Г.朱可夫、К.罗科索夫斯基），弗拉基米尔·列宁、约瑟夫·斯大林、尼基塔·赫鲁晓夫、尤里·安德罗波夫、康斯坦丁·契尔年科、米哈伊尔·戈尔巴乔夫的党证原件、登记卡片，还有其他文件。

今天——过了二十多年，对这个报道可以补充什么？许多重要的文献“漂到了”外国档案中。这样至今也没有找到有碍戈尔巴乔夫名声的文件。也确实是这样：在黑暗的房间里很难找到黑猫，何况那里根本就没有。

“苏共案”

那时国内形势的发展很复杂。改革越来越多地按“休克疗法”的方案进行。国际货币基金组织的药方是为经济体制与俄罗斯不同的另一类型国家开的，但是我们的改革家却几乎把它当作灵丹妙药来接受。在有的地方它是发挥作用了，但是不无代价，在俄罗斯实施这个方案导致生产急剧萎缩和群众性的贫困。后果之一是俄罗斯最高苏维埃（不久前还无条件支持叶利钦）与总统团队（他们要“坚决”继续执行“休克疗法”的方针）之间的矛盾越来越尖锐。4月份，在俄罗斯人民代表大会上，这些矛盾几乎达到爆发点。

叶利钦追随者及谋士中的激进派建议他解散人民代表大会。叶利钦没有走这一步，并在代表大会上做了相当心平气和的讲话。而在代表大会后，他声称结果是成功地保住了改革的方针。在莫斯科举行的记者会上，我发言说："假如总统照建议去做解散代表大会，社会上将发生一场悲剧。"

这一次成功地避免了糟糕的事。但是政府坚定地执行的路线本身却越来越让我无法赞同。还是在那次记者会上，我说："是的，时代需要强硬的措施，但是不能不顾死活地采取这种措施。已经把人赶进过集体化、工业化，现在又在赶进'私有化'——过去和现在做这一切据说是为了人民的幸福。"我说，现在坚决的政治家的形象被过分颂扬，"但是我怕坚决的人们，他们能毁掉最近七年所做的一切。必须从现实的经济、政治和社会的可能性出发"。

但是越往后越明显地看出，总统和他的团队决心不顾一切地走下去。经济对他们的"坚决行为"的反应是加速崩溃，人民的生活越发艰难。看来，就是那时产生了把人们的注意力从"转向市场"上引开的想法，于是就想出了"苏共案"。

导火线是一群代表——党的工作者向宪法法庭提出，请求审查叶利钦解散苏共和俄共的命令的合法性。作为回应，宪法委员会秘书奥列格·鲁缅采夫递交了一份针锋相对的请求书，要求审查苏共本身的合法性。法庭决定一起审理两份请求书。这样，"苏共案"的故事就开始了——从一开始就是有害的想法，它致力于分裂俄罗斯社会。

5月底，叶利钦会见宪法法庭会议上他的代表——国务秘书根纳季·布尔布利斯、最高苏维埃成员谢尔盖·沙赫赖、智力财产通讯社社长米哈伊尔·费多托夫。他提出了把"苏共案"变为"新慕尼黑"的想法。同一天，谢尔盖·沙赫赖在记者会上肯定了这一意图。而在宪法法庭审理"案件"的过程中，组织者的意图更明确了，实质上是要把"苏共案"变为"审判戈尔巴乔夫"。

毫无疑问，这是企图利用俄罗斯的司法制度作为政治斗争中施加压力和挟嫌报复的工具。我已经不用说对苏联历史和“苏共”“给予法律评价”的荒谬用意了。

我的决定只有一个，并且坚决不变：我不会参加这种荒谬的游戏。那时不是所有的人都理解我。甚至我的某些战友也说：应该尊重法庭，找到参加“诉讼”的可能性和形式。但是这意味着一下子要应付“两个队”，这“两个队”都想把所有的不幸归罪到戈尔巴乔夫身上，以此洗刷自己。我指的是前苏联的反动派和叶利钦的极端激进分子。听命于他们就意味着加重社会紧张程度，使它分离成对立的“阵营”，把它的注意力从似雪球般越滚越大的严峻问题上引开。

不用怀疑那些日子叶利钦发出的信号，他的意图是贬低我，至少是迫使我沉默。6月2日，总统的新闻秘书B.科斯季科夫声称：“前苏联总统最近的言论对政府和总统越来越具有教训的意味，而米哈伊尔·戈尔巴乔夫的一系列声明不能看作有别的意图，它正是试图加剧政治紧张，实质上是破坏国内的社会–政治稳定。”总统新闻秘书的声明接下来说，鲍里斯·叶利钦注意到戈尔巴乔夫类似言论的危险性和偏执性，将不得不“采取必要的合法措施不让改革的方针遭受损害”。瞧，俄罗斯改革的威胁原来来自这里！

在戈尔巴乔夫基金会新闻服务部的声明中，我表达了对这种“警告性攻击”的反应：

> 戈尔巴乔夫在最近几星期不止一次地要求与自己谈话者，包括外国谈话者，把注意力放到俄罗斯稳定和改革成就的极端重要性上。他强调，面对严重的困难应该保持承受力。与此同时，他指出：“有些人十分感兴趣的是让开始的一切都成真，叶利钦和政府会有成就。他的提议与这种人的想法是背道而驰的。”

戈尔巴乔夫认为，俄联邦总统新闻秘书声明的调子是不能接受的。他表达了对俄罗斯必须进一步团结和加强改革派力量的信念。

叶利钦团队那时积极准备着宪法法庭的诉讼。总统利益的代表团被委托给了接近叶利钦的官员们，为首的是国务秘书布尔布利斯。诉讼前夜他公开表示相信法庭作出的决定将“有助于继续叶利钦团队的改革”，他肯定宪法会禁止苏共，这“将是俄联邦通向正常国家体制的道路”。

从一开始，宪法法庭的“苏共案”的宗旨和内容就是有争议的和政治性的。随着诉讼的开始，我再次处于仿佛是“交火双方中间地带”的境地。确切些说，是处于“左派”和“右派”激进分子同步进行的密集的政治和宣传攻击之下。

《日子报》是形形色色反对改革的势力的喉舌，它要求把戈尔巴乔夫放到被告席上，认为他是国家紧急状态委员会政变的倡导者，同时要求释放政变的所有参加者。

叶利钦方面用“采取措施”、损害名誉进行威胁，还编织阴谋，目的是迫使我离开本国。各方面的人都想在戈尔巴乔夫身上捞取资本，使社会不去注意自己严重的失败和自己政策造成的后果。

7月29日，就是我根据原则性的理由宣布决定不参加宪法法庭包含政治动机的诉讼的第二天，俄罗斯联邦财政部作为监督检察机关，建立了专门委员会以监察戈尔巴乔夫基金会的财务管理活动。

委员会由俄联邦财政部总监察员领导下的十名有经验的监察员组成。它开始全面检查基金会的财务文件。在正式开始工作后五个月和做年度预算总结前大约半年，他们做了这一切。很显然，没有“最上面”的示意，不可能采取这样离奇和异常的行动。这一事实的背景是巨大的经济和财政震荡，多国的金钱和财富被偷光、官僚胡作非为、国家经济和国家机关的所有领域腐败盛行，这些雄辩地说明了当时俄罗斯政权的性质、道德和精神状态。

遗憾的是，即使现在类似的现象也并不少见。

“休克疗法”的初步总结

夏天过去了。这一次8月没有发生灾难性事件。但是经济形势接近于危机。生产继续萎缩，这首先是由两个因素引起的——“休克疗法”和前苏联各共和国之间的经济联系断裂。鲍里斯·叶利钦后来回忆那个时候说：“1992年9月我看了一下九个月来的经济指标数字，不由得感到惊慌不安。”他接着说：“快到夏末时情况很清楚：经济濒于崩溃……彻底清楚的是通货膨胀急剧恶化，可能会持续多年……整个居民阶层沦落到贫困境地……与此同时，社会分化加剧。一些人的富裕与另一些人的贫穷形成鲜明对比。社会进入了异化的严峻时期。”也许，最好还是别说了。而“成就”仅仅是“消灭了商品供应不足”。“休克疗法”付出了多么大的代价！

到年底，价格增长了25倍，通货膨胀一星期达5%到7%。在苏联时代可以归入中产阶级的那群居民的存款贬值了。崩塌的价格自由化和无法控制的通货膨胀的结果实际上是劫夺了居民的存款——约有800万亿卢布或是1 600亿到1 700亿美元。1992年社会产品的总量几乎减少了20%，工业产品减少了18%。

现在政府把希望寄托在加速实现国有资产的私有化上。他们不公开地、秘密地、仓促地在夏天准备好了证券私有化的方案，其模式本质上区别于学者、俄罗斯最高苏维埃、莫斯科市政府和其他机关制订的“人民私有化”的方案。主要问题又是不考虑别人的意见，急着执行它。总统在8月23日签发了9月1日起实施证券私有化的命令，用意就是一星期后，即在最高苏维埃代表休假回来前，命令就已生效。而这是直接违反宪法的，根据宪法，决定国有资产私有化是人民代表和最高苏维埃的权限。

政变过后一年

“八月政变”一周年之际，许多记者请求采访，于是8月17日我邀请他们参加记者会。今天，多年后，我可以说，这样的周年纪念已经有过多次了，每次都能找到臆测、污蔑、诽谤的借口。而那时这还刚开始。不久前还在悔过认错的政变分子提出了一个又一个有关事件的新说法，目的只有一个——洗刷自己，玷污戈尔巴乔夫。那时他们冒险行动的后果越来越明显。在记者会上我首先说了这一点。

国家紧急状态委员会的政变，我说，是犯罪的冒险行动，莫斯科和国家的公民拒绝了它，结果却帮了反对联盟国家维持统一的人的忙。我也把俄罗斯当局归入破坏联盟的同谋者之列，因为在1991年12月它破坏了曾经加入过苏联的主权国家缔结新联盟条约的可能性。

我在回答新政变的可能性这个问题时说：“要走到这一步，必须成为白痴和疯子。”但是我警告说，日益增长的大规模的群众性不满会促使产生绝不会是民主的力量。

我接着说：“我认为，今天的政府输在戈尔巴乔夫当时输的地方：在关键的政治问题上落后了。”

我也说到了，我们今天把改革的命运和自己的命运托付给各种机构，而它们大规模的出卖行为令人震惊。“甚至到了这种地步：在美国出了一本指南，其中列出了我们新政权及其他机构领导人员的姓名，以及他们在决定问题上有多大作用。”

我的话是尖锐的，但是很遗憾，后来事实表明它们切中要害：“打着‘人民私有化’的幌子暗中想的是劫夺百姓：给大家一个月或半个月的工资，那些大肆盗窃、大肆抢劫的人从百姓手里收购有价证券，先是侵占经济上的，后来则是政治上的权力。”

必须说说报界不体面的作用。“我向人民发出的呼吁常常被压制，避而不提，如果刊登什么，也是压缩了的。所以报界也成了帮凶，它俯首听命也只是为了活下去。”

我声明，俄罗斯必须有一个紧急措施的纲领。“需要一个经济改革的新纲领，把所有民主爱国的力量团结在一起。在同心协力的基础上才可能作出大规模的、治本的决定，使社会稳定，防止分裂和局势进一步恶化。”

我的坚定立场

对我的压力不断加大。他们要求我参加危险本质越来越清楚的“苏共案”的闹剧。我决定，我应该公开——以向宪法法庭递交公开信的形式——表明我的立场。下面是它的全文：

> 尊敬的主席！尊敬的宪法法庭的成员们！鉴于你们作出决定，传唤我于9月30日作为证人出庭，我想做以下声明：
>
> 对现在的案子，当时我已经阐述了自己的立场，还有不同意出庭的理由，好像是得到理解的。但是，既然由于某些原因法庭还是作出了传唤我的决定，我认为以公开信的形式表明自己的想法是必要的。
>
> 宪法法庭是俄罗斯重要的民主机制，我深深地尊重它，然而，我认为出席由它主持的该案的诉讼是不可能的。宪法法庭接受审理诉讼，就被卷进了不合乎其性质的活动中，变成了政治对抗的人质，这将给它的威望带来损害，同时会使国内的社会-政治形势恶化。因此，从诉讼程序的观点来看，无论这诉

讼进行得多么专业，它也不可能不具有政治诉讼的性质。它被反对派力量利用为自己狭隘的政治利益服务，这一点现在已经十分明显了。

一方竭力破坏局势稳定，企图逐渐为党的领导，苏共中央书记处、党的其他机构的某些成员恢复名誉，而这些人曾支持1991年8月的政变甚至是直接参与者。政变给民主改革带来无法挽回的损失，破坏了主权国家联盟的条约，阻碍了反危机纲领的实施，举行了旨在结束党的民主改革的非常苏共代表大会。

另一方失去了实施自己方针的社会支柱并寻找“替罪羊”，把我们的历史押上“被告席”，以证明党的违宪性。这样的企图可以成为一种信号：压制异己思想和重新制造一种氛围，允许对持不同政治观点和信念者进行迫害。在骚动后举行的俄联邦最高苏维埃会议上，我表示坚决反对这样的态度并坚持这一立场。

还有一点。从道德上考虑，我也不能出席这一诉讼。现在社会处于危急状态。冬天将近，人们忧虑重重——怎么解决食物和供暖问题。从目前的形势看，经济改革没有兑现对人民的承诺。千百万人已经经受了贫困。当今的领导是否有能力干事、今后打算执行什么政策以及俄罗斯是否真的能与联合体的其他国家建立起有效的合作，国内对这些问题的忧虑日益增长。

这一切悬而未决，无论是怎么解决迫在眉睫的问题，还是怎么在改革道路上顺利前进、摆脱危机，都无法考虑。重启实质上已进入死胡同的诉讼程序的企图使它具有一时的轰动性。这不是别的名堂，而是竭力要把公民的注意力从真正性命攸关的问题上引开。现在需要的不是社会分裂，不是唆使人们互相迫害，而是团结，联合改革的民主力量。

作为俄罗斯的公民，我尊重法律和国家的宪法。作为证人，我参加过检察机关对国家紧急状态委员会案、苏共财务活动的调查，与检察员见面，提供证词，我想，我没有留下让人怀疑我不尊重法律的口实。

然而我认为自己不可能参加政治诉讼，它只会产生不良后果。对于我来说，这是难以接受的。

至于历史，无论它多么令人悲伤，把它变成法院审理的对象，我觉得这是没有希望的。这样的企图过去已经有过，除了令人发窘，没有任何结果。

尊敬的宪法法庭！我希望，我阐述的理由和想法，以及我的道德立场，会得到应有的理解。

致敬

M.戈尔巴乔夫

1992年9月28日

我给宪法法庭的公开信引起了这种企图的倡导者和执行者极为强烈的反应，因为它揭示了这种企图主要的、让人出丑的内涵——审判前苏联总统。法庭作出决定，"正式责成"我"出庭提供证词"。法庭庭长B.佐尔金指责我藐视法庭。法官中的一位，后来成为俄联邦司法部长的H.费奥多罗夫威胁，因我拒绝出席，宪法法庭要对我提起刑事诉讼，虽然法律中有关这种行为没有规定任何处罚，但还是对我罚款100卢布。他们似乎忘了法律系每个大学生都知晓的罗马法时代就有的经典原则——"没有法律，就没有罪，没有罚"。即使是在21世纪，也应该向某些俄罗斯法官和法庭经常大声提醒这一经典原则。

最后，事情弄到宣布前苏联总统"不准离境"的地步。这个通告是由宪法法庭新闻站发布的。也许是他们突然忘了，也许是相反，他们决定提醒大家苏联时代禁止离境的效果。而冲破和摧毁那些禁令和禁令之墙的不是别人，正是前苏联总统。

10月3日，我给宪法法庭、俄联邦外交部和安全部去信，请求告知是谁、在哪些法律准则和条款的基础上采取的措施，而这些措施触及我的公民权利、职责和合法利益。我收到宪法法庭对我的询问的回复："宪法法庭作出的所有涉及您利益的决定会呈送给您。其余的文件可以在宪法法庭上直接了解。"

从这个答复只能得出一个结论：决定不是在宪法法庭作出的，他们无法以文件形式向我出示决定。显然，相关部门的措施只是在《电话法》的"基础上"制定的，因此已经不合法了。

10月7日早晨，没有预先通知，戈尔巴乔夫基金会大楼被警察包围和查封。他们不放基金会的工作人员进去上班。大楼门口聚集了一群莫斯科和外国媒体的记者，对他们来说，查封戈尔巴乔夫基金会是轰动的新闻。

人越来越多，在车里有人告诉我，很快骑警队就会来。我请求把我的警告——保持平静和秩序——转告大家。车驶近基金会大楼，我不由自主地处身于临时安排的记者会上。我推测，发出事实上没收基金会财产的命令是由我对俄罗斯总统的尖锐批评引起的。我把当政者的行为看作是示威性的恣意妄为。我说，似乎政权瘫痪了，因此试图用这样的措施表现一下自己。

谈到俄罗斯的状况时，我说，把俄罗斯抛进野蛮的市场后，当局并不知道接下去要做什么。不错，是应该走向市场，但是应该逐步地做这件事，要顾及民众的利益。看来，要达到这个目的，不妨建立一个联合政府。

我也谈到了宪法法庭，它承担了审理"苏共案"的工作，虽然这根本不是它的事。人家是用此案来组织政治斗殴，而这时联邦在震颤，经济状况继续恶化。

后来弄清楚了，之前俄罗斯总统下令大楼及财产由基金会使用，但1991年12月23日他的命令变了，要把它们交给俄联邦政府属下的财政部管理。给财政部的指示是，根据合同租给戈尔巴乔夫基金会800平方米的场所。而从前基金会在这幢楼里占有3 500平方米。

国有资产部门的官员与基金会的行政人员开始谈判。当局的代表没有立即同意，但最终允许基金会的工作人员去他们工作的地方，以便收拾自己的业务材料和个人物品。

所有这一切是在报界代表众目睽睽之下发生的。这时当局的代表开始请求基金会的工作人员“使报界平静”，把已经传遍全世界的丑闻平息下来。无论是我还是我的工作人员都尽自己所能安抚了报界代表，告诉他们，基金会打算只是在法律的框架内抗议当局的横行霸道。

鉴于俄罗斯当局的行动，基金会发表了声明：

> 由于俄罗斯联邦总统命令没收基金会正是根据这位总统的指示占用的场所，我们表示坚决抗议。这一切是以非常方式进行的，没有事先通知，更不用说讨论，就用警力包围基金会大楼。在损害劳动权、公民权的情况下，不准基金会工作人员到自己的工作地点工作。这显然说明了，这剥夺了基金会正常进行自己完全符合法律要求和俄罗斯利益的活动的权利。
>
> 以解决财产问题为掩饰，实施的是目的明确的政治行动。我们明白，基金会的问题与俄罗斯的问题不能相提并论。但是在国家发展的大背景中，这一反民主的行动不能看作别的，而正是当局活动中日益明显的专横倾向的表现。明天这样的恣意妄为可能会发生在执政圈不喜欢的任何社会组织或公民身上。
>
> 我们声明，基金会将继续开展符合自己章程和符合与俄罗斯及外国的科学和政治机构缔结的协议的活动。

我们向所有俄罗斯的和外国的组织和个人表示感谢，感谢他们表现出来的团结精神。我们把它看作是反对践踏民主原则、建立公民社会和法制国家斗争中的重要部分。

禁止我出境的馊主意变成想出它的那些人的耻辱。

10月9日，法国大使皮耶尔·莫列利访问了我们的基金会。受弗朗索瓦·密特朗委托，大使向我表达了同情和支持。大使转达了法国总统对基金会工作顺利的祝愿和对我在合适的时间访问法国的邀请。

从报刊的报道中知道，在伦敦，俄罗斯外交部部长A.科济列夫与英国首相约翰·梅杰和外交大臣道格拉斯·赫德会见时触及了“戈尔巴乔夫话题”。科济列夫称同时“临时性禁止”前苏联总统出境和对戈尔巴乔夫基金会采取措施是“不成功的巧合”。

后来发生了下面的事。由于前联邦德国总理维利·勃兰特去世，他的朋友，还有德国当局向我转达了参加这位杰出的政治家和社会活动家葬礼的邀请。多年相识和积极合作把我与他联系在一起。德意志联邦共和国总理赫尔穆特·科尔向俄罗斯当局请求，让我去德国出席维利·勃兰特的葬礼。

这时《电话法》发挥了作用——同时我也明白了，站在禁令后面的是谁。

宪法法庭庭长告诉报界，俄罗斯总统鲍里斯·叶利钦找他，请求同意米哈伊尔·戈尔巴乔夫去德国参加前总理维利·勃兰特的葬礼。佐尔金说，宪法法庭认为戈尔巴乔夫去国外与“人道性质的情况相关”，在此之前或之后都可以听取他作为证人的证词。“但是宪法法庭仍不放弃自己的决定，要传唤戈尔巴乔夫到庭提供证词。”佐尔金补充说。

那时，一份份损害戈尔巴乔夫名誉的黑材料接连不断地投向了报纸。一切都用上了。又是20世纪80年代初在远东击落韩国客机的悲剧，又是苏联军队进入阿富汗，又是“八月政变”，最后是“最近轰动一时的事件——向波兰人和世界隐瞒卡廷悲剧[①]的真正罪人”。

可正是我在波兰总统沃伊切赫·雅鲁泽尔斯基访问莫斯科时向他转交了苏联历史学家找到的档案文献，这些文献证明了贝利亚和梅尔库洛夫在卡廷森林里的暴行。1990年4月13日，塔斯社报道了这件事，苏联方面对斯大林主义严重罪行之一的卡廷悲剧表示深深的歉意。

在离开克里姆林宫之前的几天，我向叶利钦转交了苏共中央的秘密档案，其中有三千只“特别的文件夹”，我也转交给他保存在那里的政治局文件，那上面有斯大林及最接近他的人在1940年3月贝利亚的呈文上的批示，呈文带有枪决几千名波兰战俘的附件。当时，1991年12月，我们议定，叶利钦将把这些文件转交给波兰方面。只是不得不猜想，为什么叶利钦在波兰总统莱赫·瓦文萨1992年夏访问莫斯科时没有这样做。也许，他保存它们正是为了上纽伦堡法庭反对苏共和戈尔巴乔夫。

尽管对我施加压力，但我坚持自己的立场。我表示准备与宪法法庭庭长见面，但是这不在“诉讼程序”的范围内。我这样做并非是因为害怕自己的名声和性命受损。没有了总统的保障，我对一切都做好了准备。我遵循最高程度的原则性观念，认为把司法制度和宪法监督用于政治目的是违法的、不道德的。我认为，这等于视专

① 苏联内务人民委员部在苏共中央政治局的批准下，于1940年4月至5月间对大约2.2万名被俘的波兰士兵、知识分子、警察及其他公务员进行有组织的大屠杀，其中4 421人在斯摩棱斯克郊外的卡廷森林被处决。1943年，纳粹德国发现了波兰军人的尸体，称事件是苏联所为，苏联予以否认。直至1990年4月，任波兰总统的雅鲁泽尔斯基访苏时，苏联才正式承认对卡廷事件负责。

横为政治，破坏了现代国家体制和文明的坚实基础。

显然，瓦列里·佐尔金明白他的行为把他自己赶进了死胡同，于是他在电视上发表了于法官不容许、于我是侮辱的讲话："我认为，米哈伊尔·谢尔盖耶维奇用自己的缺席出庭给自己签了判决……也许，我公开了自己的，这么说吧，想法是违法的，但是我越来越倾向于认为，戈尔巴乔夫以他现在的资格实际上已成为俄罗斯不需要的人。"

我抗议宪法法庭庭长的讲话，根据有关法律，我要求有机会回应这些指责并以同样的形式，有同样的记者群出席，通过电视直播来阐明我的立场。

俄罗斯国家电视广播公司董事长奥列格·波普佐夫借口俄罗斯电视频道播放的瓦列里·佐尔金的记者会"并非由国家电视广播公司发起"和组织，拒绝向我提供电视直播。他声称，原则上不排除"在通情达理的范围内"，用录像在新闻或其他节目中播放戈尔巴乔夫的回答，但是最近不可能，主要出于"技术原因"。

这就是自己行为不自由，也不准备采取原则立场的人身上发生的事。他们的技术不知为什么出毛病，他们公司以及他们自身失去了相当重要的东西……

围绕着"苏共案"的辩论，犹如国内的整个社会-政治气氛，越来越不容异见，专横霸道。互相敌视、渴望惩治持异见者和政治上的对手成为进行斗争的党派、集团的主要武器。后苏联时期第一年的整个进程真是一天天地使我得出一个结论：事情趋向于新的转折，从改革开始的民主进程将倒退，也许，甚至转向完全失败。

我决定一有公开讲话的机会就要讲这一点。这样的机会出现在机场，记者们在那里等我参加完维利·勃兰特的葬礼回来。"政敌的复仇，报复，"我说，"这不仅仅是损害戈尔巴乔夫的名誉。这是精心设计的布局，其目的是掩饰缺少经过深思熟虑的、长远的政策。我认为，叶利钦总统在最高苏维埃会议上的讲话对国内生活的迫切问题没有作出建设性的答复。随之而来的可能是中断俄罗斯的民主进程，这对于我国、独联体、欧洲，对于大家都会产生深远影响。无论是总统还是政府，他们自称是民主派，却不愿意听取任何人的意见，不理会大家的想法。然而时代要求所有爱国的、改革的力量团结起来。我不希望叶利钦失败，而是希望他能找到与所有对继续顺利地进行改革有兴趣的人合作的模式。无视这样的合作，总统会遭遇失败。”这话我是在坦克向俄罗斯最高苏维埃大楼射击前不到一年的时候说的。

而“苏共案”以“一场空”告终。我深信，在很大程度上这是由于我采取的立场造成的。关键的原因不是个人性格，而是最终宪法法庭不得不同意原则性意见。

法庭得出唯一可能的合法结论：必须停止审查苏共，因为1991年8月到9月“苏共实际上已解体”并失去了全苏联范围的组织的地位。但是，难道不能一下子作出如此显而易见的决定，不搞喧嚣的政治运动吗?

“苏共案”组织者的挑衅意图被制止了，但是，在关注发生的事件的同时，我难以摆脱一种感觉：这一切不会有好结果。

坠向社会灾难

俄罗斯当局和沉湎于过去的正统人士企图用杜撰的指责和诬蔑恐吓折磨我，当然，这没有让我平静，而是刺激了我。但是国内发生的一切，政府不加深思的冒险行动造成的后果却使我不安得多。报纸和人们的谈话勾画出一幅艰难沉重的图景。

年终，俄罗斯科学院社会–政治研究所与其他研究中心共同准备的报告发表了。报告的基本结论是："1992年俄罗斯形成的社会的和社会-政治的局势可以用'渐渐坠向社会灾难'来描述。"

报告的作者不得不确认，这一年中贯彻的激进改革的方针以完全失败告终。"无论哪一个改革方向都未能取得积极的成果，向前推进。"这导致激进方针的拥护者急剧减少。社会很快走上了从相信改革能很快取得正面的成果到疏远和不接受官方推行的政策的道路。

俄罗斯群众意识中的这种变化，报告说，是他们生活水平和质量灾难性降低造成的。"价格急速增长，生产遭到破坏，政府无视普通公民起码的社会利益导致俄罗斯大部分人的贫困。从伟大的卫国战争年代起，俄国人不知道福利水平可以降得这么低。"

放纵无所禁忌的执法、前所未有的经济不稳定转向混乱，这些导致营私舞弊急速加剧，实质上导致贪污腐败分子和黑帮分子执掌政权。由此，报告的作者得出了结论："政府鼓励官僚机器中受贿的那部分人和幕后的黑手夺取和瓜分全民的财产，这样的政府不可能得到广泛的社会支持。"

毫不奇怪，两年前在自由选举中直接投票选出的代表对国内发生的一切不能不作出反应。1992年12月，俄罗斯最高苏维埃第七次人民代表大会严厉批评了"休克疗法"的进程和结果。发言者猛烈抨击政府和领导经济部门的第一代总理叶戈尔·盖达尔（形式上是叶利钦主持政府）。

当时盖达尔是参与制订苏联经济转向市场的计划的人员。他给人的印象是个严肃的、有知识的、有魄力的人。我想，假如不中断改革，他会在经济学，也许在管理国家经济方面找到自己的位置。但是苏联解体造成了这样一种情势：这个人和他年轻的团队的潜力被叶利钦一伙人所利用，而这伙人首先追求的是政治目的。在盖达尔进入政府的时候，国家的财政系统已经崩溃（与那个最高苏维埃不无关系，现在它使自己的活动遭到致命的批评）。改革者所犯的错误加重了后苏联时期地区经济联系解体的后果。盖达尔艰难地经受了发生的一切，但是他无力改变方针或对它作认真的修正。

叶利钦当然明白，代表们激愤的批评不仅仅指向盖达尔，甚至与其说是指向盖达尔，不如说是指向他本人。他以特有的习惯作出反应：他生气，在代表大会的讲坛上对全国公民宣称，代表大会“变成了十足反动的一群人”。总统拒绝与代表大会合作。他号召对信任不信任代表大会进行全民投票表决，并示威性地离开了礼堂。

作为回应，代表大会以绝大多数票拒绝延长总统的非常权力的期限，但是最终接受了他的提议，选举维克托·切尔诺梅尔金为政府总理，他过去是苏联天然气工业部部长，后来是“天然气工业公司”的领导。就新宪法的基本条例，包括重新划分立法机关和执行机关的权力的条例，在1993年4月进行了全民投票，也达成了协议。但是很快就明白了，达成的只是对立的双方临时的、不稳固的平衡，各方所持的态度不是合作，不是妥协，而是不惜任何代价取得胜利。

我与许多人不同，我认为俄罗斯全民投票的思想不是建设性地促进局势稳定和社会团结的思想。相反，我觉得它是无益的和危险的。喧闹的全民投票运动的目的实质上是把社会的注意力引开，不去寻求主要问题的答案——为什么1992年1月采取的方针事实上把社会带到了深渊的边缘？我在《莫斯科新闻报》上的一篇文章中说出了自己的意见：“全民投票不是团结改革力量、扩大民主的空间，而只是加深分裂和加强俄罗斯的离心倾向。”

日益严重的局势迫使我以极为直截了当的方式说出自己的看法。我把当局对人民的政策公开称为厚颜无耻的。“国家机器没有成效，营私舞弊在俄罗斯，也在世界上达到了史无前例的水平。”

在这篇文章中我还说到，“进一步扩大俄罗斯总统的权力会促进形成公开的专横制度”，我也注意到“一些谈话，说在总统周围萦绕着一种想法：宣布实行特殊制度的‘过渡时期’”。我警告，这在国内可能会造成一种局面，即“‘暂时’收起言论自由和公民的其他自由，在制定和实施新宪法期间禁止政权的代表机构的活动，这些都可以认为是无罪的”。

需要做什么呢？为了维护公民的世界，我向人民代表大会建议分析一下最高苏维埃和执行机关的活动并想办法摸索出通向恢复社会和谐的道路。“如果不能做到这一点，剩下的合乎宪法的解决危机的唯一办法是提前选举政权的两个分支，不能拖延一整年。”

我认为，之所以必须进行选举，是因为俄罗斯政权机构是在苏联和联盟中央存在期间形成的。“俄罗斯许多积极的、有经验的政治家没有参加选举，因为他们在联盟机构里工作。此外，近两年俄罗斯政治舞台上出现了新生力量，他们能承担起在所有领域促进俄罗斯发展的责任。”

事件的发展表明，我警告过的威胁是实际存在的。因国内形势继续恶化、人们生活的负担更沉重了，这种威胁更严重了。在这种条件下，总统和最高苏维埃间的对立越来越尖锐和不可调和。双方都发表了强烈的指责和侮辱性的言论。最接近叶利钦的人让人们明白，他准备解散最高苏维埃和人民代表大会。作为回报，代表们就猛烈攻击“克里姆林宫的宠臣们”，号召开展“公民不服从”运动，建立“将整顿国内秩序”的“拯救民族”的政府。

面临危机

与此同时，国内的紧张局势继续发展。有传闻说，总统准备实行某种“特别制度”，停止人民代表大会“履行职能”，这传闻被证实了。3月20日，叶利钦在电视中告诉公民，他签发了在俄罗斯联邦实行特别管理秩序的命令，直至解决政权危机：“用表决、用麦克风进行辩驳，靠人民代表大会的空谈和热衷于公众集会不能管理国家。”俄罗斯联邦最高苏维埃主席团主席P.哈斯布拉托夫和反对派把叶利钦总统的行为看作是企图发动国家政变。瓦列里·佐尔金庭长以宪法法庭的名义宣布俄罗斯总统的行为和命令是不符合宪法的。在最高苏维埃的大楼——“白宫”——开始举行数千人的集会，广场上混杂了总统的拥护者和反对者。社会分裂了，空气中弥漫着硝烟。

根据国际文传电讯社的请求，我表达了对叶利钦讲话的意见，把总统关于在国内实施总统统治的命令称为“严重的政治错误，它证明了他政治基础的狭隘、他的威力以及对一些人的看法的依赖程度，而那些人，如通常所说的，为了煎熟鸡蛋准备烧毁房子……尽管俄罗斯总统保证不使用自己资源库里的武装力量，但他选择的违宪方针，我认为，将把社会推向对立并破坏脆弱的社会世界和公民世界”。

我呼吁国家立法和执行的两脉在国家发展的危急时期承担起责任：“重要的是，在这种形势下让人们自己决定，而且必须在提前选举的情况下做这件事，因为所有其他办法都不能使政权脱离现在的对立形势，而只能加深危机，使近年来取得的民主成果受到威胁……

“现在说到代表大会，我认为，它有最后的机会推翻人们的意见，不要说什么支配代表们的只有维护政权的本能，而不是对国家命运的关心。在‘炽热’的形势下非常重要的是，使政府，特别是法制机关，还有地方不陷入政治对立，防止国家解体、社会冲突和对抗。”

后来发生的事情，我今天觉得，重要的不是对抗的细节，甚至也不是全民投票的结果，而是参加对抗者的意图。他们能有政治勇气放弃无意义的搏斗吗？强有力的、负责任的总统政权，具有广泛权力的议会，独立的司法制度，各政党，公民社会的组织——他们打算建设这样的民主制度吗？他们能共同找到实现艰难但是必需的经济改革的道路，使人们免受最痛苦的后果吗？那时面临的就是这样的问题。

全民投票前夕，4月25日我说过自己的意见，特别表示它不会原则性地改善政权机关和整个国家的危急形势。

全民投票的结果形式上是总统团队取得了胜利。对是否信任总统的问题，大部分参与者回答“是”；对是否赞同政府的社会-经济政策的问题，回答“是”的人超过一半。参与投票的人不多，估计占选民的三分之一多些。至于进行提前选举的问题，主张改选总统的有49.5%，而主张改选最高苏维埃的有67.2%。

怎么解释这个结果？据我看，全民投票的结果无疑反映了大多数人不愿意回到改革前行政命令的时代，按总统的宣传，代表大会拥护者取得胜利会有回到过去的危险。“全民投票的结果不可能承认这方或那方绝对赢了。俄罗斯公民反对对立冲突，他们要稳定。他们主张继续改革，但是要作本质上的修正。首先是为那些处境特别艰难的人们减轻改革带给他们的重负。”

接下去是什么？我认为，新宪法无疑是必要的。“但是不容许它成为局势的成果，目前政治斗争的成果……主要是在制订协商一致的方案后，在齐心协力的气氛中，在宪法程序的框架内接受基本法。”应该由新组成的最高苏维埃来接受宪法。任何强行接受新的基本法的做法都意味着不尊重公民的意见。在任何情况下，5月末我说：“一切都应在合法的基础上进行。只有这样才能建立起稳定发挥俄罗斯国家体制作用的保障，确保艰难诞生的俄罗斯公民社会的正常生活。”

然而为制定新宪法草案而召集的宪法会议未能完成自己的使命。会议上没有富有思想的辩论。还是在7月份，我就说过，它变成了毫无用处的浪费时间。我对记者们说，这是“不会产生任何结果的游戏。需要政策，而不是政治游戏”。

1993年夏天对我来说是非常紧张的。好几次出国，其中包括去荷兰和瑞士，在那里，我研究与国际绿十字会开始活动有关的问题。慈善事业——7月6日，我与赖莎·马克西莫芙娜参加了拥有现代化设备的最大骨髓移植专科的揭幕仪式，这是在赖莎经常关注的共和国儿童医院的基础上建立的。

1990年，赖莎·马克西莫芙娜成为“世界血液病学家——孩子们”国际协会的保护人，这是为以现代医疗手段治疗最严重的血液病患儿专门成立的。1991年3月，她把十万美元的慈善支票转交给儿童血液病研究所。这能保证医生护士接受最新的医疗技术培训，保证他们去美国、德国最先进的血液学中心进修。

1991年12月以后，儿童血液病研究所下属的骨髓移植专科的建设资金停拨了。而能够恢复和完成建设则多亏了我们成功地为此专门募集了一百万美元——应我的请求，荷兰商人、慈善基金会创始人弗雷德·马特采尔提供了一半，另一半来自我1992年在美国演讲的部分报酬。完成建设必需的第二个百万美元是我提出请求后俄罗斯政府提供的。其他外国朋友通过基金会也向俄罗斯提供了人道的和慈善的帮助。8月24日，我们把医疗设备转交给斯塔夫罗波尔医院，这些设备是由德国的玛利亚·维尔梅斯和赞助人团体组织购买的。

那时我结束了《艰难决定的年代》的写作。该书是我的演讲、讲话、1985年到1992年谈话和谈判的录音整理。相当一部分材料是第一次发表（特别是因《苏维埃俄国》发表尼娜·安德烈耶娃的文章，1988年3月24日到25日苏共中央政治局激烈交换意见的记录）。

实际上，我是同时把手稿交给俄罗斯和法国的出版人的。但俄罗斯的出版人事实上被迫延迟了出版——这相当明显地说明，出版戈尔巴乔夫的书，出版社和印刷厂会不可避免地遭到“袭击”。书的第一份排版被拆散了。后来梁赞的一家印刷厂，这么说吧，是在

“秘密情况”下重新排版的，结果在法国书的面世比在俄罗斯早。

致命的决定，不幸的日子

那时由总统和最高苏维埃之间不可调和的矛盾引起的政权危机继续着，并有转向大灾难的危险。当然，国内恶化的形势是其深刻的原因。我们在基金会做了情况分析，结论非常不妙：“人民群众对中央政权——既对总统，也对最高苏维埃——的反对情绪和不信任增强了，但大部分人——出于各种原因——担心新的急剧变化。中央政权的执行机构和立法机构之间力量的相对平衡相当不稳固（‘无论哪个都实现不了与现任总统稳固的协调一致’）。

“地方和地区的上层管理者越来越多地把苏联时期党的积极分子中的专家-机关工作者吸收到自己那里，并竭力保障自己免受来自中央的可能的新干涉。今年秋天或冬天要进行选举，其结果不可预测。”

但是我一如既往地深信，只有新的选举才有希望打破为时已久的僵局。在8月19日《俄罗斯报》的访谈中，我说：“如果现今的政治家想要俄罗斯好，他们只需要宣布今年秋天举行选举……俄罗斯现在无舵漂行，偏离了航向。”摆脱危机的出路就是更新联邦政权。应该把国家带出混乱状态，“只有新人能胜任这项任务。他们虽然声望不高，但终究是被信任的”。

叶利钦另有计划，显然，到夏末他完全坚定了解决危机的想法，要摆脱最高苏维埃。整个9月份，他完全忙于准备用强力清除最高苏维埃。在国防部长和内务部长的陪同下，他亲自检查了驻守在莫斯科近郊的精良师，以及部队对执行他命令的准备情况。他穿着迷彩服，戴着迷彩贝雷帽，手持战斗步枪出现在电视屏幕上。

9月21日，俄罗斯总统签署了1400号命令，停止人民代表大会和最高苏维埃的权力。总统“建议”宪法法庭在选出政权的新立法机构前停止开会——拟定于12月12日举行联邦会议。这个决定命运的决定奠定了一系列事件的开端，这些事件在许多方面注定偏离民主道路，在后来那些年直至今天，我们是这些事件的见证人。

在同一天，俄罗斯联邦宪法法庭认为，鉴于1993年9月21日的命令，总统的行为和决定是不符合俄联邦宪法的，因此有理由撤销俄罗斯联邦总统鲍里斯·尼古拉耶维奇·叶利钦的职务或者以俄联邦宪法规定的程序启动别的专门机构肩负起他的责任。

9月22日，俄罗斯最高苏维埃作出决议，宣布：“俄罗斯联邦总统发起了国家政变。”同一天，最高苏维埃决定对刑事法典补充一个条例，即以直至死刑并没收财产来惩处反宪法活动发起者。叶利钦把这一事实看作是针对他个人的直接威胁。

双方真“不愧是针尖对麦芒”！我深信，直至最后一刻的流血冲突收场前，10月3日到4日还是有机会和平解决危机的。我没有直接作用于冲突参加者的杠杆，但是我努力以自己的公开演说呼吁双方理智约束各自的行为。

9月25日在莫斯科的记者会上，我说：“俄罗斯目前局势的最好出路是同时选举总统和最高苏维埃——越快越好。”

必须使一切都回到宪法的轨道上来。否则会创造出非常危险的先例。“这样对宪法恣意践踏的态度是布尔什维克主义。”还有一点很重要：在只剩一个政权且所有的媒体都属于它的情势下，我在记者会上强调说，自由选举最高苏维埃就无从谈起。

灾难的根源在俄罗斯的领导——总统和最高苏维埃从1991年底开始执行的政治方针。“他们是一伙的，他们都陷进了这一局势。他们应该离开。”我说。

我建议叶利钦在最短时间内使局势回到9月21日前的状态。当然，应该取消最高苏维埃最近的所有决定。

无保留地支持叶利钦的西方国家领导人的立场，我觉得是危险的。我推测，他们这样做是没有弄清楚事情的本质。鲍里斯·叶利钦应该做的“不是作为一个政治派别的代表，而是作为国家领导人表明态度”。我认为这是他最后的机会。他没有利用它。

9月29日，莫斯科和全俄大牧首阿列克谢二世呼吁冲突双方不要发生流血事件。教会参与到寻求妥协的进程中。最高苏维埃的成员正在按总统命令被军队包围了的大楼里开会，他们中的大多数人准备妥协。俄罗斯共和国的总统扮演了最高苏维埃和总统的行政机关及切尔诺梅尔金的政府之间的中间人角色。甚至那些支持过9月21日总统命令的人也倾向于接受我提出的摆脱危机的妥协方案。

但是10月3日下午，莫斯科的局势变得极为紧张。一群群示威者，武装的人们以及以A.马卡绍夫和B.安皮洛夫为首的明显是奸细的人突破了包围“白宫”的封锁，占领了新阿尔巴特街上的市政府大楼并向奥斯坦金诺电视中心进发。

傍晚，按叶利钦的命令，莫斯科进入非常状态。在奥斯坦金诺电视中心开始了对射，结果有死有伤。死了数十人，有几名记者。无疑，应该控制住局势。到10月4日早晨做到了这一点。我深信，当时还是可以避免进一步流血，结束危机的。但是正是在这一刻，上午10点，坦克向“白宫”前的大桥推进并向大楼开火！实际上在莫斯科中心发生了短时间的内战，它造成了伤亡，据官方数据显示，死者有160人。

这时大楼里有1 000人左右——代表、机关工作人员、服务人员、记者、妇女、孩子。大楼燃烧起来——火苗和团团黑烟一个窗户接一个窗户、一层楼接一层楼地吞噬。

俄罗斯数百万台电视机的屏幕上再现了整个可怕的场景，而美国有线电视新闻网的摄像机从与最高苏维埃所在大楼相邻的楼房的不同点位向全世界进行了直播。

“多大的耻辱呀！”望着电视屏幕，我想。

14点30分，手拿白旗的人们开始走出苏维埃的大楼。鲁茨科伊、哈斯布拉托夫、马卡绍夫被逮捕。叶利钦对公民宣布，莫斯科的“武装叛乱”被镇压。

在《共青团真理报》记者亚历山大·加莫夫的采访中，我充分地阐述了我对10月3日到4日事件的反应、初步评价和结论。那是在事件发生后两三天。

加莫夫：在攻击“白宫”时，我们的一些同胞位于街垒的两边，而其余的人怀着忐忑的好奇心观望着发生的一切。这个时候，戈尔巴乔夫在什么地方？

戈尔巴乔夫：坐在电视机旁。但不是惨烈悲剧的冷漠旁观者。

从21号开始，我关注着局势的发展，就我目前的状况所允许，力求对它作出反应。如果要说我9月25日在记者会上阐明的最初立场，那么它包括以下内容：我劝叶利钦总统好好斟酌一切并亲自使局势回到9月21日前的情况，提议同时进行总统和最高苏维埃的选举。同时，“被包围的代表大会”，如奥列格·鲁缅采夫在会见时告诉我的，也准备取消所有最后的决定并转向妥协。宪法法庭、大部分地区，以及许多社会组织的意见也是这样。甚至支持过21日总统行动的那些人也倾向这个摆脱危机的方案。教会也参与了谈判进程……总之，有过避免流血冲突的希望，而且还不小。

星期天发生的事，我想，对许多人来说是意想不到的。在我知道在奥斯坦金诺和市政府大楼发生的事之前，通过国际文传和俄通社–塔斯社，我转达了自己的呼吁并坚决建议无论如何不要把军队卷进这件事。我说，如果军队进入莫斯科，将会有流血，将会有战争。顺便说，那时我还不知道城里已经宣布进入非常状态，军队也已介入。谁知道呢？电视停播，电台也是，没有任何信息……后来指责我，仿佛我反对采取阻止浩劫的措施……

加莫夫：米哈伊尔·谢尔盖耶维奇，但是在那个流血的星期天傍晚，你的反应看起来可确实比较奇怪……

戈尔巴乔夫：别急……如人家描述的那样，结果就是戈尔巴乔夫好像认为屠杀者无罪。我要再说一遍，我的呼吁是在白天做的，而转播它是在深夜。这是其一。而接着发生了什么？到凌晨时，上帝保佑，局势得到了控制，军队，装甲部队包围了“白宫”。人们去上班了。突然，当着全国，全世界的面开始向苏维埃大楼射击。我震惊了！

可是就在前一夜，总统方面的代表说，鲁茨科伊和哈斯布拉托夫把数百无辜的公民当成自己犯罪想法的人质。在苏维埃大楼里，除了一小撮冒险分子，不少人是服务人员、机关工作者、记者、被骗的“保卫者”，最后，还有真诚地捍卫宪法原则的代表……军队开始残酷地消灭这些人质——原来，最不痛苦的是战斗者以及参与屠杀的肇事者自己。这就是我在星期天曾警告过的。

顺便说，我们现在知道，鲁茨科伊和哈斯布拉托夫通过国际文传，也通过格拉乔夫，试图继续谈判，准备投降。应该利用这个机会……

依我看，“白宫”那里发生的事绝不能用报复来解释。已经过了几个昼夜，可一直未把大楼里的尸体运出来，据说是调查员在检查他们。这可是侮辱！这造成一种印象，似乎当局企图隐瞒“白宫”里打死了几百人。在光天化日下！会集了大量的人！总而言之，我们已经进入了疯狂的第一阶段——强迫我们的军队去流血。这样的事是不能原谅的。最高苏维埃的领导人、总统的机构、执行机关使我们陷入的这场悲剧给他们的活动画上了句号。今天，他们中无论谁都没有权利留在政权旁。

加莫夫：但是取胜的克里姆林宫没有打定音鼓……

戈尔巴乔夫：好的是他们奏响了欢快的胜利曲，喊出了“镇压坏蛋！”这类口号。

报界已经开始用那种语言、那种腔调和那种在那些可怕的日子应有的惊慌来说话了。许多人明白，在发生这一切之后我们已经不再是之前那样的人了。

最后连总统也在自己的呼吁中说，这是悲剧，而不是胜利。他宣布志哀，也明白了这一天需要说这样的话。但是其余的……人们得到了这样的印象，似乎叶利钦摆在自己面前的任务是激起全国人民更大的恐惧。而接下来是什么呢？我没有听到任何建设性的打算。有的只是劝告——实际上是驱散人们……

加莫夫：米哈伊尔·谢尔盖耶维奇，您一直在批评总统……顺便说，有些人建起了这样的逻辑链：戈尔巴乔夫产生了叶利钦，叶利钦照样也产生了鲁茨科伊和哈斯布拉托夫。

戈尔巴乔夫：这是过于直接和表面的分析。在社会发展进程中出现了新的运动和人物。这是历史注定的……

加莫夫：我现在回想起，在您执政的最后几年，社会上也存在着临近紧急状态的想法。

戈尔巴乔夫：确实，我常常听到要求国家实行总统执政，宣布紧急状态的声音。或者，有人说，下台！那可是真正的围攻！但我没有那样做。对于我来说，流血的道路、把社会分成红色和白色、竭力驱散反对派是不能接受的。这并不意味着一切像预想的那样做到了。但我要说的是，我遵循自己的深刻道德信念。在推动民主进程使其不可逆转时，我曾试图阻止这些和那些人。而现在我们竟到了这种地步……

您瞧——公民基本的政治、经济、社会、宪法的权利又遭到践踏，又硬逼着要公开性。如果最终把我们卷进流血的屠杀，纲领、观点还有什么价值？

加莫夫：您是否觉得不应该从叶利钦、哈斯布拉托夫或者军队这些日子的行动中寻找悲剧的根源……

戈尔巴乔夫：我想，不与人民配合，如对待建造民主国家的材料那样对待他们，是无法进行改革的。俄罗斯的新政权实质上开始了导致国家崩溃的骑兵攻击。也就是说，我们得到的不是改革，而是"伟大的转折"，"大跃进"。这是新布尔什维克主义。

今天的流血悲剧的根源在哪儿？是从采取错误的政治方针那时开始的。那时，叶利钦、鲁茨科伊、哈斯布拉托夫及所有他们的拥护者在什么地方？在一条船上。后来叶利钦和盖达尔开始实行自己的"休克疗法"，加速进行经济改革，为的是给戈尔巴乔夫及戈尔巴乔夫分子看对社会应该怎么做。在这之前，最高苏维埃和代表大会可是赞成他们的！是谁给总统权力颁布规范性命令的？是最高苏维埃和整个代表……

回想一下，他们什么时候开始争吵的？在他们看到他们共同劳动的果实时——独联体没有运转起来，国家支离破碎，经济崩溃，人的长久联系被摧毁……70%的公民处于贫困中。那时总统和代表大会才开始心惊。代表们比较理解他们，因为大多数代表生活在地方，一切都是亲眼所见。于是就开始要弄清谁的过错大。他们——最高苏维埃、代表大会、总统——全都有错。他们没有认识到这一点，而是开始彼此算账，把俄罗斯拖入了我们大家都被打得鲜血直流的状态中。而斗争各方还认为自己是祖国的拯救者……

加莫夫：您坚持要现在的领导人离开岗位。如果人民不来参加新选举，局势会不会就复杂了？

戈尔巴乔夫：不会，人民等待选举，会去参加的。人们会推翻这届政府，在九个月中，他们在俄罗斯的政治舞台上斗争，而现在还开枪射击。我们现在像需要空气一样需要团结一致——为了推进改革，为了社会安宁，为了稳定。通过同时民主选举最高苏维埃和总统可以做到这点。

我保持乐观主义也是因为相信俄罗斯会复兴的。对这一点，我没有丝毫怀疑。我看到人们有很大变化。超过60%的领导人、经济方面的负责人已经不想回到过去的命令体制。出现了企业家阶层，那不是投机倒把做派的，而是真正干事业的人。

我们明白，社会关心的是在民主和已确立的自由框架内进行正常的、健康的、认真的改革。因此我相信，我们会走上这条路的。确实，我们能做到这点要经过许多年，几十年。我们能否较快地摆脱危机，特别是摆脱目前的危急状况，将取决于当政者选择的方针。这就是为什么我希望让人民，公民在自由独立的同时，在选举政权和地区机构的所有分支时说出自己的意见。那时我们将得到地方和中央的机构，它们则将得到人民的委托并顺利地进行改革。这样的方案将使社会免遭大的历史倒退、分裂、国内冲突。

紧急状态——不是通向稳定的道路

在流血结局后最初的那些日子里，国家因发生的事而惊愕，仿佛静止了、麻木了。重要的是要制止总统沉浸于胜利的喜悦。认为发生的事件是“对叛乱的胜利”，这是谬误，是宣传的神话。确实，参加悲剧事件的有令人厌恶的人，有激进的挑事者，但是也有真正抗议践踏法律和最高苏维埃权力、要求回到法制道路的人。而有多少无辜的人受难呀！已经向最高苏维埃射击之后，当局对去往“白宫”的公民施行了群众性的屠杀。受害者，有些遇难了，包括职业技校的孩子们，他们出于孩子的好奇冲向红色普列斯尼亚。一位被打死的年轻人的母亲没有生活资料，来向我们基金会求助。我们尽己所能帮助了她。

使我极为惊讶和不安的是一些支持向最高苏维埃射击的著名作家的呼吁书。他们刊登在《消息报》上的信的标题是《作家们要求政府采取坚决行动》。接下来是“说够了……该学会行动了。这些愚钝的坏蛋只尊重力量”。利哈乔夫院士怎么能在这样的信上签名呢？为什么在这种粗俗的抨击性文章上有贝拉·阿赫玛杜琳娜、维克托·阿斯塔菲耶夫和其他大作家的签名呢？这些问题让我不平静。这些人中的许多人已经不在人世。而那些活着的人，我想，今天未必会对自己的行为感到自豪。

当然，不是所有的文化活动家都持这种可耻的立场。安德烈·西尼亚夫斯基、弗拉基米尔·马克西莫夫、彼得·叶吉杰斯在《独立报》上发表了一篇措辞激烈的文章，谴责了莫斯科市中心发生的血腥镇压。而安德烈·沃兹涅先斯基的诗大概是对那些要求“杀死恶棍”的人的最好回答：

> 狙击手从屋顶上瞄准。
> 我们蜷缩着挤向路边。
> 人道主义不用血书写，
> 尤其是不用别人的血。

叶利钦在开始“紧急状态”大事件时曾许诺，它会带来稳定，开辟通向民主的道路，减轻改革的困难。很快就明白了，一切朝着相反方向进行。关于这一点，我在应《新闻报》请求而写的文章中说过：

> 是时候询问了：9月21日至10月4日的事件开辟了通向稳定的道路吗？

日益增多的资料迫使人们意识到，不是这样的。但我不认为原则上稳定国内局势的可能性完全消失了。炮打白宫，数百人死伤，紧急状态下当局的行动——使民主和俄罗斯的改革事业遭受不可挽回的损失。

缺少合法的反对派明显增大了在制定和实施法律、在实行改革的进程中犯错误的概率。在危急的过渡时期，这非常危险，孕育着种种失败，而这些失败会引起群众性不满的爆发，导致重现我们经历过的事件。

我不再举其他的论据和疑点。但是我想，所说的已足以使人不再抱有幻想：以为俄罗斯已经走上平静、稳定和正常的道路，以为继续执行在9月21日至10月4日的行动中被“休克”的政策能拯救俄罗斯的民主和改革。

1993年10月3日到4日事件的结果之一是停止了关于1991年8月的政变组织者的刑事案。12月选出的国家杜马在作出停止调查10月群众性死亡决定的同时，宣布政治和经济大赦，它扩大到国家紧急状态委员会的成员。实质上，这是互相解除责任的交易，既解放了向“白宫”射击的人，也解放了挑起群众性风潮的人，还解放了1991年8月发动国家政变的人。这一做法有自己的逻辑：一些“政变者”（1993年）大赦另一些（1991年）。很快就有了半刑事语言的时髦说法，一切都是“按理解”来做的。

12月12日选举俄罗斯联邦国家杜马。俄罗斯议会用回了历史名称。总统和他的追随者深信，投票会带来亲政府的政党俄罗斯选择党——后来交替上台的“执政党”中的第一个——的胜利。等待他们的是痛苦的失望。莫斯科的十月流血事件造成总统拥护者人数的急剧减少和投票反对者的增加。人民用对当局的“休克”行动回答对人民、对十月流血事件的“休克疗法”。前所未有地，大部分选民投票支持提出过激口号的日里诺夫斯基的自由民主党。自由民主党得到的票数远远超过了俄罗斯选择党和所有其他的党。

奥斯坦金诺电视中心组织的电视马拉松从12月12日夜到13日都在期待激进民主派的胜利，在凌晨3点后不久，据说是因技术原因而停播了。实际上提前停播的原因是俄罗斯选择党遭到了巨大失败，这无论如何都不符合这场表演的组织者兴冲冲的期待。

在《选举的总结。接下去是什么?》这篇文章里，我对局势给出了自己的分析：

> 发生了应该发生的、预言过的、许多人预料到的事。全国——那些来投票的人以及那些拒绝这么做的人——大部分人都表示反对，不接受强加给他们的政策，它使三分之一的居民处于贫困线下，还有三分之一刚到贫困线。生产继续萎缩。大工厂停产。我们处于崩塌式的群众性失业的前夜。阻止通货膨胀、稳定经济、恢复社会秩序的许诺，没有一个兑现的。改革完全失败了。经济在无舵无帆的情况下漂流。
>
> 俄罗斯选择党失败的原因不是媒体选举前的过失，甚至也不是宣称自己是民主派的人中间的混乱，而是这个集团的主要人物应承担责任的政策。
>
> 反对这样的政策并表示失望是日里诺夫斯基取得成功的根源。认为投票支持他的人们为了让波兰、芬兰回到俄罗斯准备去远征，认为他们赞同把乌克兰、外高加索等地变成俄罗斯的省，认为他们会祝福自己的儿辈去征服“暖海”，都是不应该犯的错误。大部分投日里诺夫斯基票的人未必真的相信他一下子就能使俄罗斯昌盛起来。因此没有理由陷入惊恐，用仿佛已笼罩俄罗斯的威胁来吓唬自己和西方。虽然这样的危险——在

保留过去政策的情况下——会增大。问题的根子就在这里：接下来是什么？

宪法是在低限——总共只有三分之一的俄罗斯公民投票——的情况下获得通过的，但是确实通过了。如果新议会，它的所有党团不表现出对国家应有的责任，如果他们缺少理智和健全的思想，不把它变成建设性的、有活力的、真正独立的和工作内行的立法机构，宪法就将被用来加强专制制度。我们已经不只是从记者嘴里听到这种警告。

从自己这方面来说，总统以及他考虑到过去发生的事而给自己挑选的团队，不能不顾及他们常挂在嘴上的、明显表露出来的人民的意志，不能不注意到“主要的选民”是国家的社会经济形势，它在继续恶化并且看不到出路。需要的已经不止是修正政策，而是新政策，当然，是建立在法制国家和文明市场原则上的政策。

新年，即1994年的前夕，对于总结过去的一年我想了很多。多半是沉重的念头和预感。关于这一点，我对《工人论坛报》的记者B.科瓦廖夫说过：

当然，看到近两年发生的一切，我很痛苦。我努力坦率和诚实地谈这一点。大概，我们现在特别需要的是坦率和诚实。令我忧虑的是从前赢得的自由和公开性、开始起作用的民主制度向后退……如果谁以为通过放弃民主能得到秩序和稳定，他就大错特错了。如果要谈法制，那么它总是与政权的所有支脉有效地发挥职能、在生活中坚定地执法联系起来，绝不能滥用权势。如果容许那样，我们就会回到斯大林主义，但那不是秩序，而是毁灭国家。我们没有权利容许那样。

全部经验表明：俄罗斯现在需要的是把人们团结起来，而不是分裂国家的政策。

新宪法的缺陷

我想得很多的还有刚通过的新宪法，常与同事讨论它。我得出的结论是，应该继续完善新宪法。

甚至在制定得较好的权利和自由部分也存在着明显的不足。基本法宣布的权利和自由直接有效的原则，多半是没有有效保障机制的漂亮说法。仔细阅读某些条款便能得出结论：如果没有变化地保留一切，那我们多半得告别义务教育和免费医疗。这里缺少必要的明确性。

另一些部分，尤其是关于政权各支脉关系的部分，还要做较多的最后加工。在缩减议会的重要权力的同时，过分扩大了总统的权力。而且总统的权力规定得比其他政权支脉的权力要清楚得多。追究总统责任的法律机制极为复杂，实际上变得不可能追究。

归根结底，我想，设置如此无足轻重的议会也不能维护总统的利益，只是使已有的民主成果失去价值。大政治家总是需要强有力的民主制度，以使自己免于政策失算。没有这一点，无论说多少民主，它都会成为泡影。

遗憾的是，我的担心被证实了。新宪法被称为“叶利钦的宪法”，它常常被用来为总统个人的权力辩解和提供理由。这一权力带有一切不可避免的缺点：让亲近的人，“自己人”无所禁忌、不可侵犯，对“外人”恣意妄为，搞地下的“宫廷”阴谋，等等。

制定宪法的人中有宪法方面的权威专家。今天，令人惊讶的是，他们“疏漏”了宪法的一些独特内容。例如，总统不能连任两届以上这一众所周知的条例。而在“间隔”后——请吧。完全有可能，叶利钦考虑的就是这种可能性，虽然他的年龄和健康状况未必允许他利用它。这样做的，我们知道，是弗拉基米尔·普京。

但是宪法的主要缺陷是它的“超总统性格”。在与俄罗斯民族性格中固有的对最高政权的特殊态度，以及我们君主制传统的结合中，它开启了建立个人政权制度的危险前景。某些参加制定宪法的学者，如维克托·舍伊尼斯，希望随着时间流逝，有利于执政者的权力不平衡将通过增强议会的监督功能得到纠正。是否应该说，这样的事没有发生？一年年过去，一种倾向越来越强：新宪法的民主潜力实现得有限，而它内在的专横因素却得到了充分表现。

忧虑中开始又一年

1994年最初几个月，我忙于《生活与改革》的收尾写作。这本回忆录讲述了我的一生，特别是主要的时期——改革年代，写作用了两年时间，不算很长。我竭力做到准确地叙述事件、校正评价、批判地重新认识所做的一切。这不仅对读者，对我自己也是重要的。从那时起，我不止一次回到这本书，重读它的篇页，我想，它对于历史学家和所有想理解这个时代的人来说将是重要的信息源泉。

像所有俄罗斯人一样，我不能不向自己提这个问题：在1993年10月发生痛苦的悲剧性事件以后，国家将往何处走？是否会摸索出通向和谐的道路？如果总统和政府正是把社会和谐及在此基础上实行改革作为自己的目标，那么所犯的许多错误还是可以改正的，罪孽也是可以赦免的。这也确定了我对国家杜马作出的大赦1991年8月和1993年10月事件的参与者的决定的态度。

“互相原谅”不止一次违背法律并造成了国家所处的状况，它激起我的否定反应。我总是主张把对紧急状态委员会成员的审判进行到底，查明所有的事实，确定罪的大小。不然，我说，我们就不会从1991年8月的事件中吸取教训。

问题的实质，我在国际文传的采访中说，在于国家杜马宣布大赦的动机。如果它的目的正是民族和解，那我准备理解这点。俄罗斯现在处于深渊的边缘——它面临着崩溃的威胁。是时候该把一切内讧搁在一边，把国家和人民从内讧和纠纷中解救出来了。西班牙内战和弗朗哥执政的后果正是这样消除的。

国家——我指的是苏联——在1991年8月承受了不可挽回的损失。政变也直接刺激了我个人。这是一场戏剧。但是，在大赦确实帮助维持国家完整的条件下，我会把俄罗斯和俄罗斯人的利益置于个人利益之上。

但是，如果明天俄罗斯自由民主党的代表和共产党人宣布，大赦是他们对民主派的胜利，如果俄罗斯选择党又召唤人们去广场并号召驱赶杜马，那么大赦带来的将只是不幸。

后来的事件表明，大赦没有成为走向和解和团结一致的步骤。停止国家紧急状态委员会案被被告人理解为他们的胜利，理解为提出又一个说法——1991年8月的事件目的是洗刷自己和诬蔑戈尔巴乔夫——的理由。而俄罗斯当局没有做到实际促进社会达到团结一致，他们没有改变自己活动的性质和作出决议的方式。

1994年1月，叶戈尔·盖达尔拒绝了向他提议的第一代总理的职位，离开了政府。在给总统的信中他写道：“我不能同时既在政府里，又在它的反对派中。”我想，他离开的原因不只有这一个。盖达尔提出了“加速改革”的战略。但是怎么加速结果令人失望的改革呢？盖达尔在《消息报》刊登的文章中写到了“民主政权的垮台”：“国内发生了最严重的危机……没有宏大的国家思想——无论是现实的，还是哪怕乌托邦的……没有宏大的目标，纪律松弛，局势不稳定，发财的机会很大。”然而文章是为了证明，随便哪个人对这一切都有过错，唯独“休克改革”的发起者没有。

在国际文传的采访中，我说出了意见，叶戈尔·盖达尔离开政府以及其他"'休克疗法'的标志性人物"可能离开，丝毫改变不了国内的状况，因为政权没有制定出明确的发展方针。"领导中无论谁都仍像以前一样没有好好考虑今后做什么、怎么发展国家的问题，所以我们注定会有政治和经济的偏航及它带来的一切后果。"

如果领导国家的那些人"不去感受生活的脉搏，那么可以深信，等待俄罗斯的将是政治上新的大跟斗，它能引发严重的社会后果"，我说。当然，这话不是指国家回到过去的体制。"市场关系的方针应该继续，但要作认真的修正。应该在中小企业间加强市场关系，应该通过严厉的反垄断法。但是主要的关注是认真培养人们适应市场条件下的生活，不然就必须用强制手段推行市场关系。"

经济学家的提议——当局置若罔闻

2月里，我们把一些著名经济学家召集到基金会，讨论经济状况，想探索如何走出去年10月"胜利的"俄罗斯当局所处的僵局。

我们想听取各种倾向的经济学家的意见，既有总体上支持总统和政府的经济方针的人，也有批评这方针的人。来参加讨论的有院士Λ.H.阿巴尔金、H.Я.彼得拉科夫、俄罗斯科学院通讯院士B.A.梅德韦杰夫、B.A.马丁诺夫、科学博士C.Ю.格拉济耶夫（国家杜马经济政策委员会主席）、A.Я.利夫希茨（俄罗斯总统的分析员）、E.Γ.亚辛、A.H.伊拉里奥诺夫，以及其他知名的经济学者，还有记者。

在开场白中，我要求与会者开展建设性的对话。"国内的严峻局势要求这样做。到目前为止，看不到循序渐进地阻止经济衰落的行动。经济衰落到一个点，就将崩溃。怎么办？我们大家应该坐着观望，什么时候这将来临，什么时候一切，首先是想出这一切改革的那些人，将见鬼去？……说到底，大家——总统也好，政府也好——都是来了又走，而俄罗斯会留下来，对我们来说，国家的利益高于一切。我请大家来进行负责任的、同志式的交谈。”

尽管对国家经济陷入深刻危机的原因和危机性质有各种不同评价，辩论参加者都对摆脱危机的道路竭力提出自己的看法。强烈批判者占多数。比如，前盖达尔政府的部长谢尔盖·格拉济耶夫在1993年10月3日到4日的事件后提交了辞呈，他说：

“依我的观点，经济进入了遭到灾难性破坏的阶段，而且遭到破坏的是这样的工业部门：它们与结构改革和经济增长的希望相关联。近两年来谈论的非工业化进程在推进。”他称私有化方案是最没有成效的，并预言经济会继续萧条，“直至出现有效的方案”。

列昂尼德·阿巴尔金说得更尖锐：

“目前的经济政策走进了死胡同。方针必须要有根本的转变，不仅为了保护行政当局自己，而且为了从根本上拯救改革。如果不实行彻底的改革战略，国家将被抛下不是几年，而是几十年。

“从护法机关的数据看，国内没有发生任何价格和贸易的自由化。国家处于犯罪组织的严密监控下。无论在大量商品资源的意义上，还是在价格构成的意义上，现在的体制都比行政命令体制更严酷。25%到30%的利润被银行用于保护自己免受来自黑手党地下组织的压力。”

安德烈·伊拉里奥诺夫从其他方面批评改革者：

“依我看，我们现在的政府没有总的思想意识体系，也没有现实的纲领。”

主要的任务，据他所见，是与通货膨胀作斗争：

“无论有什么样的政府，无论执行什么政策，无论说过什么话，只要目前国内通货膨胀率在每月20%到25%的水平上波动，政府就没有机会在自己的位置上坐稳。世界历史上没有这样的事情。”

说到存款，叶夫根尼·亚辛说："我从一开始就认为，盖达尔不对，他拒绝对存款做点什么。另外，不能简单地使存款指数化，应该寻找其他的解决办法，例如，只对退休人员的存款指数化，虽然这笔花费并不小。"

后面还有什么意见？意见有分歧。亚历山大·利夫希茨不认为这是灾难性的方案："国家不会完蛋。不过这一切要付出高昂的代价，要持续很久。这里说到的政治后果、专制的威胁等，我觉得没有这么明显。"

大部分辩论参加者同意阿巴尔金院士的意见："只有根本改变方针才可能拯救改革和民主。"

辩论过程中我发言两次。我说："我们大家应该鼓起勇气并说出什么地方疏漏了，做错了，迷路了，应该重新审视什么，抛弃什么，但不是为了停顿，相反，是为了更有信心地前进。近两年对国家来说是最艰难的。但是我也不阻挡对前面那个时期进行批评性的分析。国家转变的过程，1985年开始的深刻变革的过程，不可能是平坦、轻松和不犯错误的。

"如果我们要做辩解，做无价值的议论，就得不到有益的结论。结果将只是无休止的争吵和纠纷，其中也包括改革拥护者之间的纷争，只有极端的政治力量对此感兴趣。

"我不赞成某些年轻人的想法，他们认为五六十岁这代人已经是属于过去的、没有指望的人群。可是现在很大程度上还是这个没有指望的人群支撑着国家。需要的是大家都同意保留和推进改革。这很重要。不然，无论如何走不出习惯的陈规：我们的人和不是我们的人，白色的和红色的、蓝色的、黑色的、红褐色的——这里的一切，我们的整个政治文化。"

结束辩论时，我说：

"聚集在这里的人们很有影响力，你们与大的学术团体、重要的国家和社会机构有关联，被报纸和电视广泛介绍。我想，现在对我们大家来说极为重要的是，要接受一个主要观点——关心国家命运的改革者应该努力互相理解。

“在这个意义上，我们进行的谈话，尽管有各种不同的立场和意见，还是有益的，饱含着对国家的感情和对解决困境的探索。我想支持大多数人的观点，即机会是有的。我们的任务不是燃起激情，推翻政府，相反，是要帮助它作出正确的选择，制定出适合目前艰难困境的政策，至少对最近的局势作出反应，使政策取得成效。今后不能只是继续从1992年5月起延续至今的偏航。

“这一切与这样一个问题相关联：我们实际上想看到一个怎样的俄罗斯？不回答这个问题，我们就把空间留给了那些竭力要使俄罗斯回到改革前行政命令状态的人，留给了拼命仿效西方的人，留给了不考虑国家的特点和传统而谈发展的人。不弄清楚这个总问题，我们就无法找到正确解决众多问题的途径……”

那时我大概犯了一点错误。当时我说“聚集在这里的人们很有影响力”，遗憾的是，无论是总统还是政府都不想听独立专家的话，而是使他们的意见与社会隔离，用“救火”的方式解决眼前紧迫的问题。特别能感觉到他们对俄罗斯科学院的立场的变态反应（顺便说，近年来普京领导班子中的许多人继承了科学院的立场）。这种态度注定了“手工操作”，实质上，就是偏航代替了经过深思熟虑的、旨在开创前景的政策。我们无论如何都摆脱不了这一点，我想，这是我们漫长的过渡时期中主要的失败之一。

赫鲁晓夫：勇气和错误的教训

我不是特别喜欢记日子和纪念日的人，但是1994年的一个日子使人想起一个人，我早就研究了他的生平和经历，它们使我思考“时代的联系”、历史的对照（虽然也有人说，它们总是冒险的）。尼基塔·谢尔盖耶维奇·赫鲁晓夫诞辰一百周年的日子临近了。

我们决定在基金会召开一场会议，讨论这位杰出人物的生平。我在《尼基塔·赫鲁晓夫的勇气和错误的教训》一文中说明了我的思考。

> 赫鲁晓夫丰富的经验，我写道，让我感到很亲近。
>
> 不注意这些经验，要开展改革这样伟大的事业是不可能的。可以说，正是从他开始，我们对社会主义和社会主义与民主之间的联系进行了批判性的思考。1987年1月，我与党的机关发生了第一次严重的冲突，它顽固地抵制国家的政治改革。那时我有意识地放弃过这些经验。
>
> 在赫鲁晓夫的活动中，不难找到不足、错误和缺点。但是我想呼吁——不仅是为了使他免受不公正的评价，而且首先是为了用历史的、正确的态度对待今天的问题——别用我们今天知识和感情的观点来评判那个时代，别把它们强加到完全不同的历史时刻和形势上。只有思想上回到那个时代，我们才能评价赫鲁晓夫非凡的勇气。他给极权统治第一次打击，而且那时斯大林的镇压机器还在起作用，上级任命的干部对任何变革都持反对立场，不接受对工作作风的批判，而工作人员准备为特权、为自己的职位、为权力而誓死斗争。二十大上他的报告不是宫廷阴谋的产物，而是出于崇高的公民勇气。
>
> 在那时苏联内外政策的所有变化中，起作用的不仅是赫鲁晓夫理解问题的水平，还有硬框框，他被置于这些框框中，带着这些框框他不能不陷入矛盾。
>
> 他从来没有想过放弃党的领导，这在他理解的范围之外。

但是他还是意识到必须削弱它的垄断权，它统治一切的权力。他试图用自己的方式，常常用临时决定来做这件事。这是他失败的原因之一。他试图利用体制本身的方法使体制工作。

这不能达到所求的目的。尼基塔·赫鲁晓夫没有成功。但是他的勇气和错误的教训即使在今天也没有过时。

赫鲁晓夫学术讨论会不是形式上的，人们生动地、有益地交换意见，每个人按自己的理解都认为他是个非凡的人。参加会议的有土地研究所所长、院士A.A.尼科诺夫，赫鲁晓夫的儿子谢尔盖，作家维克托·罗佐夫，大使O.A.特罗扬诺夫斯基，历史学家罗伊·梅德韦杰夫，剧作家米哈伊尔·沙特罗夫，历史学家卓娅·谢列布里亚科娃，美国的赫鲁晓夫传记作者比尔·塔乌勃曼，俄罗斯科学院院士Д.M.格维希阿尼，教授B.B.扎格拉金，记者尼娜·赫鲁晓娃——尼基塔·谢尔盖耶维奇的孙女，俄罗斯科学院通讯院士、我的助手格奥尔基·沙赫纳扎罗夫等。

会议开始时我说，我们想：第一，对英勇的政治活动家给予应有的尊敬，他对斯大林主义的意识形态和极权统治作出了第一次打击；第二，这是机会，虽然迟了些，可以对赫鲁晓夫的改革活动进行认真分析，坦率地谈论从他的活动中得出的对今天有益的经验。

我把自己的思考和评价告诉了会议参加者。我想，今天看，它们也是有意思的：

赫鲁晓夫不仅率先“从上面”公开把对存在了几十年的秩序的“正确性”的怀疑抛向了社会。他用自己的行动，自主不自主地，表明了根本改变这种秩序的可能性……

无论怎样抹黑赫鲁晓夫甚至嘲笑他，他都不仅在历史上享有正面地位，而且在我国生活的整个时期写下了自己的名字。

赫鲁晓夫的经验不会白白消失。后来一代的改革者不是偶然地自称“二十大的产儿”。在停滞年代，胆怯的改革尝试特别局限于经济领域，但是这也没有实现，因为体制是不可侵犯的。

我们这一代人把重新开始变革并进行下去视作自己的义务。在1987年与1988年之交，我们感到，二十大方针遭遇的那种命运正威胁着已开始的改革。一切危在旦夕。干部们明白，思想和政治的多元论及由此产生的一切结果损害着他们的权力，于是就开始抵制。很清楚，要继续对国家来说生命攸关的改革，只有借助于深刻的政治改革。通过民主化，自由的选举为新生力量打开道路，使人民有可能对大政治产生决定性的影响。

事情就这样发生了。但是我们低估了旧势力的狡猾，未能在循序渐进的改革轨道上坚持到底。

赫鲁晓夫时代开始进行的对极权体制的强大进攻中止了，随后而来的是反动，它实质上是施上一层薄粉的新斯大林主义。世界开始了认真的结构改革，而我们开始了停滞，国家落后了几十年……应该记住这一点：“与其说是对赫鲁晓夫，不如说是对我们自己，对国家，对世界，重要的是学习过去改革者开创事业的经验，避免他们的教训。”

本可以保留联盟

基金会还有一个重要的计划：编撰《本可以保留联盟》这本文集。我们称它是“白皮书”，基本上由文献组成，让自身说话的出版物通常就是这样的。许多文献过去没有公开过，如在新奥加廖沃举行的关于新联盟条约的谈判的记录、政治局会议的记录。其他文献在发行量有限的出版物上刊登过，现在以新的角度来理解它们。

基金会举行了图书的首发式和记者会。当然，我对记者们说，历史是不可逆转的。过去存在的那些机会，现在不存在了。

在回答一个问题时，我说：

> 有人试图要我们信服，说什么俄罗斯没有准备好走向民主，我们所有的不幸都是因为我们过早地着手搞民主变革。我们的报界有相当一部分人也同意这种议论，更有甚者为它提供了论证。这是个大谬误。我们的不幸不是民主的过错，而是民主太少。收起民主，代表权力机构无足轻重，缺少社会监督——这些正合寡头政治集团的心意。由此就有真正的无法无天。它甚至比以前有过之而无不及。我则深信，民主绝不是为所欲为和混乱，不是懦弱无能和宽恕一切，而恰恰是很强硬的权力，那时所有的人——从总统到普通公民——都真正遵守法律。这就是说，独立法院、检察院不用等待上面的命令，严格按法律办事。所有理解这一点的人，同意这种符合百姓利益的立场的人，可以组织民主的反对派运动。我得出这个结论，因为我观察到俄罗斯当局的方针升级了，这对国家有极大危害。

经济：接下来会怎样?

1994年上半年，政府把与通货膨胀作斗争作为自己的主要任务。他们企图用骑兵奇袭的方式解决重新提出的任务，仿佛这是目的本身，而且可以很快达到。结果又是令人失望的——药几乎比疾病更危险。

我的同事、俄罗斯科学院通讯院士瓦季姆·梅德韦杰夫在给我这位基金会主席的例行分析报告中写道：

> 今年初，为降低通货膨胀付出了过分高昂的代价，实质

上，国民经济进一步不受控制地、威胁性地萎缩。今年一季度工业生产与去年同期相比缩减了24.9%，也就是将近四分之一。从1992年开始从未有过如此急速的休克式生产下降。这实际上是新的崩溃。工业生产水平第一次低于危机前二分之一。国家从来没有处在接近于经济虚脱、真正的经济灾难的状态中，这是从来没有的。国家脊梁、祖国工业化的骄傲、最大企业（利哈乔夫汽车制造厂、基洛夫厂）停产，其他许多企业也延口残喘……

最近几个月，群众性失业开始迅速增长。考虑到在不充分就业制度中工作的人，目前总的失业比例，据国家统计委员会的数据，是880万人，占11.7%。

尽管当今政府的领导人保证要修正过去的经济政策，不允许"休克疗法"，实质上执行的还是那条路线——无视生产的真实情况而寄希望于强硬货币政策产生的无限威力。其结果就是出现上述一切情况。

在一些地方的会见

1994年，我到过圣彼得堡、克拉斯诺亚尔斯克、弗拉基米尔、乌法、诺夫哥罗德。我想与人们谈谈，感受一下他们的情绪、对国内发生的事的反应，还有对我的态度。

我是受文化活动家、市工商界人士，还有圣彼得堡市长A.索布恰克和喀琅施塔得市长B.苏里科夫邀请去圣彼得堡的。

出乎意料的是，阿纳托利·索布恰克没有参加会见，而这本来是在协商好的访问安排中的。后来我们获悉，这是叶利钦直接对他施加压力的结果。圣彼得堡当局方面是副市长弗拉基米尔·普京监管访问的组织活动。他在普尔科沃机场迎接我，陪同我访问圣彼得堡，周到而又有分寸，表现得很了解城市的以及不止是城市的问题。柳德米拉·普京娜让赖莎·马克西莫芙娜了解了该市儿童的创作，她给我们留下了很好的印象。

有一个晚上我们是在戏剧活动家协会，在演员之家度过的，我们会见了圣彼得堡的杰出演员弗拉季斯拉夫·斯特热利奇科夫、基里尔·拉夫罗夫、安德烈·托卢别耶夫和其他文化活动家。

我记得，安德烈·托卢别耶夫在集体会见中把我带到一旁，令人信任而亲切地说："米哈伊尔·谢尔盖耶维奇，如果您要躲避面临的迫害，我可以把您藏到我的林中别墅去——鬼都找不到。您可以信赖我。"我笑了笑，虽然他好像是认真的。我说，他的态度让我感动，但是我不打算去任何地方躲藏，以后也不会。

我和赖莎还到过大剧院，观看了高尔基的话剧《最后的人》。

在与该市的青年企业家会见时，他们对我说了一些个体企业为了生存必须解决的棘手问题。

一小群纠察队员企图干扰我与圣彼得堡大学学生的会见。大学生不支持他们，想听戈尔巴乔夫讲话。就像平时我与青年会见那样，"接触成功了"。他们用友好的掌声欢迎我。一位女纠察队员自始至终用心听我讲话，热烈地鼓掌。

圣彼得堡电视台第五频道直播了对我的采访，这于我是难得的机会。我与圣彼得堡媒体主编们的交谈富有思想。总的来说，印象很好。虽然我起先对索布恰克的"消失"有点惊讶，但离开圣彼得堡时我心情很好。

"我没有做过任何有损我们国家、总统、人民名誉的事。"

（赖莎·马克西莫芙娜·戈尔巴乔娃）

后来我不止一次到过圣彼得堡。1999年1月，我与赖莎·马克西莫芙娜去过那里，那是最后一次一起去。不久前，我在档案中发现了《接班人报》对她的采访。我激动地读了它：

> **《接班人报》**：赖莎·马克西莫芙娜，使我惊奇的是，您，有时是您丈夫，经常去商店。人们对此有什么反应？
>
> **赖莎**：当我出现在商店时，让我有点惊讶的是，我已经多年未出现在电视屏幕上，但大家还是认得出我。一些人只是默默地从旁边观察，另一些人走近我。但是我没有听到侮辱我的话。从来没有。有时候有人问我们生活得怎样，米哈伊尔·谢尔盖耶维奇自我感觉怎样。有抱怨的，有讲述的。有时候，有人走到我跟前说："哟，您多像赖莎·马克西莫芙娜呀！"我回答说："我就是赖莎·马克西莫芙娜。"我听到对方说："哟，那为什么您还上商店，而且还是一个人，没有警卫？"
>
> 但是我们家里经常购物的是女儿。我们是这样分工的。她有车，她开车去购物……
>
> **《接班人报》**：你们家今天生活得怎样？
>
> **赖莎**：我们大概是保守主义者。父母一直在我们身边。女儿和外孙女也始终与我们在一起。遗憾的是，女儿与丈夫离婚了。我很痛苦地经受了这件事。但是有什么办法呢？他们都是成年人，生活里一切都不那么简单。
>
> **《接班人报》**：对您来说，哪个生活时期是最幸福的？
>
> **赖莎**：最有意义的当然是戈尔巴乔夫是国家首脑的时期。而最无忧无虑、最愉快的则是青春时期，我们在莫斯科大学学习的年代。虽然那时我们半饥半饱，只靠助学金生活，没什么衣服穿——我的全部衣服就是一条人造棉连衣裙，我们甚至两年都买不起大衣。但那仍然是美好的年代，是年轻人初恋的岁月。那是你只对自己负责的年代。考试，买馅饼，去电影院，上剧院。

《接班人报》：1991年以后戈尔巴乔夫的许多老战友与他分手了。今天谁是你们最亲近的朋友？

赖莎：对我个人而言，我的丈夫和我的孩子过去是，现在也是我最好的朋友。我们经受了大概是这个世界上的人所能经受的最可怕的事——背叛。要评价和理解这一点，也许需要登上权力的顶峰，看到这些人，然后经受那种群众性背叛。我们经受了。在这个背景下，那些依然在我们身边的人当然是我特别珍惜的。最主要的是，出现了我们没有期望过的人，没有想到，在我们生活最艰难的时刻，他们会与我们在一起……

这些年，我怕失去对人的信任。经受背叛，而且是群众性的——这是非常痛苦的。感谢上帝，过去的和现在的人们帮助我们经受了这一切。

《接班人报》：最后一个问题。您做了将近七年我们国家的第一夫人。您对现在的和将来的第一夫人有什么建议吗？

赖莎：我想说，我没有把社会对我的反应仅仅归于自己的个人品质。我把它看作是打破传统的，与我的出现有关联。在这之前，我们这里没有"第一夫人"这个概念，突然我出现了。社会的反应是多方面的。我有成千上万拥护者。他们给我写信，感谢我当之无愧地使世界认识了俄罗斯妇女。但是也出现了好抱怨的人、不满的人、愤慨的人。今天，我想对那些对我有好意的人，也对那些好抱怨的人说，他们不必为他们的第一夫人感到羞愧，因为我没有做过任何有损我们国家、总统、人民名誉的事。我祝愿这个国家现在的和将来的所有第一夫人无愧于这个使命，因为冠冕不仅对总统，而且对他身边的人都不是那么轻松的。没有关于怎么做领导的教科书、参考书。

现在回到1994年。夏天我与赖莎·马克西莫芙娜去西伯利亚，去叶尼塞河岸旅行。维克托·阿斯塔菲耶夫邀请我们出席他的七十岁生日活动。他是位大作家，当代真正的经典作家。虽然我不是在所有方面都赞同他——在自己的爱恨方面有时他过分了——但是我不能不答应他的邀请。在我们基金会的支持下，生日前夕，作家的短篇小说集《俄罗斯钻石》问世了。我们的会见是诚挚友好的。

应年轻的州长尤里·弗拉索夫之邀，我到过弗拉基米尔。在城市街道上与市民的完全非正式会见是令人难忘的。有些人甚至带着怀疑走近我。这真的是戈尔巴乔夫吗？是不是孪生兄弟？或者就是长得非常像？后来就抛来各种各样的问题："现在，离开克里姆林宫之后，您过得怎样？您住在哪里？——要知道有人竭力向人们头脑里灌输，说什么戈尔巴乔夫离开了，住在德国或是美国。您是为现在发生的事才搞改革的吗？"还有人问："您对车臣事件怎么想？"

我还会见了当地政府机关的工作人员，这些天，他们来弗拉基米尔参加州里各区的干部会议。

在有千年历史的俄罗斯市的主要历史遗迹——圣母升天大教堂和德米特里耶夫斯基大教堂，我与教徒和旅游者进行了交谈。在教堂里，完全出乎意料的是，一位年轻的神父向我迎面走来，教堂里响起了合唱《长命百岁……》。他们祝我健康，还问："赖莎·马克西莫芙娜自我感觉怎样？"

我们感到的人的温暖使谈话变得愉快，驳斥了人们普遍"仇恨戈尔巴乔夫"的说法。但是我心里是忐忑不安的。

国内的旅行，会见，在企业里的辩论，与各种各样的人——年轻人和不太年轻的人、老职工、各行各业的企业家——的非正式接触使我得出结论：人们对民主改革越来越失去信任，开始把希望寄托在新的"强硬统治"上。

这促使我在1994年10月26日向媒体发表公开信。

俄罗斯正经历着最困难的时期。千百万俄罗斯人艰难地生活，没有出路使他们痛苦。公民的安全、国家体制本身都面临威胁。人们的忍耐到了极限。遗憾的是，很多人认为一切都是民主的过错。越来越常听到对它的诅咒，呼吁要专政。

但是没有依靠俄罗斯大部分公民的信任和支持的民主政权，我们的生活要得到改善是不可能的。

我认为，建立民主政权的决定性步骤是立即进行总统、议会、地方政权的自由、民主选举。

我们能寄予希望的只有自己。因此我提议在中央和地方建立俄罗斯自由选举的社会委员会。它们的建立将是民主选举（现在的情况还是宗教激进主义者和极端民族主义者企图使国家回到过去）斗争的重要一步。

由公民自己建立的委员会将反对违反宪法的行为，促进建立可靠的保障来举行正常的议会和总统选举，开展诚实的选举活动并在民主监督下公开投票结果。

我接触的媒体那时对我的忧虑和提议大都置之不理。《消息报》政治评论员奥托·拉齐斯只是提了一下，认为戈尔巴乔夫的呼吁"没有什么新东西"。而政府的《俄罗斯报》只引了信中的片言只语，指责我教唆对抗，意在形成反叶利钦的阵线。它们只字不提实质内容——必须进行自由的、诚实的选举。俄罗斯需要过二十年才会出现积极投入、为诚实选举而斗争的热情的年轻人。

车臣：曾有机会避免战争

1994年最后几个月，在俄罗斯，在车臣开始了持久的流血战争，这写入了祖国的最新历史……

这场战争的背景是一连串未加深思熟虑的决定和不负责任的冒险行为。一切是从叶利钦为与联盟中央争夺政权而提出“检阅主权国”开始的。在国家紧急状态委员会的政变之后，这转为车臣-印古什政权的突出危机。

我清楚地了解这个共和国，要知道它是我多年在其中生活和工作过的斯塔夫罗波尔的邻居。我知道那里积累了多少痛点。整个这一地区需要以最谨慎的态度解决问题的处理方法。在这里玩弄权术会产生无法预料的后果。但是俄罗斯总统圈中的人动机正是玩弄权术，他们把赌注下在焦哈尔·杜达耶夫身上，推动他用武力清除Д.扎夫加耶夫领导的车臣-印古什自治共和国最高苏维埃。杜达耶夫掌控着大量武器，那是国防部从共和国撤出联邦政府武装力量时留下的。当然，没有国家紧急状态委员会的政变和苏联解体，是不会发生这种事的。

杜达耶夫利用车臣人民的主权和独立口号，积极巩固自己的地位，而车臣人还鲜活地保留着斯大林驱逐他们出境的痛苦记忆。经济衰退、犯罪增多、激昂的民族主义和仇恨尤其深刻地损害了这个共和国，迫使近四分之一的居民（差不多全是俄罗斯人）离开了它。留下来的是政权的反对派，而黑手党越来越多地控制了这个政权。三年来，联邦政府未能在车臣恢复政治影响和控制。车臣问题越来越深地陷入僵局。俄罗斯总统决定用武力来摆脱困境。

值得信任的人对我说，叶利钦犹豫了很长时间，也颇受折磨——是否应与杜达耶夫谈判，他似乎倾向于谈判。但是有人“及时地”通报他，杜达耶夫对俄罗斯总统的评价相当否定，于是他放弃了谈判的提议。他觉得，是用武装力量来显示“决心和意志”的时候了。

“为了挽回自己的名声，总统需要一场胜利的小战争。”这是当时接近叶利钦的一个人说的话。他想用这样的方式来显示政府的能力和威吓反对派。而且也向西方，欧洲更强硬地展示自己。

1994年11月29日，叶利钦向车臣领导人发出最后通牒，要求停火并解散所有非法武装，48小时后共和国进入紧急状态。

我不能不支持停止流血的号召。但是呼吁书将一切希望寄托于紧急状态，使用武力。这意味着使用紧急状态的一切手段——军队、坦克、飞机、空降兵等。我认为，这不是应该走的道路。

社会对军事解决冲突是持否定态度的。报纸谴责。杜马发表声明，呼吁回到和平解决的道路上来，后来甚至作出决定要建立一个委员会来调查车臣危机的所有情况。联邦委员会反对动用军队和采取军事行动。莫斯科和俄罗斯的所有民意测验表明，65%到75%的公民反对动用军队。但是执政当局无视社会的意见，一意孤行。

从一开始，我就看到总统采取的方针隐藏着巨大的危险，同时我表示准备做一个调停人，如果有一方作出这样的提议的话。11月29日，在基金会的记者会上，我说："我们可能在张罗第二次高加索战争。这不是该走的那条路。必须采用政治行动、政治接触，其中包括应该会见杜达耶夫并展开谈话。只是不应该用军事手段来解决这个问题。认为可以这样解决这个问题，这是幻想。无论如何，不能容许双方有新的牺牲。这就是为什么我准备当调停人。"

杜达耶夫给我打电话说，他同意我当调停人。我丝毫不想美化他。但当时他对我说：我们不想未来没有俄罗斯，我们应该与俄罗斯一起生活。他没有说该怎样做。但这是谈判的主题。这是进行对话和寻找共处方式的契机。但是这样的途径对叶利钦来说是不可接受的。

11月30日，总统签署了2137–c号命令——解除车臣共和国非法武装，这标志着联邦军队大规模军事行动的开端。12月11日，他又签署了在共和国"恢复宪法秩序"的命令。国防部和内务部的军队进驻车臣。事件的进一步发展众所周知。

新年前夕，猛烈攻击失败的结果是牺牲了数十名俄罗斯士兵，他们未被埋葬的尸体躺在城市街道上。1月4日，我呼吁召集联邦两院非常联席会议，听取总统作必要的讲话。我说，车臣的战争具有全国危机的规模。

我主张停止流血，进行实际的谈判。与实际上起作用的人谈，而不是在莫斯科想出一个政府雏形，把它移植到那里。那样不会有什么结果，我警告说。但是战争的飞轮已经转动。而战争就是战争，它有自己的逻辑。

士兵和军官对车臣发生的战争没有过错，那是政治家和军事战略家的过错。但是在我们士兵的行动中开始出现复仇的动机。这是可以理解的，当他们看到战友牺牲了，自己被抛向战场，街上躺着没有收殓的尸体的时候，便产生并滋长复仇的感情。

车臣人也是这样。当人们失去家庭，失去父亲、母亲、孩子、房屋时，当经过漫长岁月建立起来的一切被摧毁时，他们的感受是什么？很明白：他们要复仇。因此战争越是继续，就越难摆脱危机。

战争持续着。1996年2月，我发表声明，提出旨在政治解决冲突的行动计划。

> 停止车臣战争——对所有俄罗斯人来说，这是目前的主要问题。今天或者明天就应该找到它的答案。延缓一天，就对全俄罗斯的稳定造成新的破坏。
>
> 有人说，有七种解决问题的方案，实际上一种也没有。无休止的委员会会议、辩论不能代替国家最高领导人的政治意志。
>
> 为了解决问题，需要从正视既存事实出发。这包括以下几点：
>
> ——证明俄罗斯领导人企图用武力解决问题是不正确的；
>
> ——证明杜达耶夫打算燃起“圣战”和把车臣从俄罗斯分离出去是不正确的；

——证明通过选举以多库·扎夫加耶夫为首的共和国新领导人来解决冲突是不正确的。

无条件撤出军队也是大家都能接受的出路。不采用政治方法解决问题，几乎不可避免地会导致在车臣发生内战，战火很有可能蔓延到俄罗斯其他地区。

解决问题的途径是与对冲突负有直接责任和停止冲突取决于他们的那些人直接对话。叶利钦总统与焦哈尔·杜达耶夫、多库·扎夫加耶夫，可能还有车臣的其他领导人应该马上见面并制订出政治解决的方案。

依我看，应该制定关于立即停止军事行动的协议，并谴责恐怖主义和以任何形式使用武力；应该确定对所有应解决的问题，首先是对车臣地位的问题的立场，它关系到共和国人民的利益，也关系到俄罗斯的利益；应该找到其他解决问题的方法，如撤出军队、在车臣的全部领土上进行自由选举、制定恢复国家的纲领、解决人道问题……

不仅仅需要制止，而且也可以制止车臣的战争。为此，俄罗斯总统和车臣的领导人必须有政治智慧和意志。

一年半过去了，用武力解决问题的尝试没有结果。在这之后，俄罗斯领导人才宣布某项“和平计划”，许诺“用和平结束车臣战争”。总统选举临近了，当局终于决定去与车臣方面谈判。双方签订了停火协议。

但是军事行动仍在继续，变换的只是形式。总统选举后，在车臣的联邦武装力量的处境继续恶化。被叶利钦任命为俄罗斯联邦安全委员会秘书的亚历山大·列别德将军被委托进行新的谈判。列别德做到了达成协议，但实际上的代价是承认联邦当局在这场战争中失败了。

但这不是俄罗斯的失败，而是叶利钦制度的失败。宣称“拿多少主权，就得多少”，联盟国家分崩离析，炮打白宫——这就是导致车臣战争的事实链。一切接踵而至：未经深思熟虑的、过于自信的政策的后果，寄希望于武力，不愿承认新的现实和寻求有可能实现的政治解决途径。

在《莫斯科新闻报》的采访中，我说，车臣事件说明了我们俄罗斯遇到的是怎样的制度："我不能称这个政权是民主的政权。”这个政权在对内对外政策中耗尽了自己，为此走上了独裁主义的道路。这些事件又一次显露出现行宪法的严重缺陷，它实际上把总统的权力置于政府的控制和社会监督之外。

叶利钦批准了《哈萨维尤尔特协议》①。但是冲突依然没有解决，不如说是达成了暂时休战，而这不可避免地会导致新的武力对抗。

1994年以一系列决定在历史上留下标记，这些决定的结果是国家越来越陷入困境，政权则失去了剩余的一点威信。普通公民的生活不断恶化。只要说一点就够了：这一年，俄罗斯十六岁到六十岁有劳动能力男子的“死亡率”创下纪录。按死亡人口比例，以及自杀人数比例，俄罗斯远远“超越”了所有其他欧洲国家。

关于知识分子

1995年，改革满十年了，但是在最初那些日子里，我丝毫没有庆祝、纪念的心绪。更为重要的是继续总结改革的经验，将它用于处理新的问题和忧虑。

那时在戈尔巴乔夫基金会举行的圆桌会议上，大家讨论了一个

---

① 1996年8月13日，在俄罗斯联邦安全委员会秘书亚历山大·列别德的努力下，俄联邦政府与车臣武装在俄联邦达吉斯坦共和国的哈萨维尤尔特市签署了和平协议，结束了历时20个月的战争。

最难的题目——改革中知识分子的作用。聚在一起的是有各种信念和政治倾向的人——院士尼基塔·莫伊谢耶夫、维塔利·戈利丹斯基、鲍里斯·劳申巴赫，剧作家维克托·罗佐夫和米哈伊尔·沙特罗夫，电影导演斯坦尼斯拉夫·戈沃鲁欣和尼基塔·米哈尔科夫，演员阿纳托利·罗马申，记者柳德米拉·萨拉斯金娜，哲学家瓦连京·托尔斯特赫和瓦季姆·梅如耶夫。

应该说，对与知识分子交往，我有丰富的经验——公开的和秘密的，大范围的和小范围的。在改革年代，知识分子一会儿过分地颂扬我，一会儿尖锐地批评我、不再理睬我。对此我有准备。在历史上，改革者常常处于这样一种境遇：人们一会儿支持他们、近乎宠爱他们，一会儿又使他们失去声望。知识分子能了解发生的事件和人们的思想倾向，也许在弄清事情本质后会支持改革者，帮助社会理解他们的行动和目的。

在圆桌会议上发言时，我回忆了学者（只有少数例外）、文学家、政论家发起的轰动一时的运动，他们反对政府把面包的价格提高三戈比的计划。现在这会引发笑声，但当时我们顾不上笑。院士、科学博士、记者既诅咒我们的计划，也诅咒我们。而过了些时候，还是那些人，又指责戈尔巴乔夫"犹豫不决"。

我可以举出许多例子，知识分子指责"戈尔巴乔夫走的方向不正确，做的事不必要"等等。但是，这样的建议是不会带来严肃的政策的。远不是一下子就能明白"谁往哪里走"，哪条是最直的路。譬如，知识分子大多数支持1992年开始的"休克疗法"，这却产生了严重的后果。

我说，我今天不想"揭露"知识分子并指责他们。我过去和现在都认为，这样做是有害的，甚至是危险的。没有知识分子，社会就不能存在——没有他们，社会就不能表达自己，理解和解释自己的过去和现在，制定未来的方向。知识分子——这是民族的酵母，没有他们就烤不出真正的面包，这是精选出来的种子，没有他们就不会有好收成。因此，改革开始时我们就对知识分子抱有很大的希望……

没有知识分子的支持和帮助，任何一个政权，包括进行改革的政权，都无法完成许多任务。我说这话不仅指首都的知识分子，而且指在教育、科学、医疗、媒体、艺术部门工作的所有知识分子。这千百万人是社会的无价财富。

知识分子负有特殊的责任——为俄罗斯的未来负责，这种责任与国家革新、继续民主改革不可分割。民主、自由和文化——对知识分子来说很重要，他们应该保卫它们。

政权和社会

按照与国家杜马立法和审判法改革委员会主席的约定，我向杜马发去了关于《俄罗斯联邦总统选举法（草案）》的意见书。我提出应“刻不容缓地对俄联邦宪法作必要的补充和修改。这能恢复权力分配的合理平衡，纠正总统权力在事实和法律上不受监督的明显偏向，而这是仓促地制定并冲动地，实际上是以非常程序，通过宪法造成的”。

其中，我提出修改后的宪法要明确规定提前选举俄联邦总统的条件和程序，加强保障措施，以民主选举俄联邦总统，安排选民监督选举的过程、统计票数。换句话说，我要求保障诚实和自由的选举。

在1995年那些紧张的日子中保持沉默简直是不可能的。我与记者们经常接触，去俄罗斯的许多地方。我2月份去了新西伯利亚，5月份去了圣彼得堡，这给了评论员们理由，说我下一年可能参加总统竞选。我决定利用这种机会，评价一下社会处于什么样的状态，它是否理解我的想法。

在新西伯利亚，我去了科学城，会见了学者、西伯利亚机床厂的工人和大学的学生，也会见了企业家。所到之处，人们都很积极，真是围着我，向我提出了大量尖锐的问题，这完全驳斥了认为他们不问政治的无稽之谈。

在圣彼得堡的四天，日程排得满满的。在马里英斯基宫举行了纪念改革开始十周年的会议。我与“波罗的海”工厂的工人，与聚集在克舍辛斯基宫的学者和作家，与圣彼得堡师范大学的教师和学生谈了改革。大家的问题各式各样：“您怎么看俄罗斯的未来？”“今天的政策有多少是符合您的观念的？”“它是否是1985年开始的改革合乎逻辑的延续？”我的回答是：“我深信，1991年12月以后发生的一切不是改革的延续。当然，改革的某些产物在继续起作用，例如公开性。但是有人用经济威胁它，压制它。报纸一家接一家消失，独立电视公司被吊销执照，等等。比如，我就很难上俄罗斯的电视节目。在你们这里，这一次我也没有机会发表电视讲话。但是公开性虽然受到压制，它还在起作用。人们得到的许多东西，首先是在自由领域里，留下来了，要利用这个机会。

“但是在改革和现行政策之间没有任何其他共同之处。”

在库尔斯克的“化学纤维”公司，我曾经遇到过紧张的谈话。由于生产急剧缩减，工人和他们的家庭处境非常艰难，有好几个月没有拿到工资。开始几分钟，几百个激昂的、对得到公正对待绝望了的人，其中有许多妇女和孩子，简直不让我说话。我克制地保持静默，然后走下讲台，径直向前面几排的人走了过去。我问：“你们集合起来吵闹还是听我说话？如果是吵闹，那么大概可以结束了。想要听我说话，就听吧！”礼堂里安静下来。谈话开始了。我没有自我辩解，并开始向人们提一些不徇私的问题。对话持续了差不多两个小时。他们用掌声欢送我。

在楚瓦什，我计划访问大学并会见教师和学生。地点移到了音乐厅——据说莫斯科“不建议”在高校搞与政治活动家的会见。结果大厅挤得水泄不通，人们站在过道里、舞台旁。有一小群人企图阻挠我讲话，却被聚集在那里的人们制止了。问题如潮水一般涌来，谈话似乎永远也结束不了。有些问题很犀利，我坦率地作了回答。

晚上，我与楚瓦什总统尼古拉·费奥多罗夫共进晚餐，他就是三年前那位司法部长，曾威胁要用手铐把我铐起来送上宪法法庭去见佐尔金的人。我觉得，从那时起他开始变聪明了。

那几个月，我思考和讲话的主要内容是如何遏制国家滑向独裁主义。越来越常听到的说法是，当局想找到避免选举的方法。1995年10月，我声明，选举改期是企图阻止人民决定自己的命运。容许这一点的话，俄罗斯的民主，这个文明国家的命运也就完了。12月要举行议会选举，显然是为了探测形势、评价力量对比，然后决定总统选举的事。

选举给执政党带来了失败——“我们的家园俄罗斯”[①]总共得了10%的选票。俄联邦共产党得票是它的两倍多，居第一位。日里诺夫斯基派居第三位。执政党第一次感到了得票降低的威胁。投票赞成共产党和日里诺夫斯基派，当然是对当政者的抗议。社会情绪也表现在民意测验上——叶利钦的票数只有6%。

经济形势继续恶化，预算濒于崩溃。为了解决预算收入的问题，并建立竞选活动的财政基础，叶利钦采取了史无前例的私有化行动——抵押拍卖。

他们的机制是极为简单的：一小批银行家以抵押的方式（据说是通过竞争）得到了最有前景的俄罗斯企业。国家从他们那里得到与这些企业的实际价值无法相比的“贷款”作预算。如果国家不

---

① 该党是根据叶利钦的提议，于1995年5月建立的中右派政党。

能还这笔款，企业就变成不久将被称为“寡头”的这些人的私有财产。事情就这样发生了。大多数情况是违反法律的。政权和商业融合。这种融合，按本质来说，是营私舞弊。

1996年1月，叶利钦宣布，他同意参加第二任期的总统选举。3月1日，也就是发布将联邦财产用作抵押的命令后整整半年，他会见了最大几家私有银行机构的老板。别列佐夫斯基、古辛斯基、波塔宁、斯摩棱斯基、弗里德曼、阿文、霍多尔科夫斯基答应为叶利钦的竞选活动和连任俄罗斯总统提供一切经费，他们确实这样做了。

与政权做交易的银行机构，用别列佐夫斯基的话来说，控制了一半以上俄罗斯经济，特别重要的是，掌握着所有电视频道和几乎所有传媒资源。有了大量的资金援助，以及对媒体和行政资源的控制后，当局决定用任何手段来“自己重选自己”。

需要作出抉择

1995年一整年，经常有人执拗地问我是否参加总统竞选。我没有急于回答。我明白，阻碍很大。我的大部分同事和朋友反对我参加，有些人——亚历山大·雅科夫列夫、瓦季姆·梅德韦杰夫——公开谈了这点。赖莎也不想让我参加。但是我不能容忍选举归结为两选其一——叶利钦或久加诺夫。他们，如通常所说的，半斤八两。一个毁了苏联，向俄罗斯最高苏维埃射击，把政权和商业融合起来，为犯罪“开绿灯”。另一个不放弃斯大林的极权主义，支持1991年8月参与政变的国家紧急状态委员会成员，在俄罗斯最高苏维埃劝说自己的同党投票支持《别洛韦日协议》。

我觉得我不能袖手旁观。我认为，应该帮助真正民主的健康力量团结起来，他们能表达大多数公民的利益，成为公民的选择。

但是为此应该行动——要使人们信服，向他们解释过去，谈论未来。竞选活动为此提供了独一无二的机会，所以最后我决定不能放弃它。

我的志同道合者在1996年2月成立了积极支援小组。它开始征集签名——应该不少于一百万。那时我还没有公布我的内心决定，但是在一次采访中，在回答已经提了多少次的我是否参加总统选举的问题时，我说事情的逻辑使我倾向于做肯定的决定。

我邀请了中派和中左派的政治领袖参加有关共同努力的对话，并会见了他们的代表。

1996年3月1日，我给媒体发去了对所有民主力量的呼吁书《让人们选择》，其中说：

> 总统竞选活动才刚刚开始。但是已经很明白，有人把“较少不满”的选举方案强加给社会，仿佛除了“执政党”和俄联邦共产党，在政治里不存在能指望取得胜利的其他力量。一些人企图使公民相信，“执政党”是阻止回到过去制度的唯一保障。另一些人则利用杜马选举的结果，把自己打扮成“俄罗斯的救星”。
>
> (……) 目前的政权理屈词穷。这一点很危险。俄联邦共产党的领导没有扯断与过去相连的脐带，其危险也不小。我们不应受现在久加诺夫派流行的社会民主和自由主义口号的欺骗。我了解这些人，了解这些上级任命的干部的本质，我担心，他们得到全部政权以后就会停止改革，取消社会的民主自由，自主不自主地为俄罗斯的民族-社会主义开辟道路。对于一个为战胜法西斯献出千万生命的国家来说，这意味着道德的完全崩溃。
>
> 简言之，“执政党”和俄联邦共产党的领导人竭力要把我们赶进绝境，在那里无论谁胜利了，结果都将是复活上级任

命制……

尽管忍受着贫困、失去、失望的痛苦，人们没有放弃民主。现在不是算小得失，计较个人尊严和委屈的时候。不能放过把俄罗斯变成自由繁荣国家的历史机遇。别的对我们大家来说毫无价值。

因此，我看到只有一条出路能保证在民主和改革的道路上进一步推进。它就是：所有要改革的、具有民主意向的领袖，政党和活动者应该团结起来，商定政府中重要岗位的分配，并将结果公开，在统一指挥下举行选举，这样我们就能不仅保证未来总统的，还能保证政府的合法性。

因此我提议马上召集全俄民主党派的代表大会，制订出共同的行动计划。我们的神圣职责是给俄罗斯真实选举以机会。

那时我的追随者开始征集签名，支持推举我为总统候选人。这需要很快征集到百万签名，而到3月21日，征集到的签名数超过150万，我发表声明参加总统竞选。我是在经过长时间的思考和犹豫之后才这样做的，因为我认为不能袖手旁观。

我在自己的声明中向俄罗斯的执政者们展示了严肃的“账单”：

你们使小部分人拥有巨大的财富，却剥夺了大部分人生活的最后希望和生活的意义。

你们说，你们使店铺摆满了食物和商品，但是千百万人却买不起它们。

你们过于自信的政策不仅没有为解决经济危机创造条件，反而使国家的生产勉强维持、奄奄一息。

你们造成了史无前例的局势，几个月都不向人们支付他们应得的劳动报酬。而给最无助阶层的微薄的养老金和助学金只意味着贫困。最高当局对于这一切为什么、怎么发生却缄默不言。

你们置科学、文化和教育于不顾，迫使教师、医生、学生罢教、罢工、罢课。

你们把国家变成前所未有的犯罪试验场和发生地，普通人无处寻求公道。

你们发动了车臣战争，士兵、牺牲者——母亲们和亲人们都不明其目的，只好猜测，为什么全国都谴责的战争第二年还继续。

你们终究没有开始军事改革，这反映在军队的道德状况上，损害了战斗力，破坏了军队在社会上的威望。

你们把你们作为遗产得到的对外政策的资本化为乌有。无论是人民还是外部世界都不理解你们的对外政策。它降低了国家的国际威望和安全。它没有好好地为保障俄罗斯的经济和政治利益服务。

你们当然永远不会承认对大家来说显而易见的一切，不承认发生在千百万人身上的不幸和灾难是平庸政策的结果，这种政策损害了“改革”、“市场”、“民主”、“国家的威望”。

因此我坚决不同意当局贯彻的政策并坚持要改变它。

我有权这样来提出问题，因为我意识到自己道德责任的分量，这不仅是为了十年前根据我的倡议和意愿开始的一切，也是为了最近这些年我没有参与和违背我的意愿发生的一切。

我声明，我不隐瞒自己的目的和意愿：

按照我的深刻信念，无论从政治的还是从道德的观点来看，现存的制度都是不应保留的。它利用自由选举和民主程序，需要取代它，用视人民的福利、自由和社会公正为最高价值的政权取代它，而遵循这些价值则是民主最重要的标志和对政权本身的肯定。

在不久将提交给选民讨论的我的竞选纲领中，我表明了出发点，改革是为大家的，它的成果也应由大家来分享，而不是由社会的某一部分人享用。每个人和家庭的收入和福利由劳动、主动精神、勤奋做事来确定，而不是由攫取监管不严的或不属于他们的财物的本事来确定。

应该为企业家，首先是中小企业的企业家开展活动创造尽可能好的条件，而文化、科学和教育活动家要创造机会来保留和发展社会的精神潜力。把俄罗斯建成富裕、繁荣和民主的国家这一志向能够也应该团结所有的人。

我坦率地声明，我作为一个独立的“非党”候选人参加竞选角逐，与任何团体的利益和责任没有关联。我没有自己的政党，我也不竭力追求建立政党。我准备与所有把全民族利益和俄罗斯的未来置于自己党的倾向和个人野心之上的人合作。我的“党”是整个俄罗斯和全体俄罗斯人，不论他们是“赞成”还是“反对”我。我的主要目标是把分裂和纷乱的俄罗斯团结起来，做我能做的一切，使它满怀信心地进入21世纪。

4月13日，中央选举委员会登记我为俄罗斯总统职位的候选人。许多人，其中有朋友，还有我最亲近的人，都劝我别参加总统竞选。但是在决定参加后，我感觉到他们的道德支持。赖莎·马克西莫芙娜不仅怀疑而且担心（原来这不无理由），在这段历史中，她自始至终都与我在一起。要承受心理负担对她来说很不容易，特别是当整个选举活动一下子就变成了没有规则的游戏时。

在总统竞选开始前，国家首脑和其他执政机构就违反选举法，而且越来越公开。无论什么都阻止不了当局，因为他们不缺开展运动所需的财力。

叶利钦的选举班子开展了花大价钱的大规模宣传鼓动活

动——又是乐队，又是舞者，又是歌手，又是一切商业表演，引人注意地呼喊着美国对选民用过的口号:“投票或玩玩!”“用心来选择!”

那个时候，明星音乐会的报酬飞上了天。我的助手邀请一个著名音乐团体到我与莫斯科选民的见面会上演出。这个团体的领导者是我很熟悉的音乐家。但是他出于友情，“公道地”开出的报酬对我们来说简直无法承受。

竞选进程中有蛊惑人心的许诺，旨在把选民吸引到叶利钦那边去。这是在拖欠工资、养老金、补助金达数十亿卢布的情况下的许诺。他们同时还给地方政权机关下达行政命令。政府官员和特工机构代表在其中工作的竞选班子做的就是这些事。

旨在显示“全民支持”和在这方面彼此竞争的倡议小组、咨询机构、委员会、活动增多了。

他们违反选举法建立了以现任总统为首的委员会，其使命是协调为他再次当选工作的选举班子和社会组织的活动。进入这个委员会的是担任主要职务的人——从政府总理到联邦安全局局长。他们还使唯一的独立电视频道的管理人成为委员会的成员——这意味着确立对电视的全面控制。选举变成了“进一扇门的游戏”，按照目的证明手段正确的原则践踏了伦理道德和法律。只有反对派、民主派总统候选人共同努力才能遏制这种无限挑衅。但是妨碍做到这点的是俄罗斯民主派和反对派的弱点——不与外界联系，没有能力也没有愿望与外界协作，彼此相向而行，这正是当局巧妙地加以利用的。

揭露沉默的阴谋

选举活动开始以后我又去祖国各地，在街道和广场，在企业，在学校，在社会组织里会见人们。我立即遇到了许多障碍，有人企图妨碍我事先计划好的会见。通常的办法包括拒绝提供场所或是突然将会见转移到不那么合适的或面积较小的地方，禁止我去许多学校，包括去我的母校斯塔夫罗波尔农学院。

顺便说，我演讲所在的礼堂等场所通常都挤满了人：人们站在过道里，坐在台阶上、舞台上、地上。人们聚在敞开的门旁，在可以听到讲话的地方。还有人是听当地广播转播或者听大门口的扩音器。

我亲身感受到在当局监控下传媒保持沉默的阴谋和来自极端共产主义和极端民族主义激进派的乖常的恶作剧。我还会碰上州领导的“冷粗暴”，他们怕让我见到，不认为需要说声“您好”和“再见”。

但是，尽管有这一切，我连想都未想过放弃去祖国各地见选民。从3月到6月初，我访问了二十多个地区的几十座城市，多次会见选民，见了上千万人。那些地方包括圣彼得堡和下诺夫哥罗德、新西伯利亚和克拉斯诺亚尔斯克、伊尔库茨克和乌兰乌德、克麦罗沃、巴尔瑙尔和鄂木斯克、伏尔加格勒、罗斯托夫-顿河和斯塔夫罗波尔、萨马拉和叶卡捷琳堡、喀山、乌法和弗拉基米尔。在每座城市通常有几场会见。

在许多城市，有些电视工作者的言行是可敬的，在那时甚至是相当勇敢的。例如，我与罗斯托夫电视台记者德米特里·季勃罗夫有过坦率的、没有任何“半截子话”的谈话。顺便说，在罗斯托夫我用一个多小时回答了在城市公园露天聚集的数百人的问题。

有时候我觉得，离莫斯科越远，人们的言行越独立，其中也包括地方上的领导。在阿尔泰我会见过州长和边区立法会议主席，举行过记者会，在边区电视台发表过演讲。

由于在阿尔泰有超过三分之一的公民投票给共产党人，我在演说中对他们就特别注意。下面就是当时我对选民们说的话，我想，就是在今天，这些话也是有现实意义的。

> 坦率地说，假如我深信现在的苏共是革新过的、有新纲领的党，我就不会参加现在的竞选活动。但是你们看看久加诺夫周围的人——他们背叛了苏联总统，破坏了联盟条约的签订、党的改革和反危机纲领的实施。今天，国家紧急状态委员会不能使国家摆脱危机。
>
> 是的，我知道，我没有成功。我知道，我失算在哪里。我知道，无论谁都不会免除我的责任。我自己也不能为自己开脱。首先是不能开脱没有成功的责任……
>
> 我与政治和社会运动的其他领袖有接触，从斯维亚托斯拉夫·费奥多罗夫到亚夫林斯基。我们会面，讨论，寻找联合的途径，因为执政党和共产党，也就是国家紧急状态委员会，今天拥有40%到45%的选民。其余的50%到60%，也许有70%，他们还在想投谁的票。
>
> 我们的两位“红人”很想使虚伪的选举有个结局——要么是叶利钦，要么是久加诺夫。叶利钦把赢得选举的希望寄托在反苏共上。而久加诺夫团队认为，赢的捷径是批评身体虚弱、失去人民支持的现任总统。但是我想，就是那50%、60%、70%的选民也应该否决这种打算。我与亚夫林斯基、列别捷夫、费奥多罗夫约定，每个人都将开展自己的总统竞选活动，去全国各地与选民会见，每个人都要估量自己的机会，为了在5月得到某种结果，为了创造联合的可能，建立能承担起责任的强有力的团队。
>
> 我与图列耶夫交谈过并约定，不论选举结果如何，当名单最终确定后，来自各个政党的所有候选人将发表声明（这是图列耶夫的提议，我支持他），我们主张诚实民主的选举，让俄罗斯人明白这一点。他们有可能听取纲领和计划，自由地说出

自己的意愿。我想，这是重要的一步。

在竞选活动的几个月中，我不得不承受许多东西。下面只是一个插曲。

4月24日上午，我抵达鄂木斯克，那里的人早就宣告我要会见该州的选民。州领导对会见不予理睬。会见开始前，政治教育宫旁集聚着一群怀有敌意的人。当地行政部门的代表建议我从后门走。但我坚决拒绝了，平静地走进大门，穿过前厅向通往二楼的楼梯走去，大厅里挤满了人，大约有两千人左右。就在此刻，一个阴沉的年轻男子扑向我并猛地伸出手从后面对我头部用力一击，他对准的是训练有素的空降兵通常打击的地方。警卫军官迅速推开了攻击者，这稍微减弱了打击。后来，起先旁观的一群人企图夺回已经被拘捕的攻击者……

会见被耽搁了，出现了相当紧张的局面，那是潜入大厅、明显想破坏会见的一群人造成的。下面是《莫斯科新闻报》描述的这一事件的结局：

> ……米哈伊尔·戈尔巴乔夫在特警队员后面走上讲台，他沉默了很久，听着人群的吼声和起哄声。突然他放开喉咙大声喊道：
>
> "俄罗斯法西斯就是这样开始的！"
>
> 大厅没有一下子，但是渐渐静了下来。
>
> "本来我想说完这句话就离开的，"戈尔巴乔夫继续说，"并非怕败类。而是为正常的人们担心。根据表情来看，这里有一半这样的人。我担心拥挤，我为他们担心。因为他们需要为新俄罗斯投票。你们离开吧。请记住，最近四年将决定国家几十年的命运。别自己赶自己去当奴隶。"
>
> 说完，戈尔巴乔夫就离开了。

我想，对我的攻击和破坏我对鄂木斯克人的演讲是策划好的行动。

后来我获悉，涉及这次挑衅行为的是日里诺夫斯基的俄罗斯自由民主党。这一点是这个“党”的活动家在庆祝日里诺夫斯基生日的活动上喝醉了酒时说的：

“我们为戈尔巴乔夫安排了在鄂木斯克的会见！”

了解了这一情况后，我给俄罗斯联邦总检察院发去了我得到的信息。我收到的是没有任何意义的回文。

在许多城市，俄罗斯共产党的代表用喊叫声、“噼啪声”企图破坏我与人们的会见。但是，第一，他们得到了我的“耳光”；第二，参加会见的人不让他们胡闹。

在会见过程中，选民们常常问及我与其他总统候选人——格里戈里·亚夫林斯基、斯维亚托斯拉夫·费奥多罗夫、亚历山大·列别捷夫的关系：你们谈妥没谈妥建立团队、联合民主力量的事？如果没谈妥——那就没用，这是分散选票，是你们自己造成的。而且问题提得相当尖锐，甚至很刺耳：难道您、亚夫林斯基和其他人不明白，你们的自负、你们经受的一切对俄罗斯需要的联合而言是没有任何意义的吗？

我认为与其说亚夫林斯基、列别捷夫、费奥多罗夫是竞争者，不如说是伙伴，按最严格的要求来说——是志同道合者。我认为，随着每个人展开总统竞选活动，谁有更好的机会将会明朗，到时应该谈好，谁将作为代表独立的民主力量的唯一候选人继续竞选。我觉得，这完全是现实的，我也公开说过这一点。我在二十多个地区的旅行表明，社会上大多数人会否定强加给他们的虚假选举，对“第三股力量”是有需求的。

但是没有产生联合。我这些潜在的伙伴缺少政治直觉来理解孤军奋战是不会成功的。况且当局积极地反对民主力量的联合，他们首先劝导有声望的列别捷夫。开始是给他机会无阻碍地进行总统竞选活动，而在第一轮之后，就用俄罗斯联邦安全委员会秘书的职务"诱惑"他。在这样的条件下，我没有别的选择：我应该把自己的活动进行到底。

几年以来，这是第一次给我机会在国家电视台向人们发表讲话。候选人之间没有讨论（俄罗斯当局至今还避开他们），但是事先录好的讲话可以把我的立场传到电视观众那里。

> 现在我着重叙述主要的问题。政权。首先应该整顿政权的秩序。它应该来自人民并永远在人民的监督下。俄罗斯需要总统，而不是专制君主，更不是独裁者。庞大国家的命运不能受一个人的任性、情绪、健康支配。我们不需要棍棒和由社会负担费用的沙皇的礼物。
>
> 与总统一起正常工作的将是议会和政府，为此它们拥有必需的权力。在上层的应该是诚实的和有知识的人。
>
> 我打算采取强硬的措施来消灭无原则的政治家、出卖灵魂的官僚和刑事世界的罪恶勾当。公民应该感到自己受到国家的保护，无论他在什么地方——在工作场所，在街上，在家里。
>
> 我们将比爱护眼睛更爱护我们共同家园中的良好关系。俄罗斯过去是并仍将是和睦安宁的家园。俄罗斯人占大多数，过去总是与所有民族和谐相处。
>
> 应该恢复法律、法治，以及整个司法系统的威信。国家支持司法机构不受任何干扰独立执法，法律高于一切。这就是我们需要的。

今后不能使我们的军队处在这样的状态。我要恢复武装力量的威望。

社会公正。对于我来说，社会公正不是平均主义，也不是依赖别人供养。但是，一些人在全世界挥霍金钱，而大多数人贫穷、沦为乞丐，这难道可以容忍吗？不能安然地看着人们堕入死亡的深渊。

我对社会公正的理解是这样的：给所有能劳动的人工作和名副其实的工资，帮助极为贫困的人。在俄罗斯，诚实的劳动者最终将比偷盗者收益更多。在现今的局势下，我认为必须立即帮助那些生活在贫困线下的人们。我指的是领养老金者，指的是残疾人、学生、难民。

我把苏联经验证明正确的东西放进了我的纲领，这就是不论收入多少，每个家庭都能享受义务教育和基本医疗。当然，应该完善收费的服务，它们也应该得到国家的支持。

在我的俄罗斯，教师、医生、学者、知识分子不会贫困。

经济。我把这些任务——重大的社会任务、问题——与提高国家的生产联系起来。不能放任自流，应该管理好投资、信贷，实行税收政策，加强对外经济联系。

我赋予企业家的活动，特别是中小企业的企业家的活动，重大意义。所有制的各种形式——从私有的到国营的——都将受到法律的有效保护。应该使人们按法律安宁而自由地安排自己的财产、准确地交税，不多也不少。

如世界各地一样，我们将用强大的国力来保护和支持农业劳动者。

今天我们应该建设的经济不是昨天的经济，而是明天的经济。因此俄罗斯应该是伟大的科学强国。

对外政策。为了俄罗斯的国际声望，我将投入我的全部经验和威信。在独联体内，应该在互利合作的基础上建立新的联盟。同时俄罗斯不应该承担难以负担的责任。

最后。有些人又许给金山，又保证愿意“奉献生命”，给“每个妇女一个丈夫”及反之。别相信这些人。只有靠我们自己，大家一起来拯救俄罗斯和自己。我们只有一个俄罗斯，我们大家要对它负起责任。

第一轮选举显示，当局还是得以把“两选一”（叶利钦或久加诺夫）的选举强加给了人们：叶利钦和久加诺夫各得三分之一选票。民主力量的一个候选人本可以与他们竞争，但是分开的话，他们总共只能得到25%左右的选票。虽然……谁知道现实中是怎样的。没有弄虚作假和不诚实的“选举技巧”当然是不行的。各地区投给我的“票”令人惊讶地相同——1%。而民意测验甚至选举之初的数字（大概“因不慎”而众所周知）给出的是另一幅图景。结果是在这种情况下出现的。很难相信，为获得提名而在极短时间里征集到150万人签名的候选人会得到这么少的票。

有一件已经特别怪异的事情很能说明问题。记者A.乌曼斯基——我的代理人——从车臣打电话告诉我说，他带着有关严重虚假的投票结果的文件动身来莫斯科了。不久我们知道，一些武装人员到他家，把他带到什么地方去了。他失踪了。我们多次向内务部和总检察院提出要求查明这件事，可是没有结果。

我不止一次说过，1989年和1990年的选举是苏联和俄罗斯所有时期最诚实的选举。无论谁都没有对选举的结果提出过怀疑，这不是偶然的。后来，他们用仿制品取代真正诚实的选举，每年选举都“充斥着”歪曲人们意愿的各种新方法和手段。这样对谁最好呢？最终遭到损害的是经济，是商业活动，而它们的领导者曾用钱支持过叶利钦的竞选活动。知识分子，顺便说，那时没有发出警告，他们大部分认定在这次竞选中没有“掩饰完美”的违反法律和滥用权力的情况。

我对参加1996年的选举并不感到懊悔。

损害选举的信誉

叶利钦在第二轮选举中的胜利在他的拥护者看来并不显著。他团队内部的矛盾加剧了。结果是类似著名的“复印纸盒子案”[①]的财务勾当浮出了水面。最终弄清楚了，叶利钦团队的两个竞争的小组用盒子、书包、背包把“黑钱”运往各地区。他们也没忘记自己的口袋。这样损害选举信誉的事从未有过。这一切是为了给克里姆林宫筛选出越来越少的完全合适的人！

总统周围无论谁任何时候都没有想过交出政权。在他们审核的方案中有取消第二轮选举的打算。这不是特别的秘密。叶利钦的警卫长科尔扎科夫在选举前就公开抛出了为了“维护社会安宁”而取消选举的想法。他们使亚历山大·列别捷夫能为他们所用后才决定进行第二轮选举。亚历山大·列别捷夫没有经验，他不明白，他们一旦不再需要他，就会摆脱他。而我公开警告过他，无论是与叶利钦还是与共产党人结成联盟，都将导致他失去个人的政治面貌。

对于第二轮会重复——在更大范围内——第一轮中一切违反法

① 1996年6月19日晚，丘拜斯领导的叶利钦竞选委员会成员阿尔卡季·叶夫斯塔菲耶夫和谢尔盖·利索夫斯基在把装有53.8万美元的复印纸盒子带出政府大楼时被拘捕。

律的手段，我毫不怀疑。但是，即使是远离诚实选举的国际标准的这场选举（顺便说，西方为什么对这一明显的事实缄默不言？）也表明，叶利钦没有得到大部分俄罗斯人的支持。

我自己在第二轮选举中投票反对两位候选人（那时有这样的机会，后来取消了）。这是我对“没有选择的选举”的抗议。千百万选民也这样做了，或者拒绝去投第二轮票。选举后进行的民意测验表明，叶利钦得到的45%的选票不是他的拥护者所投，投票给他的那些公民只是不想看到久加诺夫当总统。

在第一轮和第二轮投票之间，叶利钦因心肌梗死住院，但是他对选民隐瞒了这事。在第二轮投票那一天，他甚至未能在自己的选区出现——他是在巴尔维赫投的票。我回想起濒死的病人契尔年科在仓促伪装成办公室的中央教研医院的病房里投票的情景。只是在总统就职仪式那一天，叶利钦才出现在公众眼前，仪式的程序也是压缩了的。

选举后，那些领导叶利钦的竞选活动和供给资金的人立即被任命，担任了国家的最高职务。A.丘拜斯被任命为俄罗斯总统的行政领导人，Б.别列佐夫斯基为俄联邦安全委员会副秘书，B.波塔宁为俄罗斯政府副主席。晚些时候，叶利钦做了心脏手术。直到第二年年初，他才回来履行自己的总统职责。

在第二轮选举数据公布后评价总统选举的结果时，我在国际文传的采访中说，结果证明俄罗斯社会分裂了，只有改变政治方针，使改革转而符合大多数俄罗斯人的利益，才能弥合这种分裂。在不消除矛盾的情况下，国家摆脱不了危机局势。

> 依我看——我说——假如在选举后热衷于庆祝胜利，把喇叭吹得震天响，现在的俄罗斯总统和他圈里的人会犯严重的错误，已经有了这种迹象。

但是鲍里斯·叶利钦再度当选并不意味着大多数公民赞成他的政治方针。7月3日投票给叶利钦的人中至少有一半是因为不想让苏共回来执政才这样做的。然而他们绝不会为近五年来俄罗斯发生的一切（其中有1993年秋天的事件、车臣战争、犯罪猖獗、改革的巨大社会代价）而感到欢欣。

我要坦率地说：我怀疑叶利钦是否会作出正确的决定，因为这需要勇气承认改革战略上的重大失误、领导工作中的个人缺点以及必须对政治方针作的重要改变。

很遗憾，执政的“精英们”从1996年的选举中得出了自己的结论——他们能操纵千万人的情绪并继续执行他们寄生的、对社会和国家具有毁灭性的方针。可是这样的“胜利”的结果是，才过了两年，政治制度以及与它连在一起的国家经济面临破产。

在《新报》的谈话中，我与该报主编德米特里·穆拉托夫谈到那些不认可已成局势的人该怎么办：

穆拉托夫：大部分知识分子不再当反对派，媒体在许多方面失去了自己的信誉。现在在国内有可能不做“消沉的持不同政见者”，而做文明的反对派吗？如果可能，依您之见，谁是代表？

戈尔巴乔夫：确实，以俄共为代表的现在的反对派将操心保住自己在杜马的席位。不过如此而已。解散的威胁始终悬在俄共头顶，这就为当局推进自己的计划、自己的政策提供了机会，它既不改变政策，也不考虑现在的政权代表的是社会的一小部分。但是也还有一点希望。当选总统和他所任命的政府未必能这么轻易和随便地忽略在选举中反对总统及其政策的大部分人的利益。

穆拉托夫：他们能这么做。而且能轻易地这么做。在政权和社会之间没有任何双向的联系。

戈尔巴乔夫：您忘了还有保护政权的本能。如果不改变政策，如果人们感觉不到生活变好了，那么最终政权会失去它拥有的一切。当局是恬不知耻的，但是知道保护自己的利益。他们将会失去……

现在他们满口大话地声称，他们还将执行那个方针。他们试图忘记是用什么方法得到胜利的。如果当局将此胜利看作对它政策的赞成，那么很快将开始形成真正新的、不可轻视的民主的反对派。

如果您看一下投票给列别捷夫，给亚夫林斯基的那些人，如果您注意到350万人（我想人数其实更多）在第二轮投票中是反对两个候选人的，那么您就会明白，民主的反对派有着巨大的社会基础。

尽管当局做了一切尝试，但小的政党仍正在瓦解或将要瓦解。人们应该有另一种实际和自然的联合。

基金会的第一个“五年计划”

1997年3月，我们基金会用会见和圆桌会议来纪念开展活动五周年。主题是基金会的工作和寻求俄罗斯摆脱系统危机的出路。

参加会见的有我们的客人和伙伴——著名的学者、社会活动家、作家、政论家、科技界和创作界的广泛代表。

会见开始时，我对这些年与我们合作的人、在基金会生存遭到威胁的困难时期表现出团结精神的人表示感谢。这对基金会的建立很重要。这对我也很重要。在离开总统岗位后，我认为，必须在社会-政治基础上重新开创先例。对于俄罗斯来说，创建独立的、民主的思想中心相当重要。当今的政治领导和官僚们付出了极大的努力，不让独立中心和自由报纸的评价和结论传到社会上去。而他们本来至少可以避免最不该犯的、最不可原谅的错误。

在国家政权机关与黑手党越来越紧密地结合的情况下，从来没有这样重要的是，要不顾一切困难地保护、培植公民社会的萌芽，而对于公民社会来说，没有言论自由和民主思想是不可思议的。独立的研究中心、独立的传媒能为确立、维护、发展俄罗斯的民主和民主思想做许多事。没有这一点就无法摆脱我们所处的局势。

目前我们很分散。这是当局的作风。它信奉古罗马人的著名理念“分而治之”，企图分离政治家，分离社会。我号召，让我们来想一想怎么摆脱这种危险的状态。我们的基金会是为了促进与俄罗斯和世界上各种不同的思想代表的合作而创办的。让我们一起来寻找使俄罗斯摆脱目前的系统危机的出路。

现在我引圆桌会议参加者的一些发言，它们反映了会议表达的意见和评价的范围：

Б.Ф.斯拉温，教授：我觉得，基金会是独一无二的组织，它不是口头上，而是实际上做到了意见的多元化。在这里，任何世界观的人，持保守主义、自由主义或社会主义观点的人都能发表意见和文章。这里的人来自不同的政党和活动。我想，在这方面基金会有着巨大的民主意义。

Е.Б.弗拉基米尔斯卡娅，医学博士、教授：我在医疗界是医治最严重疾病的——儿童癌症、血液重症。

拿1991年来说，在俄罗斯，最可怕和最常见的儿童肿瘤——急性白血病——治愈率只有7%。五年后，现在这种肿瘤的存活率、康复率平均达75%。已经不用求助于国外专家做骨髓移植，我们自己能做这种手术……

在基金会的帮助下，我们派出两百多名儿科医生和护士到国外接受培训，还举办了国内培训班，邀请外国专家来讲学。有一千多名俄罗斯和前苏联加盟共和国的医生参加了这些培训班。在十八个中心实现了用现代技术手段对儿童进行治疗，取得了与文明世界其他国家同样的疗效。

基金会当然不能单独为这些项目提供财务保障，也不应该这样。基金会做的又是米哈伊尔·谢尔盖耶维奇擅长的事：他吸引了注意。由于我们与戈尔巴乔夫相联系，世界上有人想帮助我们。我们也确实得到了源源不断的帮助。

我举个例子。1991年政府作出决定，拨款在莫斯科建立骨髓移植专科。苏联解体后，专科失去了购买进口设备的经费。这时戈尔巴乔夫基金会开始工作了。它承担了一半费用——在全世界募集了一百万美元。我知道，那里面也有戈尔巴乔夫家庭的个人捐助。专科建好了一切。还有一百万美元是俄罗斯政府给的。

B.C.罗佐夫，作家、剧作家：戈尔巴乔夫基金会是改革之初——那个充满希望的美好时代不知怎么留下来的一部分。我们大家都曾怀着希望。但现在我有一种感受，我完全生活在另一个国家，一个始终让我害怕的国家。我害怕命令和议会里的斗争，害怕不能战胜国家中已经扩展开来的这些危险因素。几乎一切，正如大家所说的那样，都“被困住了”。你也在那里某个地方。某种野蛮的、不文明的、无知的“新生活”及“新俄罗斯人”带来的完全无权利、完全放纵……

确实，曾有过残酷的时代，可怕的时代。但是，请原谅我的粗鲁表达，我在漫长的人生中没有见过比现在更可恶的时代。现在我开始害怕人。人开始彼此害怕。

A.C.帕尼金，企业家、“帕尼捷尔”联合企业领导人：

我想说实话，我们的企业确实是从米哈伊尔·谢尔盖耶维奇当时播下的种子成长起来的。也许，这是生产领域里发展成重要的大联合企业的唯一一家合作社。今天我们能够与莫斯科市场，甚至也许是俄罗斯市场上强势的进口商品进行实际的抗衡。我们在全国已经有70个地区代表。

应该说，我个人对未来俄罗斯的希望在于，不看政权，不看它想什么、提出什么，而只是做我们自己的事——尽自己的全部力量……我们开始属于自己。为此要谢谢您，米哈伊尔·谢尔盖耶维奇。

Г.Х.沙赫纳扎罗夫，通讯院士：否认所有苏联时代的经验，宣布它自始至终都是反面的，我们就失去了自己历史的相当重要的部分。难道可以把整个那个时代“丑化”为我们按“抢劫被抢劫者！”的口号生活的时期吗？要知道制造出了多少荒谬之辞！反而现在是在抢劫，把人民的劳动果实占为己有。在没有确定对苏联历史的态度之前，我们不会明白，这七十年，如同国家千年的全部历史，对于未来是宝贵的。不明白这点，就不会有任何新思想、任何向未来的突破。

结束辩论时，我说：“我们知道，现在我们大家生活得多么艰难，现在国家及我们的公民多么艰难。在这种局势下，我们应该有勇气保持立场和独立的思想。我根本没有想过有人在这里说的‘似乎知识分子已经死光了’。我不想接受这种论调，虽然我也为我们以及知识分子的遭遇痛心。依我看，这只是证明俄罗斯需要这样具有独立思想的中心。你们来了，提到了我们怎么创建基金会，后来怎么由此扩展而产生我们与其合作的其他基金会，并讨论一些计划，这很好。重要的是保留了公民社会的鲜活萌芽。基金会将继续聚焦我们祖国发生的一切，竭力与大家一起摆脱危机。”

选举没有带来稳定

总统选举结束，俄罗斯没有过哪怕是一时的政治稳定。当局立刻无耻地拒绝履行自己竞选时的承诺。国家的财务系统从根本上受到了破坏。大量的欠款，预算赤字急剧增大，社会分化加剧，国家越来越滑向非工业化，依旧没有明晰的经济和工业政策。

据报道，许多经济部门和许多地区的大量劳动者六个月甚至更长时间没有得到报酬。1996年10月，养老金赤字增至13.3万亿卢布（20.5亿美元）。

鞑靼斯坦的法官会议曾通过了呼吁书，其中说："俄罗斯联邦政府没有遵守俄联邦宪法第124条的规定，即联邦预算中给法院的拨款应该保证法院有可能根据联邦法律完全和独立地实现司法公正。现在，为实现司法公正进行的活动缺少起码的、必需的拨款。"

1997年1月，知名经济学家给俄罗斯总统的呼吁书发表了。院士们、诺贝尔奖得主们看到，经济衰退、崩溃，盗窃和犯罪的主要原因是国家自己放弃调整，由此产生了"令人痛苦的社会后果"，包括大量增加的绝对贫困人口。

六年以来，政策造成的无法避免的后果表现得越来越严重。在发表在《俄罗斯报》上的文章中，政府副总理、内务部长A.库利科夫写道："犯罪团伙加强了组织性，走过了从分散的黑帮团伙到智力和技术上有保障的、精心密谋的、有大规模行动计划的犯罪集团的道路。为了显示力量和恐吓人民，他们使用异常危险的方法和手段，包括属于刑事犯罪的恐怖行动。许多反面现象的起因是经济关系方面的。经营管理方面的犯罪方法越来越清楚。经营者的人数急速增长，他们从事非法活动，躲避登记和纳税，而他们的业务量相当大。(……) 在这种背景下，普通俄罗斯人的处境更糟了。生产萎缩，预算拨款不足，缺少经费来实施社会规划、保护贫困者，这一切使人民群众完成不了所有制和国家经济体制改革过程中的任务。失望情绪、蔑视道德准则和奉公守法行为的风气增长了。新势力也加入了违法活动。”

1997年3月6日，叶利钦向联邦会议发出呼吁书，名谓《政权的秩序即国家的秩序》。他当然不能不感到人民因混乱而疲惫。他说，应该整顿秩序，但不是专制的秩序，而是民主的秩序。对总统的话我作出了反应，我说："他的讲话中没有主要的东西——分析我们社会处于严重危机中的原因。"讲话给人一种印象，他不是把赌注押在改变政治的方针上，而是押在加紧推进使俄罗斯陷入绝境的方针上。"如果是这样，如果我的推测、我的评价是正确的，那么等待我们的将是动荡。"

民意测验证实反抗情绪在增长，但是总统和他“更新过的团队”不想听人们的意见，认为出路在“更加坚决地”执行原来的方针。6月，我对《新报》的读者谈了自己的担忧。

> “休克疗法”失败后降临到俄罗斯的是它的新版。根据鲍里斯·叶利钦的行动路线，从近来的全部活动可以看出：他打算终身都当总统，不顾宪法，不顾社会，什么都不顾。
>
> 权威经济学家齐声发出了批评。但是以丘拜斯为代表的克里姆林宫派不能忍受偏离他们的方针。谁不适应中央的计划，谁就会被辞退，拿不到薪水。因而可以预料中央和地方的关系会日益紧张。
>
> 他们用尽手段将激进的货币主义方针强加给国家。克里姆林宫知道，这个方针会遇到普遍的反对。这就是为什么当局毫不客气地竭力要得到媒体的无条件支持。电子媒体实际上已经为他们掌控，轮到出版物了。《共青团真理报》已经被占领。围绕着《消息报》还在进行斗争。顺从的媒体为了效劳新主人，无论在谁面前都不止步。在全俄大牧首阿列克谢二世批评

了改革者的活动结果，放声保护一贫如洗和失去一切帮助与支援的人们后，他们甚至扑向俄罗斯东正教教会。

在这种氛围中，与贪污作斗争只是做做样子，为的是转移人们的注意。显然，这不会有什么结果，况且贪污的根子在制度本身。

俄罗斯正进入一个最复杂的时期，矛盾和冲突——既在上面，也在下面——加剧将是这个时期的特点。

在独立电视节目的采访中，在对1997年做总结时，我迫不得已承认，最糟的预期应验了。借助于第二版“休克疗法”使经济复苏的想法破产了。而把赌注下在没有活跃经济、没有建立和发展国内市场、没有增加消费需求的私有化的新阶段上，不会带来任何结果。

我记得亚历山大·涅基别洛夫院士在1996年11月底戈尔巴乔夫基金会的会议上说的话：“归根到底，等待我们的是大金融危机。”1997年没有出现任何好转。这样的时期——没有明确的目标，没有明确的政策——是不能持久的。

1998年的隆隆雷声

俄罗斯处于最艰难的金融形势下。外债达国内生产总值的146.4%。1998年头三个月国家拖欠的按预算应拨企业工资达到天文数字——580亿新卢布（约90亿美元）。居民收入两个月下降了7%。

为摆脱债务，政府走上了建造金融金字塔的道路，发行利率越来越高的短期国债。资本流失加剧了，人为提高卢布汇率的压力增大了。

政府企图延缓破产，硬性限制资金供给，这意味着不付工资、养老金，不偿付国家合同规定的债务等。经济不景气更严重了，收入不够用来支付债务。

似乎，大家都应明白：需要新的方针和新的人。大家，但不是总统。重要的是，他在给联邦会议的信件中声称，“要克服垂头丧气和忧郁苦闷”。信中许多见解证明总统完全脱离现实生活。

在年初发表在《新报》上的文章中，我写道：

> 日前我听说，总统在与鲍里斯·涅姆佐夫谈话时突然说：“就保持这样！”
>
> 我很震惊。怎样保持呢？企图继续加重对人民的剥削——通过公共住房收费新规定，通过养老金改革？“就保持这样！”——就是说还这样欠大笔外债内债，非常便宜地卖掉对国家利益来说最重要的国有资产？“就保持这样！”——就是说还得加强征税力度？

俄罗斯当局对人民的无视令我感到气愤：

> 日前，宪法法院作出决议，从现在起先要偿付预算的钱——给企业——然后才是付给人们工资……
>
> 这恰恰是继续做他们在做的事情：他们认为主要的任务是增加国库的收入。这是厚颜无耻的，实施“休克疗法”的那些年就渗透着这种习气。我们付出的代价不重要，人们生活得怎样不重要，他们破产了，失业率增长——不重要，不重要，不重要……如果与人相关的一切都不重要，那什么是重要的？还有什么是重要的？

国内形势恶化和当局缺少合理的政策导致叶利钦圈内的人矛盾

激化。他们试图掩盖这一点，但是1998年3月23日大坝决堤了：叶利钦一纸命令就打发了以B.切尔诺梅尔金为首的俄罗斯政府。另一纸命令解除了第一副总理A.丘拜斯的职务。

“看来，”我在《莫斯科共青团员报》的采访中说，“叶利钦和他最亲近的圈里人给人留下了一种印象，总统正在失去对国家局势的掌控。”他们忙于派别斗争：“别列佐夫斯基、尤马舍夫、季亚琴科是一派。涅姆佐夫寻找自己的追随者，丘拜斯也找自己的……切尔诺梅尔金又是一派。这一切难以遏止地发展着，而总统已无力保持‘平衡’。要结束这一切，总统便发布了不合适的命令。在华盛顿的A.列别德在美国国会上就公开提出过这一点。”

更换政府的命令的政治内幕我是明白的：叶利钦想显示其决心和掌控局势的能力。

叶利钦提出让谢尔盖·基里延科接替切尔诺梅尔金，这是个“有魄力的专家治国论者”，年轻、能干，但是无人知晓，在管理国家方面没有足够的经验。

根据叶利钦的决定产生了各种政策“版本”和方案，都离民主甚远。在国际文传的采访中我预告过这一点。杜马可能不会批准基里延科的候选人资格，我说，但是总统也许心里是这么想的：总统可以解散国家杜马。我警告过，我反对这种做法，希望叶利钦终究不会决定走这一步。

我说：“存在着明显的政权危机，根源在方针。”

基里延科的候选人资格在杜马未被接受。两次遭到拒绝。叶利钦又第三次提名这个候选人。宪法规定他拥有一项权力——在三次遭到拒绝的情况下解散杜马。

大概，过去俄罗斯从未有过各种政治力量形成的如此广泛的阵线，他们确信，总统是国家不稳定的根本原因。无法预料第三次表决时代表们会怎样做。

第三次，杜马终于批准了基里延科的候选人资格。总理声称，政府提出了新的经济政策，主要目的是恢复生产。

但是这项新政策不过是海市蜃楼。经济形势朝最不利的方向发展。政府显然不能控制它。

在8月8日的采访中，我不得不说，政府完全失败了：他们做什么都不会成功，因为今天80%的人不支持这个政府。基里延科没有得到社会的承认，也没有强有力的团队。

只有通过民主才能找到摆脱困境的出路："通过选举，让人民信得过的人来执政。没有威信而要使国家摆脱危机是不行的。叶利钦曾经有过威信，但现在没有了。"

总统和政府不想承认自己无能为力。8月14日，叶利钦公开声称："货币不会贬值。我明确和坚定地声明这一点。我这不是信口胡说，这是计算过的……"但是过了三天，8月17日，政府和中央银行就宣布重建国家的债务，实际上这意味着技术上拖欠债务，以及转而采用浮动的卢布汇率。

这意味着俄罗斯政府1992年到1998年执行的宏观经济政策完全失败。经济遭到了沉重打击，卢布贬值了几十倍，人们完全或部分地失去了存款。生产和人们的生活水平大大下降，通货膨胀急剧恶化。

投机的经济、被收买的政权、犯罪猖獗、听凭命运摆布的千百万人——这就是"叶利钦时代"经济的结果。8月21日，在杜马会议上大部分代表要求叶利钦主动辞职（支持他的只有32位代表）。杜马弹劾总统的意图酝酿成熟。

8月24日，弹劾总统委员会邀请我在会议上发言。我回复说，我不打算亲自去委员会，因为它的积极参加者，甚至委员曾经参加国家紧急状态委员会，或者曾经参与破坏联盟条约的签订。但是我准备提供书面证词。同时杜马作出决议，建议叶利钦提前中止行使权力。解决方案确实成熟了。我同意这样的建议。

如何摆脱危机?

总统怎么办？叶利钦决定让切尔诺梅尔金回来，任命他履行总理的职责。

我认为，这样的任命不会促进国家摆脱危机，因为这没有改变方针。杜马两次投票反对这个提议。在这种情况下，叶利钦不得不让步。9月10日，根据亚夫林斯基的提议，叶利钦提出任命叶夫根尼·普里马科夫为总理候选人。第二天，这就得到杜马的赞同。与普里马科夫一起进入新政府的是Ю.马斯柳科夫——前苏联国家计委主席。同时维克托·格拉先科接替了中央银行行长谢尔盖·杜比宁。

人们纷纷请求我评论对他们的任命。我很了解这些人。"叶夫根尼·普里马科夫——提名他为候选人后，我立即声明——这个人能组建得到全国信任、表达全国人的利益，而不是10%到12%或20%的俄罗斯人或某个群体的利益的政府。"我说他是个独立的、思路开阔的人，能很好地把握俄罗斯和世界的形势。我表示对他的政府有信心，它"将会把希望寄托在摆脱激进自由派的极端性和避免回到过去之上"。

我深信，普里马科夫有足够的毅力不屈服于压力，稳定局势，为提前选举创造条件。我认为通向全面改善国内局势的道路就在这里。

普里马科夫政府对经济政策做了原则性的改变。完全放弃了靠不付工资、养老金和不偿付国家合同规定的债务而实行有限货币供应的做法。最近几个月，国家拨款企业的工资债务切实地减少了。金融局势正常了。

在评述普里马科夫政府的活动时，我在1998年11月戈尔巴乔夫基金会的会议上说："在'八月政变'之前我们就说过，国家面临着政治变革。现在我们看到，普里马科夫政府已经对现行体制作出了积极否定。”现在大家明白，我说，俄罗斯的变革是不可避免的。“不论叶利钦在上面待多久——一年，两年或是找到总统终身制的方案——反正他的时代结束了。”

不明白这一点的只有叶利钦自己。突然产生了争论——在2000年，他有没有权利被选为总统？要知道，现在该做的不是制订出延长叶利钦政治生命的无法实现的方案，而是他提前离职并尽快进行议会和总统选举。总统大部分时间是在医院度过的。如果总统不起作用，我说过，“则国家的整个系统就有缺陷，因此在目前形势下，叶利钦辞职是最正确的做法”。

普里马科夫及其政府日益增长的威信使人有理由谈论出现了潜在的、有力的总统候选人。我在《独立报》的采访中说过这一点：“如果我们实现普里马科夫今天的理念，我想，国家将摆脱困境。如果他能成功，那么他就是最好的总统候选人。至于总理人选，我认为尤里·卢日科夫是最合适的。”

但是叶利钦和他的圈里人不信任普里马科夫及其内阁。他们对政权接班人有另一种设想。何况普里马科夫曾公开谈到，打算坚决与腐败作斗争。而总检察长Ю.斯库拉托夫声称，8月17日政府对拖欠债务和对国家有价证券采取的行动激发了刑事案件。

越是接近选举的期限，叶利钦和他的圈里人就越想要一个可以使他们感到安宁的政府。很快电视评论就开始提到一线的报道：“叶利钦未向普里马科夫伸过手去”，“总统甚至未朝普里马科夫看一眼”。

5月，杜马又提出撤去叶利钦职务的问题。对于弹劾总统，我在国际文传的采访中表明过立场。弹劾程序的发起者们将很难解释指责的理由，我说。“有一个例子：联盟解体问题。这是巨大的不幸，但是《别洛韦日协议》是经俄罗斯议会批准的，而议会中85%

是共产党人。他们站起来，喊着‘乌拉’，投票赞成联盟解体，因此他们是一路货色。在其他问题上也一样。”

在表决弹劾总统前，叶利钦赶着走了一着棋：让普里马科夫政府辞职。我表明总统的这一决定是错误的，我说，这会破坏好不容易才建立起来的稳定，国家会陷入宪法危机。看来，不愿把事情弄到这种境地影响了国家杜马的立场：虽然绝大多数代表因在车臣的行动投票赞成弹劾总统，但是要作出决定，这些票还不够。接着，杜马批准了总统任命谢尔盖·斯捷帕申为总理的提议。他声明将继续执行普里马科夫的政策，也没有闭口不谈自己前任的成绩。但是，我马上就得到一种印象：斯捷帕申政府是临时性的、技术性的。叶利钦在寻找从他的利益来看更合适的人。对他来说，国家利益又处于第二位了。

第二篇
俄罗斯往何处去?

1999年8月9日，叶利钦宣布任命弗拉基米尔·普京为总理，并称他是自己的接班人。后苏联历史开启了“普京时代”。

称普京是接班人，叶利钦是承认到该离开的时候了。这是迟到的承认，而且多半是迫不得已的——他身体虚弱已经太明显了。不论怎样，他为正常选举新总统创造了机会。在这样的选举中，我准备支持叶夫根尼·普里马科夫。

在1998年拖欠债务之后最困难的时刻，普里马科夫被叶利钦提到总理岗位，他能握住方向盘，未让经济滑向深渊。民意测验表明，越来越多的人信任他。在辞职（确切些说，是叶利钦解除了他的总理职务）以后，无疑他还有被选上的机会。

但是普里马科夫不合叶利钦的心意。叶利钦曾经在媒体组织过旨在抹黑和贬低他的活动。叶夫根尼不知怎么很快就退却了，没有表现出一个政治家的坚定意志。2000年新年前夕，叶利钦退休并任命普京履行总统职责，很明显，选举的结果提前决定了。

当然，叶利钦派，其中包括鲍里斯·别列佐夫斯基，实施的“接班人”行动与民主没有丝毫共同之处。他们为任命的接班人创造了这样的条件：选举是形式，是“批准”已作出的决定的一个举动。实质上，这是没有选举的选举。人们支持普京，但是明摆着，国家也好，他也好，都面临着巨大的考验。

普京：开端

普京继承的是混乱——在经济、社会、政治等方面，主要是在联邦事务、治理国家方面的混乱。几十个地区过去几年通过的法律和法规与俄罗斯联邦宪法矛盾。高加索战火熊熊，巴萨耶夫匪帮攻入达格斯坦。在莫斯科和伏尔加顿斯克，不明罪犯炸毁了居民楼，数十人丧生。1999年8月，普京作为新任总理必须作出艰难的、负责的决定——在车臣怎么行动。

不是他造成了这个问题。在第一次车臣战争和后来几年中死亡了成千上万人，城市和乡村被毁，部分国土上发生违法乱纪的事——这一切都应由1994年12月下达车臣战争命令的叶利钦负责。但是现在正是普京承担了作出决定的重负，要扑灭蔓延到相邻共和国和威胁吞噬整个高加索的火焰。

就是今天我也深信，他作出了正确的决定。必须清理车臣恐怖主义的策源地。我公开声明自己对这个大概当时最尖锐问题的立场以及支持普京的决定："必须真正惩处这些人。他们应该或者降服，或者失败。"

我的立场使我的一些朋友感到惊讶。西方也批评普京。1999年12月，我在美国，政治家和记者就这个话题向我提了许多问题。我回答说：在这种情势下，不能不采取行动，普京作出了艰难的，但是正确的决定。另一个问题是——在那时就已经说了，后来又多次说过——与军事方面同时存在的是政治方面的问题，应该尽快寻求政治解决。我想，在这方面普京延误了。

1999年12月底，普京在《独立报》上发表了一篇长文《千年之交的俄罗斯》。许多人没有认识到这篇纲领性文章的重大意义。在仔细阅读时，我看到了其中包含的许多重要的和令人产生希望的东西。我能感觉到一种忧国忧民的情怀。普京写道，今天我们的国家不在代表当代世界经济和社会发展最高水平的国家之列。主要原因是，“在改革的这些年，居民的实际货币收入不断减少”。我觉得文章的核心思想是，不恢复强有力的国家，就无法解决俄罗斯的问题。普京写道，我们应该“使俄罗斯国家机器成为经济和社会力量的有效协调器，建立起它们的利益平衡”。同时，他提出了包含在社会民主党的纲领里的原则：“需要多少国家力量，就有多少国家力量；需要多少自由，就有多少自由。”

普京的文章里还有一个重要论题：必须与贫困作斗争。对于俄罗斯来说，“实际上，阻止人们生活条件恶化的任何变革、措施都被取消了。在这方面，如通常说的，我们达到了极限。国家出现了大范围的贫困。（……）这是最严峻的社会问题”。

这种承认，还有普京的语气，明显区别于叶利钦政府特有的那种态度。应该说，近些年，普京不止一次证明了，他对人们的实际生活、他们的问题并不是无动于衷的。公民们相信：出现了一位关心他们、想使他们过上应有生活的政治家。

定出轻重缓急看起来是正确的。但是这产生了一个问题：谁将制定和实施新的政策？普京简直被过去的人们包围了，而这些人与他的选择是格格不入的。他们又想把上层政权当成私有财产并按自己的意志来指挥它。我通过媒体公开呼吁普京尽快摆脱这一对他、对国家都很危险的重负，从过去总统的圈子里分离出来。这是奇谈怪论：要普京与抬举他、把他送上执政位置的那些人的圈子断绝关系。要做到这一点很难。2000年3月选举以后，总统普京有机会实施重大的干部策略，他利用了这个机会。但并不是他所有的干部安排决定都是正确的。结果政府的行动常常与总统的宗旨相矛盾。

开始履行总统职责的时候，普京签署了第一份文件，那就是"关于为停止行使权力的俄罗斯联邦总统及其家庭成员提供保障"的命令。有人问我对此有什么看法。我回答说，我认为这个命令在前总统不受侵犯方面是违反宪法的。我本人不需要什么特别保障，也没有要求过。

在3月份选举前夕普京履行代总统职责的最初几个月中，我已经不仅注意到他的正面品质——意志、智慧、组织性，勇于承担责任和经受打击——也发现了他性格和作风中引人警觉的那些特点。在这几个月中，他有大大小小的错误和过失。但是人们没有把它们归咎于他。我也同意这一点。政策上的错误是难免的，对于一个对高层政务还没有经验的人来说更是这样。但是独裁主义的表现令人不安。在3月8日的记者会上，我坦率地讲了这一点。但是我认为，在国家需要坚强有力的领导时，有一点独裁不应让人担心。当然，我在意大利《共和国报》的采访中说："弗拉基米尔·普京必须选择，是为民主工作还是企图打独裁主义这张牌。我想，最终他会作出正确的选择。"

恰好这时戈尔巴乔夫基金会完成了《俄罗斯的自我定位》这篇报告。它是由我的朋友和改革上的战友格奥尔基·沙赫纳扎罗夫领导一批研究者完成的。他们的结论是这样的："俄罗斯可能很快将确立温和的独裁政权，这将为社会接受。政治精英的选择是恢复最高政权的权威。俄罗斯社会，至少是它的大多数，再次希望通过最高政权的权威获得幸福安康。"

报告建立在严谨的分析、有力的社会学基础上。它描绘了复杂的，在许多方面令人信服的图景。但是我不能，或者多半是不想完全同意报告关于俄罗斯可能转向独裁主义的结论。这一点在基金会提交报告时我就说过。历史的进程不是事先决定的。很多东西取决于人的，领袖的因素。我接受弗拉基米尔·普京不因他是被过去高层中少数人选中的人，而因他是人民选出来的总统。

新总统：希望，问题，忧虑

在第一轮已经给弗拉基米尔·普京带来胜利的选举之后，我在《共同报》上发表文章。我写道，我没有觉得3月26日国家犯了错误。相反，已进行的总统选举给人们带来了对重大变革的希望。与其说这与新总统的个性相关，不如说是与社会情绪相关。

选举活动的主要新闻是："70%的公民没有对应有的未来、对自己能改变局势失去信念，过去人们似乎已经失去改变什么的希望，也不相信任何领袖。"选普京成为投票赞成政权变革的行为。对于新总统来说，"与腐败寡头们和权势作斗争将测验他有多坚决"。

不应该期待新领袖创造出立竿见影的奇迹，我在那篇文章中呼吁要有耐心。我可是凭自己的经验知道，在周围都喊着"救命啊！"的时候，工作有多艰巨。支持，尤其是在最初时期，比公正的批评本身更为重要。

但是批评和警告是有理由的。选举后不久，普京就开始攻击独立电视台和"桥媒体"控股公司。这是以特别行动的风格进行的，后来这也成为政权采取其他行动的特点：戴着面具的人搜索场所，要求人们举起双手蹲在地上，等等。5月15日，我在独立电视节目上发表谈话，就这一做法说了自己的看法。在俄罗斯这个缺少民主经验的国家里，我说，需要有防止独裁主义的保险机制。媒体负有发挥这种作用的使命，它应该客观、公正、严肃地向国家报道消息。我认为当局的行动是试探——社会将怎么反应："这比企图给控股公司施加压力更甚，这是企图对媒体和社会施加压力。"企图通过恐吓来治理国家，我认为，可能意味着"滑离"把温和独裁的政权与强硬独裁的政权区分开来的界线。我希望，总统在这个问题上有明确的立场，停止对媒体施加压力。

在这种情势下，我应该确定自己的立场。在答复独立电视台领导和集体的请求时，我同意主持独立电视台的社会委员会。进入委员会的有《共同报》主编叶戈尔·雅科夫列夫，《新报》主编德米特里·穆拉托夫，院士奥列格·博戈莫洛夫，俄罗斯前驻法大使尤里·雷若夫，俄罗斯记者协会秘书、媒体法拟定者之一米哈伊尔·费多托夫，俄罗斯笔会中心总经理亚历山大·特卡琴科，塔甘卡剧院艺术指导尤里·柳比莫夫，作家钦吉兹·艾特玛托夫，剧作家亚历山大·格尔曼，莫斯科国立罗蒙诺索夫大学新闻系主任亚先·扎苏尔斯基。但是旨在拯救独立电视台的努力得到的回报是"桥媒体"控股公司的领导人弗拉基米尔·古辛斯基被逮捕。

从这件事显然可以看出，对总统有影响的派别之间进行着较量，其中一派想弄到有利可图的信息资产，主要目的当然是对媒体严加管教，表明在俄罗斯信息领域谁是主人。于是开始有计划地围攻独立电视台，在此过程中使用了各式各样的手段——从税务检查、企图使电视台垮台，到根据俄罗斯护法机关的要求逮捕曾被拘押在西班牙、早些时候被释放的古辛斯基。

在公开声明中，我没有把这些行动的直接责任归到普京身上，独立电视台的社会委员会认为这些行动是经过深思熟虑的，不仅要消灭独立电视台，也要消灭像表达异己思想和社会独立意见的频道那样的其他独立媒体。我努力给普京留下制止这些做法升级的机会。9月底，我们见了面。普京说，他不干预关于独立电视台的情势，他把它说成是"经营管理者之间（'桥媒体'和'天然气工业媒体'）的争执"。普京说他赞成独立和客观的媒体。怎么能不同意这一点呢？在与记者的谈话中我引用了总统的这些话，说他保证赞成保留独立电视台和它的记者集体。但是事情越来越快地向相反方向发展。快到年末时，情况清楚了，独立电视台的命运事先就决定了——它成为击败了“桥媒体”的凶恶商业机构的猎物，而此后不久，这些商业机构自己也被更狡猾和精明的人排挤掉了。俄罗斯媒体遭受了沉重打击。大家都得到了信号：顺从吧，执行指示吧，不然没有好下场！

什么是公开性？

我参与的围绕独立电视台的斗争，当然只是争取俄罗斯媒体自由的大斗争的一个片段。对于我来说，它在那时和现在都有着原则性的意义。它关乎改革最重要的遗产——公开性和言论自由。

什么是公开性？当时的总统德米特里·梅德韦杰夫有一次说，公开性是“治标办法”：“我反对公开性。这个术语不好。言论自由是必需的，而公开性——这是治标办法，它是苏联时代给一种现象的不正确名称。”而亚历山大·索尔仁尼琴不知怎么的——大概是因为他为俄罗斯发生的一切而痛心——一气之下扔出了这一观点：“戈尔巴乔夫的公开性毁了一切。”他忘了自己在1967年说过的话：“诚实的和完全的公开性——这是任何社会，也是我们社会健康的首要条件。谁不想给祖国公开性，谁就是对祖国漠不关心，谁就是只想着自己的私利。谁不想给祖国公开性，谁就是不想治愈它的种种疾病，而是想让这些病深入机体，让机体溃烂。”

我的立场是，公开性不仅是能公开地说出自己的意见、批评当局和要求变革，更是社会过程的开放性、政权本身的开放性，政权要尽向社会汇报工作的义务，愿意与人们对话。布罗克豪斯和叶夫龙在百科全书（1890—1913年版）里很确切地描述道：“在法治国家里，公开性是政权机关和社会机关正确行动的保障之一。”不是唯一的，却是必需的保障！在改革之前，我们没有这一保障。

大错误是把公开性与言论自由对立起来。公开性，如一开始我理解的，包含了言论自由，但是也有别的内涵：政权对公民的开放性和向公民汇报工作的义务，愿意进行对话。在改革前是没有这点的。假如没有公开性，那么亚历山大·索尔仁尼琴还会长期在佛蒙特州劈柴，大部分俄罗斯公民不会知道他的书，而德米特里·梅德韦杰夫大概还在给大学生们讲课。

这就是为什么在离开总统岗位后我认为为争取媒体自由，为公开性，为政权的开放性斗争是我的义务。我以各种形式斗争——不仅仅用言论，也用行动，如支持各家独立电视台，参与由《共青团真理报》记者们（他们不同意这份报纸“黄了”的说法）创办的《新报》的变革。在最初阶段，我帮助他们，包括在物质上帮助，使报纸能自立；在困难的时候，则在精神上支持他们，参加有关办报方向和内容的讨论，接受记者采访和发表文章。可以毫不夸张地说，《新报》成了我们媒体中最勇敢、最不妥协的报纸。它的记者调查是无畏的，公民立场是坚定的。报纸不止一次陷于艰难的境地，计划常常处于破产的边缘。问题不仅在于新时代越来越多的人从电视、收音机，特别是从互联网上获取信息，所有的印刷出版物都经历着困难，还在于这份报纸受到各方的压力，甚至遭到特别行动的侵扰。

在最困难的时刻，我明白应该扶持报纸，我与著名企业家亚历山大·列别捷夫共同决定成为《新报》的股东。从亚历山大方面来说，这要求承担起重大的财务责任，从我这方面来说，首先是提供精神支持。在这种情况下，我们约定不干预编辑工作。我高度评价亚历山大迈出的这一步。这是个强有力的、并非冷漠的人。在商业上取得成就之后，他继续前行：开始参与政治，是莫斯科的市长候选人、国家杜马代表，经常参加社会活动和慈善活动。由于他的帮助，在圣彼得堡，赖莎·戈尔巴乔娃支持的儿童肿瘤和血液病研究所得以完成建设和设备购置。中心在圣彼得堡建城三百年那一年启动，现在运营顺利，挽救了数百名孩子!

总统的担子不轻

注意观察弗拉基米尔·普京的行动，我仍然不改变支持总统的立场——不是无保留的，但是坚定的。毕竟他是在非常困难的形势下开始自己的活动的。要知道，除了大的全国性问题和事务，总统还要处理层出不穷的日常事件，这些事需要持续的关注，常常成为他沉重的心理负担。不是一下子就能对付猖獗的恐怖主义，就能对这种胆大妄为、没有人性的恶势力组织反击。2000年8月，一个不幸的消息震惊了全国："库尔斯克号"潜艇爆炸沉没了，全体官兵——118人丧生了。这对于社会造成了沉重的"心理打击"，对于总统则是重大的考验。

悲剧真是在全国人民眼前发生的。许多人起先觉得能救出一部分人，但很快就得到一种印象：官兵们听凭命运摆布。人们对军人的行动提出了尖锐的意见，也批评了总统，他当时在休息，没有立即中止休假。许多报纸登了普京乘着水上滑板休闲的照片。这造成了一种印象：他或是没有得到全部信息，或是不正确地评估了它。这打击了社会对年轻总统的信任。真的，后来他努力改正错误，去了潜艇所驻扎的维佳耶沃镇，会见了逝者的遗孀和亲人，与他们进行了长时间沉重的、折磨心灵的会话。

那些日子，媒体就这个事件向我提了许多问题。有的媒体对"库尔斯克号"和切尔诺贝利的悲剧作了比较。在"莫斯科回声"电台女记者纳捷拉·博尔强斯卡娅的采访中，我回答了这些问题。我说："总统对一切负有责任，就像无论谁至少都不会免除我对发生的一切的道德责任一样。但是不能把总统拴在每一件事物、每一起事件上。总统的任务，他的职责和最高责任是从每一件事中得出结论并警告人们不能再重蹈覆辙。因为涉及的是生命，是国家和国土的安全。”

我补充说：“再说一次——公开性，信息，自由、独立、负责的报刊是关键，应该给予我们的媒体。”

在那些日子，我还是深信，总统也好，社会也好，对这次悲剧会作出正确的反应。在俄罗斯，不幸总是使人们团结，在那次采访中我说，我看到这次不幸也把人们团结起来了。“我希望当局现在这么做：让这种团结促成社会和政权深刻的互相理解。”后来的事件表明，我的估计是正确的。

普京总统执政的第一年以及后来几年的主要问题是民主问题。总的来说，我觉得，普京是拥护民主的。我对自己的朋友、记者——国内的和国外的——也这么说。在拯救国家和稳定经济是应办大事的情况下，采取强硬措施是不可避免的。但是我认为专横地改变涉及国家和社会的法规的做法是不能容许的。

根据宪法，俄罗斯总统就已经拥有很大的权力，因此不能削弱和剥夺其他政权机构——立法和司法机构——的独立性，对地区的政权机关也是这样。但是联邦中央越来越朝相反的方向行动。

起先，制定了在七个联邦区设总统全权代表的法规。这项法规没有以应有的方式向社会做解释。而国家首脑的代表的权力和职责范围也没有明确划定。

接着，组成联邦委员会的人员改变了，原来的委员会是由州长和俄罗斯各地区立法会议的主席组成。这些人是公民选举出来的。现在联邦委员会的成员是指定的，而且很快就弄清楚了，这些人往往与地区没有任何关系，实质上是莫斯科任命的。结果，本就无足轻重的联邦委员会，现在更微不足道了，而似乎是为了补偿而建立的由州长轮流参加会议的国务委员会也没有任何政治分量和重要作用。它的功能被侵占光了，也很少召开会议。

至于下议院——国家杜马——则用其他手段“驯服”它。叶利钦执政期间，在就重要国内问题作决策时，它就未能发挥重要作用。这说明缺少强有力的政党，一切法规都会成为民主的平庸赝品。

那时——21世纪头十年之初——国内的政党给人留下的印象并不好。执政党不时更换名称，不变的是它永远表达官僚阶层和大商人的利益；俄联邦共产党不愿抛弃斯大林主义的遗产；以弗拉基米尔·日里诺夫斯基为首的俄罗斯自由民主党叫嚷着假冒成反对派；“苹果党”停止发展；正义力量联盟有洗刷不掉的污点，那就是20世纪90年代的“改革”使千百万俄罗斯人陷入贫困……我很清楚，有这样政治图谱的国家是不能从败坏自己名声的旧政策的束缚中解脱出来的。

我的社会民主选择

20世纪90年代也好，后来也好，我都深信，在俄罗斯的政治图谱中缺少强有力的社会民主政党。我们的社会需要社会民主思想，需要这种思想的体现。但是，假如我说，在改革前我已经有了社会民主的概念，那我是昧良心的。我是最终转到这种思想上的。

开始时，我仔细了解那些把自己的命运与社会民主联系起来的人们，企图更好地理解这些人的哲学、政治信念、道德立场。那时对我来说最重要的是实际问题：有没有可能扩大对话，与国际社会民主在政治上互相促进？

1993年6月在斯德哥尔摩做纪念奥洛夫·帕尔梅①的演讲时，

---

① 奥洛夫·帕尔梅（1927—1986），瑞典社会民主党主席，在1968—1976年、1982—1986年两度出任瑞典首相，是当时欧洲政坛威望较高的政治家。1986年2月28日，帕尔梅在斯德哥尔摩遇刺身亡。

我对听众讲了在苏共二十七大上发生的一段插曲。在代表大会召开期间传来了帕尔梅遇害去世的消息。在会议开始时，主持人提议以一分钟默哀纪念这位杰出的人。所有代表都起立了。我想，这一分钟默哀对我们进一步解放思想，理解人类价值产生了重要意义。

在国际社会民主的思想和经验中，我们寻找可以用来改革苏联社会的东西。不能不看到社会改革政策的贡献，这些改革实际地改善了许多西方国家劳动人民的生活。

在这些探索中，对我来说，与著名的西方社会民主活动家的会见和谈话起了不小的作用，特别是与维利·勃兰特。他是伟大的德国政治家，领导德国社会民主党四分之一个世纪，领导社会主义国际十六年。在苏共二十八大期间，我收到了他的信，信里说："尽管有分歧，但我们彼此了解。您应该知道，在社会主义国际里联合起来的政党——当然不仅仅是它们——多么关注苏共二十八大（……）我们不应该干预你们的讨论，然而我们极为关注并留意到与会者对社会民主党和社会主义国际的立场的兴趣。"

离开克里姆林宫之后，我收到了勃兰特的来信，他邀请我参加社会主义国际第十九次代表大会并在会上发言。我乐意接受这一邀请。勃兰特已经病重，不能出席这次大会。过了几星期，他就去世了。

失去这位朋友，我心情特别沉痛。对我来说，维利·勃兰特不光是政治家，我与他经常进行口头和书面的对话。他成了我的个人朋友。他理解我们的改革思想，不仅仅理解，而且支持它。对我来说，这是巨大的道德支持。

在社会主义国际第十九次代表大会上，我发言说：

> 有人急于把20世纪80年代末到90年代初的戏剧性事件说成是经济自由主义的"胜利"和"历史的终结"。自由主义仿佛被确立为社会生活基本问题的万能答案，而不给任何其他

政治观点留有余地。这种理论已遭到批评。依我看，批评是正确的。

自由主义的民主不会找到对生活本质问题的“最终”答案。无论是扩大经济自由，还是政治解放，它们本身都不会产生自由的、有高度文化的、道德高尚的个体。公共法规服从于个人和小团体利益，这侵蚀着社会领域。

苏联的垮台实际上不是社会主义的垮台。社会主义思想没有失去价值。正是这些价值鼓舞了许多前辈捍卫自由、平等、团结，发起大规模的群众运动。

今天我的国家本身就引起许多人的气愤。但是人们不能不提出一个问题：接下来怎么办？我们往何处去？许多人怀念过去的某些社会保障。当局也好，反对派也好，所谓自由知识分子的许多代表也好，都转向社会民主的思想和口号，这不是偶然的。那些确实忠于民主的社会主义原则的人应该深思这一点。我认为，社会民主方向的政治力量在当代俄罗斯应该也能够起更大的作用。

没有社会民主的参与，向未来的运动，就我所看到的，不可能有充分价值并取得成功。同时我不赞成把各民主流派生硬地对立起来。现实的政治应该建立在经过历史实践检验和筛选的经验、思想和价值的综合基础上。

至于这些看法是怎么形成的，我和其他改革拥护者怎么逐渐克服教条主义的思维、斯大林主义的意识形态框框，我与在莫斯科大学读书时的朋友，后来“布拉格之春”的领导人之一兹德涅克·姆林纳日的对话能给出答案。

在这些事件发生前很久，命运就使我与姆林纳日结识。我们一起在莫斯科大学法律系学习。我们不仅在同一个系，同一个年级，而且还在同一个班，上同样的课，参加同样的课堂讨论，晚上在宿舍里我们要么两人，要么与伙伴们热烈讨论当时使大家，特别是青年，激动的问题。那时产生的彼此间的好感发展成友谊，这种友谊持续了将近半个世纪，直至1997年他去世。

在我不得不放弃苏联总统职位后，我们想比较认真地讨论过去四十年经历的一切的想法成熟了。我们讲好在此之前要见几次面。我们想首先弄清楚与我们的政治活动相关的自己的思想和感情，帮助彼此更好地理解我们各自做了或没做什么，为什么，什么成功了，什么没成功，在各方面我们做得是否正确。我们通过不同道路得到相似的结论，对我们来说重要的是，分享对我们曾经是其见证人和参与者的事件，对我们试图解决的问题的看法。我们争论，但这是力求互相理解的朋友间的争论。

兹德涅克多年苦苦思索“布拉格之春”的教训。那是他的明星时期，他永远忠于鼓舞1968年布拉格改革者的原则。但是他强烈地感到自己对“布拉格之春”的后果，包括对军事干涉的后果的责任。当然，我们说的是对作为意识形态和作为制度的共产主义的态度。要知道从这个态度，我们开始了共同的政治经历，他后来成为“布拉格之春”的领导人之一，而我走向了改革。

我们谈到了20世纪社会主义的命运、社会主义思想的未来。时代像要求姆林纳日一样要求我渐渐地——在个人经验和了解其他流派社会思想和观点的基础上——克服还是从大学生时代起（在封闭社会的条件下）我就被强加的对社会主义的教条理解。

我们不放弃社会主义的价值，首先是自由、平等、公正、团结的价值——它们是相互联系的。对于我来说，它们意味着机会平等、人人能接受教育和应有的医疗服务、社会定向的市场、一定的基本社会保障。当然，在市场不能保障这些的时候，必须有国家的参与。

在信念上，我们仍是社会主义者，我们承认，我们并不与其他民主的和人道主义的思想流派隔绝。任何对待别的、不相似的流派的偏见，任何宗教极端主义的表现都会产生相反的结果，是危险的，它们会使我们偏离解决全世界遇到的迫切问题的道路。

认识改革和整个苏联历史的经验，思考当代现实、全球发展的各种方案之后，我得到的信念是，当今应该不是作为制度而是作为政策来谈论社会主义。

对我来说，这样的结论是符合逻辑的：在发动改革时，我的对象正是政治，要根本改变苏共的那种政治，它使国家陷入了绝境。至今教条主义者从左、从右指责我，说我没有提出具体的纲领性目标，没有制订行动纲要。我过去和现在都认为，正是对奇迹般的纲要，不可违反的教条、计划和纲领的狂热信仰消灭了我们伟大国家正常发展的可能性。

社会主义，按我现在对它的理解，是一种世界观。我深信，在当今世界没有社会主义价值就不可能有政治。今天特别需要这种价值。不平等被认为是最突出的全球性问题，所有大陆上的政治家不能不对此作出反应。社会民主思想重新提上议事日程。

俄罗斯需要社会民主

20世纪初，社会民主曾是主要的政治力量之一。但是俄国社会民主的命运却特别富有戏剧性。斯大林主义歪曲和损害了它的思想和实践。

在战胜法西斯主义、苏共二十大作出谴责斯大林主义理论和实践的历史性决议之后，共产党人和社会民主派开始彼此接近。在苏联改革年代，苏共的思想意识和政策发生了某种社会民主化。

改革中断和“休克疗法”导致急剧的社会两极分化。在这种情况下，需要有一个能提出可供选择的社会发展战略的政党。这个任务摆在联合了分散的社会民主派组织的俄罗斯统一社会民主党面前。

我努力使本党在未来始终不渝地实现国际社会民主的一些价值，如自由、公正、团结，制订俄罗斯现代化的计划。这个计划应当表达绝大多数公民，而不是某些群体或帮派的利益。在与总统弗拉基米尔·普京的一次谈话中，我说建立社会民主党得到了社会的理解，引起了社会的兴趣。对此，他说（我逐字转达他的话）："您在想什么？我们的国家是社会民主的呀！"我不知道，今天普京对此是怎么想的，至少在公开场合他已经很久没有说过这样的话了。

在俄罗斯建立群众性的社会民主党实际上不得不从零开始。重要的是，一个人要独立作出决定，个人递交入党申请。

倡议委员会最初的一些会议已经提出了原则性的意见，即极端性——共产主义的也罢，激进自由主义的也罢——对摆在国家面前的挑战不作回答，不符合社会的期望。我们确信，应该按新原则制订并实施计划，而这正是社会民主计划。其中将声明党的意识形态是什么，指明国家处于什么状态，哪些问题使俄罗斯公民不安，要解决它们首先应该做什么。

在第一份纲领性声明中，我们表示：

> 国家处于系统危机中。经济受到垄断主义和保护主义的损害，国家受到腐败的损害，社会受到有组织犯罪的损害。改革年代涌现的中小私人企业承受着不公正的苛捐杂税、黑帮的"保护费"、官员的敲诈勒索。
>
> 公民的社会保障基础被毁。国家分给科学、文化、医疗卫生的资金实际上不仅不能保障它们发挥正常功能，甚至不能保障它们起码的生存。劳动者的收入不足以维持正常生活。
>
> 工作岗位经常减少。穷困、赤贫影响着千百万人的道德、身体健康和寿命……

> 俄罗斯社会民主党认为，在系统的社会经济危机基础上，政权犯了战略错误，脱离人民，造成深刻的道德和精神危机。政权压制人民的主动精神，造成了经济和社会萧条，人民对民主不信任。如果大部分公民联合起来尚不能克服这种错误倾向，俄罗斯必将在文明世界无足轻重……
>
> 在这种情况下，俄罗斯社会民主党不仅向自己的政治追随者，也向全社会、全体公民提出国家发展的社会民主选择。
>
> ……历史经验表明，追赶战略不适合俄罗斯。俄罗斯社会民主党认为，通过突破战略实现超前发展是唯一的选择。
>
> 俄罗斯社会民主党认为，投资人的发展和社会规划不是慈善，而是实现现代化、经济增长和社会进步的最重要手段。

尽管只有起码的财力，还要克服障碍，我们还是得以创建了党的组织并在大部分俄罗斯联邦主体开展了活动。这本身就是不小的成就。

我认为，俄罗斯的社会民主党应该成为群众性政党。这一点可以解释为什么我们与先由亚历山大·雅科夫列夫，后由康斯坦丁·季托夫领导的社会民主党联合。不是所有的俄罗斯社会民主党成员都同意联合：社会民主党的激进自由主义倾向吓坏了许多人。但是最后还是产生了统一的俄罗斯社会民主党。

在俄罗斯社会民主党框架内，在全国出现了数十个地区和地方社会民主组织。但是我们认为社会民主党的主要成就是制定并传播了它的纲领性文件。这些文件详尽地阐述了社会民主党的战略和策略。

我们的出发点是，俄罗斯的改革不能依靠经济方面的极端自由主义思想，它歪曲了俄罗斯的历史和文化特点。凯恩斯和艾哈德的理念对我们来说要更适合实情，他们的理念克服了战前美国、战后德国的经济危机。这一理念要求国家在经济中发挥积极作用，这被欧洲社会民主党人遵循并且适合我国情况，因为在我国国家的作用总是很大。

同时很明白，俄罗斯经济除了市场不可能有其他现实的选择。正如所有的社会民主党人一样，我们主张市场经济，但不是市场社会。我们的出发点是，除了市场，社会还有其他领域：科学、教育、文化。我们声明：能有多少市场，就应有多少市场；必须有多少国家，就应有多少国家。

我们认为经济发展的主要杠杆是活跃的中小企业活动。正是它能在短时间内向市场提供商品和服务，通过创造新的工作岗位减少失业，快速引进新的技术设备。

我们提出有效地利用自然资源获得资金。根据经济学家的计算，仅仅出口石油和天然气的收入就超过国家预算五倍。这些收入，依我们看，应该用于国家和社会的需求。今天资本基本上在利润最高的金融、投机领域周转，而这些资本必须通过税务机制转投到生产领域中。

我们向社会提出纲领。执行这个纲领，俄罗斯就有可能与发达国家平等地进入后工业时代，掌握现代技术并加入全球化进程。我们在纲领中提倡把主要投资放到人——人的教育和培养上，放到科学发展上，放到发挥国家以及大企业能力的工业政策上。

激进民主派的错误在于，他们总是忽视人。他们把钱放在第一位，把人变成劳动力，变成他们谋利的工具。我们，社会民主党人，把人放在中心位置。

我们坚决反对增加教育收费，它妨碍大众接受教育，破坏宪法确认的平等原则，也损害人自由发展个性的可能。

对于社会民主党人来说，异常重要和迫切的问题是生态和医疗卫生。我们声明准备与“绿色”组织合作，强烈反对医疗卫生领域的商业化。

在当代世界，民族问题特别复杂和难以解决。民族政策的成功取决于实践社会民主的两个最重要原则——平等和国际主义，取决于善于倾听各民族的意见和忧虑。

我们的纲领吸引了许多积极的、不无动于衷的人的注意。我们成功地在83个地区发展了俄罗斯社会民主党并进行了注册。

我喜欢党内的气氛——坦率、公开。人们可以对随便什么人，包括党的领导，畅所欲言，说出自己对政策的意见、对总统和政府的态度，讨论任何重要的社会问题。

我们成功地与社会党国际①建立了联系，成为它的观察员。这是重要的意识形态和组织工作。但是，由于俄罗斯社会民主党在初期缺少政治经验，我们难以避开困难和避免错误。

我认为党的最大错误是放弃独立参加2003年的议会选举。当时在康斯坦丁·季托夫的影响下，党的代表大会的大多数代表选择了“便宜”方案：与统一俄罗斯党合作参加只有一个代表名额的选区选举。结果在进杜马的选举中党不擅在政治方面介绍自己，由于党又不怎么为人所知，于是它唯一的候选人失败了。而统一俄罗斯党的候选人实际上是我们政治上的竞争者，而不是盟友。

康斯坦丁·季托夫的立场对党的命运产生了消极影响。在选举时，他实际上用自己党主席的地位做交易——解决自己的个人问题。这是自私的态度，它有利于那些不希望俄罗斯社会民主党参加选举的力量。在这种形势下，我不能继续当党的领袖，我宣布离开自己的岗位。我认为，我做的是对的。

但我留在党内，努力帮助它，因为我认为，社会需要一个人民的党，而不是由上级任命的、绝对执行当局决定的官僚组织。这一点甚至杜马里的人也明白，那时他们想建立独立的社会民主党团。

我觉得，代表们的这种态度是对的，只是应该使总统的行政当

---

① 由英国工党发起，于1951年宣告成立，是主张民主社会主义的政党的国际联合组织，总部设在伦敦。

局信服。但是很快我就明白我错了。总统的行政当局不想这样。他们竭力要使所有的政治党派完全处于克里姆林宫的监督之下。戈尔巴乔夫和他的党使他们恼怒。克里姆林宫采取的方针是在国内“限制”民主和不合它心意的政党。总统行政当局领导人的副手曾对我这么说：“您干吗要搞社会民主党？我们反正不会给它注册的。”有关政党的新法律使克里姆林宫凭纯粹表面的原因消灭了不少独立政党，包括俄罗斯社会民主党。

现实民主的反对者在与社会民主党的斗争中尝试了一切手段，今天当局积极地使用这些手段控制国内的一切政治进程，仿制民主。他们觉得，这保证了稳定，但是实际上这种策略剥夺了民主意义上的政治生命，这本身就破坏了社会稳定。在克里姆林宫的试管里人工培育起来的、失去意识形态和群众支持的政党在任何时刻都可能解体，那时整个“结构”会剩下什么？

我现在也深信，俄罗斯社会需要社会民主的思想和价值。在社会民主者同盟运动的框架内，有社会民主信念的人们继续奋斗，俄罗斯和全世界对社会民主的需求日益增长。

坦率地说，我喜欢社会民主者彼此以同志相称。不能忘记，这个词体现的不仅是党的，也是社会的、人的团结。我深信，社会民主者的声音在广泛的公民对话中是必需的。他们中每一个人都能作出贡献，使俄罗斯成为现代化的民主国家，从而在建立较为稳定、公正、人道的国际新秩序中发挥应有的作用。

问题越来越多……

在本世纪头十年之初，我不止一次会见了普京总统。我们谈了很多，包括政治体制、政党的问题。其中有一次是在2002年6月17日，那是在司法部注册了我积极参与创建的俄罗斯社会民主党以后不久。我记得在这次会见中普京说的话：社会必须有左中派的政党，对与社会民主派合作，他持开放态度。这完全与我的意图相合，但是实际上，俄罗斯政权指望的不是与强有力的独立政党合作，而是驯服或消灭弱小的党派。

司法体系的职能引起越来越多的问题。普京在任总统之初提过“法律专政”，在这话的保护下，《电话法》站住了脚，司法和护法体系越来越经常被用作恐吓的工具，用以挟嫌报复，让企业家服从“当今世界的强者”，对政敌施加压力。然而，没有强有力的独立司法，政权就不可能开展总统承认必要的反腐斗争。

在这样的条件下，难以指望从稳定的战略过渡到突破、发展的战略。而我却越来越有一种信念，这一点恰恰是必需的，否则国家会错过登上新台阶的时机。2002年9月30日，《新报》刊登了我与其主编德米特里·穆拉托夫的谈话，它反映了我当时的重要思考。

以下就是这次谈话的重点：

> **穆拉托夫**：米哈伊尔·谢尔盖耶维奇，“改革”结束了。现在代替“权力场”的是“驾驭局势”。代替公开性的是脱口秀。代替“个性自由”的是强化国家作为个人资产。
>
> **戈尔巴乔夫**：我还是觉得现在发生的许多事是可以理解和解释的。现在我没有理由怀疑总统的主要意图和他的活动：毕竟这是摆脱他作为遗产得到的危机、混乱的出路。
>
> 我们经受了俄罗斯实际崩溃的威胁。至少，是地区封建主义的威胁。当然，还有官僚们，特别是联邦官僚们的强权，各帮派简直厚颜无耻、毫不隐瞒，他们借钱选举，支持当局，然后以国有资产支付。他们要占有它，也确实占有了。这在过去和现在都对社会的道德气候产生影响。因此，要恢复人们的信心，使人们相信当局终究想的是全国的问题，而不是为这些帮

派服务——不能什么都不做。当局有时候不得不霸道，不做充分的解释就行动。因此，有时候它采取的措施令人不明白。

穆拉托夫：为什么令人不明白？其实很明白。

戈尔巴乔夫：你们年轻人一下子全明白了。而我在各个时代历经风风雨雨，现在我必须更为困难地获取真理。国家处在这样的状况……上帝自己也不想与这种状况有联系，上帝甚至暂时没有弄清楚，明白吗？

穆拉托夫：是啊，通常是这样。改革换自由，自由换财产。“为人民和民主”缩小民主的范围。

戈尔巴乔夫：我再重复一遍：没有理由指控总统反民主。我自己曾处于那种地位，我想说，弗拉基米尔·普京所做的终究是为了大多数人的利益。

穆拉托夫：您能举些例子吗？

戈尔巴乔夫：拿教育做例子吧。总统主张教育适应现代要求，但与此同时它应该是免费的和大家都能享受的。干预住房改革的目的是不让居民来负担改革的代价。

穆拉托夫：可是汽油价格简直在飞涨，禁止生产方向盘在右边的汽车，禁止进口旧轿车——这算什么，也是为了大多数人的利益吗？

戈尔巴乔夫：我想，刚才列举的有些事情，我是不会做的。但是原则上总统不能放弃维护国内市场的斗争，正如最富裕的发达国家不会放弃它一样。瞧，他们怎么与我们的产品进入他们的市场作斗争！欧盟有六十多项针对俄罗斯的反倾销诉讼。这算什么——是“我们关系中的新景象”吗？同时，欧盟国家里农民三分之一的收入是国家的补助金。就是说，欧盟支持农业，为了使它有竞争力。

穆拉托夫：米哈伊尔·谢尔盖耶维奇，他们的消费者很富裕，没有用了七年的俄国轿车，他们也能对付过去。而我们开轿车的人，就俄罗斯那点收入，没有廉价耐用的二手轿车能行吗？

戈尔巴乔夫：说得对。应该促进汽车制造业发展。要知道，我们目前基本上是原料部门、冶金和化工部门在工作。其他方面需要现代化，这需要时间和保护关税的措施。

穆拉托夫：生命是短暂的，米哈伊尔·谢尔盖耶维奇。人们想现在过上好生活，想现在乘轿车出行。用爱国主义来对付错过的时间，不总是说得过去。

戈尔巴乔夫：可"总统的生命"更短：四年，顶多八年。他要帮助国家，使它感觉能摆脱这个泥潭。

穆拉托夫：我觉得，您现在说的与您当苏联总统时做的矛盾。戈尔巴乔夫开始了政治改革，他认为没有政治自由和自由的公民就不可能建成自由的经济。现在您实际上赞同缩小政治的范围。已经不时兴选择了，它不受欢迎，大家都在说：我们没有选择，我们这里一切都选择好了，可以用上许多年。联邦委员会实际上被取消了。国家杜马成为绝对顺从的傀儡机构。我又要问：顺利进行改革的代价真的是缩减政治自由吗？可以这样说吗？

戈尔巴乔夫：你这么说，意思就是，自由是存在的。

穆拉托夫：在与您的交谈中……

戈尔巴乔夫：是啊……俄罗斯的局势有多复杂和矛盾，以至于必须做的决定也有矛盾性。

我与总统的交往、我与他的谈话使我相信，他是忠于执政的民主方法的，并不想建立什么令人想起我们曾经在其中生活和工作的斯大林时代的专横制度。对这一点，我不怀疑。

我常常看到，围绕这些话题有一种紧张的气氛。但是我现在绝对真诚地支持普京的立场。我希望总统取得成绩。我想，人们已经感觉到：这个人还是有意要把俄罗斯拖出它陷入的泥潭的。但是重要势力想让一切保持现状。现状就是近十年形成的状况。拥有一切的人（改革仅仅减少了他们不受监督的收入）和大部分人（他们生存，而不是生活着）进行着斗争。

坦率地说，我们最主要的不幸在于，人们的道德精神、对未来的信念被毁了。对于我们，对于俄罗斯的精神气质来说，这是令人沉痛的危险状况。因为在俄罗斯，如果尊严受到侵犯，如果人被忽视，那么对未来的计划是不会有什么结果的。

因此，维持现状，保留现有的一切，继续过去十年的惯性，只是某一群人的期望，对俄罗斯来说是一条毁灭的道路。

总统说得越来越多的是，我们需要创新的政策，支持人们的主动精神的政策。在这两年多的时间中，通过了几倍于前的所需的法律，已经部分地建立起法治的氛围，而你却觉得，总的来说什么也没有发生。

穆拉托夫：是的，我觉得什么也没有发生，因为所有的决策，大大小小，都被寡头机构控制，以得到所需要的结果。独裁主义就是当你诉诸法院时，问题不能得到公正的解决。公正只是取决于你能进头号人物的接待室，把话传到他耳朵里。难道现在不是这样吗?

戈尔巴乔夫：你所说的是普京想要克服的一种倾向。为了继续前进，现在先要创造条件。为了司法和行政改革，为了使地区、地方自治发挥作用，要寻求权力分配中的平衡——这是在需要的方向上的探索。但是你瞧，这件事上走每一步有多么困难。

没有司法改革，没有行之有效的独立审判，无论是官僚政治，还是腐败，我们都克服不了。总统刚着手处理腐败问题，杜马就拖延通过反腐的法律，这说明什么呢?

穆拉托夫：哪届杜马难以通过法律？是这届杜马吗?

戈尔巴乔夫：有关反腐的法律——是这一届。

穆拉托夫：打个电话过去就够了，让他们半个小时内读上一遍两遍三遍，然后通过法律。

戈尔巴乔夫：哎，别这么说。假如是这样……这份法律草案早就放在杜马的文件夹里了，但目前还看不出什么时候会通过它。

我绝非为总统的政策辩护。对我来说，这毫无意义。我远离那些在总统左右跳波尔卡舞、争着要接近他的人。但是我从总统那里知道了他对这一点的立场。他不是那种受谄媚摆布的人。巴结奉承不会使他晕头转向。我们所看到的情况只是证明干部问题很严重。有一次总统说，干部问题现在是最主要的问题。

国家走到了发展战略应该取代生存战略的阶段。需要解决许多问题。不全力发展中小规模商业活动，是不行的。我们需要工业政策。

需要的不是专政的方法，而是法律。

为了共同的成功，我们应该支持总统。支持。我们大家和总统应该有足够的力量和政治意志。

人民理解总统。这是克服任何阻力的保障。

在2002年9月我是这么想、这么说的。我的初步看法建立在什么基础上面?

基础就是：普京在工作的最初几年能赢得和保住人们的信任，虽然有过失和错误。他能稳定局势，并开启摆脱经济危机的进程，而且不是让人们来负担它，而是让他们感到恢复经济带来的虽然不大的初步利益。及时支付工资，增加养老金，逐渐降低通货膨胀——在那时，对大多数人来说，这是最重要的。我有理由以谨慎的乐观主义态度看待未来。但是德米特里·穆拉托夫在采访中说的怀疑、问题、批评，不是完全没有道理，社会上相当一部分人也是赞同他的。一切取决于俄罗斯总统作出怎样的原则性决定。

“零”年代？

我们通常称21世纪的头十年为“零”年代。这是不是有意或无意的隐喻？对于俄罗斯来说，这些年是不是失去的年代，错过机会的年代？我想，最终的裁决要由历史来做。许多东西取决于在最初这十年国家和社会朝什么方向走，而当时还什么都没有稳定下来，人们就经济和社会领域（包括教育、科学、健康、养老体系）的发展道路展开热烈的辩论。我关注着这些辩论，常常说出自己的意见。

我们需要从生存战略转向发展战略——这就是那些年在演说、采访中，在社会民主党内和聚集了政治家、专家、记者的基金会内的许多次讨论中，我所坚持的主要观点。由于在最重要的方面国家的政策模糊不清，没有提出使国家的发展登上新台阶的出路，人们感到不安。而内阁的许多决定使我忧虑。

经济政策只限于稳定总体经济和预算规定，清除国债和积累金融储备。不用说，这是重要的，但是没有改善“实体经济”的措施，没有有效的工业政策，所有的手段——如降低预算赤字、外债和通货膨胀——仿佛是目的本身，又保留了过去的经济结构。接近政府的经济学家提出的办法我丝毫不满意。他们理解的市场仅仅是商业化，使国家放弃对人们承担的最重要的责任。我认为，这是不能接受的。2001年，一大群学者、教育工作者来找我，他们对政府提出的教育改革极为不安。他们中有些人我非常了解和信任：院士娜塔莉娅·彼得罗夫娜·别赫捷列娃、谢尔盖·彼得罗维奇·卡皮察、鲍里斯·维克托罗维奇·劳申巴赫，宇航员格奥尔基·格列奇科，历史学家A.B.安东诺夫-奥夫谢延科，政治理论家Ф.M.布尔拉茨基。他们认为，改革不合时宜，科学上没有根据，对于俄罗斯的教育体系是毁灭性的。我支持他们的立场。9月，我们对总统和议会的呼吁书见报。我们消除了疑虑，时间表明我们的警告是正确的。

首先，我们写道，所提的改革是建立在未经证实的不正确前提的基础上的。比如，它断言，祖国的教育如革命前那样，是落后的、不好的，不能保障后苏联时期的社会发展。我们反对这一点，实际上，俄罗斯教育是世界上最好的教育之一。它是由俄罗斯杰出的启蒙家、教育家和思想家创建和维护的。当代“改革者”提出借用外国的，特别是美国的体系，提出教育的市场化。这是把它抛向更低的等级并为产生面向富人的纯粹“精英”教育创造条件。

在公开信中，我们批评了政府改革中的一系列具体规定——引进所谓“教育推荐书”，统一中学考试，“优化和重组”乡村学校，实际上也就是关闭大批学校——也谈了中学和高校教师不能容忍的低工资。

完全不能接受的是，没有经过广泛的公开讨论，改革就被强加给社会。它的提出者对学者、专家、实践家的意见态度高傲。我记得，我们邀请了这一改革和政府其他改革的设计者——高等经济学校校长Я.库兹明诺夫出席基金会的圆桌会议。讨论开始时他用不容反驳的腔调发言，然后很快就离去了，表现出完全蔑视会议出席者的态度。我们不止一次碰到过激进改革派的这种态度。

在公开信中，我们得出了结论：为了实际地支持教育，不能推行方案中所提的改革。必须刻不容缓地采取一系列措施来保留和发展祖国现有的教育体系。

教育作为文化最重要的一部分应该成为国家战略上优先考虑的主要领域之一。在公办学校里，从初等到高等教育应该是人人都能接受的、免费的，通过财政预算拨款。私人教育应该是对公办教育的补充，应保证不低于公办教育的水平。不允许强迫教育机构改变公有属性。必须恢复有关经典课程的教育原则，首先是恢复在中学里完全合乎要求地学习俄罗斯语言和文学、数学、物理、生物和化学。国家应该支持中学和大学教师，至少保证他们获得必需的最低生活费。国家领导和媒体必须给予大、中学校教师道德支持。提高大、中学校教师、教授的威望很重要。最重要的是，优先保证中学信息技术教育的资金投入。

我后来继续斗争，以保留和发展俄罗斯的教育体系，保证它得到应有的财政拨款，阻止这个领域市场化，阻止把教育对象分成“精英”和“其他人”。人人都能得到的、建立在祖国优秀传统基础上的教育的拥护者争取到了政府的某些让步，至少延缓了破坏的进程，在有些年份，教育开支增加了，教师的工资提高了。我们期望得到普京的支持，他曾不止一次主张人人接受教育，但是我们并不总能得到这种支持。

今天围绕教育问题的斗争还在继续。人们开始积极地捍卫自己的利益、社会的利益，这一点完全是不久前才出现的，2013年，根据改革计划，政府企图“贸然”采取行动——实际上是撤销俄罗斯科学院。愤怒和反抗的浪潮是那么巨大，致使政府不得不退一步。但是最终还是通过了“改革”俄罗斯科学院的法律。但是我想，这个问题还没有了结。

这些年，令我不安的还有没采取坚决措施反腐。当然，不可能用骑兵突袭的方式来解决这个问题。有些人要求以“抓人”作为与这种恶行斗争的主要手段，他们对于问题的复杂性，它在国家、经济、社会结构中的根深蒂固程度估计不足。人们想要看到某种实际的结果，等待形成不容忍各级政权腐败的氛围。这种期待没有实现。特别使我忧虑的是，腐败渗透到了护法机关。

2001年5月，我会见了普京。起先，我打算谈我的美国之行，有东西可谈：在华盛顿，我会见了不久前刚任职的小布什，我觉得，他的话应该转告给俄罗斯总统。但是实际上，谈话涉及的内容广泛得多。我们谈到了俄罗斯政治的结构，也就是政党，它们应反映社会中的意见和立场的全谱——左，中，右。总统说，他同意这种观点。

我告诉普京，我担心政府在教育和医疗卫生领域施行的政策，并说了我的看法：要解决这个领域形成的困境，不应该扩大“市场关系”，而应该利用苏联时代的好经验，当然，还有新的潜力和机制；但是要使所有公民都能享受基础教育和医疗卫生服务，还有一点很重要：不能损害劳动了一生而现在生活困难的老战士、老人的利益。

我不知道，也许，总统觉得我看问题的角度过时了。至少，事情后来的发展表明，政府的社会领域改革计划那时没有得到修正。但是我对总统本人意图的看法没有改变。我认为，他竭力要施行符合公民利益的政策，克服叶利钦年代对改革付出的社会代价无动于衷的习惯。对20世纪90年代的政策有决定性影响的那些人离通过决定的中央越来越远。同时很明显，艰巨的斗争在继续，政治上的决定性改变没有发生。

总统能扭转局势吗？我在2002年4月总统给联邦会议的咨文中寻找这个问题的答案。我在《俄罗斯报》上对此作了回应：

> ……我认为总统做得好的方面是，每次准备发言时，他都不忘他的身后是国家。三分之二的人民已经生活在贫困线上下。接下来往哪儿去？每年有巨量的钱输出国外，这算什么？是该把这些钱投入本国经济的时候了。
>
> 从根本上说，这巨量的钱是从哪儿来的？我依然坚持认为对自然资源征税有充分理由，这对国家来说是必须的。在欧洲、美国，以及世界其他地方，人们都会向我提一个问题：“你们怎么无论怎样都不能聪明地处理你们拥有的财富？”也许，必须在俄罗斯设立国家发展基金，像挪威那样，把出售矿产得

到的资金存放在那里。我们有财源，需要的只是正确地、有益于人民地支配它们。

尤科斯案

自然资源，特别是石油的话题那时异常现实。国际市场上价格开始上涨。谁将是这个进程的“受益人”——是政府、公司所有者还是人民?

2003年与尤科斯案相关的长篇故事开始的时候，这一话题讨论得特别热烈。到今天也没有结束。

这个故事中交杂着许多东西——20世纪90年代的遗产、大规模的逃税、所有制问题、政权和寡头之间的关系。当然，还有司法体系的问题——公正审判和公民对它的信任。

在米哈伊尔·霍多尔科夫斯基上空开始乌云密布的时候，有关控告的实质信息很少。被问到我对这一案件的态度时，我回答说：“要说实质，我掌握的资料还不够。重要的是，要在诉讼程序的框架内采取行动，不侵犯个人权利，不给国家经济带来损失。”

在一次大使馆的招待会上，米哈伊尔走到我跟前，说：

“米哈伊尔·谢尔盖耶维奇，您记得我吗?”

“我倒是记得，而您记得我吗?”我回答说。

我觉得，霍多尔科夫斯基对谈话发生这样的转折很困窘。我怎么会不记得最初一批企业家中的这个人，他在改革年代开始商业活动，走出一条大道，成为一个富人，把尤科斯公司办成行业领袖之一。

霍多尔科夫斯基和其他的所谓“寡头”竭尽全力，使叶利钦在1996年再次当选，而叶利钦也没有亏欠他们。1996年到1997年的“抵押拍卖”史无前例，国有资产被非常便宜地分给了一小群人。

政权和这一小群人瓜分了俄罗斯的国家财富，他们知道这财富已经不会回到国有资产中去了。过去这些年，这方面没有丝毫改变。大部分公民认为20世纪90年代的私有化是不公平的。假如在全民投票时他们提出国有资产私有化的问题，那就不用怀疑投票的结果。正如一位欧洲大使对我助手说的，假如国家决定撤销“抵押拍卖”的结果，大家，包括西方，都会抱着理解的态度欢迎的。

普京当政时曾宣布政权对寡头们实行“等距离”原则，但是大企业对政权的依赖依然如故——不与这一级或那一级政权谈妥，企业家一步也迈不开。

观察那些年经济领域发生的事，我没有特别区分出尤科斯，但是我注意到霍多尔科夫斯基谈到大公司工作必须更加透明，要为投资、为反腐创造条件。这一切听起来是正确和及时的。同时也传出了他的公司在20世纪90年代逃税数十亿美元的消息，而那时千百万人几个月都拿不到工资和养老金。知情人说，几乎所有的大公司都这么做，而当局对逃税这种事则睁一只眼闭一只眼。

在对霍多尔科夫斯基提起诉讼时，他努力使尤科斯免受打击，为了公司的利益而离职。公司邀请维克托·格拉先科当领导。我很了解这个人，他曾是苏联国家银行，后来的俄罗斯中央银行行长。但是案件形势真是越来越严峻。外国企业家对我说，对霍多尔科夫斯基提起诉讼会对投资环境产生消极影响。政府以粗暴的方式逮捕霍多尔科夫斯基，拘捕者戴着面具，手持冲锋枪——这些使我惊讶和困惑。

在美国，有人对我讲到那里的类似案件。它们以不同的方式结案——有时是巨额罚款，有时是有期监禁。重要的是，人们对审判的客观性，对执政者的独立性不产生怀疑，没有司法“选择性”的印象。

归根到底，我再强调一遍，一切都靠政治，靠民主法规，靠有力的、彼此独立的分支政权。我们有没有这些就是问题所在。

选举临近了。国家和它的公民感受到政治和经济稳定的结果，增长速度渐渐加快，工资提高了，这些首先有赖于石油换来的资金大量增加——这在国家历史上从未有过。叶利钦的激进“改革”曾使三分之二的人陷于困苦，而普京当政下，他们的生活得到了改善。

我明白，在这样的条件下，总统有一切机会得到公民的信任和新的威望，在第一轮就能赢得选举。但是为了什么又怎样使用权力呢？为了在民主道路上前进，为了现代化，为了为所有人的利益而进行经济改革？还是首先为了政权本身以及与它有关的那些人的利益？

新官僚们的政党

可以看到，新的派别、小团体正在形成，它们比过去的“强力世界”更贪婪，为了自己自私的利益排挤“强力世界”，不让它得到权力和财富。统一俄罗斯党越来越成为这些人以及与他们相关的队伍日益扩大的官僚们的利益表达者。只有发展民主才能战胜这种反面倾向。

我对这个问题的思考是艰难的，心情难以平静。当时不仅是我，还有许多人都深思这个问题。2003年11月，我与我一贯的对话者德米特里·穆拉托夫就这一问题进行了讨论。《新报》刊登了我们的谈话，标题是《我们需要新官僚们的政党吗？我想——不需要》。

> **穆拉托夫**：米哈伊尔·谢尔盖耶维奇，您搞的改革——国际上把它称为“改造”，结果怎样？言论自由和公开性对改革有帮助吗？过去的时间不太长。现在已经很清楚，言论自由和公开性妨碍了现今的改革。为什么出现这种情况？我把问题说明白些：为什么，比如说，在您执政时全国都看人民代表大会

的直播？我那时第一次理解了关于自己，关于您，关于人民的许多东西。而现在执政党拒绝参加公开的辩论。

戈尔巴乔夫：是个好问题……说到那个时代，我要直截了当地说：我深信，现在更确信，没有开始的公开性和后来的言论自由，改革作为政策，作为最独特、最困难、最冒风险的过程，是难以进行的，不会有任何结果。

现在谈谈执政党拒绝参加辩论的事。这使我惊讶：谁给他们出了这样的主意？这就是说，统一俄罗斯党还没有赢得选举，已经不想与其他政党打交道了。那么选举后会怎样呢？这是对民主的很奇怪的观念。

总之，远不是所有人都能经受住公开性、自由和民主的考验。这与报纸也有关系。有不少这种情况：当你们写别人时，你们主张充分自由。但是当有人让报纸注意它刊登的某些文章时，你们全都把这看作是侵犯自由并奋起保卫自己的同事。

穆拉托夫：您是怎么想的呀！当然是这样。这就是自由、团结、小团体精神。

戈尔巴乔夫：那是小团体捍卫自己的利益！那是斗争。因此我真的想重申，最大的成果——一切由此开始，改革由此开始——是公开性和自由。我想，就是现在，在经过了鲍里斯·叶利钦执政的沉重、艰难岁月以后，当我们得到的遗产，可以说，是混乱的时候，也不值得去证明必须有“有权力的人”这一论题正确……

总的来说，把谈论强有力的国家看作是谈论与民主不相干的东西是荒谬的。最强有力的国家是民主的国家。

有一次，我与法国前总理谈话。他说：“我认为，在这样的形势下，普京总统不用专横的方法来解决一些问题是不行的。”他问我：这样会不会导致产生专横的制度？我回答说：就我所理解的，就我所感觉到的这个人，弗拉基米尔·普京，我觉得不会。

穆拉托夫：您的这种感觉建立在什么上面?

戈尔巴乔夫：我说，我的感觉。政治家的感觉。政治家的直觉。但是我要努力回答你的提问。你看看发生的事。根据联合国的数据，20世纪最后四分之一的岁月里有八十多个专政和极权政权退出了政治和历史舞台，也就是说民主的进程席卷了世界。在中东欧，在前苏联，在自由选举的基础上有多少专制政权消失了?

穆拉托夫：多少?

戈尔巴乔夫：……但是在20世纪末我们观察到：退潮开始了。这就是多年来使我不安的事。在后苏联时代，采取专制的措施来解决复杂问题的做法不时出现。有时，还有专制制度建立。在世界上，甚至在欧洲的许多国家，选民们投票赞成主张专制的政治家。参加魁北克国际会议的政治学学者们得出结论：问题在于全球化的自发性加强了国际事务、加快了内部进程。不但如此，学者们还认为，专制的倾向不仅保留了，而且力量还得以增强。

穆拉托夫：简单地说，21世纪将是极权主义的世纪吗?俄罗斯发生的事会被证明是正确的吗?

戈尔巴乔夫：我接着说：我既不同意政治学家，也不同意这么说的其他学者。我想，这是些过于仓促的结论。这些结论有点惊慌的意味。只有在民主进程的框架内，才可以不仅在国家的而且也在国际的范围内使政治免犯错误。最主要的理由是无论在什么地方（而我们有自己的历史！），这些结论都不能自圆其说。

至于俄罗斯，我们处于复杂的情势中。但是，如果我们走民主的道路，那么任何问题，甚至是最困难的问题，我们也能解决。是的，我们的民族特点——精神气质、文化、历史、经验、宗教——将在民主进程中打上烙印。但是到处都是这样。这一点现在大家都同意。我刚从冲绳的论坛上回来，出席论坛的有信仰基督教、伊斯兰教、佛教的各国代表。其中有这样一些政治家，如布热津斯基，日本、马来西亚的前总理，中国、韩国的代表。出席者都是有影响的人。有一点大家是一致赞同的：由国家领导用坦克来确立民主制度是不可能的。人类通向未来的战略道路要建立在自由和民主的原则上才能成功。

穆拉托夫：我不明白您的意思，米哈伊尔·谢尔盖耶维奇。硬推行民主不行，但没有民主也不行。您说明确些。

戈尔巴乔夫：我不过是想说，如果我们遇上的是个过渡国家，那么应该考虑到，为此需要的不是"十天"，不是"五百天"，而是几十年，也许是整个21世纪。这是理解的关键，是弗拉基米尔·普京采取行动的背景。

我不认为，普京总统今天把压制社会意见，使国家、社会、政权服从自己看作是基本的策略。第一，这是不现实的；第二，我认为，这与他的理念矛盾。将"不允许滑向独裁主义"作为一种警告，我认为报纸的意见是正确的。但是指控普京总统犯有这项罪行——这没有理由。

穆拉托夫：但是国家机器和它的职能总是取决于领袖活动的主观因素。取决于，而离开这个因素可不行。您曾试图废除上级任命的体制，让社会自身培养新的思想、产生新的价值。现今的政权实际上垄断了政治。

戈尔巴乔夫：但是那时社会是被压抑的。留给普京的是什么？无政府状态。混乱。国家崩溃的威胁。

穆拉托夫：这意味着什么——需要重新建立上级任命的政党？

戈尔巴乔夫：不。这意味着只有一项任务。我曾经有一项任务，而普京有另一项任务：恢复、稳定局势，为在民主改造的道路上前进创造条件。

穆拉托夫：但是您不觉得，对公民权利和自由的监控正有计划地恢复吗？如果打开宪法，然后再看看窗外——哪些条款遵守了，哪些没有——那么您会看到一幅令人惊讶的图景：党只有一个，电视被垄断了，报纸处于压力之下。

戈尔巴乔夫：是的，在所有这些方面。

穆拉托夫：为什么？

戈尔巴乔夫：因为有“苹果党”，有正义力量联盟，有日里诺夫斯基的党。当然，还有俄罗斯联邦共产党、俄罗斯社会民主党等。

穆拉托夫：我说的不是这个。我说的是，电视上（除了辩论节目）实际上只有一个党——统一俄罗斯党。大家都注意到了这一点，嘲笑这一点。

戈尔巴乔夫：这一点你是对的。选举前夕对报纸提出新的要求，这是个错误。人们不想放弃信息自由。他们想更多地了解所有候选人。

穆拉托夫：我觉得也正是这样。

戈尔巴乔夫：他们也不想放弃选举自由。当对人们施加压力，强加给他们一个党的时候，他们就对参加选举产生怀疑。

人民支持总统是因为他扭转了政策，想要做符合国家利益的事。社会局势虽然改变得很慢，但是在变好。这是主要的。至于说总统的工作方法，人们有另一种评价。

我今天读到这段对话时，觉得其中有许多忧虑、许多批评。不仅仅这位比我年轻、总是不安的对话者如此，我自己也如此。这是有理由的。但是我认为不无条件地、批评地支持总统是我唯一正确的策略。

2003年12月举行了国家杜马选举。按照党派名单，统一俄罗斯党得到37.6%的选票——对于一个介绍自己是“普京的党”的党来说不算多。总统的声望，以及人们生活开始改善，当然帮助了执政党。但是有一半代表是根据一个地区一个名额的原则选出的，他们大部分是作为独立者当选的。选举后，他们大批归入了统一俄罗斯党。结果统一俄罗斯党在议会中的席位几乎增加了一倍，达到了宪法要求的大多数。那选民的意志怎样呢？我问。许多报道说，选举又一次用了众所周知的保证当选的计票“技术”，最终人们忍无可忍，在2011年走上了街头。我越发感觉，当局采取的方针是培养一个服从的、失去创造精神的议会。

总统选举前夕，我在一次采访中说：“我认为，总统需要好好考虑一下有些问题，包括议会选举的结果。统一俄罗斯党利用了总统的善意，像篡位者那样干着无耻的勾当。可以有‘唯命是从’的杜马、随意使唤的杜马，但是对民主来说这会造成可悲的后果。”

我继续说，最重要的问题是，在赢得3月14日选举后普京总统将做什么。“如果他单纯为了权力而得到权力，而不是为了实现第二阶段的民主改革，这将给俄罗斯带来严重后果。”许多事情将取决于他选择什么样的团队。

“普京继承的是一个成分复杂的政府。他必须建立自己的政府，这个政府将同意他对局势的看法并执行他的纲领，这个纲领的方向应该是推行经济现代化、降低对石油的依赖度、加强中小企业活动。”

第二个总统任期：什么目标？

2004年3月的选举证实了我的预测。第一轮，普京已经再次当选。在国际文传电讯社的采访中，我对选举结果作出了反应，我说:“现在许多评论家根据投票的初步数据就说，往后一切就像现在这样，一切将平静、稳定。但是我认为，这种观点是错误的。

“普京得到的高选票是对未来的一种预支，它说明人们保留着对改革的期待和希望，因此总统现在应该去完成第一任期内没有认真完成的任务。”

弗拉基米尔·普京第二次就职那一天，我在离俄罗斯几千公里远的拉丁美洲。我给他发去了贺电，祝贺他取得成功:“在选举中，选民们确认了自己对您的信任和希望。他们看到，您想的、关心的是人民，是俄罗斯的未来。我希望，未来四年将在民主、经济增长、法制国家和公民社会的道路上迈出决定性的步伐。愿您今后获得俄罗斯公民的广泛支持。”我觉得普京在第二个总统任期要优先做的事就是这些。没有强有力的民主法制国家，没有积极的公民社会，稳定的经济增长是不可能的。但是后来的事件表明，俄罗斯领导人不认为发展和巩固民主制度是自己的首要任务。

很快就明白，米哈伊尔·弗拉德科夫领导的新政府不能制定出明确有效的战略以实现俄罗斯经济的现代化，克服对原料出口的依赖，转向“知识经济”。而俄罗斯拥有进行认真改革的有利条件。世界市场上石油和天然气的价格持续上涨，俄罗斯从中得到了资金补充，可以不仅建立储备（这当然是重要和必要的），也建设基础设施，支持决定未来经济的部门，给予科学、卫生、社会领域以财政拨款。但是新政府没有这么做。

军事力量依然停留在改革前的水平。苏联存在的最后几年，在新的国防学说和与西方达成的削减核武器和常规武器协议的基础上，我们开始在军队里推行深刻变革。我们更新了国防工业。20世纪90年代，军队被遗忘，取代改革的是削减财政拨款，让它“无食而亡”，让数万名退役军人听凭命运摆布。在“零”年代，变化也很少。政府不下决心迈出痛苦但必需的步伐，实际上就为后来几年发生的事埋下了隐患，在革新军事力量的幌子下，一小撮人造成了大规模腐败。

使我不安的还有高加索的形势。普京在车臣对分裂分子取得了军事上的胜利，但是未能安排好该地区的政治进程，也没有解决严峻的民族问题。分裂分子、极端分子、恐怖分子就利用了这一点。

9月，我们大家都被别斯兰的悲剧震惊了。恐怖分子的行动异常猖獗和没有人性。9月1日，他们挟持了一千多名人质——孩子和他们的父母、老师，在两天半的时间里他们让这些人处境艰难，他们拒绝一切条件，伤害孩子和大人。强力机构未能预防恐怖行动，也没有准备采取有效措施。9月3日白天开始的冲击校园和对射以巨大的灾难告终：死亡334人，其中有186名孩子。

弗拉基米尔·普京飞抵别斯兰时已经是9月4日。他访问了伤员所在的医院，向遇难者表示深切的慰问，晚上在电视上向俄罗斯人民发出呼吁：保卫国家，不要陷入恐慌。当时他声明，近期将采取措施加强国家统一，建立有效的危机应对体系。9月13日，他宣布了政治改革纲领，主要包括取消州长选举和多数地区的国家杜马选举。

对这些措施我感到困惑。在《莫斯科新闻报》的文章中，我表明了自己的立场：

> 至今，别斯兰发生的事件仍使我不能平静。这是可怕的悲剧，以后我们不能再像从前那样生活了。首要的是帮助受难者。戈尔巴乔夫基金会已经汇款给红十字会，我们将努力帮助具体的人、具体的家庭……
>
> 我不能容忍特工机构的专业人员既不能预防恐怖行动，也不能防止事件的流血结局。我深信，帕特鲁舍夫也好，努尔加里耶夫也好，个人都应该对发生的事负责。我想，总统也这样认为。
>
> 我等待当局对发生的事作出坚决回应。普京总统的呼吁中

有许多内容是重要的，也是必要的。无疑，应该改革特工部门的工作，应该反腐，应该处理北高加索的社会问题。恐怖主义是可以战胜的，应该首先用政策，而不是武力。

但是，与总统不同，我认为近几星期的恐怖行动与高加索的军事行动有直接联系。1994年，第一次车臣战争期间，我就明白，它会导致灾难性的后果。遗憾的是，我没有想错……这就是说，应该重新寻求政治解决，与温和的反抗者谈判，把他们与不愿和解的极端分子分别开来。

我确信，今天当局应依靠社会行动。没有正常的议会或自由的报纸，怎么反腐？没有社会方面的监督，怎么办？但是恰恰没有这个方面的进展。情况相反。在与恐怖主义作斗争的口号下，当局突然提出要限制民主的自由，剥夺公民在自由选举时直接反映自己对当局态度的权利。他们要求我们接受实质上是指定的州长，放弃一个地区一个名额的选举。这是在我们今天有本来就占优势的小党的情况下提出的。在建立社会民主党的时候，我们就已切身感受到，官僚政治束缚着我们的手脚。这样的体制肯定不会有助于与恐怖主义作斗争。而实行对选民来说痛苦的决定比较简单，就像取消了优惠。

我希望，对于普京总统来说，这只是一个可能的方案，讨论中的想法，而不是最后的决定。我们的共同任务是，尽一切可能使实质上意味着背离民主的方案不具有法律效力。我希望，政治家、选民和总统本人将保护好我们得之不易的民主的自由。

很遗憾，不久就明白了，总统没有听取怀疑和警告，而它们不仅仅是我提出的。内务部长努尔加里耶夫和联邦安全局局长帕特鲁舍夫留在原位。而在顺从的议会的帮助下，已经宣布要加以改革的政治体制又得到了巩固。

我在自己的文章中并不是偶然地提到取消优惠的。2004年8月22日，普京签署了一项法律，开篇是这样的："本联邦法目的在于保护公民的权利和自由。"假如是这样就好了！无论这法律的制定者有什么意图，都很容易看出他们未经充分考虑。"优惠货币化"①涉及四千多万人——残疾人、军人、卫国战争参加者、老职工、退休人员和其他公民，给他们的优惠是从联邦和地区的预算中支付的。决定涉及这么多人，生活这么困难的人，应该在仔细斟酌、讨论，弄清这些人的意见以后公布。他们反而仓促行事：政府实行了货币化，采用了重要思想家M.祖拉博夫研制的方案，杜马和联邦委员会在上面盖了章，总统没有注意到这个问题实质上不是财务问题而是政治问题就签字了！社会的反应很强烈。

在总统签署法律文件之前，抗议就已开始了：7月底，切尔诺贝利人在莫斯科举行集会；8月2日，抗议活动波及全国。应该在那时就倾听人们的意见，再次好好考虑一切。2005年1月，货币化的后果打击了受惠者和退休人员，人们就走上了街头。在一些大城市，包括俄罗斯的两个首都——莫斯科和圣彼得堡②，发生了最大规模的抗议。在圣彼得堡，退休人员一度堵住了主干道——涅瓦大街和莫斯科大街。一些政党和社会活动家开始声明支持退休人员，大牧首阿列克谢二世向当局发出呼吁。

局势变得紧张起来，总统应该有所行动。他几次会见政府人员，提出重新审议养老"改革"的一系列规定，委托政府提高军人的津贴。我不知道，假如没有总统这些即使迟到的行动，事态会怎样变化。我在基金会的记者会上评价："在取消优惠政策引起的危机中，总统采取了坚决的行动，现在局势正在扭转。但是政府得到的只有一种评价——在这件事上，它无地自容。一切做得如此恶劣和

① 2004年8月5日，俄罗斯国家杜马通过了"以津贴取代优惠"的法案，2005年起实施。由于现金不足以补偿原有的优惠和通货膨胀，低收入者、弱势群体强烈反对。

② 1712年到1918年，圣彼得堡是俄国首都。

不负责任，国家和总统理屈词穷。”在这次记者会上，我还说：“也许，总统面对的困难从来也没有像现在这么大，但是我们应该期待他为大多数人的利益采取行动。”

那些日子，在国际文传电讯社的采访中我说过，总统应该对政府在社会领域所犯的错误作出比较强硬的回应。“选举后总统在联邦会议发表的声明鼓舞了人们，也包括我。他说到向贫困进攻，反腐，支持中小企业活动，向后工业化社会前进。但是时间过去了，政府实行的是另一种纲领，根本不是总统宣布过的……我不知道是什么妨碍了总统，纵然不能完全更换政府人员，也应对此作出反应。政府利用了我们人民的无限忍耐。”

我的立场简洁地反映在《新报》例行采访的标题《我支持总统，但想把我的不安传达给他》中。由于不久前的事件，我的不安增强了：我觉得，对人们的这种态度是当局不仅在经济和社会领域，也在政治领域政策存在严重缺陷的证明。我在《莫斯科新闻报》的文章中写到的背离民主轮廓越来越明晰。在与德米特里·穆拉托夫的谈话中，我说过这一点，同时谈话也涉及了对我们俩都很重要的其他问题。

穆拉托夫：看来，俄罗斯正在成为独裁国家。依您之见，是否有可能转向民主执政?

戈尔巴乔夫：这个话题使我很感兴趣也很不安，因为我在生活中为建立民主付出了太多。归根到底，一切取决于目前的政权怎样选择。让我们回到总统选举活动，分析一下谁说了什么，也包括我说的。我当时说：总统会取胜——这毫无疑问。没有竞争者！但是那时我也很坦率和负责地说：在第二任期只是利用信任继续加强自己的权力，这将是总统的大错误。作为总统，为国家，为公民工作才是他的主要任务。如果总统玩政治游戏，我会失望。我想，国家的每个公民，不论他们的政治和思想倾向怎样，也会失望。目前保证总统取得决定性胜利主要靠行政手段，但是我要对您说：如果得不到社会支持，无论什么手段都发挥不了作用。在这种情况下，解决问题只有用假招。这是最后的选择。确实，不能大范围地用它——终究会被识破的。总统获得了70%的支持率。这就是说，人们把自己的希望与他联系起来。在第一任期的几年中，俄罗斯有过一定程度的稳定。社会方面有了一些发展。对国家机关的活动也建立起某种监督。我还是期待他凭借人们的信任，在第二任期继续前进。主要工作是坚决在经济、社会和政治领域转向为人民谋利益。民主就从此开始。然而现在开始的事使我非常不安。大概，您自己也感觉到，在我最近的讲话，即使是很短的讲话中，也有许多感受。

穆拉托夫：但是您还是不准备壮大反对派的队伍?

戈尔巴乔夫：我准备与总统坦率地谈谈国内发生的事。我注意到他没有谈论过这些事。现在发生的事根本不是国家所期待的。在这种情况下，可以留住多少人? “优惠货币化”表明，当局多么恬不知耻，对退休人员多么漠不关心。“法律制定者”以各种把戏逼人们举行集会——这是应该的！鬼知道他们算什么制定者！应该赶走他们！但是请注意：他们一个也没有走。谁也不负责任。现在我们听到他们保证：总统监督着制定过程。但是有个问题：总统与之交谈的是些什么人? 人们依然不知道该做什么，去哪里。1月份，人们普遍感到茫然。愤怒把痛苦的人们带上了寒冷的街头。

穆拉托夫：在“退休人员抗议”的那些日子里，什么使您特别愤慨?

戈尔巴乔夫：在那些日子，最初几天之后，他们搜寻领头闹事的人。他们总是在办事、买药的人——人们要过日子！——中寻找。其实所有的肇事者当然都待在政府里。这算什么机关呀？我本来想为他们辩解。很难相信制定关系到千百万人的重要政策的人会如此冷酷和无耻。这可是一项重大政策。我痛苦地确信：使千百万人命运发生巨变的政策是由恶劣、无耻之人制定的。

“垂直管理”①引起了混乱。官员们观望、等待，猜想什么时候自己会被赶走或裁掉，他们简直不明白该做什么。通常改组前就是这样混乱。如果现在和今后继续走这条路，将会造成非常严重的局面。原来，7月、8月时政府就想对教育和医疗进行改革。我指的是这两个领域要收费的事。知道他们想干什么吗？想改宪法。宪法第42条规定了公民有免费接受教育的权利。这是高度民主：一个家庭，不论收入多少，孩子总能接受中等教育。现在他们竟想剥夺人民的这一权利。

这一切是多么不负责任、不道德。已经实行了一次“休克疗法”——实行了私有化，抢劫了人民。公民的银行存款没有了。人们只靠微薄的工资过日子。今天他们竟说：据俄罗斯的统计，现在国内穷人很少。这全是谎话！谎话！1990年，还在苏联时代，我们研究了最低生活费标准并提高了它。“篮子”里不只有日常食品，还有抚养孩子的资金。叶利钦执政时简单地把最低生活费标准降为原来的二分之一。这样，穷人也减少为原来的二分之一！那么定一个围困时期的标准，就根本不会有穷人了……一切都是做给人看的，恬不知耻，不尊重人。在这种条件下谈论民主是侮辱人的。我简直不能接受！我们要问，国家在哪里、在什么方面履行了宪法规定的义务？没有保障的话，谁也不需要宪法。

---

① 指国家政权垂直体系改革：减少联邦主体数量，加强中央对地方的控制和监督；修改地方行政长官产生办法，地方长官不再经选举产生，而由总统提名经地方立法会议表决通过。

穆拉托夫：政府肯定会说，他们是遵照西方的模式来进行医疗和教育改革。

戈尔巴乔夫：所有这些借口使我极为生气。如果你们这么想摆脱人民，不关心公民——要你们又有何用呢？你们提供了什么保障？用西方作借口是站不住脚的。那么你们就按即使不是美国的，哪怕是法国的、意大利的、德国的标准付工资……那时我们的人民就会说——去你们的，我们来付。有了钱——人们就能找到地方治病，接受教育。但是今天他们没有能力这样做——许多人尚不能维持生计。如果沿这条路继续走下去，那么在不远的将来就会发生突发事件。

穆拉托夫：哪一种？

戈尔巴乔夫：我想，人们不会接受这样的政策。再说也没有什么政策。那些在这个方向上推着总统走的人是宏观经济的助手，他们总是从预算的立场出发来行事。但是预算是依据经济发展、新的工作岗位、中小企业的活动……来制定的。这一切在哪里？这方面什么也没有发生。现在这是原则性问题。总统有纲领，在联邦会议他声明过，应该走这条路。

穆拉托夫：今天的局势有没有让您想起停滞年代的公开性？

戈尔巴乔夫：勃列日涅夫执政时产生了一种新斯大林主义。没有迫害，但是一切都在监督之下。有一次，也许是工人，也许是工程师，在工会代表大会上发言说："总书记算什么？他是我们的首脑？他看到这一切了吗？他负责吗？"于是政治局就开会——这可是非常事件！怎么能容许在代表大会上响起这样的声音？曾经的民主、公开性、言论自由就是这样。这就是给您的回答。

穆拉托夫：还有一种似曾有过的情况——现在经常有抨击西方双重标准的言论——我们会不会回到"冷战"时代？

离开克里姆林宫之后。1992年
Г.里捷茨拍摄

戈尔巴乔夫基金会主席的电视讲话。1991年12月25日

Ю.利祖诺夫拍摄

戈尔巴乔夫基金会发布会。阿纳托利·切尔尼亚耶夫、伊琳娜·戈尔巴乔娃-维尔甘斯卡娅、亚历山大·弗拉基米罗维奇·鲁茨科伊、赖莎·戈尔巴乔娃、戈尔巴乔夫、H.C.米哈尔科夫。1992年4月3日

Ю.利祖诺夫拍摄

白宫。莫斯科。
1993年10月

介绍图书《本可以保留联盟》。
诺夫哥罗德。1994年

在伏尔加格勒会见选民。1996年5月9日
A.斯捷平拍摄

与院士阿列克谢 · 西萨基扬和弗拉基米尔 · 卡德舍夫斯基交谈。
核联合研究所。杜布纳市。1996年1月30日
Ю.图马诺夫拍摄

在萨马尔会见选民。
1996年5月25日

在马马耶夫岗敬献花圈。伏尔加格勒。1996年5月9日
A.斯捷平拍摄

与Л.И.阿巴尔金和В.А.梅德韦杰夫在戈尔巴乔夫基金会。1999年3月2日

会见叶甫盖尼 · 叶甫图申科和美国《国家》杂志主编卡特里娜 · 范登 · 赫维尔。
莫斯科。1992年7月

戈尔巴乔夫基金会新楼揭幕。莫斯科。
2000年5月12日

在普里沃利诺耶村。2005年8月

《俄罗斯与当代世界》讲座。答莫斯科大学学生提问。2010年3月24日
Л.别拉诺夫斯基拍摄

戈尔巴乔夫夫妇：米哈伊尔和赖莎。戈尔巴乔夫基金会。1998年
X.霍尔林杰尔拍摄

伊琳娜 · 戈尔巴乔娃-维尔甘斯卡娅，戈尔巴乔夫基金会副主席。莫斯科。2005年4月7日
B.戈里亚切夫拍摄

戈尔巴乔夫、普京和喀琅施塔得市长苏里科夫。圣彼得堡。1994年
Ю.切尔宁拍摄

会见俄联邦总统普京。莫斯科，克里姆林宫。2001年8月10日
俄联邦总统新闻处拍摄

在俄罗斯社会民主政治运动会议上。
圣彼得堡。1999年8月10日

俄罗斯统一社会民主党科学实践联席会议。
莫斯科。2001年

在俄罗斯统一社会民主党成立大会上。
莫斯科。2001年11月24日

在“莫斯科回声”电台与台长韦涅季克托夫交谈。
1996年

戈尔巴乔夫、伊琳娜 · 戈尔巴乔娃-维尔甘斯卡娅和主编穆拉托夫在《新报》编辑部。
2000年

“公民对话”论坛成立会议。戈尔巴乔夫基金会。2010年9月15日
Д.别拉诺夫斯基拍摄

在戈尔巴乔夫基金会的记者会上。2010年

为读者签名。非虚构文学作品展。莫斯科。
2008年11月28日
A.沙罗乌霍夫拍摄

在全集前五卷发布仪式上。
2008年11月28日
A.沙罗乌霍夫拍摄

在“米哈伊尔 · 戈尔巴乔夫：改革”展览会上。莫斯科，“练马场”广场。
2011年1月24日
Д.别拉诺夫斯基拍摄

获圣徒安德烈勋章后与俄联邦总统梅德韦杰夫交谈。克里姆林宫。2012年5月3日
俄联邦总统新闻处拍摄

在“改变世界的人”盛大慈善音乐会上。
伦敦，皇家阿尔伯特音乐厅。2011年3月30日

伊琳娜、克谢尼娅和阿纳斯塔西娅在戈尔巴乔夫八十岁庆祝会上。
莫斯科。2011年3月2日
《新报》拍摄

戈尔巴乔夫——国际绿十字会创建者、主席。1993年

会见日本前首相中曾根康弘。东京。
1992年4月11日

会见日本前首相宫泽喜一。东京。
1992年4月13日

在美国密苏里州富尔顿市。
1992年5月

在美国会见罗纳德 · 里根。1992年

在托马斯 · 杰弗逊诞辰二百五十周年纪念会上发表演说。
美国弗吉尼亚州。1993年4月

基辛格、戈尔巴乔夫和根舍。德国。1993年5月
У.雅各布斯哈根拍摄

与诺贝尔和平奖得主西蒙 · 佩雷斯和亚西尔 · 阿拉法特。
以色列。1999年1月11日

诺贝尔和平奖得主贝蒂 · 威廉斯，西蒙·佩雷斯、里戈韦塔 ·门楚、戈尔巴乔夫、
戴维 · 特林布尔、弗雷德里克 · 德克勒克、约瑟夫 · 罗特布拉特。
罗马。1999年4月22日

与赫尔穆特 · 科尔、乔治 · 布什在“阿尔法检查站”德国统一奖仪式上。
德国。2005年7月16日

美国有线电视新闻网创办者泰德·特纳出版《请叫我泰德》后，与戈尔巴乔夫交谈。戈尔巴乔夫基金会。2009年11月4日
Д.别拉诺夫斯基拍摄

在白宫会见美国总统奥巴马
（参加者有副总统拜登及麦克福尔）。
华盛顿。2009年3月20日

与默克尔在柏林墙
倒塌二十周年纪念会上。
柏林。2009年11月9日

与弗雷德里克·德克勒克、莱赫·瓦文萨
在诺贝尔和平奖得主论坛第十次峰会上。
柏林。2009年11月11日

在《孤独相伴》发布会上。莫斯科。2012年11月13日
Д.别拉诺夫斯基拍摄

在俄通社公开讲演。莫斯科。2013年3月30日
Д.别拉诺夫斯基拍摄

戈尔巴乔夫：双重标准的问题是现实的。对于这个问题，应该直截了当、开诚布公地谈。在国家间关系中，压力、喊话是不能接受的。我们从“冷战”时代的经历就知道，这会导致什么。所有国家感兴趣的是什么——是正常的气氛、对话、合作。应该开展贸易，交换技术和知识。在孤立中，任何一个国家都不能指望保障自身安全。

穆拉托夫：现在，过去的观点、老掉牙的口号出奇地活跃起来……这一切意味着什么？

戈尔巴乔夫：我也注意到这一点。杜马主席突然开始颂扬起斯大林来，难道这正常吗？我很吃惊。后来，已经傍晚时分，格雷兹洛夫又开始自我辩解。早晨胡言乱语，晚上……不，这不是斯大林主义，这是某种混合物。说的是契卡主义①。知道吗？这纯粹是俄罗斯的发明。应该走正常的道路：自由、民主、尊重、国家的开放性、报纸和舆论的自由。他们似乎什么都怕。怕什么呢？最害怕的是——他们可能失去政权。那又怎样？我可是在开始改革时说过，我工作两个任期，不会更长。这样的停滞在各级干部中都存在，这束缚了国家，应该打破这种局势——但是怎么打破？不是用斯大林式的迫害，而是用民主。今天许多人想，人们顾不上民主。而且世界对独裁政治家需求很大。我们总是走极端。或是激进的左翼掌握政权，或是右翼——也是激进的。一群疯子……我常常强调——不应该陷进新的停滞和新的超级监督。不应该陷进超级中央集权。

穆拉托夫：您的党发生了什么事？

戈尔巴乔夫：我们可建立过新的社会民主党。总统曾公开支持过我们，甚至说：“我们的国家是社会民主的……”但是行政机构不支持我们，从中作梗，他们希望的党是小党，可以

① 契卡是“全俄肃反委员会”俄文缩写的音译，它是前苏联的一个情报组织。

控制，就像控制杜马中的党团那样——呼之即来。戈尔巴乔夫不会钻进任何口袋，这不合他们的心意。

我们建党不像今天通常做的那样，召集三十个不同的组织，便宣布自己是个党了。民主的人，或是超级爱国的人，或是保守的人……我们根据个人申请接受人们入党。一个人应该亲自写申请。这完全是另一种过程。到我们这儿来的有多年什么党也没有加入的人。他们等待社会民主党的到来。他们来了——3.2万人。您知道，我们的全会和代表大会开得多有意思吗？我简直是羡慕地望着这些年轻人，自由、聪明的年轻人……

从十年级的作文《斯大林是我们的战斗荣耀》到摆脱斯大林主义，需要整个一生。要摆脱它的一切遗产——摆脱极权主义、僵化。就是在今天也应该消除人们对国家的恐惧，没有这一点不可能有民主国家。这种恐惧还未来得及除去，现在又出现了……

穆拉托夫：今天有没有领导反对派的政党？

戈尔巴乔夫：今天——没有。应该建立起来。当然，从下面做起。企图从已有的政党中“分出”某个机构注定不会成功。结果还是那样。比如，就以这种方式建立的统一俄罗斯党来说，它的原型是苏共。结果，它是苏共的影子！假如持有社会民主观点的人——来自“祖国”，来自一个地区的党——真正团结起来，假如他们支持我们的思想，那就有用了。

穆拉托夫：您是乐观主义者吗，米哈伊尔·谢尔盖耶维奇？

戈尔巴乔夫：我始终是乐观主义者。现在有人说：乐观主义者是没有责任的人。绝对不是这样。今天所有的国家都充满了不安——不仅仅是俄罗斯。我想，我们不能陷入惊慌——历史不是注定的。它总是备有选择。它总是存在着可供选择的决定。这可不是大洪水，洪水无论如何与我们的活动，与我们的选择不相干。重要的是加入历史进程。这进程是取消不了的……正如俾斯麦说的，应该抓住飞逝的历史的幕帘。乐观主义者是看到一切，分析，理解，又作出回答的人。每个时代都会推出自己的英雄——那些最终作出回答的人。

穆拉托夫：您在我们的政治家中看到这样的人了吗?

戈尔巴乔夫：暂时没有。那又怎样? 即使在这种情况下，我也是乐观主义者。总统有可能成为这样的人，但不仅仅是他有这个可能。不必张皇失措。

新方针还是老路?

2005年4月总统给联邦会议的咨文是认真和有内容的。我感到，普京专注地分析了过去一年的事件并得出了正确的结论：必须修正俄罗斯当局的政策。他曾经说了一些正确的话：向贫穷进攻，反腐，支持中小企业的活动，向后工业化社会前进。他也明确了着重关注的领域：教育、医疗卫生、买得起的住房、农业。总统声明，打算在这些领域实行国家计划。这种态度似乎有趣，似乎作出了承诺——要知道，世界市场上原料价格上涨使俄罗斯的资金增多了，可以用来补贴这些领域。总统的咨文使我有理由再次声明支持他的方针。但是……

看着电视上播放总统主持会议，人民代表和俄罗斯“精英”在总统提交咨文的日子聚集在会议大厅的情景，我感到很怀疑。无聊的人们那熟悉的脸上没有思考和为国家命运忧虑的迹象。在大厅里，感觉不到情绪，看不到代表和官员们准备支持总统的动作。这场景似曾相识。我回想起去年的咨文，认真而负责，其中提出了类似的任务，我想，总统面临困难。

过了一年，政府没有完成总统提出的任务，而是继续走老路。

实际上，它实行标准的激进货币主义政策，把维持宏观经济的稳定置于社会任务、工农业政策之上。政府在这些领域做的事很少。人们得到的是“货币化”，它使全国人民气愤和激动。一切都证明，政府的厨房里继续烤着的还是那些馅饼——计划，对教育和医疗卫生服务收费或半收费，而住房、公共设施的费用是大多数家庭无力承担的。

“我支持总统的路线，他的政治方针。但是很怀疑执行它的机构。它们能否做到？国际文传记者曾问我对总统咨文的态度，我回答说——我想，是到了说出对国家、对社会来说是真理的观点的时刻了。”

我的具体意思是，国家需要新的政府和新的议会。我是经过认真思考得出这个结论的。我公开表明自己的立场：“已经明摆着，我们需要新的议会选举，也需要新的政府。总统应该向社会提出这样的建议。我深信，社会会支持他的。我们需要行动。”

人们对我的号召有各种理解。《消息报》当时还保留着应有的质量、责任感和客观性，它写道：“戈尔巴乔夫不久前给总统的建议轰动一时。”但是我当然不追求轰动效应。对于我来说，重要的是向人们解释，为什么我认为用这样的办法来帮总统和国家摆脱困境是正确的。我接受了《消息报》记者阿列克谢·潘金的长篇采访。

《消息报》：不久前您呼吁普京总统让政府辞职并进行新的杜马选举，您“炸毁”了准备好的历史题材的访谈计划……

戈尔巴乔夫：我不知道为什么结果是这样。总的来说，我是平静地谈论这件事的。

《消息报》：毕竟，苏联总统呼吁俄罗斯总统采取这样的行动——这是很严肃的事。为什么恰在现在呼吁？

戈尔巴乔夫：当然，尽管我性格急躁，但我从来不会失去控制。我所说的一切是经过深思熟虑和仔细斟酌的。这是我对号召、对咨文作出的反应。我的反应可以是完全程式化的，假如总统在一开始没有说这番话：我不会重复过去咨文中的内容，请把它们看成两个文件并根据未来十年工作的纲领来审核。我要说，我曾非常密切地关注过去年的咨文，以及有关国家、人权、审判体制、政治问题等的补充内容。确实，咨文描绘出这样一幅图景，使总统的计划成了纲领。这是政治方针。当时这一下子就使我很振奋。是的——这是严肃的事。是的——这就是我支持的。但是马上就出现了转折：据说，总统一夜之间就改变了政治方针。为什么呢，既然从去年起已经开始做了？我始终不认为这是什么游戏。不，他毕竟是个自负的人，他是个珍重自己的人。我想，这是经过深思熟虑的。

而且，看得出，他这样做很不容易。他说出来的时候，大概您会同意，他已经压缩了思想，以便于传达……他说话仿佛是喘不上气来，气不够似的。我不能同意他似乎想敷衍过去的说法。国内外有些人说，他承受这样的压力是因为民主，因为“突袭”媒体。他决定挽回局势。不，我认为，那是不严肃的。我将此看作是总统深思熟虑的选择。

但是实施的机构在哪里？这就是使我不安的问题。指望议会？目前的议会未经仔细研究就通过了具有巨大社会意义、涉及国家应该关怀的那一部分人的政策。也许，对某个人，这样的议会是合适的。但我们要它来干什么呢？国家也不需要这样的议会。不过算了，让议会留着吧。还可以改变它，虽然坦率地说，希望很渺茫。

但是政府呢？就是它在今年年初抛出“货币化”的。政府厨房煮的稀粥里还有教育、医疗、公共住房。政府用的是这样的办法：一切都由人民负担。我不信，说真的，这个政府能实施总统的纲领。我不认为咨文中提出的任务政府都能胜任。不能胜任！他们是激进的自由派，不比盖达尔政府好，并不好。

所以第一步是让政府辞职。

《消息报》：那么您头脑里，比方说，有“影子内阁”吗？您会建议谁当总理、外交部长、国防部长、财政部长、经济部长？举个例子吧。

戈尔巴乔夫：不光是我，大家都有看中的人。明白吗？圣彼得堡方案被证明是不正确的。还是要“像党教导我们的那样”，根据政治、专业和认真做事的品质来挑选。

《消息报》：假设总统采用您的第二个建议——解散杜马，假设选举是绝对干净的——有客观的电视播放，没有行政手段，您认为新的议会将是什么样？那里会有谁，有哪些力量？相互关系怎样？

戈尔巴乔夫：我想，在正常的、没有弄虚作假和欺骗舞弊的选举中，根据总统所说的原则，可以选出今天社会中相当积极的人。首先需要选出议会，它将找到把社会从官僚权势中解放出来的民主机构。只要选出它，我们就能希望为企业家的活动，为公民的主动精神打开许许多多闸门。我们现在连地方的代表机构也不独立，受到官僚的压制。我们都屈从于执政当局。

接下来的谈话有关历史——2005年是改革开始后第二十年——以及那个时代和当今时代的比较。我们不可避免地谈到民主、民主体制的形成、政党的建立这些话题。

《消息报》：让我们从历史的角度来谈谈现今的事。有这么一种看法，认为普京是一位新戈尔巴乔夫……

戈尔巴乔夫：我们绝对是不同的人。历史绝对不同，经历也不同。时代不一样。但是我早就说过并依然认为，总统是有作为的。事实表明：他有工作能力，是一个有雄心的人。现在他的处境是，所有团体都在拖着他。大家无论如何也不想结束瓜分财产。

《消息报》：有这样的比较：您和他都是在没有行动能力的老年人执政后登上舞台的。您和他都是作为年轻人被推选出来，你们都被要求设法保留和复苏现有体制。但是年轻人取得权力后就走向相反的方向了……

戈尔巴乔夫：普京在第一任期，总统做得当之无愧。假如比赛谁算出的他的过失最多，大概我比任何人算出的都多。但是，不是这样评价人的。当一个人实施具体计划，解决具体问题时，总会有落后、拖延、缺点，甚至错误。

我应该说，到处都有混乱——在社会、科教、医疗、军队、联邦当局和地区关系方面——到处都有。要把一切都列举出来，那到处都是混乱。我想，普京已经做了很多，至少，足以让历史记住他。

现在产生了一个问题：以后呢？以后怎么才能在许多方面克服惯性，不按叶利钦铺定的旧轨前行呢？现在应该采取新方针，改变旧方针。在普京再次当选之初，我说过：重要的是他将做什么。如果他用得到的新任期权力加强自己的权力，继续推行“可控制的民主”的进程，那么最终不会有好结果。

《消息报》：您还可以与改革做个比较。您也曾不断地接受形式上的职务，但是您的实际权力越来越弱。您觉不觉得，普京走的是同样的路——把越来越多的职务集中到自己身上……

戈尔巴乔夫：毕竟形势不一样。我的任务是通过新宪法，通过政治进程，通过自由选举，来建立以民主程序和原则为基础的另一种政治制度，把国家权力、执行权力和其他权力从桎梏中解放出来。我曾经有一项任务是建立国家管理体制，因为形势已接近取消宪法第6条。而弗拉基米尔·普京上任时，这个任务已经完成了。摆在他面前的是另一个任务——创建严肃的国民的政党，联邦的政党，靠它们制定民主的规章。

但是我要说，没有什么比在苏尔科夫办公室建党的企图更错误。政党是从政治运动中，某些阶层的人们中间，大的团体里面产生的。政党是在兴趣的基础上独立形成的。

我们曾经的任务是把权力从桎梏中解放出来。现在已经有新政权了。另一件事是促进建立政党。

《消息报》：还有一个比较的方面。许多人记得1990年到1991年那段时间，当时社会上弥漫着灾祸情绪，大家彼此传言：如果不做到那个，将有灾祸，有内战。我觉得，在今天的俄罗斯，灾祸情绪也在滋长。莫斯科市长和普京政府的领导人说现实的危险是国家崩溃……而《消息报》的读者对“颜色革命”兴趣多大呀！

戈尔巴乔夫：我想，改革的打算加剧了现有的局势。政府的改革——悬而未决。科扎克的行政改革——悬而未决。最后，还有社会部门的改革。要知道，反抗政府计划的斗争不是在1月和2月开始的。那时退休人员已经上街，反对“货币化”。而早就进行的斗争是关于教育、医疗、公共住房的。可以看出，政府走的是最简单的路——一切由人民负担。我想，这使人们失去内心平静。老人们失去平静后，国家觉醒了。现在每天都有人上街反对这项或那项措施。他们容忍不下去了。

最后，我们热烈地讨论起临近的新选举——弗拉基米尔·普京第三次当选总统的可能性：

《消息报》：普京说“这就是未来十年的行动纲领”，这话的意思是不是他打算留任第三任期，或者以其他形式保留权力?

戈尔巴乔夫：我认为，他是认真考虑过的，他自己声明不会留任第三任期。遵照宪法——这完全是正常的做法。可能会有更明确的说法，这是另一回事，毕竟这个问题还在讨论：是否需要改变涉及最高权力的条款？我想是需要的。虽然普京说不应该改动宪法。

《消息报》：依您之见，哪个方面需要改变？

戈尔巴乔夫：我的意见是这样的：我们需要改写出适合我们的法国版本。我指的是：由胜出的党派组建政府。但同时由人民选举总统。所有的权力分配清楚，让政府工作。总统可以出席政府的会议，像希拉克那样，可以主持内阁会议——做他认为需要做的一切。但是还是由政府来执政，由总理领导政府开展工作。当然总理与总统是互相配合的。

要是想要一个议会选出的傀儡总统……那就召集议会，如召开中央全会那样，像对赫鲁晓夫那样。

……我一而再、再而三地确信：归根结底，一切都会遇到政治，遇到民主的问题。在改革及其后那些年，我与我的朋友、战友以及不少论敌有许多交往——亚历山大·尼古拉耶维奇·雅科夫列夫和叶戈尔·雅科夫列夫。2005年到2006年，他们一个接一个离世了。他们有各自不平常的性格、复杂的命运。他们都经历过许多考验，有过幻想和失望，但是还保留着对俄罗斯走民主道路的信心。

在改革后的那些年里，我与叶戈尔·雅科夫列夫特别亲近，他的离世对我是莫大的打击。叶戈尔在世时，《莫斯科新闻报》成为公开性和改革的真正喉舌，他给予我困难重重的事业许多帮助。当然，我与叶戈尔也有争论，有分歧。我记得，在他去世前不久，我们三人——他、亚历山大·尼古拉耶维奇·雅科夫列夫和我——就“战士回忆过去的岁月”这个话题聊天，我想起了1991年1月维尔纽斯事件后他们曾要求我辞职。他们通过报纸施加了极大的压力。后来，他们试图放弃，但是我向他们证明了一切。叶戈尔来到《莫斯科新闻报》时已经经历过、做过许多事——写过关于列宁的文章，主持过各种出版物，被解除过职务，又东山再起——这一切只是磨炼了他的性格。他是个成熟的、思想非常深刻的人。因此，他的话总是很有分量，总是切中要害、机智敏锐。

除了一个问题，在许多问题上我和他相互理解。他不明白，我怎么能为发生的事辩解，怎么有理由支持普京。我对他说：亲爱的，假如你处于总统的位子，遭遇到这种混乱，这种半崩溃的局面，你就会明白，顾不上学习民主，应该拯救，应该行动。

2005年，我用了许多时间写作《理解改革：为什么现在这很重要》。我与战友和同事——阿纳托利·切尔尼亚耶夫、亚历山大·韦贝尔、格奥尔基·奥斯特罗乌莫夫、亚历山大·加尔金、鲍里斯·斯拉温——一起重读了那些年的文件，逐一回想事件，分析成绩和错误。回首那个时代，把它与后来发生的事情作比较，我增强了信念：虽然改革中断了，没有达到所有目的，但它还是胜利了。改革使变革的进程不可逆。但是站在原地是不行的。国家应该前进，而且只能走民主的道路。应该为此而斗争。虽然我的力量已不如前，身体也不好，但我还是认为应该参加这一斗争。

准备新的选举

回望2005年，它是矛盾的。我撰文做了分析，刊登在2006年2月的《大政治》杂志上。我写到了遗留给总统的至今尚未解决的问题："大多数人生活贫困，不能运用自己学到的知识，他们中的许多人离开了我们国家。教师、医生、科学工作者、军人、文化工作者都很贫穷。在普京总统执政时期，情况开始改善，但是根据总体统计，我们还没有达到1990年的水平。"

今后怎么办?

总统任职期总共还剩下两年。按照一般的想法，他可能不想再干什么大事。人气高，石油价格高，人民生活水平稳定。虽然取得了这些成就，我还是希望总统选择另一条道路。他已经选好了。

去年，国家首脑提议将四个方面的国家规划列作重点——教育、医疗卫生、负担得起的住房和农业。实质上，这是社会民主的规划。总统承担了重大的责任。看来，他不满意政府在社会政策方面的工作。谁又会满意呢？社会改革没有落实，而当时的情况是：石油价格高，国家资金充裕。在这种情况下，政府傲慢地无视来自社会方面的批评。

在这篇文章中，我说出了令我，也令全俄罗斯社会不安的问题。据我看，当局对此问题未予足够关注：

腐败几乎是俄罗斯最大的不幸。据说，这是国家干预经济的不可避免的后果。人们因此批评总统，因为在他当政期间国家恢复了对石油和天然气部门的控制。我不同意这种批评。我拥护总统在这个领域所做的事。不应该放纵官员。他们应该为社会服务。他们已经脱离控制太多了。如果不阻止这个进程，腐败只会加重。只有在民主条件下，才能解决这个问题。

现在，例行选举临近了，国内出现了不少团体，它们对控制财源和利用它为自己的政治目的服务表现出明显的兴趣。

现在的执政者原则上应该与企业保持距离。所有的官员都是这样。首先是总统。政治家的事业就是政治本身。不然他们考虑的就不是国家利益，而是个人私利。

我辞职后，有人多次邀请我从商。我总是回绝。我早就选择了政治。

对于即将到来的选举，我认真地想了许多。我与你们分享一些结论。

离下一次总统选举还有两年左右。有关它的议论已经很多了。各个派别保护自己利益的企图则更多。越来越常听人说，似乎应该制定一个“接班人”计划。或者还有更好的——想出一个方案，能使现在的总统留任第三任期。这些议论很有害。为什么需要“接班人”计划？只是为了不进行诚实的选举。就是说，又将破坏选举活动。这是对民主、对公民社会的打击。我想，现在我们应该围绕这个问题集中讨论即将到来的选举。

我深信，普京总统不会违背宪法，他会在国家基本法规定的期限离开自己的职位。他无愧于自己的总统生涯。我不排除有人会促使他作出另一种决定。我甚至能想到这些人的理由：弗拉基米尔·弗拉基米罗维奇，人民请求……但我认为总统不会屈服于诱惑的。在这个问题上，我丝毫不怀疑他。

今天，人们还在谈论政府和总统行政机构11月的人事调动，并猜测新任命的人中谁能坐上弗拉基米尔·弗拉基米罗维奇·普京的位置。我不会认真地讨论这个问题。我认为，总统不会重蹈他前任的覆辙：提前离职，任命总理代总统，推荐他坐上最高职位……

正如所见到的，我的一个预测是正确的——普京当时没有留任第三任期。在另一点上，我却错了：当局又一次实施了“接班人”计划。确实，方案有点不同，但实质没有改变。我看到的危险是，国家可能渐渐偏离民主道路。我警告过这一点。

有一种严重的危险——把选举活动变成虚假的闹剧。这个危险是存在的。据我看，在1989年、1990年以后，以及鲍里斯·叶利钦第一次当选俄罗斯总统的1991年以后，国内根本就没有过诚实的选举。所有选举活动都是有缺陷的：候选人条件不平等，行政手段起作用，结果甚至偷天换日。这不是道听途说：1996年选举活动中，我就亲眼见过这一切。

我们能迫使当局按照民主准则进行选举吗？我们能够而且应该。无论谁都不会替我们去做。公民社会应该捍卫自己的权利。应该学习这样做。选举不应该是执政党的私产。

但是还有一点让我不安。只有在有强有力的政治竞争者参与的情况下，选举才能成为真正的选举。我有信心，他们会出现。其实，已经出现了。我不会说出他们的姓名。我太了解所谓上层社会的脾性了：马上使你不得安宁。

在这篇文章的最后两段，我指出了局势的矛盾性，说明了我的希望和我的怀疑。

俄罗斯总统弗拉基米尔·普京不止一次声明，他要把国家带向这样的民主：普通人能感到民主的好处。我相信，他没说假话。如果他在自己的总统任期结束之前当真把国家推向这个方向，2008年会有文明国家那样的选举。积极的选民，权利平等的活动，真实的政治竞争，而不是偷天换日的结果。

如果不过是说空话，而实际上独裁倾向占优势，那我们将得到没有选择的选举。应该看到这种危险，并且要竭力防止它。

民主进程的诸多困难

2006年和2007年的经济增长速度相当可观，但是这种增长的性质却引起很大的质疑。要知道，这种增长靠的是以石油换取的资金充实经济并在此基础上扩大进口。经济并没有发生重大的结构性改变，没有从“石油的尖顶”上爬下来，没有转到创新的发展道路上。没有建立机制以实现总统确定并在每年向联邦会议提交的咨文中重申的任务。

我不希望在总统的咨文中只看到一种仪式，一项习惯性“措施”，很快就被遗忘。我赞同当前咨文所确定的方向并支持总统提出的任务，我希望他认真地抓住实现它们的机会。在2006年5月国际文传的采访中，我说:“我认为，总统不想就这样简单地离开——说说就完了。离结束总统任期还有一年至一年半的时间，他有可能开始实施他咨文中所说的一切。但是为此确实需要采取非常认真的措施。这就产生了一个问题：谁来做这事?”在现有的国家结构和机制中，我看不到谁能实现总统的想法。

那些对执政的民主方法作出变态反应的人，对俄罗斯当局的影响加强了，这使我不安。这些人被“颜色革命”，尤其是乌克兰的“橙色革命”吓坏了。使他们惊慌的，与其说是邻国暴风雨般的革命的过程之中的代价和“曲折”(确实如此)，不如说是选举带来的政权更替的可能性本身。他们开始谈论“可控制的民主”，开始组建人为的、靠国家财政拨款活动的党派、组织，类似“我们”、“青年近卫军”、“统一俄罗斯”。我本人是共青团出身的，曾想象过苏维埃时代的“青年政治”，不由得比较起来。如果统一俄罗斯党是变坏了的苏共版本，那么新的青年组织似乎也不会更好——有时候也是操纵、恐吓的工具。在“可控制的民主”下，民主越来越少，“控制”、监督、压力越来越多。俄罗斯当局明显不信任人民，它希望选举结果永远是预定的——有利于它。

在基金会，在与朋友、同事、政治家、记者的多次谈话中，我经常讨论发生的事。我们不谈论“拧紧螺丝帽”①、契卡主义和其他类似隐喻和传闻，只谈论立法中的具体改变。他们要把我们带往何

① 这里喻指控制更严、更紧。

处，我问。可以说，整个2006年上半年我都在思考这个令人忧虑的问题。2006年7月19日刊登在《俄罗斯报》上的文章便是对这些思考的总结。文章表达了尖锐的批评和忧虑不安，使许多人惊奇的是，俄罗斯当局的官方报纸会给它提供版面。我想，这证明许多人和我一样不安。许多人——普通公民也好，接近当局的人也好——心里积聚了大量批评性的怀疑和问题。我想，我的文章值得在这里全文引用：

> 不久前，在圣彼得堡举行八国峰会前夕，在俄罗斯已经开展的关于民主的辩论进行得特别激烈。西方政治家和评论家就这个话题发表的许多议论在我国社会引起了反感。人们认为，就应该由我们自己来决定我们的国家、我们的民主该是什么样的，怎么建设，而不是由美国副总统来决定。西方早就该明白：对俄罗斯施加任何压力只会带来害处。
>
> 但是，在批驳外来压力的同时，我们更应该注意分析和评估我国民主进程的状况。对于我来说，出发点是，只有走民主的道路，俄罗斯才能达到我们追求的境界。同时应该明白，从极权主义向民主的过渡不是在真空里，不是在某种理想的条件下进行的，而是在我国历史的背景下进行的。它是非常艰难的，需要大量时间和全社会的努力。
>
> 20世纪90年代俄罗斯领导人执行错误政策的结果，使我们“民主过渡”的条件特别复杂。大部分民众贫困，政权和经济混乱，国家面临崩溃的威胁——在这样的条件下，民主能发展吗？实际上也没有民主，只有它的赝品和对它的损害。
>
> 弗拉基米尔·普京继承了这样的局势，他首先应该考虑的是防止国家崩溃和在总体上稳定经济和社会。而且行动要快，在这种情况下，不采取超出民主教科书规定的标准的做法是不行的。例如，必须强迫地区“领导人”使地区的立法与联邦的

立法一致。在与恐怖主义作斗争方面需要采取坚决的行动。

采取措施的结果是，俄罗斯国家机构的危机解除了，经济增长开始积极影响人们的生活。这开创了新局势。但是另一点也是无疑的：社会的稳定和经济指数一定程度上的改善本身不会解决与我们的民主状况相关的问题。相反，要是我们在这十年之初碰到的复杂甚至紧急状况得以克服，那么正是时候该弄清楚，我们的民主机制和提出的立法决定在多大程度上适合我们的主要任务——在俄罗斯建成新的、自由的民主社会。

我们还应当注意到一点。从开始民主改革以来已过了二十年，我们还有许多不合理的限制、禁止、障碍——有旧的，也有新产生的。中央选举委员会主席A.韦什尼亚科夫不久前提出有一种危险，即选举代替了真正的政治竞争，有可能变成一场闹剧。总统不得不提醒人们，反对派有权表达自己的意见，应该倾听他们的意见。这是最重要的观点，因为竞选和真正的反对派是民主最本质的特点。

我们不得不承认：议会和总统选举越是临近，部分俄罗斯政治精英约束、遏制公民参与政治进程的意图越明显。他们不是吸引人们参与到政治中来，通过行使宪法规定的权利来作出非常重要的决定，我们看到的是，他们企图限制人们参与国家事务，严格规定人们的参与无效，甚至没有意义。

最令人不安的是选举法方面的改变。

去年通过的新法取消了一个地区一个名额的选举。这是倒退：在一个地区一个名额的选举中，代表直接代表自己的选民和他们的利益。如果按党列出的名单投票，那选民们看到的只是名单上的一些名人，他们通常不打算在杜马工作。这种做法是令人厌恶的，是赤裸裸的欺骗。但是政府只字不提要禁止它。原来这样的制度可以使政党把“需要的人”引进杜马，而这些人绝不是由公民选举，而是由政党的领导决定。

只有在一种情况下，完全按比例选举的制度才合理，那就是，国内已经形成了稳定的政党体系，并且政党在总体上充分反映了所有社会团体和阶层的利益。但是目前我们还远未做到。在现在的情况下，这样的新法显然完全旨在垄断政治空间。

2001年通过的政党法确定了国家规定和监督政党活动的严格制度，增加了关于政党的人数、地区分支的数量等方面更严格的补充规定。当时我领导社会民主党，不得已同意了法律的这些条款，认为有法律依据总比没有好。但是实践表明，这样的规定是不符合民主原则的：政党政治上的正确性应由选民，而不是由国家来确定。

但是减少政党权利和机会的过程在继续：通向杜马选举的障碍提高到7%——明显是要阻挡“不合心意的”反对党派进入议会。根据新的选举法，一个意欲参选的政党应该征集20万份签名，其中不足信和无效签名的比例从过去的20%降到5%。显然，检察机构想要多少“有问题的”签名就能轻易找到多少。恣意妄为的可能性是很大的。

最近的一项更新是取消了选举公报中的“弃权”一栏。他们肯定地说，这将提高选民的公民责任感。但是实际上相当一部分公民放弃了参加选举。2003年投“弃权”的有1 300万人。而且投这种票的人往往素质很高，他们抗议没有真正的选举。最大的可能是，他们中大部分人不会参加选举。

但是这还不是全部。取消弃权栏的做法使人们醒悟，认识到提前选举充满欺骗。社会组织放弃监督选举。党的机关报被要求等到选举前一个月才能向选民报道这些政党的活动。这一切都是按照统一俄罗斯党的提议做的，它利用了自己在第四届杜马占大多数的优势。目的只有一个：不惜任何代价保证“党的领导人”在下一次选举中取得绝对多数选票。

对选举法的频繁更改积累起来就导致选举制度的蜕变。它越来越变成只有形式的机制。联邦委员会在这方面尤其明显。今天在那里开会的是指定的官员，他们常常与他们“所代表的”地区没有任何联系。不久前，触目惊心的腐败真相揭开了。联邦委员会主席C.米罗诺要求修订联邦委员会的组织制度，这是可以理解的。

选民对选举，对当局制定的法规的信任度近年来下降了。选民在不久前的选举和公投中出席率低下有力地证明了这一点。

不过，这造成了一种印象：执政的“精英”居然对选民人数下降感兴趣。难怪承认选举合法的联邦级标准从50%降到25%，而在地方选举中可能更低。我们的官员似乎认为，公民越少参加选举，他们越能可靠地得到所需的结果。

所有这一切都是在近些年其他事件的背景下发生的。我指的是限制电子传媒的信息独立性；在选举活动中普遍使用行政手段；通过更严格的集会和游行法；通过全民投票法，实际上却不可能施行，而是还要遵照当局的决定；加强对社会组织活动的监控。在所有州长都属于一个党的情况下，这意味着什么？

这一切能用我们民主的民族特点或是某种外部环境来解释吗？我想，不能。

当然，民主应该在每个国家自己的土壤上成长并且有自己的民族特点。但是还有普遍的原则。在威胁到国家生存和人们生命的情况下，限制是必要的，但这应该是临时性的，而不能上升为原则，如支持“至高无上的”或“可控制的”民主的理论家做的那样。这类定语歪曲了民主的本质。

现在经常有人提醒我们必须与恐怖主义和极端主义等现象作斗争。任何一个理智的人都不否定这一点。但是通过的法律给极端主义下了如此宽泛的定义，以致可以用来镇压各种反对派和异己思想，这是我不能同意的。竭力使自己免受社会监督的官僚们从这些关于公民选举权的法律和限制中得到实际的利益。

关于必须约束官僚的话题最近谈得很多。但是只有发达的公民社会、稳定的法律和当局与民众的双向联系才能有效遏制他们恣意妄为。如果官僚们从上到下都不受真正的监督，同样腐败，那么他们将把民主秩序变成纯粹的形式，损害和贬低民主概念本身，甚至是人们对它的渴望。

分析民主进程当前遇到的困难，把我们引到俄罗斯由来已久的问题上：怎么办？首先应该意识到，在这样的立法基础上不可能进行真正的民主选举，保证人民真正参与到政治进程中来。

要纠正这种状况还有时间。我认为，拥有否决权的总统现在应该运用自己的权力和极大的声望。他在这方面采取坚决的行动能改变局势。现在许多事情正是取决于他。我深信，总统的行动将会得到俄罗斯公民的支持。

归根到底，我们大家，俄罗斯社会面临着选择。国家是否向公民真正参与国家事务的方向发展？还是官僚国家对公民实行家长式管理的模式占上风？我确信，俄罗斯应该走第一条道路。

俄罗斯当局的选择越来越明确，尽管对与临近选举相关的各种方案的讨论是暗地里进行的，但克里姆林宫里谈话的片断还是为人们所知了。大家一致建议普京修改宪法，以便得到继任第三任期的可能性，这呼声越来越高。邻国的一些领导人，特别是努尔苏丹·纳扎尔巴耶夫，也附和着呼吁。这使我惊讶。当然，他本人，还有亚历山大·卢卡申科有这样的经验，但是普京，我觉得，不想复制这种做法。无疑，他曾经有机会通过顺从的议会对宪法作出相应的修改。虽然他经常声明不打算这样做，但很明显，在这一点上他有过动摇和讨论。

最主要的是，我认为，接下来的选举应该在各候选人和各纲领中作出真正的选择。普京能给人们这样的可能，候选人的竞争、真正的竞选活动、辩论——这一切能大大改善俄罗斯的政治，给它强大的民主动力。但是这种情况没有发生。不过，我依然高度评价普京不继任第三任期的决定。

“我认为，他做得正确——按宪法行事。我在国际文传的采访中这样说。我将此看作是重要的论据：与我们打交道的是严肃的人，他忠于民主价值。如果普京作为一个民主派人士离开，不留任第三任期，他在人民面前将又立下一项功绩。”

我表示有信心：“在未来，普京总统无疑将找到位置。我想，他会是严肃的。”我继续说道：“大家应该评价普京的立场。它对于国家，对于世界非常重要。我们正在建设新的国家，向世界展示我们怎么对待宪法非常重要。”

但同时也发生了相反方向的事。我坦率地说：“统一俄罗斯党利用自己在议会占大多数的优势，为了给自己铺平通向成功的道路，取消了选举制度中的许多成果。这是不民主的，这方面总统应该干预。”

无论是在莫斯科还是在地方，对报纸的突袭继续进行，甚至还加强了。总统声明过，报纸应该是自由的，同时也是负责任的。我完全支持这一说法。但实际上，当局需要的是按它的指示工作的媒体。“倒退是存在的，”我说，“每一个电视频道每一季度都有一次转为国家所有。”结果，公民的选举权、记者的言论自由、政治家建立政党的可能性没有了。

我不赞成激进措施，也不赞成犹豫不前，不希望任由民主进程自己发展。现在没有群众性抗议的条件和理由。人们感受到经济形势变好的成果，不久前还生活在贫困线下的许多家庭感到了轻松和希望。假如在这样的条件下按照较为民主的规则举行议会选举，让执政党与有实力的政党开展真正的竞争，讨论行动纲领和计划，那么执政党也能得到即使不是压倒性多数但也不错的结果。但是当局的决定恰恰是，不让议会今后成为，如国家杜马主席鲍里斯·格雷兹洛夫所说的，“辩论的场所”。

2008年开年就显示出，这一年在俄罗斯政治中不平常。这一年即将进行总统选举——这是大事。但是已经清楚，这件事不会成为俄罗斯国家体制和政治进步的标志。实际上，事先就确定结果的选举未必能完成其最重要的功能——促进革新，补充新生力量，纠正当局所犯的错误和过失。

那些日子，不仅我体验到希望和怀疑，它们也反映在叶列娜·邦内尔生日之际，我与她的通信中。她是安德烈·德米特里耶维奇·萨哈罗夫①的遗孀，是个复杂和矛盾的人。我与她不止一次进行过争论，但我尊重勇敢、信念坚定、热情地坚持自己意见的人。下面是我与她的通信：

亲爱的叶列娜·格奥尔基耶夫娜！

我很想打电话祝您生日快乐，但是不行，因此我就写了这封信，表达对您的生日祝贺。

我与所有了解、珍重您的人在这一天祝您一切如意。您的智慧和心灵始终向人们敞开，回应他们的痛苦。对有些人来说，政治从不归结为意识形态或“技术”，它是用人道的、道德的标准来检验的。您就是他们中的一员。有些人并不总是同

---

① 安德烈·德米特里耶维奇·萨哈罗夫（1925—1989），苏联原子物理学家，苏联“氢弹之父”，人权运动家，1975年获诺贝尔奖。

意您的观点，但是赞同您的热望，就是愿我们的祖国成为民主国家、法制国家，愿世界更公正。

我相信，由于许多人，首先是像您这样的人的关注和积极努力，安德烈·德米特里耶维奇·萨哈罗夫坚持的这些理想将会实现。

祝您健康长寿，精神焕发，勇气长存，尽享亲朋的关爱。

您的米哈伊尔·戈尔巴乔夫

2008年2月15日

回信：

亲爱的米哈伊尔·谢尔盖耶维奇！

谢谢祝贺，谢谢您关于我的心灵和其他优点的温暖话语。一收到您的信，我就想：真遗憾，没有打电话。但是过了一会儿，我又改变了想法，要是打电话可能又会吵嘴。而在生日这一天，这似乎是不礼貌的。

我准备赞同您的希望，安德烈·德米特里耶维奇的理想将会在我们祖国实现。但是我觉得通向它的道路将比您想的更漫长艰难。然而这并不意味着国家不能“历经艰难取得成功”。

怀着对离去的亲人永不磨灭的记忆，我再次感谢您并祝您、伊琳娜及全家身体健康、一切如意。

叶列娜·邦内尔

2008年3月4日

“接班人”计划

尽管总统选举的结果没有引起怀疑，但它确实是预定的甚至是

“指定的”，我认为，必须参与选举，投票，参与民主进程。我不仅号召亲友，而且号召俄罗斯的所有公民这样做。

我们许多人对此持批评态度。我自己也看到，这场选举没有使国家接近真正的、实现了的、真实的民主。我说这话完全是坦率的。例如，在与车里雅宾斯克州居民举行的很有意思的在线网络会议上，他们提了四百多个问题，我回答了许多，没有回避尖锐的问题。其中有这样一个问题：“您如何看‘接班人’计划？”我回答说：“一切都符合宪法，但是不符合民主精神。”

我还有一个重要观点：即使俄罗斯民主的机制不完善，有时还被歪曲，也不能放弃政治。在给德米特里·梅德韦杰夫带来胜利的第一轮选举后，我在国际文传的采访中立即说明：

> 首先，我要指出，投票率很高，这说明青年们的积极性相当高。他们没有无视政治，而是亲自建设自己的未来，对此我们只能表示欢迎。在评论投票的预选结果时，我说：“有些人说——我也说过这话——弗拉基米尔·普京参加杜马的活动在许多方面决定了总统选举的进程。他们是对的。”
>
> 普京的声誉依然很高，对于许多人来说，这与国内经济形势的改善有关，这种改善的结果越来越显著。重要的是，我补充说，选举前夕普京也好，梅德韦杰夫也好，“说到了许多重要的东西，它们使国家在不久的未来的发展步骤具体化了”。
>
> 我不隐瞒，德米特里·梅德韦杰夫给我留下了深刻的印象：“他聪明、勤奋，当然国务工作的经验较少。我觉得，他是个民主的人。大致上和我八年前对普京的认识差不多。我们需要等待。”

在那些日子，我对接下来事态怎么发展想了很多。我在3月初刊登在《俄罗斯报》上的文章中把有些思考的结论告诉了读者。

选举已经过去了，尽管杜马选举和总统选举非常重要，现在的主要问题是今后怎么样。只有在预选末尾，情况在某种程度上才明朗。选民们没有可能去比较候选人针对国家面对的问题而提出的各种计划。再说，候选人的组成已经让人们不用再去想更好的人选了。人们还是来了，投了票，这是人们极为信任普京的又一个表现。

现在面临的主要问题是，如何使用权力。社会把信任给了普京和梅德韦杰夫，有权期待他们履行承诺。在俄罗斯，国家、社会和个人之间从来没有像现在这样相互信任。

我觉得，我们现在有独一无二的机会：利用前些年创造的条件和有利的国际形势，坚定地走国家现代化的道路，且不仅仅在生产领域，而是在所有领域——政治、经济、社会领域。这项工作的关键是教育、创新、医疗卫生、管理，最后还有消除国内的贫困，与官僚权势和腐败作斗争。

非常重要的是，最近普京总统和总统候选人梅德韦杰夫异口同声谈的正是这个问题。我不怀疑，他们将为此付出最大的努力。但这是不够的。重要的是建立完成所有这些复杂任务的机制。

显然，要联合联邦的、地区的，甚至地方的力量，要认真改进干部政策。这不应成为一场运动。对于干部工作，以及培养他们完成全新任务的能力，应该形成一项完善的制度。特别重要的是，要为青年开辟道路。如果当局不这么做，许多声明和承诺都落实不了。任何宣传都无济于事。

全世界的经验都证明，要在真正民主和人们发挥公民积极性的情况下——社会和向它负责的政权之间相互理解，人们不怕表现出主动精神——才能顺利地完成这样宏大的任务。

有人会说，“不能放开缰绳”，国家不需要新的民主实验，需要的是强有力的政权，“强硬的人物”。但是本身就存在的强有力的政权，常常是软弱无力的。它需要人们的支持。普京感觉到了人们的重要需要——恢复稳定和国家体制，所以得到了这样的支持。但是现在，应该完成的是更为复杂的、真正历史性的任务，即在国家和社会之间建起另一种水平的双向联系。

在这篇文章中，我多次要社会和当局注意改变选举制度的必要性。

我们的选举制度需要的不是简单的修正，而是根本的改革。必须在总统选举的组织上、在杜马选举上、在选举州长的机制上进行改革。

我会把必须恢复混合的表决体制放在首位：既要考虑政党提出的名单，又要以选区为依据。人们应该有可能了解具体的候选人并作出选择。12月议会选举以后，获胜的政党名单中有113名领导候选人没有得到代表资格，而这些名额被随便地给了鲜为人知的人。113个代表资格——这占了25%！这简直是不尊重选民。应该减少政党进入杜马的障碍，回到5%的限值。

我认为，应该恢复直接选举州长，现在他们是根据总统提名由地区立法机关确定的。

关于这一点，有时候我说得比政府的报纸还尖锐，我说，统一俄罗斯党正在成为变坏了的苏共复制品。我常听说，这使当局许多人恼怒，甚至更甚。新一代政府工作人员想要平静的生活，不愿意倾听批评意见。克里姆林宫的“政治谋士们”不是思考怎么把选举的宗旨和民主的本质还给选举，而是在办公室里和会议上制定出将在2011年丑态百出地演示的阉割和直接篡改选举的新模式。

2008年春天，我觉得两点是最重要的。第一，要使新总统有个好开端，使他很快就能积累起经验和信心。第二，要使国家出现一个强有力的、焕然一新的政府。

5月7日，我出席了梅德韦杰夫总统的就职仪式。我对俄通社-塔斯社的记者谈了自己的感想。

有关梅德韦杰夫，我说："我越来越相信他能胜任。"我认为他"是个愿意保持联系，愿意听取和听到俄罗斯人声音的人。我很希望他能成功，并在四年总统任期中成为政府活动的核心"。

我把动员执政者列为主要任务："这是非常艰巨、非常重要的工作，最困难的问题是干部，是从地方到联邦各级机构的活动，还有政府和总统机关的组成。"如果梅德韦杰夫和普京能胜任这一工作，我说，那么国家将会拥有新的前景。

当然，使大家感兴趣的是，新总统和现在已经是总理的弗拉基米尔·普京之间将会怎样合作。有人开始用"二轮马车"这个词来称呼他们的关系。我知道，在两位领导人周围有这么些人，他们已经不再致力于加强，而是致力于削弱或分裂这种合作。刚宣布普京将担任总理，马上就有各种传言。我不怀疑这是权术，它会给国家带来严重后果。我祝愿梅德韦杰夫和普京合作协调。

我深信，我批评选举的做法和在选举后支持新总统和总理的立场是不矛盾的。我遵循自己的信念，同时又顾及国家的利益和政治文化的要求。

思想与人物

政府组建工作的许多方面，虽然不是所有方面，事先就决定了。我们从媒体得知，组建工作进行得并不顺利。因为同时还要确定新政府即将执行的经济政策的框架。这会是什么样的政策？6月，戈尔巴乔夫基金会就该问题举办了一场别开生面的辩论会，参与其中的都是颇有影响力的经济学家——鲁斯兰·格林贝格、亚历山大·涅基别洛夫、弗拉季斯拉夫·伊诺泽姆采夫、亚历山大·奥桑、叶夫根尼·龚特马赫。所有人一致赞成应该努力走出20世纪90年代的崩溃局面，而且时不我待。

大家提出一个问题：究竟是转拨部分“石油款”以优先选择引进西方现有的先进科技，还是选择自身的创新项目？大部分观点认为应当从两方面着手，因为如果在短时间内不能结束经济依赖能源出口的状况，无法建立创新经济的话，那么这个目标将永远不能达成，我们只会进一步阻碍落后经济的发展。

还有一个十分重要的想法：建立创新经济的实质性障碍是社会领域的落后，尤其是教育、医疗卫生问题以及社会分化的加剧。经济学家们认为，经济现代化的最大阻碍是国家管理体制落后，包括立法、执法和司法体制，缺乏能够与占绝对统治地位的官僚主义抗衡的分权机制。听起来这更像是一个严正预警。然而，政府是否已准备好认真解决这些难题了呢？

上述辩论是在美国金融危机爆发前的几个月展开的。这次世界性的经济危机首先发难于美国，后来波及全球，使世界经济遭受重创，俄罗斯也未能幸免。关于这次危机的预测，我只能说，当时无论是我国还是其他国家的经济学家们都未能预知。毕竟当下的经济学还不能提供用于分析和评价经济发展进程的可靠手段，包括对这一进程中可能出现的极端险情的预测。

政府组建工作最终还是完成了。其中表现出的某些特征使我有理由期待情况会发生好转。我在接受国际文传电讯社的一次采访时提到：“过去当出现一些好的想法时，我总是这样说：‘我只担心一点，谁来实现它们？’不过，我觉得，政府在发生变化，而且不是往坏的方面变化。或许我错了。时间会证明一切。”我很喜欢第一副总理伊戈尔·舒瓦洛夫在圣彼得堡经济论坛上的讲话。对我来说，这是个崭新的名字，他提出的某些设想和工作方法同样新颖、出人意料。

当然，我还补充了一点，对于任何改革，“都不应该忘记社会层面，我们所做的一切为的就是这个……不要让创新变成‘大跃进’，那通常会给社会带来巨大震荡”。

和从前一样，基金会展开的研究和辩论给我们的思想提供了丰富的食粮。专家们对此给予高度评价。我很高兴读到塔季扬娜·扎斯拉夫斯卡娅发表的《社会不公与公共政策》一书的书评，该书系基金会多年来开展的一项研究的成果，由我改革年代的老战友瓦季姆·梅德韦杰夫主编。扎斯拉夫斯卡娅在书评中写道，该书“研究俄罗斯的主要社会问题。不解决这些问题，俄罗斯很难在国际社会占有一席之地”。她这样描述20世纪90年代改革后俄罗斯的状况：“今天在俄罗斯的地理空间内实际上共存着两个不同的社会阶层。其中一个（相对少数）是由健康的、自由的、接受现代教育程度高的、享受广泛权利的、极其富有的公民组成。这是一批活在他们为自己创造的生活空间中的俄罗斯‘新贵’。他们拥有特殊的居住环境，别样的生活方式、生活质量和生活作风。另一个人口数量庞大的阶层由勉强度日的社会大众组成。该阶层中的大多数都是贫穷的、受教育程度低的、享受有限权利的人。他们健康状况堪忧，得不到必要的医疗救助，因此，如果按照现代标准，他们的寿命注定比较短暂。”

书评作者认为，该书的最大价值不在于描述和批评现实状况，而在于深刻揭露这一现状的根源，提出具体的建议，这将“有助于促使该领域的公共政策呈现体制化特征，遏制社会不公的过度膨胀，最大限度地减小其消极影响，保障公民机会均等，等等”。扎斯拉夫斯卡娅写道，作者们提出的政策方向大部分都具有社会民主的性质。她总结道：“俄罗斯目前没有强力的、把与不合理的社会经济不平等现象作斗争视为自身主要任务的社会民主运动。然而，可以认为该书是这种运动据以制定纲领和构想的十分重要的材料。”

我觉得，书中的观点和结论十分切合实际，非常有价值。我确信，即使在今天，它们仍然具有重要的现实意义。

生活在继续，其中上演着各种悲欢离合，如同四季更替一样不可避免。每当回忆起2008年，我就会想到两件完全不同，却都于我有重大意义的事。它们就是亚历山大·索尔仁尼琴去世和我的重外孙女萨莎出生。

将我与索尔仁尼琴联系起来的是我们相互尊重和接受对方批评的态度。我们有过公开争论。一次，我们在瑞典使馆举办的俄罗斯诺贝尔奖得主招待会上相遇。亚历山大·伊萨耶维奇当时兴致很高，他十分开心能够受到大家关注。他朝我走过来，我们热情地彼此问候。

“米哈伊尔·谢尔盖耶维奇，”他说道，“或许，您在生我的气。这些年我说了许多批评的话，其中也涉及您。希望您明白，这不是恶意的，而是因为我为俄罗斯感到痛心。”

他的话诚恳，富有人情味。我回答道：“亚历山大·伊萨耶维奇，今天是个好日子。大家都对您和其他诺贝尔奖得主表示祝贺。我想，我们有共同的话题可以讨论，并希望您能找到时间。我们见面好好谈谈。”

可我们没有见成。不是我生病就是他身体抱恙，直到他永别的那一天。我参加了在科学院大楼里举行的祭奠活动，对他的妻子娜塔莉娅·德米特里耶夫娜以及其他亲人表达了哀悼。当时我说：

离我们而去的是一个伟人，一个大作家，诺贝尔奖得主，一个命运多舛的人，他的名字将永载俄罗斯史册。他与我国千百万同胞一样经受了巨大的磨难。索尔仁尼琴是第一个敢于公开批评斯大林体制不人道的人，第一个描写那些没有被磨难压垮之人的人。小说《伊万·杰尼索维奇的一天》和《古拉格群岛》改变了千百万人的思想，促使他们重新思考历史与现实。在反对极权主义方面这些作品取得了不可磨灭的功绩。索尔仁尼琴完成了生活的使命，他一生都在不停地斗争，为的是让俄罗斯不仅能够摆脱历史困境，还能拥有一个体面的未来，成为一个真正自由、民主的国度。今天的许多成绩都要归功于他。

10月份，我们的大家庭又增添了一名新成员——我的外孙女克谢尼娅生了一个女儿，我的第一个重外孙女亚历山德拉。她生得很健康，重达3 900克，身长52厘米。克谢尼娅把新生儿的照片发到我的手机上。女儿和妈妈长得很像。妈妈的眉毛是黑色的，女儿的也是。《共青团真理报》记者奥尔加·旺迪舍瓦对我说：

“您知道吗，佛教里有这样的说法：谁能活到添重孙，谁就定会上天堂。”

“在那儿我能做什么呢？我可不习惯无所事事。”我回答道。

2008年下半年的政治舞台上发生了两件大事，它们引起的后果完全可以与地震相比。我不会去尝试判断这些地震的威力有多大，不过当时就已经很清楚，它们的破坏力将是长期的。这里说的就是外高加索的军事冲突和全球金融危机。

萨卡什维利的冒险与西方——兼谈我的态度

8月8日深夜，格鲁吉亚军队向俄罗斯维和部队开火，对茨欣瓦利发起导弹攻击并占领该市。格鲁吉亚政府公开宣称开始在南奥塞梯“恢复宪法秩序”（这一表述完全重复了1994年鲍里斯·叶利钦试图武力解决车臣问题时的说法）。俄罗斯被迫作出回应。在俄罗斯军队自20世纪90年代的混乱时期以来还未完全恢复的困难条件下，总统梅德韦杰夫和俄罗斯军队采取了坚决行动。格鲁吉亚军队被驱逐出南奥塞梯。

那时我正在休假，不过仍在关注时局的发展，努力做到事无巨细，无一遗漏。格鲁吉亚总统米哈伊尔·萨卡什维利下令开火攻打一座和平城市。此举固然十分冒险，然而更让我感到愤怒的是许多西方政客以及大部分西方媒体的反应，他们将俄罗斯视为“进攻一个弱小国家”的侵略者。第一个号召“惩罚侵略者”的是美国副总统切尼，他差不多也是2003年美国军队进驻伊拉克的主要倡导者。

我很快便作出了反应。起先是接受俄通社–塔斯社的一次简短采访。此后，8月23日，我又在《俄罗斯报》上发表长文详细谈论此事。而西方的政客和记者们仍在继续抹黑俄罗斯（直到数月之后，在欧洲安全与合作组织领导的调查小组的报告中，塔利亚维尼[①]才最终承认战事首先由格鲁吉亚挑起）。我几乎每天都在与此作斗争，几天内，我先后在国内和国际媒体上发表了两篇文章，先后接受了美国有线电视新闻网记者拉里·金以及法国、意大利记者的采访。

《俄罗斯报》的这篇文章被转载至第二天的《华盛顿邮报》，很快《纽约时报》和《国际先驱导报》也找到我。我给这两份报纸也写了点东西（俄语原文刊登在《新报》上）。这些文章便是我对俄格冲突的最早反应和“初步结论”。

① 海迪·塔利亚维尼，欧洲安全与合作组织官员，瑞士外交官。

对最近一星期以来发生在南奥塞梯的事件，任何一个人都会感到痛心和恐惧。成千上万人死亡，难民数以万计，多个城市与乡村被毁，这都是无可争辩的罪行，是真正的悲剧和对所有人的警示。

今天这出悲剧诞生的根源在于1991年格鲁吉亚分离派领导人作出取缔南奥塞梯自治权的决定。这为格鲁吉亚的领土完整问题埋下了祸根。每次格鲁吉亚新领导人试图将自己的意图强加于人的时候，都只能使南奥塞梯局势以及情况类似的阿布哈兹局势进一步恶化。历史的积怨又增添了新的伤痕。

然而，毕竟有过依靠政治途径使局势正常化的可能性。在相当长的时期内，南奥塞梯一直保持着相对稳定的局面。多国维和部队在履行自己的使命，生活在一起的奥塞梯人和格鲁吉亚人还找到了共同语言。

重要的是，这些年来俄罗斯一直恪守承认格鲁吉亚领土完整的立场。不过，在此基础上只能通过和平手段解决问题。除此之外，在当今的文明世界中不可能有其他协调方式。格鲁吉亚领导人竟然无视这一不容置疑的基本原则。

8月8日凌晨发生的事件中，格鲁吉亚用专门针对城市广场实施打击的导弹发射装置向南奥塞梯首府茨欣瓦利发动袭击。这种做法是极其不理智的。对此，俄罗斯无法不作出反应。指责俄罗斯侵略“弱小的格鲁吉亚”——这是一种不仅虚伪的，更非人道的立场。

如今很明显，格鲁吉亚领导层利用军队去对付平民百姓的决定是极不负责的冒险，它直接给成千上万不同种族的人造成了悲剧性恶果。能作出这一决定，背后一定有更强大的力量支持和鼓动。格鲁吉亚军队接受过几百名美军教官的指导，并从众多国家购买了最新的武器装备。另外，接纳格鲁吉亚为北约成员国的许诺使格鲁吉亚领导层的自信心极度膨胀，产生了对南奥塞梯发动“闪电战”的冲动，以及一定不会受到惩罚的错觉。

一句话，萨卡什维利寄希望于西方的绝对支持，而西方也给了他希望。我认为，格鲁吉亚当局的军事冒险遭到沉重打击，对此应该深刻反省的绝不仅仅只有格鲁吉亚。

当务之急是尽快停止军事行动，立即展开对这场人道主义灾难受害人的援助工作（很遗憾，关于这一点，西方媒体的报道少得可怜），重建被毁的乡村和城市。认真思考解决问题的途径同样重要，因为该问题向来是高加索地区众多难题之一。对待该地区需要有极其负责的态度。

我曾经说过，解决南奥塞梯和阿布哈兹问题的可能途径是在这两个共和国建立高度自治的联邦。这个想法遭到反对，尤其是格鲁吉亚的反对。后来格鲁吉亚态度发生了变化。然而，今天的悲剧发生之后，就连采取这一解决方式也变得极为困难。

记忆与伤痛是一种难以承受的负担，消除它则难上加难。只有通过长时间的治疗，在耐心对话和绝不使用武力的情况下才可能做到。在欧洲以及欧洲之外，某些类似冲突的调解花费了数十年时间，有些关系至今都未能取得突破。这不仅需要耐心，还需要智慧。高加索地区各民族国家共存的历史经验证明，合作和忍让可以保障长久的和平，能够提供生存和发展的条件。这才是最重要的。

如今政治领袖要能够充分理解这一点，并致力于营造长久和平的条件而不是加剧军事冲突。

这些天来，某些西方国家的立场有失偏颇，特别是在联合国安理会，这使得该组织从一开始就无法有效发挥作用。美国在宣布离其本土万里之遥的高加索为自己的“国家利益”区域时，它又犯了一个错误。该地区的和平的确关乎所有人的利益。然而任何一个具有基本常识的人都应承认，只有俄罗斯才与高加索处于共同的地理区域，有着千百年的历史联系。俄罗斯不致力于领土扩张，但它有充分理由在该地区主张自己的合法利益。

国际社会的长久目标应当是，建立地区安全与合作机制来遏制任何挑衅行为并防止类似的危机再度爆发。建立这样的机制是一项难度极高的任务，只有通过这些邻国自身的努力才能完成。地区之外的大国也许可以为问题的解决提供协助，但条件必须是它们秉持客观、理性的态度。玩地缘政治游戏（不仅限于高加索地区）是很危险的，这是我们应当从最近发生的事件中汲取的又一个教训。

我的第二篇文章在《纽约时报》的网站引起了很大反响，同时我也收到大量来信。文章延续了我的分析和结论。

俄罗斯被迫卷入这场危机。它不可能不采取行动。

由格鲁吉亚军队进攻南奥塞梯首府茨欣瓦利而引发的冲突的最紧张时期已经过去。但是那些可怕的场景再也无法从记忆中抹去：和平之城遭受导弹夜袭，整个街区被野蛮地摧毁，躲到房屋地下室避难的人们遇难，古建筑遗迹和先辈们的墓地遭到严重破坏。

俄罗斯不希望冲突加剧。俄罗斯领导层内部有相当稳固的立场，他们不需要打一场“小规模的胜仗”。萨卡什维利的冒险使得俄罗斯被迫卷入这场危机，而如果没有外部力量的支持，他绝对不会作出这样的决定。

俄罗斯不可能不采取行动。它很快便作出回应，侵略因此被制止。

德米特里·梅德韦杰夫总统关于停火的决定是正确的、负责任的行为。这段时间，俄罗斯总统克制、自信和坚决地采取了行动。如有人寄希望于莫斯科陷入混乱，那他的如意算盘定会落空。

现在另一种图谋显得越来越清晰：无论结局如何，都要把导致地区和世界局势复杂多变的罪责往俄罗斯身上推。因此西方，尤其是美国的媒体展开了针对俄罗斯的宣传攻势。在报道危机时，尤其是最初的几天，没有丝毫客观的痕迹。西方社会无法获取全面、客观的信息。

茨欣瓦利变成一堆瓦砾，成千上万的难民逃离该城。这里没有一名俄罗斯士兵，但早已有人援引了冒进和撒谎的格鲁吉亚领导人的话指责俄罗斯为侵略者。

西方是否了解萨卡什维利的计划——这是个严肃的问题，但其答案至今仍不十分明了。至少，培训格鲁吉亚军队的计划和向该国大规模提供武器的做法没有促进和平，而是引发了战争。

而如果格鲁吉亚领导人的军事冒险也完全出乎其庇护人意料的话，那就很糟糕了，就成了“尾巴摇狗——耍滑头”①了。此前有过多少赞扬萨卡什维利的话啊——“盟友，民主人士”，伊拉克的帮助者，等等。而现在所有人（不仅是我们，还有欧洲人，更重要的是无辜的和平居民们）都不得不品尝美国“最好的朋友”所造成的恶果。

在评论高加索事务之前，尤其是希望在该地区产生影响之前，首先至少要对该地区的复杂性有所了解。格鲁吉亚和俄罗斯都有奥塞梯人生活。整个地区都是这样，这里几乎所有国家都是种族混杂的，各民族睦邻而居。因此，一切类似“这是我们的土地”“我们解放我们的土地”的说法都应当抛弃。应该

① 俄罗斯谚语。

为活在这片土地上的所有人着想。

高加索危机决不能通过武力来解决。历史上不止一次有人尝试过，可每次都是自食其果。需要签订具有法律强制性的武力禁用协定。萨卡什维利多次拒绝签署这样的协定，现在看来原因很明了。如果西方能够帮助达成这项协定，那将是一桩善事。而如果西方另辟他途，即一方面谴责俄罗斯，一方面武装格鲁吉亚（这一点已有美国官方人士表态），那么只会造成新的紧张局面，结果只会更糟。

近来，美国国务卿康多莉扎·赖斯，还有美国总统布什威胁制裁俄罗斯，美国的政客们叫嚣要将俄罗斯从八国集团清除出去，取缔北约-俄罗斯理事会，拒绝接纳俄罗斯为世贸组织成员。这些只能吓唬小孩。已经有许多俄罗斯人在思考这样的问题：如果别人根本不理会我们的意见，那么这些机制对我们又有什么用呢？倒不如大家都坐在食物丰盛的餐桌旁聆听对俄罗斯的训斥来得更简单一些。

的确，近些年来，俄罗斯不得不面对摆在自己面前的事实：科索沃问题、退出反导条约以及在邻国部署反导系统、北约不断东扩等。这一切都是在“伙伴关系”的甜言蜜语的背景下展开的。简直就是幌子！谁会喜欢呢？

如今，美国有人提出要反思美俄关系。我想，如果真有什么需要反思的话，那首先应该反思与俄罗斯对话时不顾对方立场和利益的高傲姿态。两国可以严肃认真地讨论合作计划，而不是只停留在口头上。我认为，这一点不但俄罗斯人明白，许多美国人也能明白。问题在于政客们。

前不久，美国成立了一个美俄关系问题两党联席委员会，由前参议员加里·哈特和现任参议员查克·哈格尔担任主席。委员会的成员都是些严肃认真的人。根据已公开的委员会工作任务来判断，他们明白俄罗斯是个什么样的国家，明白与俄罗斯建立建设性关系的重要性。

该委员会声称要研究制定一份关于“在美俄关系中加大美国国家利益”的建议书。如果只有这样的考虑，是不会有什么好处的。而如果能够考虑对方的利益和双方共同的安全利益，再加上一点理智和务实的话，那么将会开启一条重建双方信任、合作的康庄大道。

当然，我不能不对我的老朋友、最具权威的美国记者拉里·金的邀请作出回应，同时感谢他提供这次机会让我回答大量针对俄罗斯的指责和谎言。当然，在采访中我表达的观点比起在大众传媒上发表的文章要更情绪化一些。应该说，采访给观众留下了深刻的印象，引起了不小的反响。

比如，下面是马克·史蒂芬·瑞特的一封来信：

尊敬的戈尔巴乔夫先生！

我刚拜读了您发表在《华盛顿邮报》上的文章，昨晚还看了拉里·金脱口秀对您的采访。感谢您对格鲁吉亚和南奥塞梯局势作了清晰、理智的分析。

尽管美国各大传媒在大肆宣扬，西方民众是不会被一贯恶魔化俄罗斯形象的报道所欺骗的。我们知道，萨卡什维利总统才是冲突的始作俑者。让我感到震惊的是，美国援助格鲁吉亚居然比救援在卡特里娜飓风中受灾的美国公民速度还要快。

正如您对拉里·金所说的那样，“冷战”结束后本来有机会在全世界范围内削减军费，这将会带来和平、稳定和信任。然而，美国的军费预算增长到一个史无前例的高度，这导致了新的军备竞赛，威胁到全世界的安全。

以下还有一些回应：

戈尔巴乔夫先生对地区复杂形势的观点是明智的、有根有据的。同时他还提出一条切实可行的和平解决危机的途径。我们应该听取一名诺贝尔和平奖得主的意见！我们应该用知识来武装自己，坚决捍卫和平，而不是拿起武器。

我是米哈伊尔·戈尔巴乔夫的崇拜者，对《华盛顿邮报》刊登如此重要的文章表示祝贺。

我认为，取消南奥塞梯的自治权是一个十分愚蠢的错误。格鲁吉亚应当重新仔细考虑戈尔巴乔夫提出的联邦制解决办法的一切优点。

“米哈伊尔·萨卡什维利寄希望于西方的绝对支持，而西方也给了他希望”——戈尔巴乔夫写道。究竟谁是始作俑者，目前还不完全清楚。但如果格鲁吉亚人认为，美国人会为他们火中取栗的话，那么归根结底受到愚弄的还是他们自己。

前美国驻苏联大使杰克·马特洛克的来信对我也很重要：

我知道，9月17日，戈尔巴乔夫总统将在费城接受奖章并发表演讲。很遗憾，我无法参加颁奖典礼，因为根据原定计划，那天我将前往加州。

我们对媒体关于俄格冲突的报道感到震惊。戈尔巴乔夫总统的访谈和文章意义重大，因为他使我们将注意力转向1990年到1991年间发生的事件，今天发生的许多事都源于那个时期。

我希望，我们能够一道致力于将国际现状扭转到正常的轨道上。我曾经觉得，在核问题上我们很快就能在正确的方向上有所进展，但格鲁吉亚突然卷了进来，使问题变得更加复杂。

冲突爆发两星期后，俄罗斯承认阿布哈兹和南奥塞梯独立。这是不是该形势下最好的决定？关于这一点，我曾经有过极大的疑问，现在依然存疑。如今在外高加索寻求政治途径解决地区问题变得更加困难。我能做的就是重申我曾经说过的话：2008年8月的悲剧事件及其所有后果应当由时任格鲁吉亚总统的米哈伊尔·萨卡什维利以及那些有意或者无意将其推向武力解决问题的人来承担。

全球危机的考验

生活为俄罗斯（当然不只有俄罗斯）准备了又一次考验——全球性危机爆发时，我正好应前总统老布什之邀在美国接受其领导的国家宪法中心授予的奖章。就在授章仪式的前一天，我得知雷曼兄弟公司破产。当时还没有意识到这将是一场规模巨大的经济崩塌。两三天之后，政府和普通美国民众都意识到情况不妙。也许，这是美国人首次与我们分享他们的担忧。差不多所有人都将责任和某种希望寄托在国家，或者美国人习惯说的，政府之上。小布什总统抛弃了秉持“市场会自动调节一切”理念的“新自由主义”教条，被迫接受那些坚持实行国家紧急干预措施以防银行系统崩溃的人的观点。

回国的时候，我们忐忑不安。1998年经济衰退之后十年，世界经济再次发生海啸，而且这次不是从亚洲开始，而是从世界金融中心美国开始。这不会不牵涉俄罗斯。

然而，回国以后，我发现俄罗斯政府和许多经济学家并没有意识到问题的严重性。在危机开始的前几星期，人们认为俄罗斯不会受到太大冲击，甚至大多数人还是把俄罗斯视为安全岛和风暴中“宁静的港湾”。总理普京在接见瓦尔代俱乐部的西方经济学家时就是这样说的。

我想把情况弄清楚，以便估计危险的大小。10月29日，我们与国家投资理事会一道在莫斯科经济学院举行了一次“圆桌会议”。参与讨论的有权威的经济学家、金融评论家、议员和记者。所有人都一致认同“宁静的港湾”是不会出现的。亚历山大·涅基别洛夫院士说，危机是风险评估与管理领域的市场全面崩溃酿成的恶果。政府虽然一开始没有，但现在终于意识到不能无所作为，因此立即开展工作以解决危机。然而，政府的做法效果如何？“圆桌会议”与会者们提出了各种方案：保持银行系统的流动性、抵押贷款再融资、支持中小企业以及社会保障措施，等等。从大家的心情可以看出：形势非常严峻。

2008年最后几个月的经济指标完全证实了上述估计。12月中旬，经济部承认，俄罗斯出现了生产下降，按最乐观的估计也会持续半年。这就是经济衰退。“我担心，情况会延续超过两个季度。”——该部一名副部长在接受采访时这样说。很少有人再提“宁静的港湾”，“一落千丈”这样的表述出现得越来越多。

那些天，许多经济学家和社会活动家找到我，希望我参与发起一个社会性反危机倡议。国际文传电讯社组织召开了一次新闻发布会，我们在对外公开的备忘录中表达了自己的担忧。

> 很快，巨大的危险便会降临：危机将导致社会分化更加严重，极大增加大部分居民的贫困风险，严重削弱中产阶层的地位。
>
> 现在采取的措施只是战胜危机、建立更加有效的发展模式并防止类似情况再次发生这一漫漫长路的开始。
>
> 最初，人们宣称俄罗斯这个“宁静的港湾”将会安然度过危机，现在看来，该观点是站不住脚的。外部因素不能作为拒绝分析和批评国家经济政策和近期决议的借口。
>
> 正如最近几年通过的重要决议几乎都没有经过任何的社

会参与那样，今天采取的反危机措施也没有经过任何讨论，因而它实际上游离于民主进程的框架之外。我强烈地感觉到，政府根本就没有一套克服危机的策略。“救火措施”没有任何成效，所拨款项要么石沉大海，要么落入某人的腰包。很明显，俄罗斯缺乏现代的“危机公关”手段和公开有效的决议通过机制。

500亿美元被用于偿还公司的外债。这些公司的所有者是全国最富有的人，但他们中的许多人仍在想方设法努力逃避公司在俄罗斯境内的利润税。这些钱本来可以用于国内投资，从而产生社会和经济效益。

一万多亿卢布存入三大国有银行账户，之后不久又有9 500亿卢布作为贷款发放。

然而仅有极少数人拥有获取这些资金的渠道。第一批资金都跑哪儿去了？这个问题没有答案，原因很简单，政府从来都不公开提出该问题。有足够的理由认为，拨给银行的款项并没有进入企业，而是被用于以投机为目的的二次贷款、美元收购以及外汇输出。

为摆脱经济危机的后果而采取的居民社会保障措施也缺乏系统性。

不过备忘录中不仅仅有批评意见，同时也提出了具体的建议。

首要的、切实可行的反危机措施应当是全面分析国内危机产生的原因，在可选性民主基础上公开讨论全民反危机纲要方案。

纲要应该规定整套经济和社会紧急措施，其中应优先采取如下措施：

——制定整套紧急措施以扶持社会弱势阶层；

——改变外部引进政策；

——采取措施尽可能稳定卢布汇率，控制通货膨胀；

——增加对出口的支持，不鼓励进口；

——冻结自然资源垄断行业服务价格；

——积极推行反垄断政策；

——缩减国家机构开支；

——建立可靠的失业保障体系；

——采取紧急措施缩小腐败的规模。

我们建议整合经济学专家和众多其他社会力量代表在分析形势和寻找社会与经济必需的解决方案方面所做的努力。我们希望，我们的倡议能够引出各个层面上其他独立的社会反危机方案。因为“对社会封闭的政权自身没有能力找到解决问题的正确途径，没有社会的积极参与和不断增强的信任，是不可能战胜危机的”。

需要找到既能够解决今天面临的严峻问题又能为国家的长远发展奠定基础的方案。社会反危机方案的支持者们确信，这样的解决方案仅靠少数官方认可的圈内“专家”秘密研究是无法制订出来的。

该方案今天在我看来仍然是正确的。有人会问：这种社会反危机方案有什么好处？政府最终还是解决了危机，俄罗斯避免了大的社会动荡，而且现在无论是好是坏，经济已恢复增长。或许，这样更好？无需有人从旁建议、“指手画脚”？

对此我并不赞同。我们来看一下，国家为摆脱危机付出了多大代价。根据生产规模缩小和已累积资源消耗的程度，俄罗斯位于受经济危机打击最严重国家之列。而其他金砖国家和大多数西方发达国家都避免了国内生产总值严重缩水。最重要的是，俄罗斯未能把为摆脱危机而采取的“救火”措施与发展、经济现代化以及从能源依赖型向创新型经济转变等问题结合起来。

我们提出的某些建议被政府采纳并付诸实施。弗拉基米尔·普京后来多次提到，最重要的方面就是采取措施帮助民众度过危机。但这一点在政府最初颁布的方案中是没有的，这也正是我们所呼吁的。不过，我们提出的许多其他建议（包括冻结自然资源垄断行业服务价格和加强反腐斗争等）却被忽视了。这很遗憾。许多亟待解决的重要问题再次被搁置，而不首先解决这些问题，俄罗斯经济是无法前行的。

德米特里·梅德韦杰夫作为总统不只是努力扮演一个独立政治家和绝对领导人的角色。他还要解决与世界金融危机和俄格冲突等有关的一大堆难题。同时，人们也在等待着问题的答案：梅德韦杰夫在总统任期内在俄罗斯迈向现代社会的进程中会延续以前的政策还是会开辟新的道路？根据我对总统行事的观察，我得出这样一个结论：他更多地表现出继承的倾向。作为一个年轻的政治家，面对极其复杂的情况，他不想进行激进的、大刀阔斧的改革——这是可以理解的。在采取措施解决某些个别问题之前，应该对问题有宏观把握。我始终认为这是一个非常关键的行事原则。

2009年初，我同《新报》主编德米特里·穆拉托夫一起见到了梅德韦杰夫总统。这次见面是总统主动提出的。我们到了以后，他说想借此机会就《新报》记者娜思佳·巴布洛娃[①]之死向报社表示哀悼（这桩富有挑衅意味的大案后来侦破了。罪犯是一些极端民族主义分子，被判长期监禁）。他对建斯大林“大清洗”受害者纪念碑的想法表示支持。我们还谈到当前俄罗斯社会的状况与发展以及新闻业的状况。

德米特里·梅德韦杰夫在与我们的谈话和他自己的一些演讲中都提到过必须向创新经济转型、将商业从官僚主义的桎梏中解

① 2009年1月19日，人权律师马克洛夫和反对派报纸《新报》记者巴布洛娃在莫斯科市中心被枪杀。

放出来、提拔年轻干部等重要想法。但这些想法没进一步得到落实，比如通过建立必要的机制、加强民主制度建设等。不健康的政党体制、议会和司法机构的从属地位、腐败等最主要问题仍未得到解决。

在总统周围和他的主要顾问当中，提出“主权民主”①概念的弗拉季斯拉夫·苏尔科夫和格列布·帕夫洛夫斯基等一批人很快便脱颖而出。的确，“主权民主”这个词无论在总统还是在总理的口中我们都没有听到过，但该词已成为一个术语，被积极使用并完全融入社会意识中。关于这个词，那时我经常会被问到。一天，《新闻周刊》记者对我说：

“请谈谈您对这个概念的看法。您可是‘俄罗斯民主之父’。”

“我已经是曾祖父了。”我开玩笑地回答他。

但玩笑归玩笑，除此之外我还十分担心民主被阉割。在上述采访中，我这样说：

“有民主的存在，也有民主的缺乏。在民主和民主体制建立的时候，需要付出很多努力使它生根发芽、不断成长壮大，使所有制度自由、有效地运作，不发生权力偏向执行机关的情况。”

可是这种努力我并没有看见。

俄罗斯社会缺乏人们自发组织起来的深厚传统，因此民众无法联合起来解决各级问题——从最底层到全国层面。虽然会出现萌芽，但立即就会遭到践踏。最好的情况也不过是延缓这种践踏的发生。

我在采访中还说到一点：“人们害怕事情会越来越糟糕，发生什么蠢事。但新政府不该自我欺骗。人们是拥护民主的。调查结果

---

① 弗拉季斯拉夫·苏尔科夫在2006年2月7日提出该概念，即俄罗斯不必全盘照搬西方模式的民主，西方模式的民主不适合俄罗斯，俄罗斯有适合自己的民主模式，就是“主权民主”，它保留了国内主要的民主框架，但增添了爱国主义、强国主义和民族主义的新内容。

表明，人们是拥护的。”

为了继续推动民主进程，不仅需要社会的积极参与，还需要政府创造充分条件以促进现实政治力量的形成。

“选举体制包罗万象，”我说道，“最重要的是绝不弄虚作假，要进行各种平台、人员和党派之间的竞争。”

但这一点正是克里姆林宫的“政治工程师们”不愿看到的，他们的影响明显在增大。他们不去思考如何发展和巩固民主制度，而是在不断制订新的“方案”，想出新的办法让选举变成一台徒有其表的假戏。

坚持改革信条

2010年对我和基金会来说是个特殊的年份——改革开始二十五周年。对于我们来说，这并非一般的“活动”。我们很清楚，围绕改革会发生激烈的政治斗争，而且斗争还会加剧。

为纪念这一事件，戈尔巴乔夫基金会工作人员出版了一部近1 000页的纪实著作，该书还原了改革时期的外交政策。《应对时代的挑战》一书首次公开了收藏于基金会档案馆的我与国外人士谈判和会见的录音、苏共中央委员会政治局召开的讨论会的录音以及其他材料。该书的出版能够让读者了解，我们在外交关系上采取新政策时遵循的是何种原则。从书中还可以找到对许多说法的回应，这些说法至今仍被某些不怀好意的评论家用来抨击改革中出现的问题。但这些人无视基金会出版的书，因为当他们试图抹黑改革时，采取臆想和诽谤要更加“方便”。

2010年3月，该书在基金会召开的一次国际学术会议上展示。它受到与会的国内外专家、学者和社会活动家的高度评价。

我们筹备了此次关于改革时期外交政策的国际会议，计划召开新闻发布会，举办演讲，与大学生会面，并且出版会议论文集《俄罗斯–2010：世界发展语境中的国家转型》。上述活动是由戈尔巴乔夫基金会、新欧亚基金会以及莫斯科经济学院联合举办的。

我为该书作了序。书的作者都是俄罗斯科学院的著名学者，很久之前他们就与基金会建立了卓有成效的合作。他们是：弗拉基米尔·巴兰诺夫斯基、德米特里·富尔曼、维克托·库瓦尔金、叶夫根尼·龚特马赫、亚历山大·涅基别洛夫、弗拉基米尔·别图霍夫。他们的观点可能不尽相同，事实上我们也并不追求这种一致性。

在序言中，我写道："经常有人问我，如果事先已知我们今天知道的结果，我还会不会着手进行改革。我的回答是不会改变的：不能再这样继续下去了，改革势在必行。……与此同时，为摆脱苏联体制是否可以付出更少的代价这个问题却是合理的。我认为可以。"

这些观点都是经过深思熟虑的。在一些会谈和采访中回答人们的提问时，我坚持这种立场，捍卫改革的信条。并且我都是开诚布公地说明。以下是拥有百万读者的《地铁报》对我的采访的一个片段：

> **《地铁报》**：考虑到所有的后果是不是很难？
>
> **戈尔巴乔夫**：是的。总的来说，那时很清楚将要发生什么。可我们的经验或许还不够……从共产主义转到资本主义的经验无处可寻。
>
> **《地铁报》**：许多人认为我们这个国家今天遭遇如此困境，是您一手造成的。是什么帮助您没有被千夫所指的重压击垮？
>
> **戈尔巴乔夫**：我感到压力非常大。但如果一个人没有足够的体力、智力和道德力量储备，那他就不适合管理像我们这样的国家。我有足够的力量来领导这个国家，它还能够支持我以

后不会被打击压垮。

《地铁报》：您如何看待那些批评您的人？

戈尔巴乔夫：他们有各自正确的地方。就让他们骂我好了。

3月初，我们在基金会发布了一份题为《奔向自由和民主》的报告。这份报告是在我的倡议下由基金会成员集体准备的。现在看这份报告的新闻发布会照片，发现到场的不仅有许多记者，还有改革计划的筹备者和实施者。

4月份，我与母校莫斯科大学的学生们见了一次面。参加见面会的有校长B.A.萨多夫尼契和来自俄语系、哲学系、法律系、政治系、新闻系以及国际关系系的同学们。大学生们提了许多问题，我花了超过一个半小时来回答。

有一位同学问道：民主化是人类发展的必然趋势吗？追求政治与个人自由是人类的共同愿望吗？公民社会的基础是什么？

我回答说，问题提得很好。“关于第一个问题：是的，民主化是必然的，不可避免的。大家都知道，20世纪最后二十五年专制制度在数十个国家终结，这是民主进程的结果，其中也包括改革的影响。

“不过，要始终做一个诚实、有洞察力、考虑问题全面的人，尤其是当你是个研究者的时候。事实是：民主在许多国家正在经历严峻的考验，甚至在部分国家出现了民主倒退的现象。这种现象在俄罗斯也曾出现过，现在依然存在。我们国家正在经历转折时期。

“我认为，如果说我们正在经历民主过渡期的话，那么俄罗斯至今只走了不超过一半的路程。民主化是一回事，民主则是另一回事。而民主根深蒂固，有现行制度保障又是一回事。民主化进程则可能持续一百年。因此，我们离可称为‘民主’的那种状态还非常遥远。

“至于追求政治和个人自由，这个问题很容易理解。发生了许多事，而最近国内的事件表明，政治权利和个人自由必须去争取。这个问题并未彻底解决。”

还有一个问题：“您在开始改革时，对结果有何期望？哪些期望最终实现了？”

我回答说，许多期望都实现了。“经常有人问我：‘改革失败了吗？’不管你们同意与否，我的回答都是：改革作为一个进程、一种倾向并没有失败。我认为，政要们，首先是‘总改革家’（希望我这样称呼自己不会过分拔高我的形象），他们的失败是个人层面上的。然而，我们的改革在世界范围内被认为是最近几十年发生的重大事件。”

改革开始二十五周年成为攻击改革（当然也包括攻击我个人）的时机。尤其是在我对国内政治现状作出客观评价之后。关于这一点，我在《新报》的采访中与德米特里·穆拉托夫谈过：

> **穆拉托夫：**米哈伊尔·谢尔盖耶维奇，当您在《新报》和“自由”广播电台发表“抨击统一俄罗斯党”的言论时，网络喷子们开始了对您的攻击，称“改革是对国家的背叛”，“戈尔巴乔夫是美国中央情报局的走狗”等。您如何看待对您展开的新一轮攻击？
>
> **戈尔巴乔夫：**我能理解，有人给爪牙们支付报酬。他们应当怀有感激之情，因为可以靠攻击我来养家糊口。
>
> 一般来说，这是恐惧的表现。民众越来越多地参与国家事务，形成新的社会氛围，正常的价值观得到恢复。然而，当权者们对此却如鲠在喉。
>
> 他们极其害怕民众获得自由，害怕民主报刊，更害怕从恐惧和检查制度中重获解放的社会。因为这样的社会能够管制他

们！那些想方设法攫取政治（也可以说是经济）权力的人竭力维护自身利益，包括通过控制网络喉舌。我想补充一点：所谓的政治精英们在利用民主的所有优势（市场、开放的国境线等）为自己谋利的同时，却在向人民宣传民主是有害的。不过这种把戏开始行不通了。

穆拉托夫：就是说，您很平静地看待网络攻击？

戈尔巴乔夫：嗯，他们需要痛骂我，因为他们彻底被收买了。而民主是一种很严格的权利，它要求定期更换统治者，遵守法律，决不允许专权。民主要比任何“铁腕”都更强硬地反对腐败。腐败会导致巨大的灾难——影响从个人的安危到国家正常的未来等诸多方面。

要战胜腐败只能依靠民主。依靠民主与独立的司法。依靠社会对政权无所不知。于是他们害怕了，就对维护自由的人展开攻击。

穆拉托夫：为何您如此坚信，社会需要自由？社会喜欢民主更甚于“铁腕”？这也是我们很早以前就争论的问题。

戈尔巴乔夫：正好。马上我们就要谈到一个观点，它认为俄罗斯实行民主的条件还不成熟。

我们根本没有认真试过，就已经开始放弃了。我们需要战胜腐败，需要新的选举体制。一个全新的、拒绝任何随意丢弃选票行为的计票系统。

而各级政府试图无耻地从上面进行控制，为一己私利不惜将选举的精神搞臭。限制民主就是限制民众对政权的影响，限制生活的改善。还能有什么办法？去游行示威？可是游行示威在我国也不是那么简单的。

穆拉托夫：就在不久前，一位莫斯科警察局局长建议对未获批准的街头示威者处以15日监禁。

戈尔巴乔夫：是的。苏联时期，为了减轻特别部门的负担，允许没有抓捕理由就将持不同政见者关进疯人院。后来该做法被迫取消。

不应该害怕自己的人民。而他们却害怕自己的人民，对人民加以限制……为何害怕？因为他们知道，如果国家有了民主，他们就不得不对许多事负责。

穆拉托夫：也包括引咎辞职？

戈尔巴乔夫：嗯，哪怕只是离职。

穆拉托夫："四月全会"召开二十五周年之际，我想引用一下您说过的几个短语。1985年4月您曾说过："必须改变""联系民众""发展经济""考虑社会舆论"。

这与梅德韦杰夫的讲话非常像。不过有位政治学专家敏锐地发现，戈尔巴乔夫在安德罗波夫死后逐渐还政于民，而梅德韦杰夫却在现代化"活的安德罗波夫"。

戈尔巴乔夫：你自己怎么看？

穆拉托夫：我认为，现代化就是逐渐废除近几年形成的腐败体制。

戈尔巴乔夫：社会对政治精英们并不满意。他们对国家发展毫无贡献可言，只关心自己的福祉。现行体制排挤诚信之人、社会活动积极分子和商人，因为他们对事物有自己的看法，他们不去行贿，拒绝参加强推给他们的活动。

我再重复一遍，他们害怕人民，而这会导致局面失控。应该按部就班地建设一个现代的、复合的民主国家。除此之外，别无他途。

穆拉托夫：某些专家认为，不通过民主的方式而对国家进行改革会更有成效。

戈尔巴乔夫：为谁而改革？民众的期望得不到满足，他们就会对这个国家失望。选择没有人民的现代化还是与人民一道的现代化——这本不该成为一个问题。社会应当而且必须参与决定自身的命运。否则打着改革的幌子只是为了捞钱。

我们应当学会在全球化世界中生存，但无论如何也不能以专制的方式参与该进程。

我永远都不会赞同那些不信任人民的人。我再重复一遍，他们只是想以此掩饰自己的恐惧，因为社会监督会彻底摧毁整个腐败经济。

政府不能决定自身的命运。这是一个死胡同。

令人担忧的倾向

2010年发生了许许多多的事，也包括领导人出国访问。但对我来说最重要的始终是俄罗斯国内发生的事。3月份，整个国家再次被引发莫斯科地铁爆炸的恐怖袭击所震惊。对此我表示："非常明显，那些背后支持这种反人类行为的人指望散布恐怖情绪，恐吓民众和政府。我相信，他们是不会得逞的。听从这种挑唆，或者表现出哪怕是短暂的慌张，都是错误的。相反，我们所有人，包括政府和整个社会，都应该坚强，采取最果断的措施来阻止恐怖分子的恶意攻击。"

要注意提防有人试图利用庆祝第二次世界大战胜利六十五周年为斯大林作"渐进式平反"。莫斯科市政府广告管理委员会决定在莫斯科市的宣传牌上挂斯大林肖像。国际文传电讯社记者询问我对此事的意见。我的回答是：

当然，这是没办法的事情。有句谚语这样说，不能把歌词从歌曲里抠出去。在那次战争中斯大林发挥过作用，这是事实。但我觉得，对于斯大林我们已经弄得很清楚了，因此应当将事情的来龙去脉客观地展现在教科书和著作中。如果整个莫斯科都挂满斯大林像，这至少会引得许多人惊讶和不解。因为斯大林犯过很多错，尤其是在战争前夕和初期……

是的，我们赢得了那场战争。但是为了取得胜利，人民做出了巨大牺牲。这是个重大悲剧，我们需要很长时间来恢复。

夏天也发生了令人担心的事。《新报》再次对我做了采访：

《**新报**》：米哈伊尔·谢尔盖耶维奇，这是个炎热的夏天，发生了各类政治事件——谜一般的间谍丑闻、试图增加联邦安全局的权利、对互联网进行监控、对每逢31号发生的示威活动长期施压、政府宣布提高退休年龄……生活是矛盾的：一方面是制定实现现代化的合理纲领，另一方面却是"拧紧螺丝帽"，试图控制一切，好像强力部门在提前准备采取极端措施。

戈尔巴乔夫：的确，政府与社会之间的重大矛盾愈发明显。人权不再仅仅是维权人士关注的范畴，不再被大多数人视为某种抽象和异己的东西。民众想起了自身的权利——医疗、教育、住房。他们开始寻找捍卫这些权利的途径。社会公平问题变得很严峻。"政府与我们在一起，还是政府住在别的国家？"——这是民众切实关注的问题。

《**新报**》：依您看，对话有可能继续吗？或者还是先动用警察，然后装上牙齿，这之后才开始商谈？

戈尔巴乔夫：民众和政府都需要对话。这是无法回避的！不应该按照意识形态将人们强制分开：这是我们的"支持者"，统治的支柱；而那些不听话的不是自己人，应该对其施压。有比意识形态更重要的东西。这就是法律和公正，它们高于一切。而将社会分成敌我双方有直接导致镇压的危险。政府束手无策会促使其不假思索地使用武力。

《**新报**》：束手无策？还是政府对一切都无所谓了？

戈尔巴乔夫：不，正是束手无策。他们不善于展开对话，倾向于把反对者视为敌人。而将民众从社会与政治生活中排挤出去会导致体制失衡，必然会不断引发无法控制的社会冲突。

《新报》：说实在的，如果一个人被“轧进了柏油马路里”，那么究竟在哪里他可以在社会或政治生活中实现自我？

戈尔巴乔夫：正因为这样，所以为了不让社会炸开锅，需要实行新政策。一些关于现代化、司法和自由的正确思想被提出。这就需要与社会协商，获得社会支持，而不是反过来收拾社会。否则就会出现没有人来捍卫这些思想的情况。只有社会，公民社会，而不是官僚体制，才能捍卫它。

一般来说，当前的政治精英阶层唯命是从，没有主见。与他们一道是无法实现现代化的。他们只会夸夸其谈，有时甚至把国家窃取一空。这就是精英阶层只按地域、职务、经济利益和任人唯亲原则选拔人才造成的苦果。

《新报》：米哈伊尔·谢尔盖耶维奇，您有什么建议？通过免税进口新的精英阶层？组建新的政党？

戈尔巴乔夫：得啦，组建新的政党是不可能的。他们不让。我曾与我们负责党建的人聊过此事，他说：“您为什么要白花力气？反正我们是不会给新党注册的。”我相信，他们一定不给注册。我想，这不仅是他个人的观点。他们会继续维持对权力的垄断。但民众还是会寻找影响政权的方式。

难道不可以通过议会表达意见，或者去示威游行？游行会被驱散？就算如此，他们当然还会想出他法。当前形势下必须要进行切实的对话，这一点难道还不明白？必须要建立新的民主论坛。这刻不容缓。

《新报》：这是什么？难道不还是政党吗？

戈尔巴乔夫：不是。是一种无党派运动。它代表社会利益，表达社会的观点，以此影响政权。这是政权和社会新的、独立的伙伴，它代表社会利益，是政权不能忽视的。

《新报》：为什么？

戈尔巴乔夫：联邦委员会和国家杜马的席位是可以分发和购买的。而该论坛汇集的领导人，其威望是无法购买的，因此不可能做到无视他们，不去倾听他们的意见。

我希望，报纸读者、互联网用户和一切有责任心的公民都能响应和讨论这件事，提出有资格进入该论坛并有能力成立提议小组的领导人名单。最重要的是，建议该论坛应向社会和政府提出什么样的计划纲要。

论坛应该没有党组织的累赘，无需“上层”的许可，不用害怕得膝盖打颤，它在宪法而不是伪民主的框架内运作，这样可以避免引起大变动和镇压。它应当有利于促进为国家前途而展开切实对话。

名为“公民对话”的网络平台很快建成了，9月便召开成立大会。与会的有商人亚历山大·列别捷夫、莫斯科赫尔辛基小组主席柳德米拉·阿列克谢耶娃、维权人士谢尔盖·科瓦廖夫、保护公开性基金会会长阿列克谢·西蒙诺夫、“团结”运动联合主席鲍里斯·涅姆佐夫、《新报》主编德米特里·穆拉托夫、社会政治活动家弗拉基米尔·雷什科夫、俄罗斯工业企业界联合会主席伊戈尔·尤尔根斯、莫斯科市儿童权益全权代表叶夫根尼·布尼莫维奇和许多其他社会活动家。很多人都表现出兴趣，平台一开始发展得很不错。

10月份，我们发表了一份俄罗斯教育问题宣言：

2010年，著名的《国家预算单位法律地位法案》获得通过，教育问题成为俄罗斯社会最头疼的顽疾之一。各党派代表、东正教会、专家和广大社会人员均对此法案提出严厉批评。据官方宣称，该法案应当成为教育现代化改革的一个重要组成部分，应当能够保障教育质量的提高。可实际上，该法案并未得到俄罗斯公民的认可。从新法案，他们看到有人在打着教育向市场化转型的幌子试图动摇一些最根本的标准，比如“学龄前教育、基础教育和中等职业教育应当全民化和免费化”。最近几个月来，由于提出要改进统一的《教育法》，形势变得更加严峻。该《教育法》涵盖了自幼儿园到高等院校在内所有层次的俄罗斯教育机构。围绕新方案，再次掀起批评的浪潮。

我们支持梅德韦杰夫总统委托教育部就《教育法》的修改方案展开社会听证会的倡议，并建议在论坛框架内组织讨论俄罗斯教育现状并提出有关改革的建议。最重要的是：“协调委员会表示决不允许违反宪法和滥用权力，新通过的教育法案必须符合宪法。”

必须承认，“公民对话”机制没有得到进一步的发展。原因有几个。第一，机制建立的第二年对我来说是非常困难的一年，我的健康状况开始恶化，太多的时间花在了与医生和医院打交道上。第二，那些与我一起开展这项工作的人，自我组织能力和为达目的顽强工作的能力不够。这也是我们的老毛病了，甚至可以说是民族的通病，它影响了我们许多创意的实现。最后一点，2011年对于俄罗斯各政治阶层来说，差不多就是激动不安地期待一个问题答案的揭晓：如何解决总统任期问题？总统选举定于2012年3月份，但所有人都明白，某场隐秘的、不为世人所知的斗争已经开始。围绕这个话题已经展开许许多多的议论和揣测，俄罗斯的政治精英们将时间和精力完全耗费在这方面。

我的八十岁生日

2011年，我当然也未能逃避自己的八十岁诞辰纪念。说实话，我以前都不相信能活到这个年纪。我记得，我和赖莎都无法想象我们年老的样子，甚至觉得活到七十岁都不可能。她就没有活到……

我必须得意识到并好好适应这个年纪，当然还是要庆祝的，而后在人生道路上继续前行。我想过，需要不需要大肆庆祝八十大寿？我告诉俄通社-塔斯社的记者说，我想远离政界，到某个僻静的地方，在仅限于亲朋好友的圈内庆祝生日。这样就够了。但是友人们还是通过我的家庭、女儿、外孙女劝说我公开庆祝。

我对“俄罗斯之声”广播电台记者说：

> 我从未想过能庆祝八十岁生日。当我们开始搞改革时，我们曾希望能活到哪怕是2000年。另外一个让我无法夸耀自己年龄的原因是，我并不是一个精力充沛的小老头。我去医院的次数太多了，甚至不只是去医院，而是住在那里很长时间。但我会坚持的！我经历过许多事，在自己年满八十岁的时候，我感觉已经活完几辈子了，或是感觉已经活了一百年。有过巨大的欢欣，也有过重大的损失和磨难。所有这一切都发生在这些年里。

庆祝活动始于1月末，当时在莫斯科练马场展览馆举办了一个名为“米哈伊尔·戈尔巴乔夫与改革”的展览。在柏林举办了名为“家庭相册”的照片展，展览首日就迎来了德国总理安格拉·默克尔，我与她进行了热烈的、富有成效的会谈。

3月2日，在莫斯科举行盛大晚宴，我们邀请了约300名客人，其中包括“最主要的人物”——总统和总理。虽然他们二人均无暇出席，但到场的宾客让那晚变得十分难忘。多年来与我共事的朋友们送了我一件特别好的礼物——专门制作的《戈尔巴乔夫夫妇米哈伊尔和赖莎最爱歌曲精选》限量版光盘，总共只有十份。里面收录了我和安德烈·马卡列维奇合唱的两首歌：《旧信件》和《黑夜》。

当然还有歌唱家演唱的我们喜欢的歌曲，包括乌克兰民歌《我仰望天空》，罗曼曲《晨雾》《卡累利阿》《岸》《我们曾如此年轻》等。

但最让我感动的还是我女儿伊琳娜的贺词。她带着外孙女克谢尼娅和阿纳斯塔茜娅一起登台。整个大厅的人都屏住呼吸，聆听她的讲话。

> 你知道，我不喜欢读到和听到有关你的东西，因为这一切会惊扰人的记忆，谎言甚至像在活人身上割肉般令人疼痛难忍。但最近几个月，在你的诞辰纪念来临之前，我差不多读了、听了所有关于你的报道。灵魂的每个细胞都在感受你的，也是我们的悲情，同时分享你的，也是我们的生活中的胜利。
>
> 现在你已经退位二十年了，他们还是无所不知，国家也仍然待在原地。在你八十大寿的日子，作为半个多世纪以来唯一有权近距离了解你的人，关于你这个人，同时也是政治家，我想说点什么。
>
> 现在我们的世界已经是个全球化的世界，政治犬儒主义大行其道。一切政治都屈从于谋求巨大的经济利益或者直接权力。在没有形成公民体制的地方，政治的主要目标就是权力和个人发达。当然，也有影响力的扩大。如果仔细观察我们的周围，就会发现，整个国家和各民族的最严峻问题被若无其事地、无耻地忽视。人们得不到哪怕最基本的福祉和自由。
>
> 为什么？因为任何一家跨国公司都更方便、更乐意与任何一个极权政府打交道，尤其是当这个国家有丰富的自然资源时。也就是说实际上只需要和一两个人，而不是同整个公民社会打交道。20世纪80年代初，这种世界普遍现象又多了其他条件，比如两种制度的政治对抗、核冲突的现实威胁、疯狂的军备竞赛、“冷战”等。世界被分裂。极权政府拒绝给它的公民提供最必要的东西，这种现象不仅苏联有，而且也不同程度

地出现在其他国家里。然而这种制度还会长久存在。

你上台后说，忽视人的基本价值，首先是自由和体面生活的权利，使政治变得不道德。这是源自你天性的个人信念，但你勇于把它作为整个外交政策和国家改革的基础，这种外交政策实际上改变了20世纪末的世界历史进程。当然，在祖国开展行动必须从祖国的实际情况出发。当时的情况是：这是一个从未体验过民主与选举自由、完全实行国家所有制、物资极度匮乏的国家，它的人民早就忘记了什么是自由和选举权。于是，当“进程启动”时，各政治力量重新排列组合，彼此的冲突越来越尖锐。

反对你的人从四面八方袭来，批评你缺乏决断、不够激进，或是立场不定、胆小怕事。他们时而指责你偏右（太慢），时而指责你偏左（太急）。但我一次也没有看到你表现出哪怕一丝惊慌的神色。在斗争最激烈的时候，谁也没想过，有时候选择某个极端立场就意味着违背个人的本质。而真理，就像分寸的拿捏，是存在于两个极端之间的界限，因此要找到它非常困难，这无异于在剃须刀刃上行走。

你在寻找能够联合民众、国家和民族的共识。大家都觉得可笑，共识是什么？最主要的是，它有什么用？我从来都不明白那些有关你的难以理解的、不怀好意的说法，说你暗地里干了什么，似乎参与了什么阴谋。这根本不是你，如果偷偷摸摸，你就当上总书记了。我至今都记得那些年里爆发的每一个极端行为，每一次冲突，每一次你都因为悲伤而黯然，而我们都和你在一起。

你从来都不是天真的，这一点我绝对清楚。有人说你不了解人民。怎么会呢？一个在人民中土生土长的人，难道可以如此天真地把什么都理想化？只不过对人民的了解并没有让你丧失对他们的信念，你相信人民有能力在新的环境中生活得更好。该做的都做了，无论结果如何，这都是民众的意愿：每个民族在公开的机会面前都会作出自己的选择来利用这些新的机会。只是我们的道路显得崎岖而漫长。

你具有足够的勇气，因为你不仅选择留在这个事实上将你赶下台的国度，而且还坚持为国家，为所有人的福祉继续奋斗。尽管多年来这里的人不仅污蔑你，而且也污蔑你的妻子，甚至还打算把你说成是七十年来的唯一罪魁祸首。从做人的角度来看，你比那些造谣者和评判者要强大得多，聪明得多。

我们为你感到骄傲，你是我们全部生活的根本。我们支持你！

梅德韦杰夫总统邀请我去克里姆林宫，并宣布给我颁发俄罗斯最高奖章——圣徒安德烈勋章。老实说，这于我非常意外。一年后，我才试图表达我对他在总统任期结束之前授予我勋章的感想：

尊敬的德米特里·阿纳托利耶维奇！

我在接受这份俄罗斯最高荣誉时，既感到忐忑，又心存感激。

过去所有的生活在眼前浮现。对于所做的一切，我并不感到羞耻。关于我自己，关于那些四分之一个世纪以前与我一起开始激进改革的人，我可以借用维利·勃兰特的话说“我们努力了”。我们搞改革不是为了荣誉和名声，而是因为我们都知道：国家像需要空气一样需要变革。人们配得上自由。他们有权决定自己和国家的命运。这个想法是最主要的。

我们希望，重大的变革不会导致流血牺牲。虽然没有做到完全避免，但并未发生大的流血冲突。我们犯错了，对于这些错误我现在非常难过。不管怎样，我们在很短的几年内走过的道路，使得倒退到原有体制变得不再可能。

我从不赞同这样的观点：俄罗斯与自由格格不入，人民不需要自由。人民是需要的。今天，我们国家自由的人比以往任何时候都要多。

我相信，前不久走上街头要求诚实选举的人表达的是千百万俄罗斯人的意愿。不该镇压这些人，不该把他们视作敌人。

我们需要的是没有混乱的变革和不会造成社会分裂的自由的政治斗争。这很难，这需要所有人都具有政治成熟性和责任感。但这是可能的。我想推动其实现，所以我认为有义务说出自己的观点，开诚布公地与政府和民众交流。

一个伟大的、繁荣富强的俄罗斯将要依靠今天这一代人和政治领袖来建设。我们需要这样的俄罗斯。我坚信，世界也同样需要这样的俄罗斯。再次感谢颁发给我如此崇高的荣誉，我坚信，我们国家定会有一个民主的未来。

我收到俄罗斯和国外的许多祝贺。老布什给我写了封很友好的信，并对俄通社-塔斯社记者说："八十岁——这一点也不可怕。至于戈尔巴乔夫，就更谈不上老了。"

3月底，在具有传奇色彩的伦敦阿尔伯特音乐厅举行了大型生日慈善晚会。老实说，我并不支持如此奢华的庆祝活动，我想都没想过要办一场这样的盛宴。这个主意先由几个人牵头，然后又得到了其他人的赞同和支持。最终，我被生日晚宴是慈善活动这个理由说服了，晚会上还颁发了"改变世界的人"奖。

到场的有我多年的老朋友、同事和熟人，还有最近交往甚密的一些人。发言的有诺贝尔奖得主西蒙·佩雷斯和莱赫·瓦文萨。泰德·特纳、法国前总理米歇尔·罗卡尔、加利福尼亚州州长阿诺德·施瓦辛格、乔治·舒尔茨和比尔·克林顿发来了祝福视频。音乐会的内容丰富得足够举办数场晚会。有我喜欢的拉赫玛尼诺夫的作品，由安德烈·加甫利洛夫和伦敦交响乐团（瓦列里·格尔吉耶夫指挥）共同演奏。现场演唱的有德米特里·赫沃洛斯托夫斯基、雪莉·贝希、保罗·安卡、安德烈·马卡列维奇和他的“时间机器”乐队、伊戈尔·克鲁托伊、罗拉·菲比安、“蝎子”乐队和“土耳其合唱团”乐队等。担任晚会主持的是莎朗·斯通和凯文·史派西。这两人是我非常熟悉的著名演员,我一直与他们保持着友好关系。

我非常支持在晚会筹备期间诞生的颁发“改变世界的人”奖的想法。该奖颁发给那些没有得到诺贝尔奖,但对人类发展作出特殊贡献的人。三个奖项“改革”、“公开性”和“加速”的得主分别是:蒂姆·伯纳斯·李——一个为世界贡献互联网的科学家、改变电视面貌的泰德·特纳,以及发明太阳能灯具给非洲千百万人民带来光明的肯尼亚工程师埃文斯·瓦当戈尔。

晚会最后应该由我发言。这并非易事。经过一整天漫长的喧闹,我内心充满了各种情绪,同时又感到疲惫。但我不得不鼓足力气。

我走上台,环顾这个人头攒动的大厅。它是维多利亚女王为自己英年早逝的丈夫阿尔伯特所建。我想到了赖莎,于是我说,这个豪华大厅是一座爱情的丰碑。大家都安静下来。我对所有的演员、宾客和观众奉献了一场如此精彩、打动我心的晚会表示感谢。我还邀请他们来庆祝我的九十岁生日。整个大厅爆发出雷鸣般的掌声。我想,他们是在支持我,并且相信:生命的意志、对做善事的渴望以及为捍卫自己信念而斗争到底的毅力要比疾病的痛苦强大得多。

俄罗斯政治的抉择

与此同时,俄罗斯的政治生活并未松懈。政客、记者、同事、朋友和熟人,所有人都想知道,我对政权更迭期发生的事件的看法。离总统选举的日期越来越近，届时万众瞩目的谁终将参加总统宝座竞选的问题将会揭晓答案。争夺会不会发生?

我认为，这个问题应当放在俄罗斯政治生活更广阔的背景下来看。我尽可能利用每一次机会，在我接受的许多采访，包括八十岁寿辰之际的专访中，提及这一点。

记者柳德米拉·捷琳写道:“八十岁生日临近，戈尔巴乔夫毫不讳言，也不回避任何问题，哪怕是那些他明显不喜欢的问题。他的言辞不仅仅带有批评性，还显得异常严厉，甚至可以说是愤怒。因为这些评价出自一个无所畏惧、不需看任何人脸色行事的人之口。”

在这次采访中我说：请您看一看，现在的领导层都是如何形成的，“挑选的都是自己的朋友、同学、住一条街的邻居、一起踢过足球的人、一起做过事并将继续共事的伙伴……也就是说，最重要的是个人的忠诚、熟识程度、朋友关系。我无法接受这种方式。坚决不能!”

柳德米拉·捷琳反驳我的观点：

捷琳：不过，“自己人”不会背叛，您的近臣们却在1991年8月将您出卖了。

戈尔巴乔夫：难道这些“自己人”背叛人民，盗窃财产，并将资产偷运到国外就没有任何关系了? 他们不与腐败行为做切实的斗争，而只是在装模作样。结果怎样? 就像俗话说的那样，裤子还是那条裤子，只不过口袋朝后了而已。

捷琳：您对时下俄罗斯当权者最不满的地方是什么?

戈尔巴乔夫：解决民主问题进展缓慢。

捷琳：缓慢? 您的措辞比较温和。您认为，为何会出现这种情况?

戈尔巴乔夫：我们的当权者很满意采取人为操控手段。为此，他们实施健身计划，加强肌肉锻炼以破坏民主机制……

捷琳：为什么俄罗斯的当权者离通常所说的改革理想人物总是相差甚远？

戈尔巴乔夫：因为他们不是选出来的。上台的都是些不真正依靠民主进程和民主机制的人。1989年和1990年在苏联各加盟共和国首次实现民主选举，此后在我们国家，自由选举就再也没有了。

捷琳：但弗拉基米尔·普京赢得了选举。哪怕可以假设其中有某些猫腻，但毫无疑问的是：大部分人都将选票投给了他，无论是在2000年还是2004年。

戈尔巴乔夫：可如果一切选举活动更加自由的话，那么来自反对派力量的竞争对手的代表也会多出许多。选举会更加充实，那就完全是另一种境况，另一种政治环境了。以民主发达国家为例，议会中有多个党派代表，任何一党都不会拥有超过40%的席位。占大多数的党派也必须和它的反对派协商。

捷琳：在您看来，为什么俄罗斯政权具有专制的传统？

戈尔巴乔夫：这取决于上台的人是谁。

捷琳：取决于个人？

戈尔巴乔夫：是的，取决于他的个人品格和经验。我们的当权者有什么经验？人为操控的经验。他们习惯用恐吓来维持政权。

所以我今天说：最主要的问题，即头号问题，在于我们需要更新选举体制，以便让民众有机会真正进行选举。

捷琳：看起来，俄罗斯的政治局势不会很快发生变化。您会不会去预测国内政治形势的发展？

戈尔巴乔夫：不会。

捷琳：哪怕只预测未来十年？

戈尔巴乔夫：不会。现在最重要的是让可靠的民主机制能够发挥作用，避免这些机制为那些蓄谋破坏政治自由和私有财产权的人服务……

捷琳：您是否愿意看到，比如说，2018年俄罗斯总统再次由弗拉基米尔·弗拉基米罗维奇·普京担任?

戈尔巴乔夫：不愿意。我想，应该达成一致，任何人在总统的位置上都不应该超过两届。

捷琳：2012年总统选举是否有可能实现政治竞争?

戈尔巴乔夫：目前我认为不可能。目前俄罗斯的精英阶层对权力的欲望如此之大……在我们这里，权力甚至高于上帝！先搞出一些事，然后才去教堂，点上蜡烛，向上帝祷告赎去他们的罪孽。我有一种感觉，人民中已经出现了一整个阶层，他们有能力推选出竞选总统宝座的合适人选。

捷琳：您应该也体验过类似的诱惑，即不惜任何代价抓住权力。

戈尔巴乔夫：有一点应该很清楚：戈尔巴乔夫还在苏联时期就开始了分权，把权力越来越多地分给其他人。我想，我做的是正确的。对此我坚信不疑。这是我的选择。

还有一次公开的采访，其中提到即将到来的总统大选。采访我的是《生意人报》（它也是“改革的产物”）。斯坦尼斯拉夫·库切尔问了我许多问题，既有关于改革的，又有关于当今的事件的。我没有回避，甚至还有意“激发”问题：

库切尔：有人认为，梅德韦杰夫应当成为改革的发动机。霍多尔科夫斯基去年说过，梅德韦杰夫成了改革的象征，但并没有成为改革的发动机。人们力挺梅德韦杰夫采取坚决的政治行动把普京扫地出门。用这样或那样的方式。当然是合法的方式。但与此同时，该意见的反对者指出，这样一来梅德韦杰夫就必须准备好扮演戈尔巴乔夫的角色。他要开展的行动不管怎么样都会将他自己赶下政治舞台。如果梅德韦杰夫开始了这个行动，那么没有人能保证该浪潮不仅不会淹没普京，也不会淹没他本人，他不会因此而不得不离开这个国家。因为他是这个体制的一部分。关于上述对立观点，您有何看法？

戈尔巴乔夫：首先，我认为，他们定期和越来越频繁地说到在需要的时候，他们会见面，坐下来好好商量。这本身就至少能够说明他们的轻率。他们不该有如此举动。是人民选择了他们。所以不是他们来决定，而应该是民众，是人民。

库切尔：应该这样。但事实上不是这样。

戈尔巴乔夫：如果应该这样，那么就应该这样决定。

库切尔：对。可是他们认为，应该由他们来决定。

戈尔巴乔夫：他们这样自作主张的情况难道还少吗？那他们怎样决定？不管怎么样，选举还是要进行的。

库切尔：您知道，我们的选举是怎么一回事。几乎没人相信选举的真实性。

戈尔巴乔夫：这才是最不该出现的。这关系到我们所有人。

库切尔：那该怎么办呢，米哈伊尔·谢尔盖耶维奇？

戈尔巴乔夫：一般来说，我们需要一个新的选举制度。它应该严格限定总统最多连任两届。

此时，关于总统选举的话题仍在继续。有人说，普京会参加竞选；也有人仍然在期待梅德韦杰夫连任。有人请我在一份支持梅德韦杰夫的公开信上签名，信中呼吁他去竞争第二个总统任期。

一般来说，这种做法是合乎逻辑的。修改宪法（在我们这里是多么不容易！）之后，他可以谋求在总统的位置上再干六年。这段时间足够创造条件使得国家在真正民主的方向上迈出坚实的步伐。这包括组建现实的、有竞争力的政党，保障所有候选人在大选前的争夺中平等，对选举体制进行必要的修改等。而最主要的是在国内营造一种真正选举的氛围及多元化氛围。我觉得，德米特里·梅德韦杰夫也想这样。但我不能确信，他有足够顽强的意志力和自主力。总之，我并不喜欢围绕着梅德韦杰夫和普京二人谁当总统讨论，我更愿意看到现实的竞争和新候选人的出现。

当然，宪法存在漏洞，它让已经连任两届的前总统在休息一届之后可能再度染指总统宝座。这是我们宪法的一个很大的缺陷。而且我怀疑，它并不是偶然的。关于这一点，我在在位的那些年和后来看法完全相同。我以前认为，现在依然这么认为：政权的更替，它的不断更新是现代政治的绝对要求。在与记者的交谈中，我曾直截了当地说过："如果政权没有更替，那就是倒退，退到从前……圣彼得堡方案在俄罗斯已经衰竭。"

至于总统和总理，我并不支持关于"梅普二人组分裂"的言论。我认为，既然他们作为团队一起工作，那么他们的解散对国家来说就是有害的。但他们处理问题的方式有很大的区别，随着时间的推移，这点还会变得越来越明显。夏天，脊椎手术后我刚完全康复，就开始说到这一点。我在接受我的老熟人、英国《卫报》记者乔纳森·斯蒂尔采访时直接说道：

> 总统提出的经济、政治及其他领域的现代化方案是好的，但总统的能力有限，需要联合公民社会和民主力量。
>
> 然而，我看得出，普京在玩弄社会。他组建各种阵线，即所谓的"人民阵线"。我不知道，他还会有多少这样的阵线。不过，这也意味着，他对统一俄罗斯党的能力没有足够的信心，应该说，这一点他是对的。他看得出，统一俄罗斯党不可能单独取得成功。
>
> 于是我再次想问，现代化的支柱是什么？弗拉基米尔·普京呼吁保持稳定。他认为，我们必须维持现状。但我们要说：

“不，如果您希望维持现状的话，还谈什么现代化?”

接下来的话更加开诚布公:

> 现在我们应当意识到，我们正处于社会问题大爆发的时期，这些问题将决定国家的未来、教育、医疗状况和其他方面。如果我们无法解决这些问题，俄罗斯的现代化就不可能实现。我们需要的纲领与普京所坚持的不同。
>
> 我甚至批评过普京自大。对于他本人及其政治领袖身份，我是十分尊敬的。但我认为，他的现行政策阻碍了国家的进步。

夏休还没结束，整个莫斯科就在热议:“到底会是谁——普京还是梅德韦杰夫?”观点逐渐向普京倾斜。《新时代》杂志主编叶夫根尼·阿尔巴茨直接问我:

“您是否坚信，普京2012年会重返克里姆林宫?”

“不，我不信。”我回答道。

我不知道决定是如何最终达成的。是否真的从一开始就达成了协议，就像普京某次暗示的那样，梅德韦杰夫只是一个“临时总统”，抑或这个决定是后来才达成的?今天这已经不重要了。重要的是这个决定的达成没有民众意愿的参与。与“政治精英”一样，他们也被摆在一个既定事实面前。看来，普京身上有更多俄罗斯特色的政治经验和决断力，这一点起了作用。

2010年底，德米特里·梅德韦杰夫也曾表现得是一个有政治决断力的人。我指的是莫斯科市长尤里·卢日科夫被革职。这个人我还算了解。在“八月政变”后国家最艰难的时期，他曾是苏联国民经济管理委员会的一位领导人，做了许多工作以保持现行体制的活力和可控性。作为莫斯科市长，他也做了许多实事。然而，一个人不可能连续数十年待在高位，卢日科夫便是个活生生的例子。囿于多年来形成的各种宗派关系、个人和家庭利益、“屡试不爽的路数”，他已经无法做到只从社会利益出发来解决问题。时间越久，其他的利益就越占上风。卢日科夫就是这样。但我认为，他被革职的原因还不在此，而是因为他过早地介入了围绕总统宝座之争的阴谋，积极公开地表明自己支持普京的态度。或许，他知道或者听到过什么。或许，他想以此方式来感谢普京2010年夏天没有将他解职。当时莫斯科深受森林火灾影响，烟雾弥漫整个城市，而他却并不愿提前结束休假。无论如何，他触到了梅德韦杰夫的自尊心。所以，这件事上起作用的是个人因素，而不是政治因素。

新的停滞?

对于如何“从政”，我有另外的看法。这一点我在一篇文章中有所阐述。我的观点于2011年9月21日发表在两份拥有广泛读者的报纸上——《莫斯科共青团员报》和《新报》。

> 我与人交往得越多，书读得越多，对事件的发展和社会情绪观察得越多，就越感觉人们的不安在增长。国家衰退、社会道德堕落成为大家的共识。
>
> 越来越明显的是，俄罗斯现有的政权与社会关系体系既无法保障公民的个人安全和他们应过的生活，也无法保证世界真正（而不是虚假地）尊敬俄罗斯。大约有一半受访者认为，俄罗斯正在朝着“不正确的方向”前行。这种时局进入死胡同的感觉在当权阶层中也同样存在。
>
> 有一种无法消除的印象：俄罗斯当权者缺乏政治决心和寻找现实出路的意愿。他们只局限于采取一些粉饰措施，常常只是发表空洞的宣言，作出改革的样子。看来，强大的个人和团

体利益交织在一起，使他们达成了维持现状的共识。

就连许多承认改革必要性的人也将希望寄托在克里姆林宫，等待他们自上而下的改革。难道我们至今还在指望“改革者沙皇”，而不是依靠自己的力量？难道我们至今还将人民视作畜生？

有些人呼吁“逐步的、渐进式的”改革。我自己是反对“大动荡”的。但有些变革是根本无法逐步展开的。如何能渐渐地、一步一步地实现法律的崇高地位？这是否意味着法律效力一开始只对人民当中的某些人有效？那么是对哪些人呢？难道其余的人就可以处于法律的“灰色地带”？或者成为低人一等的人？

再比如说，如何“渐进式地”推行政治竞争原则？又由谁来决定这一原则对谁有效，对谁无效？

缺乏改革的愿望，而只是进行局部改变的原因通常不会被归为害怕失去权力，而是用为了避免俄罗斯出现新的解体来掩饰。但缺乏变革才是威胁国家稳定和未来的根本因素。

已经闹得沸沸扬扬的选举活动看起来像是又一个“装样子的活动”。当权者甚至毫不掩饰将自己排除在公平竞争之外的愿望。难道生活就是如此？

这一切都让我想到20世纪80年代。但我们那时还是奋力将束在社会之上的不自由“铁箍”砸掉了。于是开始了前所未有的政治大发展。民众越来越坚决地提出自己的要求，实际上就是认为“再也不能这样过！”。

苏联领导层承认，苏维埃体制不再有效，阻碍了发展。于是我们决定展开激进的改革，尽管有各种不安和风险。我们开始举行苏联历史上首次真正的选举。

总之，改革是对当时的困境作出的回应。在俄国历史上，民众首次获得了表达自己意愿的机会。与今天死气沉沉的政治舞台和默默无趣的社会生活相比，那个时期才像是民主的真正胜利。

然而，可惜的是，我们——那时的当权者和整个社会——都没能成功地将改革进行到底，没有建立起一个基于政治竞争、有能力保障自由和公开性的体制。

改革被迫中断。20世纪90年代，政权落到那些以民主口号为掩护，实际上却在搞反民主选举的人手中。而且新的统治者还与带有犯罪色彩的寡头资本纠缠在一起。

21世纪的头十年，国内出现了稳定和繁荣的假象，实际上那是一个逐渐消耗原料储备的时期。

当权者把自己锁进“安全库”里，利用各种手段、“行政资源”和虚伪的立法在自己周围形成一个坚固的盾牌，使得权力的更替变得不可能。俄罗斯倒退到勃列日涅夫时期，他们忘了该时期是如何终结的。民众越来越不信任政权，对未来丧失信心，他们受到贫困和不断扩大的社会差距的折磨。而与此形成鲜明对照的是少数人大肆操办各种豪华热闹的娱乐活动。

如果在这条道路上继续前行五六年的话，俄罗斯将极有可能再也无法走出这一困境。

那么，俄罗斯如何摆脱困境呢？如果认为只要进行经济改革就足够，那就太天真了。再说，没有体制的转变也谈不上经济改革，例如，必须将选举体制从毫无道理的人为限制（只是因为当权者们想竭力维护自身的长期统治）中解脱出来，必须建立司法权和代表权的独立机制以及地方自治，必须解放大众传媒，必须建立公民社会。

今天，俄罗斯的权力执行机构凌驾于社会之上，不受任何人监督。总统有可能指定自己的接班人，通过可操控的选举延长或者恢复自己的权力。在这样的总统制度条件下，没有理由相信其他政权机构能正常发挥职能，保护公民自由。任命制代替了选举制。

那些对国家现状负有责任的人是无法展开切实的改革行动的，因为他们害怕会动摇自己政权的基础。对一个过时体制的改革却要由那些负责建立该体制的人来实施，从未有过先例。

俄罗斯像需要空气一样迫切需要公平、自由的选举和政治竞争。选举制和政权的更迭是现代社会正常发展的必要条件。但只有对现有体制和它的根基进行根本的革新才有可能形成这些条件。

如果在保持旧游戏规则的情况下进行政权的更迭，只会导致上台的是另一批人，另一个集团，而不会改变国家这条大船在倾覆的方向上继续前行。

国家的变革不得不在复杂的国内和国际环境中进行。但没有其他道路可走：社会需要对生活的所有领域进行变革。需要建立国家和体制的基础，以便为社会服务，而不是相反。实际上，该任务在俄罗斯历史上首次出现，今天任何人都没有现成的实施方案。所以对于建立新俄罗斯的途径需要展开广泛的社会讨论。

然而，俄罗斯当权者们最不希望进行这样的讨论。

“王车易位”与杜马选举

一切已成定局。2011年9月24日，统一俄罗斯党召开党代会。这次党代会像极了勃列日涅夫时期的代表大会，在导演的功夫上甚至超过了它，直逼斯大林时代。会上宣布“王车易位”：普京将参加总统竞选，梅德韦杰夫将成为总理。俄罗斯的政治显贵们终于轻舒了一口气，对此决定欢欣鼓舞。毕竟他们中的许多人害怕要是梅德韦杰夫连任总统，可能会发生朝着真实民主方向的变化，那时他们的安乐日子可就到头了。而普京则更靠谱一些。不过，那些有民主倾向的民众感觉自己被欺骗了。对此事的任何解释都无法使他们信服，比如梅德韦杰夫所说的“王车易位”无论“从法理上，还是道德上看都是公正的”。这些解释同样没能令我信服。

我在最初的反应中就曾提醒过，国家已陷入绝境。对此，我还要补充一点。最近发生的一些事和将国家引入困境的始作俑者就是现总理。接下来将会怎样？如果未来的总统将一切都维持现状，只想着如何维护自己的权力，并因此保留应当对国家现状负责任的旧团队，那么他将犯下错误。不对各级体制进行大力变革，就不会取得任何进展。那样我们就是白白浪费六年时间。我认为，对此总统应当深思熟虑。

按照克里姆林宫设计的方案，第一步便是12月4日的杜马选举。当权者需要一个可预测的结果，这是他们准备选举的出发点。因此他们动用了一切力量和资源：众所周知的“行政资源”、肮脏的“选举技术”、对大众传媒的控制。甚至还准备了各种粗鲁而卑鄙的手段，以便直接扭曲民意：如篡改、欺诈、制造混乱以及对选民直接施压等。俄罗斯当局预料到一切都将按照计划进行，最终会选出一个听话的议会，民众也会把这一切视为理所当然的事，因此他们信心满满。他们觉得一切都在掌控之中。当局并未感觉到社会不满情绪的震动。

我清晰地记得，12月5日，也就是选举第二天的早晨，在正式结果没有宣布之前，一些亲政权的宣传者们就开始在电台和电视台上大肆庆祝胜利。似乎是说，虽然统一俄罗斯党的选票比上一届杜马选举时要少一些，但仍然是大多数，这可以让当权者在议会中自信。“什么都不用变，我们做的一切都是对的。”

应当承认，在选举结束后的数小时内，我觉得，选举成功进行了，现在应该去分析有关结果，这将决定国家政治力量的重新分配。尽管选举法很糟糕，尽管参选各方条件不平等，尽管存在破坏民主准则的现象，我还是去投票了，也呼吁大家都去投票。这就是说，应当尊重选举结果。但有些事情让我无法坚持该立场。

我一到基金会，就开始分析向社会公布的选举结果是怎么得来的。我立刻就遭遇了一大波电话袭击。共同的主题是愤怒和惊慌。又过了一天，情况完全明朗。有人建议我去互联网上观看那些可以证明选举中存在令人难以置信的无耻造假和篡改行为的视频。我看了一些，确实令人震惊。之后又有消息称这不是个例，而是大范围存在的现象。这就是说，我的第一印象并不准确，应当重新确定自己对当前事件的态度以及往后该采取什么立场。很快我就得出结论：决不能认同现在的选举结果！现在必须进行的不是重新计算个别地区和选区的选票，而是重新选举。任何别的做法都是对选票遭受盗窃和篡改的千百万选民的极大侮辱。

第一个了解我立场的是意大利女记者费梅塔·库科尼。我们是老熟人，她有我的电话号码。12月6日，她给我打了个电话。前一天晚上，莫斯科发起了要求取消选举结果的大规模示威游行。电话里我对她说：

> 目前只有一个解决办法，这也是我的建议：取消选举结果并进行新的选举。抗议的浪潮高涨，越来越多的人不相信选举的结果。漠视社会舆论会损害当局的威信、破坏社会的稳定。政府应当承认，存在大量的造假和篡改行为。换句话说，结果并不能反映选民意志。在各方批评以及“洁净池塘”林荫道[①]上的示威游行之后，很明显，越来越多的人不同意对统一俄罗斯党有利的那

① 莫斯科一地名。

种计票方法。据示威者说，普京的政党得到的选票不超过25%，更别说50%了。持该观点的人越来越多。这是非常严重的。克里姆林宫超过了那条不可逾越的红线。事态严重。不可以激化矛盾，不可以煽动情绪。我坚信，总理和总统应当主动提议在民主进程的框架内控制局势。我们应当作出艰难的决定，进行不可避免的重大变革，而这一切离不开民众的参与，我们更不能与民众的意愿背道而驰。谎言会摧毁对当局的信任。因此我认为，必须取消选举结果并宣布进行新的选举。

我是最早提出这种要求的人之一。该立场我始终坚持，后来也没有放弃。这就引起了对我狂风暴雨般的攻击。统一俄罗斯党发起了攻势。他们不吝散布各种威胁——直接的和暗示的——说戈尔巴乔夫是分裂国家的罪人，现在他又想搞垮俄罗斯，请他注意，这一次俄罗斯人民不会再对他客气了！国家杜马发言人C.纳雷什金就是这样宣称的。这就是俄罗斯当局高层的政治修养。但要吓倒我，那是妄想。

12月10日，数以万计的莫斯科人走上街头，举行了近些年来规模最大的一次示威游行，要求取消选举结果并重新进行选举。

我们要诚实的选举!

之后的一些天我在接受电台、新闻通讯社和报纸的采访时一再捍卫我的这一观点。对此，我在《新报》12月23日的采访中作了初步总结。

穆拉托夫：24号有集会。您认为，为什么人们要参加这样的集会?

戈尔巴乔夫：我本来想先问你这个问题的。

穆拉托夫：可以说，我们整个编辑部除了需要完成当期任务的人，都去“沼泽”广场参加集会了，甚至连值班的人也抽空去了。我觉得，大家就是希望表明，我们是人，不能被肆意操控，我们是现代国家的现代人。正是出于这个目的，人们走上街头。为了个人自由，为了不再只在自家厨房才敢小声谈论自由，为了表明自己的立场、显示自己的态度。

戈尔巴乔夫：我想重申，我对我们民众的立场十分赞赏。以后我们再被恐吓的话，一定不会就这么算了。我相信这点。您看，多少万人去了“沼泽”广场！

穆拉托夫：社会情绪发生了变化，您同意吗？厌恶感消失了。

戈尔巴乔夫：是的。情绪的确发生了变化。人们的压抑感正在消失。这就是说，时间没有白过！因为改革，我们被践踏过、被损害过、被诅咒过。现在逐渐开始出现我们曾不顾风险无私开创的局面。我们曾经盼望的自由与真诚。

远不是所有的努力都带来了成功。我们无法将改革进行到底。但今天最令我震惊的是……

穆拉托夫：是不是“自由基因”完全可能出现在一个俄罗斯人身上？这个基因已经产生，它会一代代地传递下去？

戈尔巴乔夫：完全正确！一切都让我惊讶。再也不能用“人民自己什么也决定不了，不知道自己想要的是什么，他们有自己的生活，只要有伏特加，就一切都好”这样的理由将问题都推到人民头上了。这是在将人民庸俗化。令我震惊的是12月10日“沼泽”广场上的集会。数十万人离开时，将垃圾随手带走了。干干净净！也有一小撮挑拨离间之人，但他们失败了。人们很快就围住了这些肇事者。顺便说一下，这一点以后一定要多加注意！或许，类似的图谋还会发生，而且规模可能会更大。

穆拉托夫：您认为，12月24日，也就是星期六那天会有挑衅行为发生？

戈尔巴乔夫：我想，可能会有，因为公民积极性令很多人感到不快。

穆拉托夫：挑衅来自当局还是极端分子？

戈尔巴乔夫：你说什么呢！当局从来都不会挑衅！难道你不知道？作为消息灵通的知名报纸主编，你却不知道这一点？

穆拉托夫：米哈伊尔·谢尔盖耶维奇，您是第一个提出要取消选举结果的人。这个口号现在还有没有效？

戈尔巴乔夫：当时的感想我至今仍能体会。那一天从早到晚，我一直密切关注事态的发展，倾听从各个角落传来的声音，看投票和计票过程中的种种“把戏”。

穆拉托夫：我们也向您提供了不少资料……

戈尔巴乔夫：我被媒体提供的画面惊呆了。民众的选举权被窃取。就在这时，“魔术师”出现了。我指的是选举委员会主席丘罗夫。

穆拉托夫：互联网上称他为“骗子丘罗夫”……

戈尔巴乔夫：还可以再加点什么……他总是在不停地强调：我们将会有“最公正的选举”。他把自己说服了，还要把想法强加于社会。我认为，他把总统也弄糊涂了。

穆拉托夫：就是说丘罗夫是放在梅德韦杰夫的指南针下面的一把斧头？他弄乱了方向……

戈尔巴乔夫：你的问题可真难啊！

穆拉托夫：这有什么难的？我尊敬的梅德韦杰夫突然成为统一俄罗斯党的领导人。而这些选票恰恰都记到了统一俄罗斯党的名下。

戈尔巴乔夫：我并不认为他什么都知道。他还没有足够的经验，为此需要磨炼，需要经历瘀青、肿块，甚至是伤残的考验。只有这样，他才能懂得其中的道理。他具体说了什么话？

穆拉托夫：他祝贺统一俄罗斯党成功进入议会。

戈尔巴乔夫：在媒体上他说过：对于选举，他没有任何意见和怀疑。我觉得，他这是给自己画上了句号。

穆拉托夫：对此我表示同情。

戈尔巴乔夫：我也是。本来他只需要更多的时间。现在他不好过了。有人挖苦他。不过，这也是他应该忍受的。

穆拉托夫：那么取消选举的口号到底还有没有效？或者说它已经变得不再现实了？

戈尔巴乔夫：仍然有效！就连我们最睿智的朋友们都说：完了，什么都做不成了。不是的，不是什么都完了！难道能够让这样的杜马在如此困难的历史时刻继续存在五年吗？应该对人民说真话，因为靠谎言不能建立关系！索尔仁尼琴说得对：靠谎言不能建设未来。而我们正面临着建设未来的问题：五年内会发生什么？

穆拉托夫：我们究竟是靠谎言还是不靠谎言来建设祖国的未来？这是不是您要提的问题？

戈尔巴乔夫：正是。

穆拉托夫：梅德韦杰夫说他对选举结果感到满意。普京根本就不提取消这件事。而这靠网络和集会是无法解决的。那么，在“沼泽”广场上发出的取消选举结果的最后通牒是针对谁的呢？

戈尔巴乔夫：当权者。

穆拉托夫：在“莫斯科回声”广播电台和《新报》，您都对我说过，取消选举应当由当局主动提出。但是当局拒绝了这个提议。现在怎么办？

戈尔巴乔夫：坦白地说，我当时是寻找一种办法，给他们取消选举的主动权。让他们自己去做！

穆拉托夫：但他们拒绝了。“沼泽”广场集会给的两星期时间已过。现在您还是建议向当局提出呼吁？

戈尔巴乔夫：我还没有提出任何建议。我们还没走到那一步。首先，从12月10日到24日这两星期给了我们很多教训……

穆拉托夫：都有哪些？

戈尔巴乔夫：关于国家、政权和社会的。社会开始更新，变化！

穆拉托夫：又可以为社会感到自豪了？

戈尔巴乔夫：它开始发出自己的声音了！

穆拉托夫：比如说，我为在“沼泽”广场上的所见感到自豪。那是些怎样的人啊！我认出来，那里有我们的读者。我幸福极了。

戈尔巴乔夫：这是其一。我们看到了自己的国家和人民。当人民因为“什么都不会”而被排挤到国家命运的决策之外时，又重新响起“再也不能这样过下去”的呼声。

穆拉托夫：但我觉得，斯坦尼斯拉夫·谢尔盖耶维奇·戈沃鲁辛可以这样过下去。他成了普京竞选活动的指导。

戈尔巴乔夫：对此我表示同情。我不仅尊敬他，还爱他。让他自己去弄清楚吧。

穆拉托夫：那在您看来，12月24日人们究竟该做什么呢？

戈尔巴乔夫：我认为，最主要的是：我们应当把它与总统竞选活动联系起来。

穆拉托夫：也就是说将取消国家杜马选举结果的要求与即将展开的总统竞选活动联系起来？

戈尔巴乔夫：我解释一下，我们只会把选票投给那些提出取消选举结果的候选人。

穆拉托夫：投给提出问题的还是提出取消结果的候选人？

戈尔巴乔夫：提出取消结果的！即承担起取消选举结果义务的候选人。我们不能让这样的杜马存在五年。

穆拉托夫：我还有个问题。那些去广场参加集会的是些什么人？他们是自由的人民，他们热爱国家并愿意为这个国家走上街头。除此之外，对您来说，他们是怎样的人？

戈尔巴乔夫：新的一代。他们是选民。今天他们已经组成了选民的强大公民联合体！

穆拉托夫：是不是可以说，他们是持有不同观点的无党派人士，也是享有公平选举的宪法权利的人？

戈尔巴乔夫：我这样对你说吧，选民就是爱国者！

穆拉托夫：一些社交网站，比如脸书上通过投票选出12月24日广场集会上的发言人，结果显示他既不是当局的人，也不是反对派。网站上更喜欢帕尔菲诺夫、阿库宁、舍夫丘克等人。他们是民众，而不是政客。为什么会出现对政客，不仅仅是对当权者的不信任？

戈尔巴乔夫：因为很多政客不愿意倾听公民的声音。举个例子来说吧。久加诺夫称那些捍卫自己宪法权利的示威者为“橙色瘟疫”。他确信，不成体系的反对派一定是希望得到什么，因此根本不用在意他们。自己坐在安乐椅里，其他人倒成了“不成体系的”。这就是不信任。

至于当权者。普京在“沼泽”广场集会后发表电视讲话，其目的就是为了给人们洗脑。这实在令人既感到气愤又感到被羞辱。我就觉得耻辱。他上台伊始，我曾非常积极地支持他，无论是在国内还是在国外。从这个意义上说，我觉得自己已经和普京联系在一起了。可现在呢？

穆拉托夫：当局让集会的组织者、社会活动积极分子和报社主编们明白，“如果发生流血冲突，那么罪在反对派”。说得好像不是因为当局的诡计人们才走上街头一样……

戈尔巴乔夫：国家的任务应当是保护人民的安全。人民开始参与重要的国家事务，这是他们的权利。应当保护！

穆拉托夫：星期六集会过后就是新年假期。人们都要去休假了。装饰新年枞树、赠送礼物、醉酒……然后该怎么办？需不需要在位于萨哈罗夫大街的广场上建立一个常设组织机构？

戈尔巴乔夫：我甚至认为，必须建立！那些倡议组织的委员会成员可以来领导这个机构。

穆拉托夫：他们之间也在争吵不休，米哈伊尔·谢尔盖耶维奇，这也可以吗？

戈尔巴乔夫：但现在已经不吵了。或许，这是民主人士达成一致的开始。

穆拉托夫：在这之前，他们是以芽接的方式联合在一起的……

戈尔巴乔夫：是的。但现在出现了生成其他事物的新环境。人们不再留恋那些意识形态色彩浓厚的旧事物，选举问题成了关注的焦点。而无论从哪方面来看，这都是最大的问题，是国家最主要的问题。

穆拉托夫：不过现政权解释说，如果进行自由选举，那么执政的将不是民族主义者就是纳粹分子。那时你们就会明白，我们的政权要好得多。这就是他们的逻辑。

戈尔巴乔夫：任何国家、任何社会都有民族主义者。我觉得，担心正常的民族主义者，这应该是在一个完全不同的社会氛围中才有的情绪。

穆拉托夫：您觉得有正常的民族主义者吗？反正我不认识这样的人。

戈尔巴乔夫：俄罗斯正常的民族主义者就是那些为民众的

利益忧心忡忡的人。他们知道，俄罗斯是一个多重世界、多元文化的国家，是多个世纪以来形成的一个复杂的国度和社会。顺便提一下，俄罗斯就是以这种方式存在和发展的。

穆拉托夫：可对我来说，当代的民族主义者就是那些杀死我们的记者娜思佳·巴布洛娃和律师斯坦尼斯拉夫·马尔科洛夫的人，就是那些杀害塔吉克人、外来劳动者的人。

戈尔巴乔夫：我不同意，这些不是民族主义者。他们是犯罪分子。

穆拉托夫：但当局在这样吓唬人：如果它不能保护自己，就不能保护国家的稳定，那么上台的就会是民族主义者。

戈尔巴乔夫：他们就像1996年一样，把同样的选择强加给我们。那时他们就说：投票支持叶利钦吧，要不然共产党就会上台！

穆拉托夫：也许共产党上台情况会更好？

戈尔巴乔夫：那时他们就耍了这种手段，今天又想故伎重施。这是虚伪的选举！公正的选举是不会害怕结果的。公正的选举可以保证政权的更迭。

穆拉托夫：说说24号的集会。都需要做些什么？

戈尔巴乔夫：首先，这一天我们应该确定口号："支持新的、自由公正的选举！"并将同意该口号作为选择总统候选人的明确标准。其次，这一天应当成立俄罗斯选举组委会，确定俄罗斯选民大会的召开日期。参加会议的应当是具有不同政治观点，但都认同如下价值观的人：选举应当是公平的，媒体应当是自由的，政权应当受到社会的监督。

穆拉托夫：米哈伊尔·谢尔盖耶维奇！公平选举的结果具有不确定性，对此应不应当害怕？

戈尔巴乔夫：不应当害怕。应当在取消虚假的选举后去参加新的选举。

社会觉醒了

12月24日，集会举行了。它是真正意义上的群众集会。在寒冷潮湿的12月份，成千上万的人来到萨哈罗夫大街。这样的场景莫斯科已经多年未见。这是一场坚定的，但也是和平的抗议，是拥护公正选举的宣言。情况已经很清楚：俄罗斯的政治生活不能再像从前那样了，当局必须对人民的要求作出回应。它将怎样回应？这是主要问题所在。

当局的反应是矛盾的。梅德韦杰夫总统在最后一次向联邦会议提交的咨文中提出一系列政治体制改革建议，包括：地方领导人由地方直接选举产生；简化政党注册程序，只需提交一份能够代表不少于国家50%的地区的500人联名申请；将参加总统竞选必需的支持者签名数减少为30万，而对于非议会党派的候选人则只需10万。虽然具体的细节和实施上述建议的机制不够明确，但这仍是一大进步。更重要的是，即将卸任的总统表现得愿意倾听民众的意见，而根据发言的措辞和基调，他并没有将“持不同政见者”视为敌人。

但总统咨文显然未能推动其宣称的“俄罗斯的政治体制改革”。许多亲政权的专家也正是从推动政治体制改革的作用这方面来评价梅德韦杰夫的提议，一些人甚至因此欣喜若狂。

我不赞同这种集体的称颂。因为至少有一点很明显：普京对形势有自己的判断。而现在他的意见起决定作用。

漫长的新年假期过后，情况明朗起来。我的担心得到了证实。梅德韦杰夫的提议在具体实施的时候表现出不适宜性，甚至缺陷。就连这些提议中的积极方面也逐渐被排挤到次要地位。更加让人关注的是另一方面，我指的是普京讲话的基调和他对选前活动的态度。他让人感觉旧风气又要回归。总理拒绝同其他候选人辩论。电视跟踪报道他的活动，他时而在这里，时而在那里管理局势和“整顿秩序”。但没人和他展开激烈的争论，没人向他提出令人难堪的问题。其他候选人在电视上的形象则显得毫不体面、忙乱不堪。观众不知不觉就被灌输了这样的印象：这都是些什么人啊，怎么能够和一个每天都在“排忧解难”的人抗衡？普京的“代言人们”想方设法强调他的“不可替代性”，更糟糕的是，他们向人们灌输这样的想法：任何普京的反对派都是不好的，是敌人。选前活动的最后一次集会上，普京终于作为总统候选人露了面，他的讲话也明显体现出这种思想。

集会提出的口号是“保卫俄罗斯！”。普京在讲话中将俄罗斯的现状与1812年的卫国战争时期的情况作比较。“保卫俄罗斯的战斗仍在继续，”总理说，“胜利终将属于我们……这种情况怎能不让人想起莱蒙托夫及其笔下的勇士们？他们在保卫莫斯科的战斗开始之前宣誓向祖国效忠，并渴望为祖国牺牲。”他还引用了长诗《波罗金诺》中的一段：“让我们战死在莫斯科城下吧，像兄弟们那样把热血抛洒！我们誓以决死报效国家，我们在波罗金诺的战役中，履行誓言，肝胆相照。”

这种情绪令我反感，对此我毫不掩饰地说过：

“最近某个候选人呼吁我们要为祖国而牺牲。但我们应当为祖国而活。应当为它的民主未来而斗争。应当让民众将来能以更多的和平手段来表达自己的抗议。这样我们就会有公正的选举！”

很遗憾，支持普京的集会成了与相当多要求变革社会的民众对抗的策略先头阵地。普京总统第三任期的首年就是在对抗的氛围中度过的。

普京的积极纲领在他发表于各机关报刊上的系列文章中都有阐述。其中包含很多正确的东西，但也有争议。但这些文章都没有说清楚，政府将凭借什么资源来保证完成纲领中提出的任务，总统将依靠何种社会力量。根据其行动来判断，他首先依靠的是社会中最不积极、具有保守倾向且离批判思想越来越远的“沉默的大多数”。

在“莫斯科回声”电台做客时，我说过，我认为普京谋求第三总统任期的决定是错误的。政权需要更替和定期的更新。他本可以以自己为榜样来实践这样的原则：“一旦接班人上台，就放手让他们将这一进程推动下去。这样做会有很多好处。”

天哪，都惹出什么乱子了！统一俄罗斯党的活动家、网络上恶毒之极的喷子、“政治学家”等各式各样的人开始一致声讨戈尔巴乔夫。好像我说了什么“反俄罗斯的”、卖国的错误言论。2012年的最初几个月使我相信，当局不可能，同时也害怕开展公正的选前活动。在给国立莫斯科大学师生做的演讲中，我陈述了自己的观点。

> 在12月开始的群众抗议之后，当局还是感觉到一切都能顺利过关的希望落空了。但它只是对社会作了些许让步，而在主要的方面，它想保持原样。
>
> 我认为，大声说出自己的意见是我的公民义务。在我撰写的几篇文章和接受的访谈中，我宣称这是不可接受的。
>
> 需要的不是表面的改变，而是根本的变革，包括必须修改关于政权关系结构的宪法条款，彻底打破任何人或团体对权力的垄断。
>
> 必须保障司法权相对执法权的独立性，保护大众传媒自由。
>
> 有一点非常重要：需要能够反映民众和社会现存政治思潮的现实利益的党派，这些思潮主要有社会民主主义、自由主义、保守主义等。
>
> 上述任务不可能一下子完成。但也不能因此就浪费时间，因为如果不对我们的政治体制进行深刻的改革和去垄断化，就不可能有任何的现代化，我们就无法战胜腐败和社会的不平

等，就无法摆脱原料依赖型经济发展模式。

我们需要对总统选举的结果和选举前数星期内发生的社会事件进行深刻的分析。我在接受《欧洲新闻》电视节目采访时谈过一些最初的印象。

我认为，今天的选举与以前的选举的不同之处在于，在选前活动中就已经能够看出社会情绪被调动起来，人们不再像从前那样浑浑噩噩。民众开始对议事日程施加影响。如果当选总统真正打算履行他在选前允诺的纲领和义务，如果他不是装腔作势（我们必须认真对待总统），那么为了实现诺言，立法与执法机构、公民及整个社会都必须认真工作。想按照老办法行事，哪怕总统非常想这样做，也是行不通的。此外，我还认为，选举新议会的问题很快就会被提出，因为我们知道，选举是在什么条件下以及如何进行的。想要一个积极发挥作用、办事效率高的议会，直截了当地说，就是想要一个新的议会。

国家在几星期内形成了一场抗议活动。有人问我，这个抗议活动将会怎样发展？这股新生力量将有何作为？当局又会怎样行动？这些问题的确很关键。我在接受“自由”广播电台的采访时做了回答。

“自由”广播电台：“沼泽”广场集会，萨哈罗夫大街集会，“沼泽”广场再次集会……接下来如何？

戈尔巴乔夫：接下来还要继续集会。走上街头，明确自己的要求。而当选举大戏结束时，坚决要求当选者履行其在竞选活动中许下的所有诺言。就让普京来解释吧。让他来答复。要不断地施加巨大的压力，大得出乎当局意料，或许也将出乎我们所有人意料。

“自由”广播电台：从“沼泽”广场和萨哈罗夫大街开始的活动会逐渐壮大吗？还是选举结束后就立马消失？

戈尔巴乔夫：会不断壮大的。

“自由”广播电台：普京了解这点吗？

戈尔巴乔夫：我觉得他是了解的。他感觉到了这一点。以前除了被取消各种优惠的老人们，从未有人走上街头抗议过。顺便提一句，正是这些老人首先冒着严寒走上街头，设置好路障。这为年轻人树立了榜样，让他们知道应该怎样行动。我坚信，如果不持续施加压力，事情将毫无进展。而压力一旦增加，它将变得越来越有组织性和政治性。这是普京不能忽视的。

这是我对当选总统的预测还是祝愿？或许，两者都是吧。

“拧紧螺丝帽”方针

政治形势在大选结束后发生了变化：执政“二人组”已不复存在，普京的垂直政权恢复原貌，没有任何梅德韦杰夫时期或模糊或清晰的“不确定性”。我认为，在这样的情况下，无论是当权者还是反对派势力都不应当制造和加剧社会的分裂。5月初，我在接受国际文传电讯社采访时说道：“无论是当权者还是反对派势力都不能允许社会出现分裂，他们应当竭尽所能避免这种情况发生。”但很遗憾，事态完全朝着相反的方向发展。相互敌对与不信任的情绪在增加。谁的错更多？我远不是能够指挥反对派行动的人，但我认为，更多的责任在于当权者。选举胜利后它应当着手治疗伤痛，寻找社会和谐的基础。

至于抗议活动，我支持将它作为一种争取自由公正选举的活动保留。在此基础上可以而且应当形成统一阵线。接下来必然会出现关于抗议活动和整个社会政治重组的问题。因此我再次提醒人们，国家需要强大的、思想丰富的政党。今天的各党派都不适合。首先需要建立一个社会民主党，其意识形态的可靠性在欧洲已有历史根据。我将会量力而行去推动这一进程，但不能也不想起到领导作用，我的年龄和健康状况都不允许。至于这些年令我失望的事，最主要的就是没有出现能够取代现有执政者的人。我们还是和从前一样缺乏组织实施大型、长期政策方案的能力。而成为新统治集团的当权者们有自己的方案，即维护现行体制。

5月6日，即总统就职仪式的前一天，几万名群众走上莫斯科街头，要求变革。集会上发生了什么？根据一年后公开的警局工作报告判断，在“沼泽”广场没有发生任何紧急事件，更不用说大规模骚乱了：“由于莫斯科市内务部展开行动，维持社会秩序与安全的任务圆满完成，未有紧急事件发生。”从这份报告我们得知，为了维护秩序动用了近1.3万名警察！

绝大部分集会者情绪平稳，举止温和。但一些小事件被定性为刑事案件，调查持续了一年多，几十人被捕。

1月过后，杜马紧急通过后，总统签署了一项集会法案。该法案规定了一系列禁令，违者将被处以1万到30万卢布的罚款，甚至还对“公民同一时间在公共场所大规模聚集”加以限制。法案的某些表述给了当权者通过肆意“解读”来禁止一切活动的可能性。该法案令人发指地违背了集会自由的宪法精神，这一点是显而易见的。因此，包括我在内的许多人在最后一刻都还希望总统不会签署。而最终总统签署了它。那时我说：“这是个错误。必须纠正它。”

同样紧急通过的还有“关于从事外国间谍活动的非商业机构”

的法案。他们宣称该法的宗旨是为了防止外国干涉俄罗斯政治，保障社会机构活动，其中包括财务活动的透明性。目的似乎是正确的，也没有什么可以阻碍在现行法律框架内实现这些目的。但这份由杜马匆忙炮制、总统签署的法案的某些表述，比如在“外国间谍”一词之后马上就规定检察院参与“检察”社会机构，以及将任何社会活动都做政治化解读等等都让人确信：对于任何没有获得当局批准的积极社会活动，他们都想给它穿上一件束身衣。

2012年底之前，俄罗斯当局完全掌控社会、限制公民积极性的政策得到了根本确立。这一政策的忠实拥护者中就有宪法法院主席瓦列里·佐尔金。我无法不对他的某些立场作出回应。我的回应刊登在《独立报》上。

致俄罗斯联邦宪法法院主席瓦列里·德米特里耶维奇·佐尔金：

尊敬的瓦列里·德米特里耶维奇！

您2012年12月11日发表在《俄罗斯报》上的文章《乱象没有道德》我稍晚才读到。毫不客气地说，文章的许多地方令我大吃一惊，要知道它的作者是俄罗斯宪法法院主席，而且是在政府的机关报上发表的。

美国政治学家雷蒙·阿隆在《独立报》(2012年11月28日）上发表文章《论俄罗斯建设中的道德和个人选择》。在反驳该文极其主观的论点时，您违背了公认的历史事实，毫无根据地将戈尔巴乔夫改革的失败归结为正面道德内容的缺失，并“指控”改革造成了“混乱”，导致了没有道德的乱象。

说得好像俄罗斯近几十年来首次出现的自由选举（1989年至1990年间）根本就不存在似的。难道也没有给予人们自由表达他们观点的公开性?

难道没有向民众打开通往信息、获取俄罗斯及世界文学财富的大门？难道没有给予公民出入境的自由？而对于信仰自由、宗教组织法案以及把教堂归还给信徒的做法又怎么说呢？那么广泛公开庆祝罗斯受洗一千周年呢？您忘了重启中断的为斯大林大清洗受难者平反、释放政治犯等举措？更不用说在结束“冷战”、排除核战争危险以及削减军备等方面迈出的实际步伐。难道从这一切您都看不到任何“正面的道德内容”？

我很清楚这对谁有利。现在又开始出现反对改革的呼声和指令。但我并不认为像您这样高水准的作者应该在将那些“吹捧”戈尔巴乔夫改革的人打得落花流水的同时，把改革与20世纪90年代的犯罪、灾难以及新的“改革乱象”联系在一起，似乎改革的目的就是为了“加剧社会的堕落”。

您文章中的一些句子看起来也非常奇怪。比如您写道：“为我们的改革和叶利钦炮轰议会的做法大唱赞歌和开脱不是面向过去，而是指向未来，这一点难道不是显而易见？同样明显的是，对现状从道德上完全否定的新浪潮已开始模式化，许多人甚至将它称为‘改革2.0’。”根据您的文章，所有的灾难都得到雷蒙·阿隆的赞扬和肯定。这样一来，他以及与他类似的人如今也在带给我们混乱、不道德和骚动。因此，您很想喊“救命！”，同时用新的“铁幕”来武装自己。但我坚信，现在是净化和更新政权最有希望的时期，不久前克里姆林宫也发表过这样的观点。

改革情绪和活动不是那些“混乱制造者”的意志的产物，而是由于政治体制和统治阶层落后于社会发展和因公民意识不断增强而产生的需求。不看到在停滞时期民众抗议情绪不断增长的合理性，而是将它归结为“挑剔的国民”的领导者在道德和法律上的“不完善”，这是非常危险的短视行为和严重的错误。那时我们就真的只能等待悲剧性的动乱和革命了。

至于您在文章《乱象没有道德》中对戈尔巴乔夫改革的评价，为了客观起见，我想引用一些其他资料和赞扬的话。材料来源于政府发给我的电报。原文是这样的：

尊敬的米哈伊尔·戈尔巴乔夫！

请接受我对您七十五岁生日的诚挚祝福。我们都知道，在国家历史的转折时期，对于促进民主改革、公民社会的形成和法制国家的建设，您付出了诸多努力。

衷心祝愿您身体健康、永远乐观、对未来充满信心。祝您和您的亲人们一切顺利，幸福美满。

俄罗斯联邦宪法法院主席

瓦列里·德米特里耶维奇·佐尔金

2006年3月2日

是什么促使您如此激烈地反转自己的观点和评价？或许是因为最近几年我经常发表批评执政党的言论。说它表现出最坏的官僚主义作风，变成了一个维护政权垄断的机制和只会无条件地、机械地完成上级任何决定和指令的机器。

尊敬的瓦列里·德米特里耶维奇！主席大人！

请您相信，我的上述言论完全是为了真理和公正。没有任何私心。我从不记仇。祝您健康。新年及圣诞节快乐！

政权与社会间需要对话

如果总统不对当局现行政策进行修改，会有怎样的结果？我确信，保留现行体制对国家非常有害。这一点我2013年3月在俄罗斯新闻通讯社给年轻人做公开讲座时提过。我记得这一天。发言和回答提问总共持续了近两小时。

以下是我那次在座无虚席的报告厅中对青年听众所讲的最主要内容：

政治逐渐变成了虚伪的民主。一切权力都掌握在执行机关和总统的手里。议会只是机械地执行总统的决定。

司法权也并不独立。

经济被垄断，严重依赖石油和天然气的状况使人如坐针毡。企业家的积极性被束缚，中小企业遇到了极大的阻碍。

居民中富裕阶层和其余人之间收入及生活水平的差距大到令人无法容忍的地步。腐败规模空前巨大。

教育、医疗卫生、科技等领域的情况令人十分担忧。

自2004年、2005年起我不停地谈论这些问题。不只有我，其他人也曾尖锐地提出过。但政权对社会发出的信号根本不做任何回应。政权对社会的这种态度最终会引起反作用。

社会觉醒了。它声明自己享有权利。民众再次要求变革。

然而，当权者不是与社会展开对话，而是开始使用诡计，从而不惜任何代价维护自身利益。它暂时成功地击退了抗议浪潮。但国家的问题不会因此消失，如果一切都保持原样，那么这些问题将越来越严峻。

这就是说，实现向真正民主突破的历史任务仍然摆在俄罗斯社会面前。

人们只有通过参与政治才能达到影响历史进程的目标。现实情况是他们无法通过现有的、能够代表他们利益的政党和社会机构对已通过的决议施加影响。于是他们寻找新的途径——通过网络、通过自发的和有组织的抗议活动、通过往电台愤怒地打电话等。

但是需要真正的政治生活。而它像被卷进旋涡一样全部被吸入统一俄罗斯党和其他官方以及亲官方的机构中。

只要一个人脱离了实权集团，那么他立马会被边缘化，政治影响力急剧下降，这一过程快得惊人。可以举出几十个这样的人。五到十年前他们在政坛上非常活跃，但如今，就像老话说的那样，已经无声无息。看待这些人的方式很多样，但将他们随意地从政治中删除是十分糟糕的。

统一俄罗斯党变成了“掌权者和引导者”。但民众的实际问题不但没有解决，而且浮现出来，亟待“高层领导的介入”。“人为掌控”的方式变成了交通管制和制定火车时刻表。

这一切都是“以稳定的名义”进行的。是的，我们需要稳定，但需要的是民主的稳定。这只有通过对话、通过有责任心的政治力量之间的竞争、通过为竞争方案的产生和实施提供机会而实现。

而这正是我们所缺少的，虽然我们在这条路上已经走了一段。也许已走到一半，也许比一半要少。如果不继续往前走，那么我们可能会被落在后头，那时就必须重新寻找道路。提不起速度，浪费了时间，这在当代社会是非常危险的。因为我们的邻居们有的已经前进了一大步，有的正为此做准备。

落后是不行的。如果不在政治领域推行现代化，那我们会在沼泽里枯萎，在国际舞台上不停地跌倒。

我认为，现在是政权和社会作出历史抉择的时候了。

必须让当权者和社会两方面都明白，解决国家的难题必须采取相互合作的民主方式。政权和人民之间的分裂是不可容忍的。

坦白地说，现在发言权在政府手里。不能在“拧紧螺丝帽”政策、通过限制民众自由和权利的法律、攻击大众传媒和公民社会组织的老路上继续前行，这是一条没有前途的、注定引向灭亡的道路。

我相信，如果政权选择与社会、与其中最积极热情的一部分人展开对话，它一定会得到响应，包括得到年轻人的响应。

年轻人在社会抗议活动活跃的时候积极展示了自己。他们在集会上展现的精力和行为令我非常高兴。但我毕生的政治经验告诉我，他们会遇到困难，要实现巨大变化是不容易的。除了精力和热情，他们还必须具备韧性，组织能力，认真思考、倾听和考虑各方面意见的能力。

总的来说，他们需要学习如何为民主而战，如何在民主的条件下生活。

还有一点，在此我想特别加以说明，强调它的重要性。这就是：无论是代际之间，还是各民主思潮之间，都不应该出现分裂。

应该表现出勇气和真正的爱国热情，也就是对祖国、社会以及俄罗斯的未来负责。以此来证明，人可以改变历史，俄罗斯人民能够把握自己国家的未来并走民主的道路来建设国家。因为，严格来说，我们没有其他路可走。

第三篇
令人忧虑的新世界

“离开克里姆林宫之后”的这些年是一个发生了巨大变化的时期。我当然也不会置身事外，经常对重大事件做出回应，尽自己所能影响它们，提出并支持在新的条件下继续改革年代未竟事业的国际性方案。那些与世界大事有关的数十次，甚至上百次的见面、旅行、会议、发言、文章等又该怎么说呢？这个万花筒中最主要的东西有没有丢失？

我问自己，什么是最主要的？什么构成了我这些年处理国际事务的主线？我立刻找到了答案：这些年，我一直在捍卫“新思维”，并努力发展它，使之与飞速变化的世界相适应。“新思维”是我和我的志同道合者们在20世纪80年代中期向世界提出的思想和原则。这里，我首先想重点谈谈“新思维”，因为我确信，正是由于它的提出，人类结束了“冷战”。同时我相信，这些思想在今天仍然为世界所需要。

“新思维”的现实性

“新思维”不是一整套教条，也不是“法典”。它在反映国际事件的过程中不断发展，内容不断丰富。但它的基础一直保持不变，即承认世界的相互联系和相互依赖性、安全的不可分割性以及全人类价值利益的重要性。这是我于1986年2月在苏共二十六大上提出的。这也成为党的立场，在当时具有决定性意义。

“新思维”不是突如其来的“发现”，也不是凭空想象出来的。它有自己的历史和先驱。我在美国演讲和做报告时不止一次引用过约翰·肯尼迪总统1963年6月在美国一所大学演讲时的话。那时他呼吁“不要认为冲突是不可避免的、和谈是不可能的，不要将国际交流变成彼此威胁”。在“冷战”正酣的时候，他能够跳出魔鬼化“敌人”的怪圈，摆脱争取世界霸权欲望的束缚。他说，未来的世界不是美国人的世界。要么是所有人的世界，要么就不存在世界。

我们在批评苏联的时候，不该将苏联人也魔鬼化，因为他们是和我们一样的人。

“新思维”的先驱是一些著名的思想家和政治家，包括社会民主人士奥洛夫·帕尔梅和维利·勃兰特。他们先于其他人感觉到了新时代的挑战。由此产生了帕尔梅提出并一直坚持的核时代共同安全的新构想，以及由勃兰特、弗朗索瓦·密特朗、赫尔穆特·施密特等人推进发展的结束东西对抗、全欧洲合作、大欧洲等思想。

“新思维”同时也接受了甚至在“冷战”年代就已在联合国框架内制定出的国际合作的重要原则。它的人道主义内容与反战运动、世界宗教领袖的呼吁及要求完全吻合。

最终就综合成了“新思维”，这是现代的人道主义，它的意义在于朝着更稳定、更安全、更公平的人类社会发展方向前进。

承认世界的相互联系和相互依赖性、全人类价值利益的重要性绝不意味着无视国家主权和国家利益。谁也没有取消国家的意义，就如没有取消阶级利益、公司利益等一样。只是它们现在处于新的情况下，即人类社会的共同利益居主导地位。这首先是人类防止爆发核战争和生态危机的要求。

我们认为，只有依靠所有国家和人民的共同努力，才能达到这一点。

由此产生了改革时期外交政策的具体特点和具体任务：

——避免与西方产生意识形态冲突；

——放弃以军事手段处理与外部世界的关系；

——停止军备竞赛，销毁大规模杀伤性武器，裁军，削减军备至合理水平；

——努力加入世界经济一体化，与其他国家共同走上文明化进程；

——承认所有人的自由选择权，包括选择社会体制的权利；

——在国际事务上，不诉诸武力，不强人所难；

——不干涉主权国家内政；

——以预防外交为重点，确立信任为国际政治中的重要因素；

——准备与所有愿意的人合作、相互配合以解决过去未能列入国际议事日程的问题：人权、生态、人道主义等。

这对我们来说都是新的，它要求必须进行从内政到外交的变革。我那时对我的谈判伙伴、西方国家领导人特意说过：所有人都必须改变，在这个相互依赖的现代世界，任何人都没有其他选择。后来的事情表明，远不是所有的伙伴都一贯遵循“新思维”的原则行事。这迟早会让世界，也会让他们自己付出高昂的代价。

1991年底离开总统的位子以后，我的生活状况发生了变化，但我认为我有义务让“新思维”在世界范围内确立起来，尽管苏联从世界版图上消失改变了国际力量的平衡。情况看起来非常矛盾。一方面，“冷战”结束了，而且正如我们的西方伙伴们承认的那样，是在苏联解体之前就结束了。俄罗斯与西方国家不再将彼此视为仇敌，无论在双边关系上还是在合作解决全球问题的广阔前景上。基金会接待的第一批客人当中就有亨利·基辛格。在我们谈话的开始，他就说：在世界舞台上刚刚起步的新俄罗斯没有敌人。俄罗斯可以相信，在可以预见的未来，它的自身安全得到了保障。他接着补充道：“这在很大程度上归功于您的努力。”我同意他的话，但是做了一个非常重要的补充：安全、与其他国家的友好关系与合作——这不是能一蹴而就的。为了使它们具有稳定性，就需要制定出一个以前期取得的成就为坚实基础、能对世界变化作出及时准确反应的政策。

全球化问题

世界在这个时候发生着急剧的变化。先前开始的进程在“冷战”结束后获得了巨大的发展动力。全球对抗延缓了它的步伐，虽然不能使它完全停止。现在它的发展速度加快了，实际上已经遍布全球。学者和政要们将它称为“全球化”。它成了世界发展的主导趋势。

从一开始，我与戈尔巴乔夫基金会的同事们就把这种现象作为我们思考的重点之一。

我认为，全球化为向更安全、更稳定的国际秩序转型提供了新的机遇，最终会形成一种新的文明，它是综合不同文化和意识形态提出的重要思想和价值观而成的结果。因此，基金会特意选择“向新文明进军！”作为自己的宗旨。然而，我并不把全球化进程看得过于理想化。在1992年召开的一次会议上，我陈述了自己的想法：

> 人类社会走向相互协作、相互依赖的客观进程发生得如此迅速，以至于好像有一股强大力量将千百万人从他们熟悉的生存环境中连根拔起，迫使他们打破陈规、旧的价值观和思维模式。也正是从这里开始，出现了蔓延到世界许多地区的宗教极端主义、宗教狂热和原始的民族主义潮流。因为作为一个在改革之风面前显得无助的普通人，直觉上渴望藏身于自己的小社会，比如传统的、宗教的、民族的小圈子内。
>
> 我们的世界正在向新型的民族“共同体”进行大的转变。这就产生了一系列迫切问题，需要我们深入思考和协调解决。其中一个，或许也是最复杂的一个问题是，如何以现有的资源让地球上几十亿，而且还在快速增长的人口过上体面和有尊严的生活？……现在我们需要确定方向：“冷战”之后，我们，也就是国际社会，身在何处？很明显，尽管“全球景观”和国际关系体系已发生变化这一点毫无争议，然而我们应当承认，这种变化本身目前还未完成。
>
> 随着两极世界的解体，多极世界开始形成。其中，联合起来的西欧各国、中国、日本和其他几个国家发挥着越来越重

要的作用。……尽管遇到各种阻碍和对抗，但世界正在形成并将继续形成重大社会问题的国际协调机制。该进程具有多重意义，它是会完成的。我相信这一点，同时希望国际协调能够以一些国家自愿派遣全权代表的方式展开，这种权力只能在国际层面运用。可以设想，这种权力的适用范围会逐渐扩大，这只有在自愿的基础上才能实现。……国际体制发挥效能的条件应当是互信。同时，只要这一进程的参与者们在公开的民主程序的基础上制定政策，信任就会产生。

我想，在这个发言中，我既指出了全球化进程的发展前景，又提出了发展过程中出现的严峻问题。最初，全球化被描绘成一个能够为所有人提供真正无限机会的绝对积极的进程。这种印象的产生一部分原因在于善意的误解，另一部分原因在于西方国家，首先是美国，想利用新形势确立自身的领导和垄断地位。

后来，全球化成了戈尔巴乔夫基金会研究的主要课题之一。我们率先注意到，随着全球化进程的加速，其负面影响逐渐显现出来，全球化伴随着不少危险。世界贫富两极分化在以危险的速度加剧。

全球化问题及其影响成为各国际论坛一贯的讨论主题，其中也包括最高级别的论坛。2000年9月在联合国总部纽约召开的、有160个国家的政府首脑参加的千年峰会就对该话题进行了讨论，并且反映在联合国大会通过的《千年宣言》中。

同时，在纽约召开了“世界论坛–2000年”，参与者均为世界政坛上的著名人物。我是该论坛的倡导者之一，主持并致开幕词，其中我就提出应当给盲目和失控的全球化进程加入可控因素的想法。

我们研究全球化现象的成果是集体完成的著作《思索全球化：当代发展的难题》。这本书不仅分析了全球化本身及其内在矛盾，应当支持还是反对这一进程，而且还试图描绘一个“具有人类特色的全球化”轮廓，它被赋予了社会导向性和生态责任感。当然，不能奢望我们希望找到可替代性全球化进程的首次尝试就对所有问题都作出回答，但这是我们对现实社会需求的回应。寻找可替代性全球化进程运动在不断发展，许多严峻问题被提出，而2008年爆发的全球性经济危机加速了这一运动的发展，也暴露了当前世界发展模式的基础的不可靠性。

研究世界发展进程后，我得出一个非常重要的政治结论：任何国家，哪怕是国家集团，都没有能力单独应对新千年的主要挑战。它们是来自缺乏安全、贫穷与落后、生态危机等方面的挑战。这些挑战是相互联系的，最终需要系统地解决。就规模和风险来说，我认为，这些挑战都是史无前例的。就这一点，我不止一次地同各国政要、学者、公民运动积极分子讨论，参加过几十场论坛和会议，接受过采访，发表过文章。最终我确信，没有“新思维”，世界找不到应对它们的合适方案。

安全挑战

安全挑战以各种面貌出现，其中最危险的形式便是大规模杀伤性武器和恐怖主义。不能排除最恐怖的武器落入极端分子之手的可能性。

核裁军对我来说就像一条贯穿我几十年政治生涯的红线。“新思维”政策的最主要成就之一就是停止核军备竞赛。全球军火库在经过数十年不断增长之后，终于开始了缩减的进程。而转折点就是雷克雅未克[①]。虽然未能达成协定（原因是罗纳德·里根想获得俄罗

① 冰岛首都。

斯的同意，来试验和部署导弹防御系统，包括在太空)，但正是在这里，双方商定削减50%的进攻性战略武器并销毁中程导弹。后来，1987年签署的《消除中程和中短程导弹条约》和1991年签署的《削减和限制进攻性战略武器条约》获得了法律地位。1991年秋，我在与布什总统的书信往来中提出销毁大部分战略核武器的想法。应该说，所有谈妥的事后来都办成了。如此迅速地削减这种最具杀伤力武器的做法在世界史上尚属首次。

一开始我觉得，销毁大规模杀伤性武器的世界进程会在我们奠定的基础上继续。1992年，叶利钦和布什总统签署了《进一步削减和限制进攻性战略武器条约》，并召开销毁化学武器大会。但很快进程缓了下来，后来又完全停止。《进一步削减和限制进攻性战略武器条约》被美国国会和俄罗斯杜马搁置了好几年，最终也未获批准。《禁止化学武器公约》实施得也非常缓慢，首要原因是俄罗斯陷入了经济危机。《全面禁止核试验条约》也没有生效。而关于建立《禁止生物武器公约》执行情况的监督机制的谈判，也因美国的反对没有取得任何成果。

国际关系现状严重制约了缩减和销毁大规模杀伤性武器进程。20世纪90年代的国际关系不但没有逐渐改善，而且还朝着完全相反的方向发展。我坚信，主要原因在于西方，首先是美国没能正确地评估与苏联解体和“冷战”结束相关的重大国际事件。

西方宣布自己取得胜利。这就是说，不是通过共同努力和谈判结束“冷战”，而是通过使用武力政治。由此有人得出结论：应当增强武力，扩大军事优势。苏联和美国领导人忘记了双方在日内瓦发表的宣言中规定的双方义务，当时两国同意不致力于在军事上超过对方。该宣言与双方发表的另一个历史性声明同等重要，声明承认不能容忍核战争的爆发，核战争中没有胜利者。

世界在见证20世纪80年代中期积累的信任资本如何被消耗一

空，原本应该形成一个更安全的国际新秩序，结果却出现了由强权政策主导的全球乱象。对南斯拉夫使用武力、北约扩张、20世纪90年代中期对伊拉克发动导弹袭击等事件均可以说明，美国是采取何种途径解决安全问题的。俄罗斯、中国，甚至连一些美国盟国的声音都被忽视。单边行动政策（该政策在小布什入主白宫之前就已经形成）演变成国际政坛上长期存在的消极因素。其他国家由此得出结论：世界重新确立起“强权”法则。

20世纪90年代末，印度和巴基斯坦开始进行核武器研制。朝鲜也走上同样的道路。伊朗核计划问题出现——到底是否像伊朗领导人宣称的那样，该计划完全具有和平性质？世界上还有几十个所谓的“门槛”国家，就是那些在必要时有能力制造核武器的国家。南非在推翻种族隔离制度以后宣布放弃并销毁核武器的例子绝无仅有。核武器扩散和新一轮军备竞赛的现实威胁依然存在。

在国际政坛上，销毁核武器的初衷实际上正被逐渐淡忘。相反，在一些核大国的军事学说中，核武器再次被视为可以接受的首要的，甚至是“预防性”的战争手段。这首先在美国军事学说中出现，然后其他国家开始效仿。

可以断言，“冷战”结束带来的机遇没有被利用，更加坦诚地说，是随风而逝了。

消除世界的核武器

我从前认为，现在依然坚信：要想避免世界发生与核武器有关的危险，只能消除核武器本身。归根结底，其他道路是没有的。2007年初的事件表明，核军备竞赛中“功绩”最大的美国，其政治和知识精英阶层也懂得这一点。

2007年1月4日，《华尔街日报》刊登了一篇名为《没有核武器的世界》的文章，署名为美国两党的著名政要：乔治·舒尔茨、亨利·基辛格、威廉·佩里以及萨姆·纳恩。这些重量级的政客拥有在美国各届政府工作的丰富政治经验，他们不轻易推出乌托邦式的计划。而现在他们就世界政坛中如此重要的问题，即必须消除核武器，公开表态，证明美国统治阶层的观念已有巨大进步。这是具有象征意义的大事。

1月31日，我在《华尔街日报》上发表了一篇文章，对美国“四大政客”作出回应。文中我提到，2006年11月，诺贝尔和平奖得主们在罗马召开的论坛上就核威胁问题发表特别声明。同时还提到由世界知名学者、诺贝尔奖得主约瑟夫·罗特布拉特（于2006年去世）发起“将核危险公之于众”运动的倡议。我也是该运动的参与者。我还写到泰德·特纳为反核武器倡议会所做的大量组织工作。我们共同认为，《核不扩散条约》不能落空，“核俱乐部”成员国应当负起主要责任。

我写道：“应当回到销毁核武器的初衷，把它当作切实任务来完成，不能拖到遥远的未来，而应当尽快展开行动。应当将从伦理角度拒绝接受这种武器的道德要求同安全要求对接起来。越来越明显的是，在新时代核武器不是加强安全的手段，而是相反，它逐渐成为削弱和破坏安全的因素。”

像在20世纪80年代中期一样，关于政治决心、关于大国领导人责任的问题再次出现。他们应当致力于消除和平和安全言论与悬在世界上空的实际威胁之间的鸿沟。

我认为，首要任务是“在《核不扩散条约》框架内，有核国家和无核国家间就一系列与消除核武器有关的问题进行对话”。对话的目标是达成协调一致的建立无核世界的构想。成功的关键在于双方共同承担义务并协调行动。“‘核俱乐部’成员应当正式确认坚持削减并最终销毁核武器。为表明诚意，他们应当在最短的时间内完成两件重要的事情：批准《全面禁止核试验条约》，撤销作为‘冷战’遗产的核武器的高度战备状态，以此对军事学说进行修改；同时，准备发展核能计划的国家应当宣布这些计划绝不与军事挂钩。”

消除世界的核武器不是一个口号，而是具体、实际的任务。如何实现它？是什么阻碍了它的实现？这些问题成为由我和一群朋友及志同道合者组建的世界政治论坛的热论议题。

成立论坛的想法得到了许多国家政要的支持。论坛成立大会于2003年5月18日在意大利都灵召开。

在成立大会开幕式上，我说道：“论坛的主要目标是推进恢复对话作为解决世界遗留问题的唯一途径，制定新的国家行动准则，以便让这些国家的政府、社会和政治力量相信，它们能够找到解决国际危机的新途径，能够拥有改革国际机制、建立公平安全的国际新秩序的政治决断力。”简单地说，就是我们希望缩短政策落后于世界变化的距离。

论坛的重要活动之一是2009年4月16日到17日在罗马召开“消除核危机”国际会议。与我们一起承担大会组织工作的还有反核武器倡议会以及意大利外交部。与会者有乔治·舒尔茨、威廉·佩里、萨姆·纳恩、汉斯-迪特里希·根舍、鲁道夫斯·吕贝尔斯、阿列克谢·别斯梅尔特内赫，美国和俄罗斯的立法机构代表黛安娜·范斯坦、米哈伊尔·马尔戈洛夫、康斯坦丁·科萨切夫，以及其他著名学者和专家。此次会议具有十分重大的意义，尤其是在美国新当选总统巴拉克·奥巴马4月5日在布拉格发表声明，呼吁建立一个无核世界之后。这一目标在美俄两国总统伦敦会谈上得到重申。更为重要的是，他们还讨论了达成这一目标的途径。

在会议的开场发言中，我说：“核武器是世界关系和政治思维中军国主义的极端体现。我们未能摆脱20世纪留下的这一沉重遗产。”为此，我们需要展开坚决的行动。会议联合主席乔治·舒尔茨也同意我的观点:“消除核武器的想法最终成熟了。但时间在和我们赛跑。到该采取谨慎、刻不容缓的措施的时候了。”

的确如此。但如果在世界销毁大规模杀伤性武器之后，有一个国家的常规武器数量差不多超过了所有国家的总和，如果这个国家军事上保持对其他国家的绝对优势，还能不能就此认为前景是现实的？我在发言中给予了否定的回答:“坦白地说，这种情况会成为消除世界核武器道路上不可逾越的障碍。所以，如果我们不提出世界政治的非军事化、减少军费、停止研制新型武器、阻止太空军事化等问题，讨论无核世界就是空中楼阁。”

我提到，以前当我们提出无核世界建议的时候，我们的西方伙伴就对苏联在常规武器方面的优势产生怀疑。而我们没有回避讨论这个问题，而是开始进行谈判，并最终达成在欧洲范围内双方共同削减常规武器的协议。今天西方国家理应采取同样的做法。

我不止一次地谈到核裁军问题。2009年10月在联合国日内瓦分部发言时，我详细陈述了我在该问题上的立场。在场的有数个国家的代表以及联合国秘书长潘基文。我说，应当加强国际组织在该方面的作用:“可以而且必须在联合国框架内提出诸如‘二类’核大国加入核裁军进程的议题。在俄罗斯与美国签署新一轮具有法律强制力和约束力的大幅削减核武器计划的条约和美国批准《全面禁止核试验条约》之后，该问题显得尤为迫切。”

我说，我认为这之后其他核大国（无论是“核俱乐部”正式成员还是其他国家）都应当至少宣布冻结本国核武器库，并准备就限制和削减核武器问题展开谈判。

我还建议在联合国框架内讨论作为“冷战”遗产的军事构想和理论。该问题的讨论可以在安理会军事参谋团框架内展开。早在1988年，我在联合国大会的发言中就曾呼吁重启军事参谋团的工作。

2010年4月，俄罗斯和美国签署旨在代替《削减和限制进攻性战略武器条约》的新条约。该条约立即成为四面八方攻击和批评的对象。有些人认为，拟定的削减数量是危险的。另一些人则认为，数量太少了，最终只不过是玩“会计学的把戏”。对此，我在《纽约时报》和《俄罗斯报》发表文章，对该条约的签署表示坚决支持。

我写道，虽然规定削减的数量与1991年我和布什总统签署的条约相比的确不大，但这是一个重大突破。

> 首先，条约重启了20世纪80年代中期开始的进程，可以销毁几千枚核弹头和数百台核武器运载装置。
>
> 其次，俄罗斯和美国的战略和军力重新被置于相互监督、相互控制的状态。
>
> 第三，俄罗斯和美国展示了解决共同安全领域中复杂难题的能力，这使得人们有理由相信他们在解决全球和地区问题上能够展开更加成功的合作。
>
> 第四，最后可能也是最重要的一点：两个最大的核国家通过签署削减和限制进攻性战略武器的新条约向世界表明，它们在认真执行《核不扩散条约》，该条约迫使它们朝着消除核武器的方向前进。

由于该条约的签署，奥巴马政府向俄罗斯和中国提出就战略稳定问题展开对话的建议。我认为，该对话不能仅限于讨论战略武器问题：“如果我们真的想建设相互信任的伙伴关系，那么必然有一些不可回避的一般问题有待解决。首先是军事优势问题。”

我提出，美国在2002年通过的国家安全策略中直接宣称必须在全球范围内保持美国的军事优势：“实际上该原则成为美国信念不可分割的一部分。它具体表现在拥有最强大的常规武器库、庞大的军费开支和太空部署武器计划。在提出的战略性对话中，这些因素都不得不考虑。”

北约扩张的后果

削减和销毁大规模杀伤性武器问题同国际关系与安全的整体形势互相关联，这一点是任何一个负责任的政治家都应该时刻谨记的。我已经说过，接我们这一代人班的新一代领导人没能完成加强欧洲和世界安全的任务。最主要的错误就是北约扩张，以及该组织不仅在欧洲，也在欧洲以外的地方扮演安全“保证人”的角色。

2009年10月，在欧洲安全与合作会议的一次发言中，我肯定了该组织对建设大欧洲所做的贡献，并且说道：“至今欧洲没有完成最主要的工作——提供建设和平的稳固基础和安全的新构架。”我提到1990年为建设新欧洲而签署的《巴黎宪章》，当时正准备以该宪章为基础搭建这样的构架。“冷战”结束后，我们立刻开始讨论在欧洲大陆建立安全新机制。这里指的是欧洲安全理事会或者是某种被赋予广泛实际权力的“内阁”。这个想法得到了许多重量级政要的支持，比如：汉斯-迪特里希·根舍、布伦特·斯考克罗夫特和洛朗·迪马。但事态却按照别的剧本发展。

美国主导的北约领导层采取了组织扩张的政策，准备将中、东欧国家纳入进去，理由是出于解决安全问题的需要。根据定义，安全应当以威胁的存在为前提。那么谁对谁构成了威胁？比如，谁威胁到波兰、罗马尼亚、捷克等国家的安全？它们急于加入北约并成为第一批候选国家。如果存在这样的威胁，为什么不敲响警钟，为什么不在欧洲安全与合作会议、欧洲理事会、联合国安理会等机构召开紧急会议？

究竟是怎么回事？的确，许多中东欧国家递交了加入北约的申请。如果对这些国家的历史有所了解，也许很难要求它们在结束几十年的从属地位之后在该问题上保持冷静和慎重的态度。然而，这绝不意味着对平衡和安全的共同要求必须受制于它们的情绪。就是说，除了情绪，这里还有与安全问题毫无关联的更加实际的利益因素。

起初，俄罗斯未能采取坚决立场（1993年8月叶利钦访问波兰期间，双方甚至签署了一份声明，称波兰就算选择加入北约，也不会与俄罗斯的利益发生矛盾），后来确定了方向，对北约东扩政策明确表示不赞同。但俄罗斯的立场根本未被考虑。他们说俄罗斯对别国的决定没有否决权。这个论点乍一看毫无问题，但这就意味着共同安全问题似乎与俄罗斯无关。

美国人可以作出的最大让步就是让药丸变得甜一些。但这什么也没有改变：俄罗斯与西方的关系遭受了无可挽回的损失。不知那些拥护北约东扩的人有没有考虑当时俄罗斯的政治力量分布？难道西方没有看到，北约东扩在俄罗斯政界最有影响力的阶层激起了怎样的情绪吗？

应该说，西方对北约东扩计划的态度远不是只有一种。这里我可以援引我与一些杰出政治活动家的谈话来证明，他们包括意大利前总理朱利奥·安德烈奥蒂，英国前首相爱德华·希思，前美国驻苏联大使小杰克·马特洛克，美国外交元老乔治·凯南以及西班牙、葡萄牙、法国等国家的著名政要。

之前我多次去过美国，与两党的许多主要政治代表、商人、知识分子以及普通美国民众都交谈过，但并没有发现北约东扩有很多支持者。当然，也有人同意这一做法，但持无所谓的态度。大多数人对该做法的合理性提出质疑，有不少人是坚决反对北约东扩的。但他们的意见无人听取。

在俄罗斯，北约东扩计划演变成国内最严峻的政治问题。那些主张与西方对抗的人和希望借助“外来威胁”为自己谋利益的人马上抓住了这个机会。喜欢“将一切都推到戈尔巴乔夫头上”或者只是消息不灵通的那些人又蠢蠢欲动起来，他们坚称我没有采取预防北约东扩的措施。他们说，在两德统一过程中应当“要价”，甚至应将北约未来不许扩张的允诺“法律化”。

这种指责当然是极为荒谬的。德国完成统一的时候，华约组织还存在。因此当时提出不许华约成员国加入北约简直是无稽之谈。而且也没有任何组织可以作出不扩张的法律保证。这是个纯政治问题。当时能够通过政治途径解决的事都已经做到了。与德国签署的终极斡旋条约规定，在原民主德国境内不会驻扎北约军队，也不会部署大规模杀伤性武器。这样，北约的军事设施就不会向东移动。

毫无疑问，苏联解体后他们制订的北约东扩计划完全违背了这些条约的精神。关于这一点，在回应对我毫无根据的指责时，我不止一次声明过。

最主要的是，北约领导层的政策暗藏着一个现实的危险，而且不仅仅是对俄罗斯。事态的发展有导致世界再次陷入与半个世纪前开始的“冷战”类似的局面的危险。

北约东扩动摇了1975年《赫尔辛基协议》确立的欧洲秩序的根基。这是对“冷战”结束后欧洲各国共同制定的战略的180度大转弯。根基被动摇的还有在欧洲境内削减常规武器和裁军的条约。欧洲被画出了一条新的分界线。北约开始扮演欧洲乃至世界警察的角色。这从20世纪90年代初期就开始了，当时北约干涉了南斯拉夫的冲突局势。

最尖锐的流血冲突发生在波斯尼亚和黑塞哥维那。西方国家非但不设法支持美国前国务卿赛勒斯・万斯和欧文勋爵作为调停人所付出的努力，反而激化了整个局势。北约开始了历史上的首次直接军事干涉，而且是仅针对一方，即波斯尼亚的塞尔维亚人。1995年塞尔维亚被迫答应北约提出的条件，同意签署美国人强加给它的《代顿和平协议》①。

1999年春，在为庆祝北约成立五十周年而于华盛顿召开的北约委员会会议上，北约新战略确定了。该战略允许在集团负直接责任

① 波黑内战是第二次世界大战后欧洲爆发的规模最大的战争。1995年，前南斯拉夫联盟、克罗地亚和波黑三国领导人在美国俄亥俄州代顿草签了《波黑和平协议》，同年12月在巴黎正式签署。

的领土区域之外，在整个欧洲大西洋地区部署、调动和使用北约军事力量。在阿尔巴尼亚分裂派展开军事行动以便脱离南斯拉夫的科索沃，这一新战略马上得到应用。

最终在北约空袭贝尔格莱德的军事干涉下，南斯拉夫被迫作出让步。科索沃宣布独立。而当地的塞尔维亚少数派则沦为“人质”。这开创了一个危险的先例，即在没有联合国安理会批准并且违反联合国宪章和国际法的情况下对一个主权国家展开军事行动。

“9·11”后的世界

国际社会还有机会回到共同保障安全的道路上去。这个机会出现在2001年9月11日发生的悲剧事件之后。

我很清晰地记得，我是如何得知纽约世贸大厦遭到恐怖袭击的。我正在基金会办公室工作，这时我的助手走了进来：“米哈伊尔·谢尔盖耶维奇，发生了一件不可思议的事情。纽约一架飞机撞上了摩天大楼。我们打开电视看看吧。”这是真的。当看到电视画面时，我不敢相信自己的眼睛。1988年我去联合国开会时到过纽约，参观了世贸中心，并会见了商业界代表。而现在我看到这两座大厦被浓烟笼罩。我觉得，这似乎是恐怖片上才可能有的画面。

同一天，我通过美国驻俄罗斯使馆给布什总统发了一份唁电：

> 我对针对美国和全人类的史无前例的犯罪行为感到震惊。我向您及所有美国人表示最沉痛的哀悼。我知道，所有心地善良的人今天都与美国人民团结在一起。人类面临前所未有的挑战。只有共同努力才能制止这种疯狂行为。

我写了封信，刊登在《纽约时报》上，信中同样表达了我的同情和对美国人民的支持。它得到了许多回应，我想引用其中的几封：

亲爱的戈尔巴乔夫先生！谢谢您在恐怖袭击后支持我们。在被恐惧笼罩的世界上响起了您平静的声音。您曾同我们国家一起推倒了柏林墙。现在就让您的声音帮助我们推倒那堵竖立在自由人民和自由本身之间的恐怖主义之墙吧。

艾琳娜·凯莫勒（俄亥俄州门罗县）

我清楚地记得，在苏联向民主体制和民主经济转型的时期您是多么不容易。那时我就努力地要更多了解这位俄罗斯的和平使者。您从前是，今后也永远是我们所有经历过这场可怕灾难的人们的信心源泉。悲伤当然会过去。生活还会继续。在像您这样的国务活动家的帮助下，我们定能团结一致与威胁大家的恶势力作斗争。米哈伊尔·戈尔巴乔夫万岁！

唐纳德·斯帕尼尔（肯塔基州路易斯维尔市）

您真诚、热情的哀悼之词打动了我和我的家人。回想起我们两国关系的历史和现在的变化，您的话给予我信心。如果我们能够抛弃分歧，共同解决今天使我们生活变得阴暗的那些问题，人类定会走向光明的未来。再次对您的支持和同情表示感谢。人们通常将最高理想与诺贝尔和平奖联系起来。而您的确是最高理想的化身。

马克·佩勒（加利福尼亚州弗雷斯诺市）

谢谢您，戈尔巴乔夫先生。我的童年恰逢“冷战”年代。我记得，那时我们多么害怕俄国人。因为您，我开始明白，当关系到一个人最重要、最亲密的家人和朋友时，他通常会害怕那些未知事物。因为所有人，不论属于什么民族和宗教，都想在和平中生活，都希望自己的亲人们幸福。您就是这种渴望的化身。感谢您。

莎伦·斯维尼·梅里特（康涅狄格州新米尔福德市）

看起来不可能遭受外部威胁打击的美国，可以说这次伤到了心脏，这件事表明：世界上没有什么是不可攻破的。任何人都可能成为牺牲品。因此世界上绝大多数人当时都怀着悲悯和同仇敌忾的心情，这是很自然的。美国呼吁建立国际反恐联盟自然也得到了正面响应。世界见证了这一破天荒的现象：美国、俄罗斯、欧洲、印度、中国、古巴、大部分伊斯兰国家以及其他国家和地区都采取了同一立场，尽管它们之间存在着许多严重的分歧。这一近代历史上罕见的现象在某种程度上让人想起第二次世界大战时期形成的反法西斯同盟。

第一位给乔治·布什打电话对陷入灾难的美国表示同情和支持的外国领导人是俄罗斯总统弗拉基米尔·普京。他宣布加入反恐联盟，以此表明自己在与恐怖分子作斗争的问题上采取合作的坚定立场。我完全支持他，并认为，在这样的时刻必须搁置之前出现的俄美关系中的矛盾。关于这一点，我在莫斯科与美国的电视连线节目中接受拉里·金采访时就说过。我又补充道："现在重要的是不能破坏这个联盟，而应当将它变成一个建立和平公正的国际新秩序的机制。"

我在一篇发表于世界各国几十份报纸上的文章中，发展了支持联盟建立国际新秩序的观点。

不能像20世纪90年代那样再次痛失建立国际新秩序的机会了。要知道这样的事实：许多诸如团结一致、帮助"第三世界"国家战胜贫穷和落后这样的概念从政治词汇中消失了。将这些任务再次提上议事日程，就意味着联合代表不同文化和处于不同政治经济发展水平的国家和民族的力量。

如果反恐只是采取军事行动，那么最终输的是整个世界。而如果反恐成为共同建设公正的国际新秩序这一任务的一部分，那么所有人都是赢家。

俄罗斯加入反恐联盟不是停留在口头，而是付诸行动。当联合国授权开展旨在推翻阿富汗塔利班政权的军事行动时，俄罗斯给美国提供了切实的援助，与之分享信息，与西方国家和邻国统一立场，提供俄罗斯领空的飞行权，还给阿富汗人民提供了人道主义援助，给北约提供了武器等。之后，俄罗斯总统又单方面对美国作出让步。我指的是关闭在古巴的电子侦察中心和在越南的海军基地。

不是所有的俄罗斯民众和政治精英都赞同这一政策。一些人仍然用旧思维思考问题，另一些人则心存疑问：世界上最强大的国家轰炸贫穷落后的阿富汗，这真的是件好事吗？还有些人则这样说：我们在困难时刻帮了美国，而美国会在对我们而言非常重要的问题上作出让步吗？

在文章中，我呼吁不要规避这些问题。

我确信，俄罗斯会是一个与国际恐怖主义作斗争的好伙伴。但同样重要的是，在建设国际新秩序时要将俄罗斯的声音考虑进去。

当我们制定出迈向新型国际社会的共同策略时，俄美关系中的许多难题，比如北约东扩和导弹防御系统问题，解决起来都将容易得多。当然不仅仅是俄美关系问题，也包括其他问题。

然而，时间越久，包括我在内的这些寄希望于世界政治领域会发生重大转变的人，产生的疑虑和问题也越多。联盟会保留吗？各盟国在与挑战全人类的全球性威胁作斗争时会不会遵守集体行动原则？

在阿富汗的军事行动拖的时间越长，尽快解决问题的希望明显就越渺茫，这种疑虑也越多。关于在时间和空间上扩大军事行动的传闻也越来越多。

我在2001年11月发表的一篇文章中提醒，战争拖得越久，保持“大联盟”统一的难度会越大。因为从满足某个地区大国的野心或者其他利益的角度出发的政治和地缘政治考虑，很可能会破坏联盟，或者打着反恐的幌子达到加强对其他国家的控制和扩大自身影响力的目的。

我认为分析“9·11”事件的深刻原因和后果是很重要的。在上述文章中，我还写道：“‘9·11’事件标志着单极世界意识形态的终结，是结束‘单方面全球化’的一大转折。我认为，这一天是苏联解体和‘冷战’结束后产生的哲学思想的悲痛忌日。整整十年被浪费了。由于消灭共产主义带来的胜利感持续时间过久，世界的复杂性被忽视，各种问题和矛盾没有得到重视。贫穷和落后问题被忘记。同样被忘记的是必须建设一个比我们留下的那个秩序更公正的国际新秩序。”

我反复呼吁不要把反恐斗争变成单纯的军事行动，更加不能利用它满足一己私利。但我最担心的事还是慢慢变成事实。

在阿富汗取得初步胜利（后来被证明只是昙花一现的胜利）后，美国领导层信心再次膨胀，他们相信凭借自身的军事力量，美国可以独立应对任何局势。美国高层单边决定和独立行动的倾向显著增强。美国宣布单方面退出《反弹道导弹条约》（该条约2002年6月失效），拒绝继续执行《全面禁止核试验条约》，退出《京都议定书》（布什撤回了前总统的签字）和《国际刑事法院规约》。

世界再次陷入军事化漩涡，军费激增，研制和生产更现代化、更“智能”的武器装备的投入增大。旨在推翻伊拉克萨达姆·侯赛因政权的军事行动开始筹备。

入侵伊拉克成为美国单方面行动原则的高潮。得知这一消息的时候，我正在火车站候车前往东京。是国际文传电讯社的一位记者用手机告诉我的。我当时就称这一行动是个错误，它将给美国和全世界造成巨大的恶果。恶果很快就产生了，直到今天都能感觉到。

贫困是个政治问题

这样一来，本世纪头十年清楚地表明：世界政坛未能对安全挑战、核武器以及恐怖主义作出合适的回应。在解决另外两个重大全球问题方面，情况也并不理想。我指的是贫困落后与全球生态危机的挑战。

2004年10月，国际政治论坛召开大会讨论贫困问题。对该问题的兴趣和参与者的层次都是绝无仅有的。作大会发言的有联合国前副秘书长安瓦尔·乔杜里、马来西亚前总理马哈蒂尔·穆罕默德、巴基斯坦前总理贝娜齐尔·布托、德国前外交部长汉斯-迪特里希·根舍、联合国前秘书长布特罗斯·布特罗斯-加利、南非副总统雅各布·祖马、日本前首相海部俊树、印度前总理因德尔·库马尔·古杰拉尔、法国前总理利昂内尔·若斯潘和米歇尔·罗卡尔、世界贸易组织前总干事麦克·莫尔、联合国秘书长高级顾问杰弗里·萨克斯、波兰前总统沃伊切赫·雅鲁泽尔斯基、葡萄牙前总统马里奥·苏亚雷斯、尼日利亚总统和吉尔吉斯斯坦总统各自的个人代表，以及其他政坛名宿，同时还有社会、政府、宗教组织及媒体的代表。

我在大会开幕发言中说，贫困是个政治问题。该观点成为大会的主旨思想。以下是我发言的主要内容，在我看来今天仍然非常重要。

> 20世纪90年代大多数人寄希望于随着各国经济在《华盛顿协议》这个“唯一正确”的基础上发展，该问题会迎刃而解。我们记得，当时的贸易，特别是跨国贸易，进行得如火如荼。可是这种单边的方式只会招致悲惨的结局。
>
> 这个抽象的构想首先对发展中国家造成了伤害，当然不仅仅是这些国家。很大程度上正是因为这个原因，“冷战”结束后出现的机会被错失了。很明显，需要寻找新的方法。
>
> 在2000年召开的联合国千年峰会上，世界各国家和政府领导人展现了解决贫困问题的政治决断力并承担了具体、量化的义务，这表明世界在消除贫困问题上迈出了重要的一步。可是在此会召开后若干年，对于第三世界国家，特别是非洲国家的亿万人民来说，既定的任务成了美好的愿望。帮助发展中国家在公平的条件下发展贸易、保障它们进入市场和减轻债务等承诺并未兑现。
>
> 今天，世界不仅拥有足够的资源，而且拥有被证明能够有效解决贫困问题的具体途径。然而，该问题依旧无法解决。这首先与政治决断力的缺乏有关。大国不是在履行义务，而更像在寻找又一剂灵丹妙药。
>
> 现在，自由贸易和合理控制作为一种万能公式被提出，这包括净化权力、反腐败等。毫无疑问，实行合理的经济政策与遵守市场经济规律，这两者都很重要。但过多强调这些毫无争议的真理看起来更像是找借口回避履行义务。比如，它们很难履行拿出0.7%的国内生产总值来帮助发展中国家的义务，却很容易找到几百亿美元用于发动大规模军事行动或生产新型武器系统。

贫困是个政治问题的原因还在于，如果这个问题得不到解决，世界必然会发生新的分裂，其结果将比我们共同努力结束的东西对峙局面造成的后果危险得多。世界被分成富裕岛与贫民窟，这比“冷战”更危险，因为它们无法彼此隔离。绝望是滋生极端主义和恐怖主义的土壤，更不用说移民潮、传染病以及其他新出现的不稳定根源。

贫困是个政治问题的原因最后还在于，它与民主、人权和基本自由问题密不可分。民主和发展任何情况下都不会矛盾，但在贫困问题几十年都没解决的地方，人们宁愿牺牲民主而选择专制。20世纪80年代末90年代初出现的改变世界的民主倒退潮在很大程度上正是与此相关。

我坚信，民主不可能通过坦克和先发制人的打击强加于人，它应当在每个国家和民族的发展进程中成长起来，但可以给它创造更有利的前提，而最重要的前提之一就是消灭贫困。

在参加论坛的政客和专家们的发言中，我感觉到他们对世界贫困问题的严峻形势表现出极大的关注。通过分析不同国家与贫困斗争的经验，他们提出解决这一问题的建议。有一点大家的意见非常一致，即贫困几乎是人类发展到现阶段遇到的所有全球问题的根源：环境恶化、经济发展缺乏安全性和稳定性、恐怖主义、社会边缘化等许多全球化问题带来的消极影响。

我强调，我们应当听取反全球化运动发出的信号。虽然那些呼吁实行“可替代性全球化”的示威活动中有流氓、极富攻击性的破坏分子和普通教唆者，但几十万走上街头示威的人大部分诚实热心，他们提出的要求是合理的：全球化不应当成为单行道，成为富人更富、穷人被遗忘的进程。

现实情况是：世界上差不多有10亿人在挨饿，与此同时美国却每四个人当中就有一个肥胖病患者。全球3 400万艾滋病患者中有2 300万在非洲。东京市的电话线数量就相当于整个非洲的总和。全球5 700万孩子没有机会上学。博茨瓦纳人的平均寿命才四十一岁。

消除贫困与饥饿是由参加2000年地球峰会的世界各国领导人认同和批准的千年发展计划中的头等问题。按计划，最近阶段的任务是到2015年将生活在贫困线以下的人口数量减少一半（与1990年相比），同时将忍受饥饿的人口数量减少一半。结果如何？联合国2013年公布的报告表明，日收入低于1.25美元（极度贫困线）的人口数量从1990年的47%降低到2010年的22%。

可以看出，离消除贫困还有很长的路要走，离消除饥饿同样很遥远：上述时期内长期饥饿的人口比例虽然有所下降，但2015年的既定目标很难实现。进步是有的，但远远不够，且极度不均衡。在中国、印度和其他某些国家取得显著进展的背景下，绝大多数非洲国家的状况看起来令人沮丧。而富国对穷国的帮助没有增加，反在减少。

所以不难理解联合国秘书长潘基文的不安，他呼吁即刻起应当加倍努力，以尽快完成既定任务。但西方国家领导人会听到他的呼吁吗？他们在谈论“世界重新格式化”的必要性，就像前不久在达沃斯上那样。我们已经不是第一年听到这样的论调，可至今没有看到任何实质性的改变。

世界的贫富差距在不断扩大。提交给达沃斯经济论坛的一份关于财富不断集中到少数人手里的报告写道：几乎一半的世界财富现在集中在1%的人手里。他们的财富总值达到骇人听闻的110万亿美元，这比一半世界最贫困人口的财富总和还要多出65倍。而85位世界最富有人士的财产就相当于一半世界最贫困人口财产的总和。

据《福布斯》2013年公布的数据，全球资产超过10亿美元的富翁达1 426位，与20世纪末相比增长了3倍。他们的总资产达5.4

万亿美元，与上一年相比增加了8 000亿美元！这些“十亿富翁”的总财产是一半世界最贫困人口财产总和的4倍。

财富史无前例地集中到少数人手里破坏了民主，威胁到社会的完整，损害了所有人的机会均等。而大规模的贫困阻碍了经济快速发展，会导致社会不稳定，提高犯罪率，加剧恐怖主义的蔓延。一边是大规模的贫困，另一边是个人财富的不断膨胀，这是国际社会面临的严峻挑战，威胁到世界和平与安全。

然而又出现了另一个不能回避的问题，这点必须坦白说出。我想起1992年我与美国前国务卿乔治·舒尔茨的一次谈话。我对他说：“你们美国人想把你们的生活方式出口到任何地方。但你们消费着世界上44%的能源。如果别的国家也按照你们的标准生活，地球上的资源将在数年内消耗殆尽。”当时，我和他都找不到该问题的答案。在谈到2008年的经济危机时，我再次提到这个问题。

之所以提出这个问题，我是要提醒人们，如果世界按照原先的模式发展，人类不仅会陷入“资源”困境，也会陷入生态困境。之后这些年，我们一直见证着人类与自然的裂痕不断扩大。一些人仅仅充当了冷漠的旁观者，另一些人则努力制止这个危险的进程。我坚决站在那些关注生态危机并渴望行动的人这边。

应对生态挑战

1992年，与第一次地球峰会（在里约热内卢召开的、各国家和政府首脑参加的联合国生态与发展会议）同时举办的还有社会组织代表、文化活动家、数十个国家的议会与宗教领袖参加的论坛。论坛讨论了公民社会在应对生态危机时应发挥什么样的作用。论坛参与者给我写了一封信，提醒我曾在1990年举行的“人类生存与发展”论坛上发起的一个倡议：建立一个全球生态组织，该组织可以像人道主义领域的国际红十字会一样，成为拯救全球生态的中心。他们建议由我领导建立国际绿十字会。信的措辞非常诚恳和坚决，令我无法拒绝。

从小我就亲近大自然，亲身体验过人对自然状况及自然界变化的依赖。我清楚地记得我的家乡斯塔夫罗波尔市的沙尘暴。后来，我在莫斯科有机会接触一些文件，我了解到伏尔加河上的水电站建设造成的生态后果，了解到从锡尔河和阿姆河取水灌溉造成了咸海逐渐干涸。当我们宣布公开性的时候，民众首先利用这个机会对于空气和淡水污染、滥伐林木资源以及其他破坏生态环境的问题发表了自己的意见。而且事态严重到人们强烈要求关闭数十家污染生活环境的工业企业。人们通宵达旦地聚集在广场上不肯离去，直到他们的要求被认真考虑。

在考虑如何答复公民社会代表请求我承担起领导国际环境保护组织的义务时，我明白了，不能只从形式上执行该计划，以后还有很多工作要做；我明白了，生态问题可能会成为人类在21世纪遇到的最严峻挑战。在接受日本《朝日新闻》采访时，我说，处理生态问题成了我的工作。

1993年4月18日，国际绿十字会成立，在日本京都市召开该组织的第一次大会。在这之前，关于国际绿十字会应该是个什么样的组织有过激烈的讨论。一部分人认为它应当成为一个救援团体，对生态危机作出反应，并向受污染地区派出“绿色安全帽”工作队。另一部分人则建议参照绿色和平组织模式，发动人们参加大规模抗议活动。我觉得，这两种观点都没有前途。我的看法得到了一些经验丰富、看待问题透彻的人的支持。比如，挪威著名学者和旅行家托尔·海尔达尔在国际绿十字会第一次大会前的筹备会上这样说：“如果说到‘绿色安全帽’，那么我们不是一路人。我们需要的是一个以改变人的思维、使其转向生态意识为宗旨的组织。需要制订具体的计划，以便达成这些目标。”美国、俄罗斯、日本、荷兰、瑞士等国（正是这些国家后来成为组织的骨干）的代表参与了讨论，我们的意见获得了支持。

在宪章中，我们阐述了该组织的哲学思想："生命是无价的。所有的生命形式都有它自己独一无二的内在价值。所有栖息在我们这个星球（它是我们共同的家园）上的生命是一个彼此关联的综合体，它的任何一个组成部分对于整体功能的发挥都起着绝对作用。对于保持生命的完整性，并为这一代和下一代人留住一个健康稳定的星球，我们承担着道德和伦理责任。"

各国开始筹建国际绿十字会分会。因参加筹备大会，我访问了很多国家。我一开始就认为国际绿十字会的使命在于应对错综复杂的全球安全、贫困和环境恶化等问题的挑战。国际绿十字会的任务在于：

——帮助确立法律、伦理和行为准则，以便促成政府、私人以及公民社会价值观与行为方式上的根本转变。这是建设一个稳定的国际社会的必备条件；

——帮助预防和解决因环境恶化和自然资源枯竭而起的冲突；

——为战争、冲突以及其他人为灾难的受害者提供帮助；

——致力于培养全球生态意识、全球相互联系的依存感和共同改善人与自然关系的责任感。

多年来，我一直担任国际绿十字会主席和其领导机构董事会的董事长。2008年领导层进行了重组：我保留了荣誉创始主席的职位，同时成为董事会成员。亚历山大·利霍塔尔（俄罗斯）当选为新主席，董事长是扬·库尔奇克（波兰）。我对他们和其他几十人曾经支持我的这一庞大计划，并对今天他们继续满怀热情、精力充沛地投入到这项工作中表示感谢。

国际绿十字会在活动期间提出了一系列"生态治理"地球的具体计划。其中最重要的是"遗产"计划。它的目标是消除"冷战”和军备竞赛留下的生态遗产（销毁化学武器储备，消除有毒物污染等）。2000年，我发起一个重要倡议，呼吁重启销毁化学武器进程。要知道，美国和俄罗斯的化学武器总量达6.5万多吨。由于资金不足、其他《禁止化学武器公约》方提出的要求与问题多年来一直悬而未决等原因，俄罗斯销毁化学武器的工作暂时中断。

我向俄罗斯、美国、英国、瑞士以及其他许多国家的领导人发出公开信，呼吁他们竭力承担因销毁化学武器产生的费用。为响应这一呼吁，俄罗斯政府加大了对销毁化学武器计划的拨款。美国政府方面也采取了许多切实措施。

还有一个重要的计划：国际绿十字会成为“地球对话”会议的倡议者，这是为解决稳定发展中的伦理问题而举办的一系列社会论坛。第一届“地球对话”会议于2002年在里昂召开，法国总理和几位部长参加了此次论坛。里昂之后是巴塞罗那、纽约、拉合尔。同样的活动在俄罗斯、意大利也举办过。2006年，我参加了在澳大利亚布里斯班举行的“地球对话”会议。

“地球宪章”计划是我在国际生态运动领域开展的又一项活动。该计划的宗旨是制定出一部地球生态法典，一份以建设21世纪公正、稳定、和平的国际社会为基本准则和价值观的宣言。

“地球宪章”的想法是1987年由国际环境与发展委员会（布伦特兰委员会）提出的，并在1992年得到了正在里约热内卢参加地球峰会的时任联合国秘书长布特罗斯·布特罗斯–加利的支持。但直到1994年，莫里斯·斯特朗（他是1992年地球峰会的秘书长）和我才通过我们各自建立的组织（地球理事会和国际绿十字会）将这一计划作为公民社会的倡议重启了。它得到了荷兰政府的财政支持。

1996年“地球宪章”筹备委员会成立了，我和莫里斯·斯特朗共同担任主席。1998年4月，国际绿十字会大会讨论了“地球宪章”计划。我向与会者表达了自己对宪章的宗旨和任务的看法，并作了一个名为《稳定的未来》的长篇报告。

“地球宪章”最终版本在于联合国教科文组织总部所在地巴黎召开的筹备委员会会议上获得通过，并于2000年6月29日在海牙的和平宫正式向国际社会公布，荷兰女王贝娅特丽克丝出席了仪式。后来，联合国教科文组织召开大会，并通过支持“地球宪章”的决议。

国际社会中具有生态保护意识的那部分人试图实现生态稳定发展的努力遇到了极大阻碍。一部分人不理解，另一部分人出于自私的想法，还有一部分人目光短浅、只顾眼前利益。生态稳定发展的想法得到以联合国为代表的国际社会的支持，而且还制订出具体的行动计划。但它并未受到重视，其宗旨也变为鼓励市场力量自由角逐，这就把世界发展推向了相反的方向，使其变得更加不稳定。

这引起了包括我在内的许多人的担心。我努力使各国政要和国际社会注意到必须实现稳定发展的构想和价值观。其中包括，2002年我曾打算前往约翰内斯堡参加“里约+10”会议，并准备了发言的提纲。可惜的是，最终未能成行。

我非常遗憾未能在约翰内斯堡会议上发言。国际绿十字会非常担心此次会议可能遭受失败。我给一百位各国家和政府领导人致信，陈述我们组织的观点并呼吁不要让会议遭受失败。我收到了俄罗斯、法国、波兰总统，英国首相以及其他一些人的回信。所有人都认同必须将生态问题置于政治和社会运动的首位。

一百多位国家和政府首脑出席了约翰内斯堡会议，但还是有许多最受期待的领导人谢绝出席。这是一个糟糕的信号。的确，约翰内斯堡峰会成为转折点的希望落空了。分歧和私利再次占了上风。会议通过的文件仅具有宣言的性质，而没有任何具体、有强制力的条款，只能给人带来新的失望情绪。

水资源危机

在全球生态危机这一状况下，关系到具体生态问题的行为具有特殊意义。那些年我处理过的一个问题就是水资源危机，即世界上的淡水资源越来越少。2002年7月，我参加了由国际绿十字会筹备召开的世界水资源会议。第二年，我又出席了世界水资源论坛。此后该论坛定期召开，以便将一些能够提供具体解决方案的权威专家和政要们集中到一起。

2009年2月，在布鲁塞尔的欧洲议会召开了由国际政治论坛倡议的"世界与水"国际会议。其宗旨在于制定出关于保护水资源的措施的建议，以便为国际气候新协议的谈判方提供借鉴。这些建议在《世界水资源协定备忘录》中得到了体现。

在大会发言中，我说道，水资源危机综合了生态、社会、经济和政治因素。根据联合国的估计，世界上约有9亿人喝不到清洁的水，而26亿人生活在不卫生的环境中。对水的需求在不断增加。发展中国家80%的水资源被用于农田灌溉。全球气候变化使该问题变得更加严峻。

获取水源成为国际冲突的原因之一。尽管有许多专家和生态组织的研究成果和报告，但政治对这个真正急迫问题的反应还是比较迟缓。作为国际绿十字会的创始主席，我在2000年就与三位国家（瑞典、博茨瓦纳、菲律宾）首脑一起提交过一份这样的报告。它得到了肯定的评价，但报告中提出的建议却始终未能实施。

我们在报告中提出的应当坚持的核心观点是：水作为全人类最重要的资源，是所有人共同的财富，而拥有水资源应当被宣布为最基本的人权之一。该想法得到了广泛认可，许多国家领导人和商界人士都表示支持。

我当然很清楚地意识到，拥有水资源的权利得到国际层面的支持本身并不能成为魔法棒。为了切实保障亿万人的用水权利，就必须以国家法律的形式将它确定下来。保障人们的用水和卫生条件对于解决发展中国家的其他问题也很重要，比如教育、医疗卫生和生育控制等。它与安全问题也直接相关。

2012年3月在马赛召开了第六届世界水资源大会，我作为报告人获邀参加。我的主要观点是：与其他资源种类不同的是，水是一种不可替代资源。我们拥有的水资源是有限的，而对水的需求则在不断增长。我们不能继续允许水资源需求保持20世纪那样的增长速度。我们也不能继续容忍在贫穷国家，几百万人因为饮用受污染的水而过早死亡。

国际绿十字会发起“生命之水”倡议，并建议制定有关用水权的国际公约。达成这一目标需要很多年。2010年，联合国最终通过决议将用水和享有卫生服务列为基本人权。迈出这重要一步对国际社会来说很不容易。但最终还是迈了出去。

更困难的是将这一原则付诸实践。只有少数国家将用水权写入国家法律。法国就是其中之一。不但如此，法国还拨出巨款用于保障发展中国家的用水权利。从国际绿十字会方面来说，该组织积极参与制定保护和合理分配水资源的措施。

哪怕采取无需巨额投入的一般措施，也能够拯救很多人的生命。仅国际绿十字会实施的一个实验项目就让生活在加纳沃尔特河流域的4万人获得了洁净的饮用水和卫生环境。我们工作的另一重要方面是预防因争夺水资源而引起冲突，避免水资源被利用成为施压或支配他人的手段。

气候变化的威胁

另一个最近几十年被推到国际政治前台的极其重要的问题就是人类大规模经济活动造成的全球气候变化。情况每年都在急剧恶化。在澳大利亚召开的“地球对话”会议上，我断言：各国领导人都忽视了气候危机的严重性。

每年都会有新的证据证明全球变暖（根据大部分学者的意见，“人为因素”起着决定性作用）会造成气候异常，导致人的死亡，带来严重的经济和社会后果。2010年的异常炎热天气远不是唯一的灾难，还可以轻易举出像中国的泥石流、澳大利亚和印度罕见的干旱、巴基斯坦和欧洲中部的水灾这样的例子……

而各个国家仍然束手无策。这不仅是因为缺少政治意志，而且还因为财力雄厚的集团公司和燃料能源企业担心在减少温室气体排放上面增加开支，而它们拥有的可支配资源要远超过那些支持采取紧急措施与全球变暖做斗争的人。每年国家给燃料能源综合体的碳氢化合物部门（石油、天然气、煤炭）补贴几千亿美元。的确，二十国集团，也就是世界主要经济体，许诺逐渐取消这些补贴，不过这还只是一个“中期图景”。

社会舆论中的失望情绪在增长，人们不相信国家有能力采取防止气候变化的有效措施。而失望离失去兴趣和社会冷漠近在咫尺。

2009年召开的联合国哥本哈根气候会议没有达到预期效果。由于发达国家和发展中国家间的严重分歧，未能制定一个能够代替2012年到期的《京都议定书》的全球气候问题新条约。

哥本哈根会议之后，事态更是开始走下坡路了。甚至在一些正式会谈中出现了与政府间气候变化研究专家组提出的建议相背离的倾向。人们有一种感觉，谈判方更关心“不要提高定额”，而不是取得怎样的实际成效。外交官和专家们刚碰到一些技术细节难题，马上就有声音呼吁大家同意“最小公分母”。已经有人提出一百年内全球气温上升4℃是可以接受的。这是气候专家们确定，也被八国集团和其他国家领导人接受的2℃极限值的两倍。

对此我不能赞同。我同样也不赞同建议将争论的重心转移到商界，希望在商界可以找到解决问题的技术手段。当然，商界有能力把采用新技术与自身利益结合起来，可以也应该在向“低碳经济”转型中发挥重大作用。但希望商界能成为这一进程的总发动机，这种想法至少是天真的。开发可替代和可更新能源的工作进展缓慢。几个国家在该方面取得的成就对全球形势影响甚微。自从世界经济近些年来出现问题之后，“自由市场”能够解决所有问题的观点已不再具有说服力。

出路在于所有国家集体在政治方面优先考虑气候问题并共同承担责任。它们应当承担与威胁程度相适应的政治义务。必须要消除“气候不公”现象，即气候变化给发展中国家带来更严重的后果，因为这些国家没有必需的资源来消除后果。

西方国家领导人应当坦白承认该挑战的严重性，必须采取体制性，而非表面性的措施。全球新条约的基础应当是科学数据，而不是集团利益的妥协。

那些工业排放量与发达国家相当的发展中大国也应当承担重大责任。像中国、印度和巴西这样的国家，随着经济实力的增长，它们承担的生态责任也应当加大。因为与气候变化作斗争也符合它们自身的利益。不过，首先行动的应该还是发达国家。它们近二十年来无所作为，因此没有资格指责别人。

最终所有人都应当作出牺牲。世界政治经济大国并不总是在所有利益方面都能达成一致，因此必须学会妥协处理的方法。

需要新的发展模式

2008年爆发的世界金融危机（我认为至今尚未结束）表明，当今全球社会面临的三大挑战是紧密纠缠在一起的。的确，军国主义、代价昂贵的军事干预、军事开支的增长在导致国库空虚（首当其冲的是充当危机爆发扳机的美国）上起到了决定性作用。另一个原因是以经济超额消费和超额利润为指向的发展模式本身。这种模式会让我们陷入持续的生态恶化。所有问题都集中到一点。

经济危机完全出乎世界各国领导人的意料。危机爆发前几个月，在日本召开的八国集团峰会上，他们好像还没有感觉到任何“地震”。应对危机的方法也显得完全不得当。

从一开始，我就说过不能仅限于采取救火措施，并向二十国集团（它是世界各主要经济大国为应对危机而成立的）提出自己的问题。

当然，中国、印度、巴西还有其他约十个国家的领导人开始与八国集团领导人展开平等对话的事实本身具有重大意义。其他方式已经行不通。这反映了世界经济和政治平衡方面取得的新进展。

2009年初，《纽约时报》集团在世界许多国家的报纸上刊登了我的一篇文章，里面列数了我向二十国集团提出的问题。第一个问题是，二十国集团决议能否制止全球金融危机，保障世界经济发展进入稳定的轨道？我认为，二十国集团首次峰会上通过的决议只能作为事情进展的第一步：“我认为，防止类似的危机再度发生不应当成为唯一的，甚至是主要的任务。应当讨论向经济发展新模式转型，这种模式不仅整合纯经济因素，而且还包括社会和生态因素。”

另一个问题关系到二十国集团在国际社会体系中的位置。我问道，二十国集团是什么？是“国际政治局”、“大国俱乐部”，还是世界政府的雏形？它与全球统一组织——联合国是什么关系？我写道，任何国家集团，“哪怕它代表了90%的世界经济体，都无法代替联合国。当然二十国集团有权谋求世界范围内的集体领导权。重要的是，它在行使该权利的时候要充分尊重其他国家的意见和利益。只有最大限度地将自身活动公开透明化并与联合国紧密合作才能避免犯错。每年至少在联合国总部召开一次二十国集团峰会。应当将工作进展和建议采取的步骤以报告的形式提交给联合国大会认真审阅和讨论”。

我认为，二十国集团不应当回避那些与世界经济命运息息相关的政治问题。这首先是国际政治与经济的军事化问题。它们都是相互联系的，我写道："军事化占用了现实的经济资源，激化冲突，制造了解决现有问题只能通过军事手段，而不是政治途径的假象。世界政治领导人在二十国集团框架内认真讨论该问题并确定政治立场有助于促进联合国负责该问题的相应机制展开工作。"

我们在国际政治论坛和诺贝尔奖得主峰会框架内仔细分析了危机的发生、发展过程和伴随它的社会进程。在包括美国在内的许多国家出现了大规模社会运动。

2011年在美国期间，我目睹了"占领华尔街"运动框架内的一些抗议活动。众所周知，这一运动还蔓延到了世界其他国家。千百万人提出了这个问题：为什么普通人必须首先勒紧裤腰带？危机的发生不是他们的错。一些无责任感的极端主义分子也借机发起抗议，这当然要受到谴责。但有些人企图因此谴责整个抗议活动。我一直认为：民众抗议社会财富分配中的极端不平等和不公正现象是他们合法的民主权利。

2011年11月，我在蒙彼利埃论坛上发言说，走上街头发起"占领华尔街"运动的人"对大集团公司通过议会钻税收政策的空子为自己谋利，并且制定脱离经济现状、为自己谋求巨大红利的金融政策的指责是公正的。他们认为大部分责任应当由政治家承担。他们要求回到平等、社会公正和团结的原则。我将这些原则视为与人权和自由同等重要的人类普世价值。但最近二三十年，这些原则被排挤到最末的位置"。

我断言，政治被挤进了新自由主义经济教条和要求的"铁笼子"里。但一天比一天更清楚的是：这些教条不是促进经济发展，而是限制了它的发展。

以纯经济因素（利润和消费）为出发点的发展模式"掏空"了

巨量资源，忽视社会和经济责任，已经表现出不适宜性。它造成了社会不公、不平等、冲突、危机以及灾难性后果的不断更替。

我觉得向另一种模式（渐进，但足够快速地）转型是不可避免的。我在2009年底发表于《国际先驱论坛报》和《俄罗斯报》的文章中写道，这就要求价格体系的变化，寻找经济发展的新推动力和刺激因素："经济发展应当重新定位到谋求这样一些社会福祉，如稳定的环境、民众的健康、教育、文化、平等的机会、社会团结等，也包括消除严重的贫富分化。这一切不仅是社会发展必要的道德要求，而且这些'商品'会带来巨大的经济效益。但经济学家们还没有学会如何衡量这一效益。这就需要智力突破。没有这一点，就建不成经济发展新模式。"

还有一个与危机有关的问题需要反思。这就是国家作用问题。我在危机伊始写的一篇文章名字就叫《国家正在回归》。我写道，三十多年前"开始了对国家的攻击。经济学家、企业家和政要们都指责国家几乎是所有经济问题的源头"。那些年里，选民们都更倾向于选择答应限制国家官僚作用、给予企业家更多自由的候选人。这一点被有些人利用，他们打着"水涨船高"的口号，答应给大集团公司最大的自由，免除它们应当承担的重大社会责任，废除劳动者社会保障体系。

此后在全球化浪潮中，货币主义和削弱国家作用原则开始推广到国际层面。我写道，这些原则体现在被强加于大部分国家头上的《华盛顿协议》中。

结果怎么样？

> 把国家从商业和金融领域排挤出去导致许多机构的工作没有受到任何监督。泡沫一个接一个地破碎——"数码"、证券、金融、不动产抵押等。尽管泡沫迟早总会破碎，但在这一过程

> 中小部分人积累了难以想象的巨大财富，与此同时，大部分人的生活水平最好的也就是原地踏步。而向贫穷国家提供援助的责任则被忘得一干二净。
>
> 削弱国家作用演变成金融腐败的肆无忌惮、有组织的犯罪集团闯入许多国家的经济领域、集团公司的游说作用飞速增大。要知道，这些游说集团是国家体制之外、掌控能够影响政治的巨大财富和手段的大官僚。这歪曲了民主进程，造成了严重的社会后果。

经济危机使人们对这个问题的认识变得清醒起来。只有国家及其领导人才必须承担将经济从近几十年来最严重的危机困境中解救出来的责任。遗憾的是，各国领导人目前还没有走出“救火措施”的范围。不过迟早各国领导人将不得不“回到履行自己义务的道路上来”，其中包括社会和生态义务。

只有国家才能就因危机而激化的问题制定“游戏规则”，比如公平承担赋税、刺激经济增长、将民众的社会保障维持在必需的水平等方面。只有国家才能创造条件发展基础科学，使得每个人都能接受教育和医疗。只有国家才能调动各种资源和手段促进新技术的应用。只有国家才能制定严格的标准和准则。没有这些，与威胁全世界的生态灾难作斗争是无法想象的。

当然，也只有通过各国的努力，并在国际公民社会的积极作用和不断施压下，才可能建立起新型的全球安全与可控性政治架构。该架构的基础应当是抛弃对抗思维，放弃谋求国际事务中的领导地位，尊重选择、文化及发展模式的多样性，愿意对话和全面合作。这又将我们带回到“新思维”的思想原则。

过去的这些年，我一直在思考这些问题：不久的未来，国与国之间的关系将会怎样？那些对国际秩序建设负主要责任的国家在搭建全球新架构方面将起到什么样的作用？补充一句，无论是大国、中等国家还是小国，所有国家都应当在这一进程中作出自己应有的贡献。联合国宪章中规定的主权国家平等原则仍然具有意义。但不容置疑的是，世界上的主要大国（包括俄罗斯）在这件事上应当起到最重要的领导作用。这也是历史对它们提出的要求。

某个国家拥有超过其他所有国家的决定权的单极世界并没有形成。最近二十年，我们目睹了世界力量关系逐渐变化。美国和欧盟构成的“西方集团”不得不越来越多地考虑国际政治舞台上其他角色的意见和立场。这首先是俄罗斯、中国、印度和巴西。它们努力在一个新的，在我看来也有前途的联合体——“金砖国家”——框架内协调自己的立场。与此同时，世界经济的重心开始转向亚太地区。这里除了继续发挥作用的日本外，还出现了其他的强国。不仅仅是中国，还有东盟国家和大洋彼岸的拉美国家。所有这一切当然会带来新的政治结果。

这些年，我差不多到过所有我提到的国家，同它们的领导人、公民社会代表以及学者、文化工作者、年轻人进行了谈话。我很高兴我有这样的机会。亲眼看世界，在与他人的实际接触中，感受民众的情绪，与他们交谈，所有这一切对我来说都是不可替代的。

出访美国：会见乔治·舒尔茨和罗纳德·里根

当回忆我卸任总统以后的一些出访，重读自己的演讲、媒体的报道和采访时，我发现我说过的很多话仍然没有过时。我希望，我对世界政治舞台上大国在推动建设更安全、更公正的国际新秩序中应起到什么样的作用的想法，会对今天承担维护世界和平责任的那些人有所裨益。

尽管世界已经发生了变化，而且将来也会继续变化，美利坚合众国依然是所有世界进程（政治、经济、科技和技术革新等）最重要的参与者。否认这一点是不符合实际的。世界上的许多事都取决于美国如何使用自己的潜力——是建设性地、通过合作和对话，还是把自己的意愿强加于人。我在为卸任总统后的首次美国之行作准备时，正是以此为出发点。

美国方面发来的邀请很多，我从中选择了十多个。问题是，何时启程？关于这一点，美国大使罗伯特·斯特劳斯甚至亲自来找我。他转告了美国总统布什的请求，希望将我的行程安排在叶利钦正式访问美国之后。大使对我说，是俄方坚持要这么做的。当然，我对如此复杂的“花招”感到惊讶。但叶利钦和他的近臣们那时就已经开始执行孤立我的方针，想方设法不与我接触。实际上根本就没有任何问题：叶利钦的访美计划在3月，而我的则定于5月上旬。

应当说，后来在我的美国之行当中，也不时发生一些委婉地说是俄罗斯当局想给戈尔巴乔夫“好看”的摩擦。俄罗斯驻美国大使弗拉基米尔·卢京得到指示，不许参加同我的访问有关的活动。因此，他缺席了布什总统邀请我前去参加的白宫宴会。可后来他请求在我下榻的宾馆见面。坦白地说，我很不喜欢这样的把戏，也自然对俄罗斯当局不会产生好感。

对我来说，最重要的是让此次访问对俄罗斯有利，对俄美关系有利。为此，我们制订了内容丰富的会谈和演讲计划。两个星期跑了1.4万公里。我与陪同者们一共访问了11座美国大城市，其中有洛杉矶、旧金山、芝加哥、亚特兰大、纽约、波士顿等。我们举办了许多会谈和演讲，包括在美国国会的演讲。

美国前国务卿乔治·舒尔茨负责筹备我此次的美国之行，为了最终达成此事，他做了许多工作。

关于乔治，我想单独说说。我清晰地记得我们第一次见面是在

1985年。当时他来到莫斯科参加契尔年科的葬礼。当然，那时我们知道他是罗纳德·里根政府中的务实派代表。他主张寻找途径打破美苏关系的僵局。但第一次见面很难判断我们合作的前景。

当时我们的领导层，还有不少专家认为与里根政府达不成任何协议，需要等到另一个不像里根那样保守和有着强烈反共情绪的伙伴。我对此不赞同。我坚信，不能浪费时间。关于这一点，我同乔治·舒尔茨会面的时候就曾对他说过。同时我也发现，他是一个很专心的对话者。

我们开始筹备中断了六年之久的美苏峰会。舒尔茨前来莫斯科，谢瓦尔德纳泽也多次去往华盛顿。感觉得出，情况进展得很艰难，展开实质性会谈不像首次会面那样简单，这是要取得实际成效的。但这一想法在政府中却遭到了极大的阻力。美国人对我们建议两国在会后应该发表联合声明尤为不满。该声明要列出为打破裁军和美苏关系正常化谈判僵局而制订的计划纲要。美国人说，这些漂亮话有什么用，需要的是具体措施。所谓的具体措施，他们指的是单方面让步，却并不打算改变自己的立场。

但最终理智占了上风。几乎在最后一刻，舒尔茨知会我方说，美国方面同意准备联合声明。我们得知，国防部长温伯格和政府中的其他“鹰派”人物对舒尔茨成功说服里根总统走出这一步感到十分震怒。

当制订文本的具体工作开始后，我们发现舒尔茨的确是个建设性伙伴。在联合声明中，我们确定了最重要的内容：避免发生核战争和双方互不谋求军事上的优势。此后我们在交谈中多次回想起这件事，应该说，乔治对这些原则的态度始终没变过。

我们达成协议，谈判将通过官方渠道进行，而主要的会谈代表是苏联外交部长和美国国务卿，还有双方驻对方国大使。舒尔茨反对秘密访问、“隐蔽的渠道”和其他类似途径。对此，我十分理解。会谈要真诚，而且应当尽量公开，没有任何幕后的诡计和

“意外”。

在与乔治·舒尔茨的多次交谈中，我逐渐认识到他的谈判风格和处理世界政坛上主要问题的方式。他表现出真正外交官的品质，善于捍卫自身立场，同时寻找与对方立场的契合点。

更重要的是，当谈判由于那些反对改善美苏关系的人“暗地使绊”而到达紧要关头时，乔治表现出克制和耐心，竭力压制自己的愤怒情绪。比如，对1986年秋发生的“间谍丑闻”，他的表现即是如此。由于“间谍丑闻”，雷克雅未克的峰会差点没开成。

9月，爱德华·谢瓦尔德纳泽前往纽约参加联合国大会，我委托他向舒尔茨提一个问题。虽然问题本身差不多是个设问句，但非常重要：究竟是什么人需要在这个决定核裁军谈判成败的会谈前夕搞出间谍案来？当然，我并没打算对方会给出直接的回答。但应当对美国前国务卿说句公道话：他亲自参加了会谈，并最终成功地解开这个结。这几乎是一场外交马拉松，会谈报告紧急传往莫斯科。最终找到了不让双方丢脸的解决办法。

1987年春，乔治·舒尔茨赴莫斯科讨论我首次访美的筹备事宜，差不多就在他到达的前一天爆发了新的“间谍丑闻”。那些反对改善美苏关系的人也成了舒尔茨个人的反对者。他陷入了困境。在莫斯科，他被迫宣读一份谴责苏联的发言稿。但我们看得出，这个话题没有给他带来一点快乐。大部分时间都用在了讨论核裁军谈判的具体问题上。最终不仅推动了中程导弹问题的进展，而且还涉及某些战略性武器问题。

多年以后，我和乔治在莫斯科见面时还回想起在华盛顿签署第一份真正的核裁军协议（即《消除中程和中短程导弹条约》）之前那些戏剧性的日子。乔治对我说：“当所有人都明白，事情已进展到快签署协议的地步时，却发现美国和西方许多人并不想签署这份‘零方案’协议，这实在让人惊讶不已。要知道，这可是里根总统本人当时提出的方案。我觉得，将事情进行到底关乎诚信。但远不是所有人都这样想。反对者不仅我国政府里有，别国也有。基辛格反对，斯考克罗夫特反对。密特朗和撒切尔也都反对。为了使协议最终签署，我们需要付上大量的精力和顽强的政治意志。”

1988年初，我得知，舒尔茨希望里根的总统任期以签署《削减战略武器条约》的方式结束。可能里根本人也希望如此。但正是舒尔茨承担了主要的重任。他多次来到莫斯科，并有大批专家随同，以展开高度紧张的会谈。

当时我见到舒尔茨，已经看出他的体力不足以承担这样的重任，他经常面带疲惫。后来他在回忆录中透露，华盛顿那些反对条约的人如何激烈地抵制他。可98%的条款都是双方协商好的！这次华盛顿的“鹰派”占了上风。后来他告诉我，这是他在里根政府工作的这些年里最失望的一次。

退休后，舒尔茨仍然在美国政坛保留着巨大的影响力。他对国际重要问题的看法仍被采纳。他对俄罗斯的兴趣也仍然“健在”。这些年我们一直保持联系，互相写信，在国际会议上碰面，我去美国和他来俄罗斯期间也都会见面。

我1992年的美国之行从与罗纳德·里根的会面开始。后来发现，这也是我们最后一次见面。里根和南希邀请我参观位于西米谷的里根总统图书馆。这是一幢大楼，里面有各种展览室、图书室和档案室，还有一个社会政治中心。总统图书馆是美国的一个重要传统，它们由投资人建立，国家也给予部分财政支持。我去过好几个这样的图书馆。每个都不仅展示了总统的活动，而且还或多或少地表现了他的性格。在里根图书馆大楼的旁边，南希指着一块地方对我说：“我们将会在这里安息。”接着又补充了一句：“但我们并不着急。”

我们还去了里根的农场，离洛杉矶不远。在合作的这些年，我们学会了更好地了解对方。一个保守的美国右派和我这个共产党员出身的人能够互相了解和信任实属不易。但我们都懂得对国家和世界所负的责任，这才是有决定意义的因素。

我想起几年前我曾问乔治·舒尔茨："如果当时总统不是里根，而是另外某个人，我们会不会向前推动核裁军问题，会不会签署第一份条约？"乔治想了想，回答道："我想，不会。里根是这些年来美国最保守的一个总统，右派当中任何人都不能指责他让步太多，捍卫美国的利益不够。如果总统是个民主派，那些右派政治家和其他共和党人定会群起而攻之，条约也不可能得到批准。"

里根图书馆授予我"自由奖章"。我希望我在接受颁奖时的发言不只流于发表感言的形式。首先我提醒，世界上远不是所有地方都实现了富兰克林·罗斯福提出的四大自由：言论自由、信仰自由、免于贫困的自由及免于恐惧的自由。我说，这些自由都可以纳入自由选择这个概念中。

我们这一代人无力扭转世界进程朝着可能实践这些原则的方向发展。"我们是在对抗和扭曲的思维条件下长大的，这也使得政治理念变形。坦白地说，我们所有从政的人没有谁从未屈从过对抗思维的陈规。但一开始是无意识的，然后我们逐渐意识到必须从这个思维怪圈中挣脱出来。"

我想，这是因为我们考虑了民众的意见。"正是民众在意识中拒绝和克服了'冷战'、'敌人形象'的旧思维和对对方产生敌对情绪的条件反射。在最艰难的年代，许多美国人和俄罗斯人彼此吸引，拒绝透过备战的有色眼镜来看待对方。"

"冷战"也是我在富尔顿的演讲的一个主题。我们是从加利福尼亚州到达那里的。在这个密苏里州小城有一所威斯敏斯特学院，温斯顿·丘吉尔比我早四十六年在这里发表著名的"铁幕"演说。缓坡上的听众席放着一排排长椅，坐了约有1.5万人（包括许多从其他城市赶来的听众）。在我发表演讲的讲坛后面矗立着一座巨大的雕像。这是水泥墙的一段，中间开了个人形的大口子。

艺术家以想象力简洁、形象地传达了“冷战”的戏剧性，表达了人们渴望冲破那堵隔离和对抗之墙。耐人寻味的是，这座雕像的作者是丘吉尔的孙女，当时她也坐在听众席。当然，她的作品被放在富尔顿也并非偶然。

丘吉尔在演讲中呼吁将世界从“共产主义威胁”里拯救出来。根据他的见解，起决定作用的首先应当是军事力量。他的演讲标题就是《维护和平的肌肉》①。

我对听众作了上述提醒后，开始谈到我自己对当时形势的看法：“国际社会面前出现了扭转世界发展方向、根本改变战争和武力作用的难得机会。当然，苏联和美国起到了决定性的作用。”但它们错失了这个机会。以斯大林为首的苏联领导层将战胜法西斯等同于社会主义的胜利，因此他们制定政策，要将自己的“社会主义”传遍全球。而以美国为首的西方国家也犯了错误：“可能受到苏联军事进攻的结论是没有根据和危险的。这是不可能的。”

双方互不信任和对时局错误解读的后果就是“冷战”。“双方打着爱好和平和保卫人民利益的幌子，采取了最终分裂世界的举措。对抗被描绘成善与恶不可避免的争斗。”

我说，今天最重要的是“不能再犯智力上的，因而也是政治上的错误，将‘冷战’结束视为自己的胜利”。今天所有人面前出现了走向和平和进步的机会，不再依靠威胁所有文明的武力手段，而是依靠国际法，依靠平等、利益均衡、自由选择和合作等原则，依靠健全的理智。我呼吁听众们意识到一个重要的现实：“某几个国家或国家集团在国际舞台上独霸统治地位”的情况不可能再出现了。

因此，我在富尔顿的演讲不是与丘吉尔，而是与那些心怀统治

① 一般译作《和平砥柱》，考虑到与上文的联系，此处做直译处理。

全球计划的人展开辩论。

这次演讲之后紧接着就是在美国两所著名大学——加利福尼亚州的斯坦福大学和佐治亚州的埃默里大学发表演讲。大学生听众总是最活跃和最专心的。出席并满怀兴趣、积极参与讨论的有经验丰富、睿智的政治家吉米·卡特、乔治·舒尔茨以及大学教授和政府代表。

我演讲的最主要内容就是，我们不能允许自己对未来持宿命论态度。认为未来不可预测、人无力改变难以捉摸的事态进展的想法是错误的。而且在这里也不应援引历史。历史不是注定的。我们结束了“冷战”，表明我们能够战胜“宿命论逻辑”。我说，当今世界的发展速度越来越快，我们必须作出改变，以便使人的智力和道德发展不落后于不断变化的生存状况。人不应拒绝客观进程合理的调控。否则就犯了严重的错误。

我和大学生们谈到法治国家（这个主题是乔治·舒尔茨建议的），谈到民主：“谁也不能保证民主不会失败。它随时在经受考验。它有不少公开和隐藏的敌人，也有不少虚伪的朋友。民主不会自己出现。它需要经常耕耘和栽培。”

美国的两大城市纽约和华盛顿当然是我美国之行最重要的两站。这里集中了美国的精英，有巨大的机会，也有显著的特色和诱惑。我能否将我的想法和结论传达给这些拥有巨大影响力的人呢？

在纽约国际关系理事会发表演讲的时候，我首先谈到俄美关系。我说，据我判断，目前形成了对俄美关系的两种基本态度。“一种以从俄罗斯联邦现状谋利、不许它以适当形式发挥大国作用为特点。另一种认为，一个强大、民主的新俄罗斯符合美国的国家利益。”我呼吁在场的国际关系问题和军政问题专家作出坚定的选择。我说，在你们面前有着广阔的活动空间。为了使两国今天宣布的伙伴关系从口头变成现实，有太多事情要做。“首先必须注意军事战略思维的根本变化。尽管有许多补充说明，至今，至少是军界，仍旧保留着把彼此当作潜在敌人的思维。现在的任务是，共同研究保障彼此安全的学说，包括军事和侦察。在这方面，科学也可以作出自己的贡献。”

今天，重读这段发言时，我只能表示遗憾，那时没有真正去完成这项任务，而今天在许多人看来这完全是乌托邦式的。我认为，今天形势发生了许多变化，应当重启这项工作，哪怕只是为了避免新的错误。

在纽约经济俱乐部的谈话内容丰富，也相当热烈。谈话进行的时机是复杂和矛盾的。

俄罗斯开始了经济改革。改革的主要方向我是支持的，而“休克疗法”我则批评过。我也批评过寄希望于美国专家，把他们的建议或者“捐献式援助”视为“魔法棒”的做法。我对俱乐部的企业家和经济学家们说：“任何捐献都不能治愈病体，如果它自己不与疾病作斗争，不调动自身的生命资源的话。对于在像俄罗斯和独联体这样庞大的空间内恢复生命活力，最慷慨的捐献也无法提供足够的力量和手段。最有前途的是互利共赢的深度合作。”我这样描述我的观点：“不是捐献，而应当是投资和贸易。”

但美国企业明显还不急于进入俄罗斯。我说，在俄罗斯实际上没有美国资本。美国企业家的矜持可能会演变成某种比例失衡，这对自身和对俄罗斯都没有好处。我呼吁美国人行动起来：“今天‘向东方进军’是勇敢地开创事业，而不是冒险。这有风险，但可以精确计算。那些今天不顾困难进入俄罗斯市场并站稳脚跟的人，一段时间后定会获得实现自己长远计划的机会。”

遗憾的是，只有很少的美国企业走上这条路。但走上这条路的人都没有吃亏。这一点美国商务飞机制造商波音公司领导人托马斯·马拉利在我们今年的一次见面中提过。他对俄罗斯工程师非常欣赏，说波音飞机最新机型的许多零件都是在俄罗斯生产的。当然又出现了另一个问题：为什么俄罗斯的领导人错过了发展国产飞机制造业的机会？我想，应当更有效地利用与世界大公司的合作为俄罗斯谋求利益。

我在华盛顿见到了乔治·布什。此前我对白宫进行过两次正式访问，而这次我进入白宫是以另一个身份，并不谋求某种官方意义。但这也不是纯“礼貌性的拜访”。我在美国总统官邸待了两个多小时，并进行了严肃、内容丰富的谈话。

一开始是参加白宫一个客厅里举行的宴请。参加的人员有芭芭拉·布什、布什的好友詹姆斯·贝克、白宫顾问布伦特·斯考克罗夫特、乔治·布什的兄弟普雷斯顿·布什和儿子小乔治·布什。当时小布什还只是准备竞选得克萨斯州的州长。顺便说一句，他表现得很谦逊，给人很有教养的印象。

我们谈到俄美关系的前景。斯考克罗夫特尤其提了很多问题。他问，独联体是个怎样重要的机构？有没有必要与独联体建立联系？问题很难回答。当然，那时我就明白，独联体只是个形式上的机构。在苏联解体后，美国应当与独立国家，首先是与俄罗斯建立联系。因为正是在俄罗斯发生了能够在广阔的后苏联空间决定民主命运的重大事件，也因为要解决重大的军政和地区问题就必须与俄罗斯合作。与此同时，我表示相信苏联解体后产生的国家必须寻找某种一体化的形式。对此，美国不应当加以阻止。

之后我与布什和贝克两人单独交谈。我们回忆起共同做过的事，但谈话并不只是“回忆”性质的。我们谈到我此行对美国的感受，就国际问题交换了意见。贝克说，苏联遗产中的核武器归属和控制问题在独联体竟然还没有得到认真研究，他对此表示非常惊讶。克拉夫丘克和其他乌克兰领导人差点没提出共同控制的设想——“按钮板上设三个手控键”。当然，唯一正确的解决办法是将所有核武器都集中到俄罗斯。我非常惊讶，“苏联的接班人们”之间竟然无法达成协议，甚至还需要通过贝克调解。

我对布什和贝克公开谈到自己对南斯拉夫局势的担忧。我说，俄罗斯毕竟避免了大规模流血冲突，而南斯拉夫则正面临重大的灾难。布什回答说，他自己也担心，美国并不想加剧事态的严重性。正如一年前他在新奥加廖沃[①]宣称的那样，这是某些欧洲国家正在做的事。我谈到1991年11月在克里姆林宫曾与塞尔维亚领导人米洛舍维奇和克罗地亚领导人图季曼进行过会谈。从那时起，我一直觉得国际社会在将南斯拉夫局势推上对话轨道方面所做的工作还远远不够。

伙伴关系应是平等的

我即将在美国国会发表演讲。对此，我做了认真仔细的准备。我受到最高规格的热情接待。在具有历史意义的地方——“圆顶大厅”里聚集了美国众议院及参议院的代表。无论是多数派，还是少数派政党的领导人都致了欢迎词。在场的许多人我都认识，他们曾出席过在莫斯科和华盛顿举行的会见及谈判。我明白，这不是我个人的成就，而是两国关系发生了变化。

众议院发言人托马斯·弗利在欢迎词中提到了一点：“美国人面前首次出现了实现真正的世界和平、结束‘冷战’的希望。尽管经历了多年的失望，多年的超级大国对抗，但这次同以往的历史经验截然不同。他们明白，米哈伊尔·戈尔巴乔夫真的认为，停止和消除美俄关系的紧张局势是解决摆在俄罗斯和整个国际社会面前的社会经济问题的唯一途径。”

---

① 位于莫斯科郊外的俄罗斯联邦总统官邸所在地。

弗利的发言也表达了对1991年事件的看法（这比我们许多“评论家”的观点要深刻得多）：“1991年8月图谋政变之后，事态的迅速变化导致了苏联的解体。戈尔巴乔夫十分不愿意看到的事发生了。不过也正是因为他为苏联人民的福祉所做的一切，向独联体的转变才是和平的。这些年轻国家的人民应当感谢戈尔巴乔夫。包括美国在内的整个国际社会也应当对他表示感谢。”

政要们有责任让民众正确了解自己的重大关切：“这不能被某些有影响力的团体和阶层的自私需求或情势需要掩盖。”俄罗斯联邦作为一个有自己国家利益的新国家，渴望与美国建立平等的伙伴关系。这也符合美国的利益。我说，哪怕仅仅因为“俄罗斯必将成为一个富强的大国，其国际地位也将符合其国家实力”。

这一观点我在美国不止一次地提过，包括在第一次访问和后来的几次期间。今天我仍然保留着这样的看法。

回到演讲的主题，即两国平等互利的伙伴关系，我说道：

> 当然，我知道，美国有些人认为一个衰弱分裂、在世界事务中只能发挥次要作用的俄罗斯更符合美国的利益。我不准备反驳该观点。我只想谈一下我认为比较重要的两点。
>
> 第一，将无法完成的任务置于政治目标首位的做法是否合理？俄罗斯不可能从世界政治圈“出局”。这样的努力长远看是没有希望的，唯一的结果只是给俄罗斯民主造成伤害。
>
> 第二，难道美国为了实施合理的外交政策，不需要一个有一定影响力的好伙伴吗？俄罗斯可以成为这样的伙伴。它不会与美国对抗，也不希望成为美国的对手。而且看来“超级大国时代”已经越来越成为过去。

今天回头看这些二十多年前说的话，想想这段时间美国外交领域以及世界范围内发生的许多事，一定会有人指责我太天真了。但我仍然坚持我说过的话。美国选择了另一条路，想成为“超级大国”，结果碰了个大钉子！它肯定会重新回到遵守国际法、平等合作、共同安全等原则的道路上。现在美国已有不少人承认这一点。当然，如果所有人很早以前就都能赞同我的话，那情况就好多了。

我的美国之行接近尾声。最后一站是波士顿。在这里，我要同哈佛大学的学生和教授们对话，并且参观约翰·肯尼迪图书馆。

对于许多我这一代人来说，肯尼迪是个特殊人物。我至今仍然记得，他的去世给我们留下了怎样的印象。坦白地说，我无法相信，刺杀总统是某个人能单独做到的事。几年前，我曾到过位于达拉斯的肯尼迪纪念馆，这里以前是一幢图书馆。我从奥斯瓦尔德开枪的窗口观看了那条街，心情非常沉重，身上都起了鸡皮疙瘩……我在令人伤心的纪念馆留言册上留了言。后来在认识拍摄肯尼迪电影的导演奥利弗·斯通以后，我对他说起我留言的内容：肯尼迪被刺杀，是因为他想改变美国的政治。斯通同意我的看法。

在肯尼迪图书馆度过的数小时是异常温馨的，充满着与人交流的喜悦。我说，我是在朋友之间结束美国之行的。我们受到了总统遗孀杰奎琳·肯尼迪、他的弟弟泰德·肯尼迪以及经历坎坷的肯尼迪大家族其他成员的欢迎。杰奎琳是个有极大魅力的女人。泰德是参议员，我对他十分了解，很欣赏他。我和赖莎对所有肯尼迪家族的人都公开表现出尊敬之情。

我觉得有必要谈谈约翰·肯尼迪遗产的现实性。我想起他在担任美国总统两年后说过的话：“首先，问题比我预想的要难。其次，美国解决这些问题的能力并非是无限的。”

我说，今天这些话应当引发我们去深思。“那时的世界在时代挑战面前就已经迫切需要国家间的合作。那时的世界就已经需要反思谋求统治地位和单方面解决所有问题的观点。”

我提醒大家注意1963年6月10日肯尼迪总统在美国大学演讲时说过的一段话（后来我多次在给美国听众的演讲中提到这段话），我说：“我们和里根、布什总统开创的改变国际气候的伟业正是响应了肯尼迪总统‘不要认为冲突是不可避免的、和谈是不可能的，不要将国际交流变成对彼此的威胁’的呼吁。更具有现实意义的是，这一呼吁由于采取了果断的具体措施——建议签署《部分禁止核试验条约》和美国作出不在大气层中展开这类试验的决定——而得到巩固。”

我说，在快速展开谈判并签订《禁止在大气层、外层空间和水下进行核试验条约》的背景下，尤为显著的是，在之后的几十年，许多机会都被错失了。“这一阶段，政要们只能遏制世界核灾难的发生。但他们未能阻止核武器库越发庞大和灾难威胁不断增大的惯性。他们缺少什么？我想，他们缺乏的是远见和洞察力，以及作出道德选择并遵循该选择行动的能力。”

在漫长美国之行的最后一天，我作了总结，并与出席“送别宴会”的客人们谈了我的感想。

“我看到的是一个巨大的、面貌多样的国家。我印象最深的首先是与城市大街上遇到的普通美国民众交谈。我看到的美国不是一个用自我满足、傲慢和自以为是的态度看待外部世界的国家，而是一个善于思考的国家。美国考虑自身的问题，考虑公平。它将目光转到那些暂时还没有实现‘美国梦’的人身上。这个社会只要还存在不尽人意的地方，还有自我批评的能力，就可以确信美国会解决自身的问题，能够克服困难。”

我交往过的许多美国人都跟我说，“冷战”的结束改变了他们的生活。这一点很容易理解：几十年来，人们一直生活在核威胁这把达摩克利斯之剑下。因为和苏联一样，美国人民也被教导在发生核攻击的情况下应当怎样做，而不是在没有立刻死亡的情况下防止致命的辐射。“冷战”的结束释放了悲哀的恐惧，这种恐惧可能会渐渐为人们所习惯，随着时间的推移而有所减轻甚至被忘却，但它一定会在潜意识的某个角落存留下来。

美国在世界上的作用

从那时起，我多次去过美国，访问过几十个城市和州，给大学生、商业团体、俄罗斯和世界关系研究专家，以及社会运动积极分子做过演讲。美国人是很专心的听众。从听众的反应可以感觉到他们如何看待听到的内容。演讲过后总会安排现场问答，所提的绝大部分问题都表明，提问者真诚地希望弄清楚事情的原委，明白演讲者的立场。

我总是怀着极大的兴趣想知道，在我的演讲结束后人们都谈论些什么。应该说，一般美国报纸的报道都比较客观、详细。我想起有一个美国人专程从另一座城市来到科罗拉多州丹佛市听我的演讲。他说：“每次戈尔巴乔夫来，我都会尽量去听他的演讲，有时甚至要驱车数十英里。我并不总是同意他的观点，但我总是很感兴趣并尊重他的观点。因为我看得出来，他表达观点的时候是诚实和坦白的。包括他在批评美国的时候。”

是的，我经常批评美国的政策。你同美国人交往的时候，总会发现几乎所有人（无论是普通人，还是政治家）都相信，美国是一个特别的国家，就像巴拉克·奥巴马所说的，是个独特的国家，因此有权成为世界的领导者。这可能会被曲解，但我认为，最主要的不是怎么说，而是美国想要成为什么样的领导者——唯一的、独断的，还是愿与其他国家合作并考虑它们意见的领导者。这个问题在苏联从世界政治版图上消失以后变得具有实质意义。

我1992年春的美国之行恰在总统大选选前活动期间。这次除了两个主要政党的候选人（共和党的乔治·布什和民主党的比尔·克林顿），还有第三个候选人，亿万富翁罗斯·佩罗。有位记者甚至问我（当然是开玩笑），是否准备成为佩罗竞选团队的副总统候选人。我也开玩笑地回答他说，这职位对我恐怕太低了，我可是当过总统的人。

认真地说，新形势下的首次选前活动表明，美国人要求自己的政客们将注意力主要放在国内政治、经济和社会问题，而不是外交政策上。不过经常有人问我，我认为，"冷战"结束后这个国家在世界上应当发挥什么作用？我的回答是：美国不应当寻求扮演国际警察的角色。我感觉，美国民众也不倾向于支持这一角色。但不管怎样，美国在新世界的作用甚至可能会超过它以前的作用，条件是它支持通过多方努力推广民主价值观，以解决关系到全人类利益的全球问题。

根据调查，乔治·布什落后于克林顿。或许，正是因为这样，在竞选活动的最后阶段，就像平常所说的那样，布什失去了自制力。为了吸引选票，他甚至说起了美国在"冷战"中的胜利。然而这没能让他最终赢得总统大选。

对于这个问题，我说得很明确：结束"冷战"不是单方面的胜利。这是我们共同的胜利，是理性思维的胜利。如果单方面宣称自己是胜利者，如果美国大多数人都认为自己的国家总是对的，认为美国的思想是最民主、最公正的，如果美国决定将武力视为解决国际事务的主要手段，那么离灾难就不远了。我一再重申，唯一正确的道路是在国际法原则基础上建立合作和伙伴关系。

1992年赢得总统大选的比尔·克林顿没有国际经验，起初他将注意力都放在了国内事务上。在这方面，他取得了不少成果。经济开始恢复增长，教育、科学和新技术获得了极大支持。正是因为这点，四年之后他再次以巨大优势连任总统。而在外交政策方面，就像我在他结束总统任期后曾公开对他讲过的那样，我强烈不赞同他的许多做法。

美国的政治精英们在宣布取得“冷战”胜利后，从这一不正确的判断中得出了“相应的结论”。寄希望于武力的观点不仅表现在对南斯拉夫冲突的军事干涉上，还表现在对伊拉克的导弹袭击上。“胜利者情结”同样影响了与俄罗斯的关系。

表面看起来，两国关系一切都好。互访活动就像一出排演得很好的戏剧，有亲热的拥抱和互相夸赞。但这更令人气愤，因为感觉不到真正的平等和伙伴精神。20世纪90年代末美国驻莫斯科大使问我对即将访问莫斯科的总统有什么建议，我坦诚地回答他：不要拍俄罗斯的肩膀，不要夸奖那些实施“休克疗法”、使俄罗斯变得衰弱、将众多俄罗斯人抛到贫困线以下的政客们。那只会使民众感到愤怒。人们会问：难道衰落的、“半死的”俄罗斯才是美国需要的吗?

在友好的表面之下，隐藏的是忽视俄罗斯利益的政策。这不仅表现在北约东扩问题上。将俄罗斯与后苏联空间新生国家隔离的企图越来越明显：乌克兰的反俄情绪和行动得到鼓励，在反俄的基础上与乌兹别克斯坦总统保持亲密，在里海石油问题上基本上将俄罗斯完全排挤出去。俄罗斯的衰弱被利用，就是为了将它从世界政治舞台有影响力的国家名单中除去。20世纪90年代中期，一份报纸上曾刊登过一位颇有影响力的美国专家的一篇文章。文章的标题是《没有俄罗斯的世界》。其中写道，政要们应当习惯主要国际问题的解决实际上将没有俄罗斯的参与。

我曾提醒人们警惕这一立场。在我美国之行的各类演讲、文章和采访中，我断言：俄罗斯会复兴。历史上有过混乱年代和困难时期，但俄罗斯会走出困境并成为一个影响力巨大的强国，没有它，国际秩序便难以想象。

“美国需要自己的改革”

比尔·克林顿在总统任期的最后阶段似乎开始明白，单边行动政策长久看来是没有生命力的。在伊斯坦布尔召开的欧洲安全峰会上，他想起了旨在建设新欧洲的《巴黎宪章》，他说所有国家必须考虑彼此的利益。但接力棒已经传到了新总统小布什的手里。

新总统在国际上将会选择哪条路线？如何建设与俄罗斯的关系？对这些问题还不可能提前作出回答。一方面，他说美国的外交政策应当更加“谦虚谨慎”，并任命科林·鲍威尔为国务卿。我对鲍威尔非常了解，他是位务实和心思缜密的政治家。可以寄希望于他遗传了父亲“温和的基因”。可另一方面，大家都知道，小布什也受到他周围不少新保守派和攻击性外交政策支持者们的影响。最主要的一位就是副总统理查德·切尼。我对此人印象深刻，因他是老布什政府中一贯主张“冷战”思维的人。

2001年4月，我再次前往美国，再次从南到北、由东往西地走遍了整个国家。有人告诉我，美国国务院和白宫都希望能与我见面。我当然没有拒绝这样的邀请，况且这还是在小布什与普京第一次会面之前。

与科林·鲍威尔的会谈是详尽和具体的，内容不仅限于回忆我们为了结束“冷战”和停止核军备竞赛而共同作出的努力。我觉得，鲍威尔对俄美关系问题的态度是富有建设性的，他强调在协调地区问题，尤其是中东问题上与俄罗斯合作的可能性。他非常希望，在自己的国务卿任期内能够结束巴以冲突，可是后来他完全被别的事牵扯了进去……

我对白宫（1992年后至今没有拜访过）的访问从与美国总统的

国家安全顾问赖斯的会晤开始。她的国务活动生涯始于老布什执政时期，她参加过裁军谈判。老布什和他的国家安全顾问布伦特·斯考克罗夫特对她非常赞赏。据报纸讲，她很希望能够对总统施加巨大影响。

我们谈话开始后不久，总统小布什、副总统切尼以及白宫办公厅主任安德鲁·卡德走了进来。这样的“代表组合”本身就是某种信号。小布什说他明白俄罗斯在世界上的作用和意义，并希望与俄罗斯合作。他说，他们需要尽快同普京总统见面，所以他希望能够很快公布我们的会谈。接着，他又说了一些明显是给俄罗斯总统听的话："我是个直来直去的人。普京也是这样的人。我想，我们会合作成功。”很明显，这是一个重要的信号，我将它传达到普京耳中。5月7日从美国回国后，我与普京见了面，我对他谈到美国之行的感受，并告知他我在美国国务院和白宫会谈的详情。

我相信，俄罗斯与美国，甚至在更广阔的范围内，即俄罗斯与西方转向全面认真合作的机会是有的。特别是在2001年“9·11”事件和普京采取对美国让步的措施之后，这种机会增大了。但这些机会没有被利用。尽管作出了努力，高层往来频繁，然而没有真正实现合作，两国关系也没有得到改善。为什么？我想，是因为虽然美国允诺准备合作和建立伙伴关系，但美国的实际政策是指望建立单极世界。这一点2007年2月普京在慕尼黑安全会议的发言中就曾说过。他提到在世界事务中单方面、不合法地使用武力，不遵守国际法准则，军事因素占主导让许多国家都渴望发展大规模杀伤性武器。他还说到有人企图把欧洲安全与合作组织变成只保障一国或国家集团利益的工具。同时他表达了俄罗斯对北约不断东扩和美国退出反导条约的不满。

与此针锋相对的是，有人谴责普京，说他这是想恢复“冷战”。我不同意这样的批评。我在接受《论据与事实报》采访时说："俄罗斯总统在慕尼黑说的完全是另外一回事，即如何防止世界出现新的分界线和恢复对抗。这是个现实的危险。”我提醒大家注意，在一些国家展开的调查表明，民众认同我们总统对于世界局势的担心。德国有超过60%的受访者表示赞同普京的观点。

普京的慕尼黑会议发言中有不少激烈的言辞。但这可以理解。虽然他对美国作出了许多让步，但在小布什总统任期内美国政府在关系到我们国家安全的问题上没有对俄罗斯作出任何让步。而在最重要的问题——北约东扩和导弹防御问题上更是竖起了一面铜墙铁壁！

我认为，这只是关于“冷战胜利”和“超级大国梦想”（按照前驻苏联大使杰克·马特洛克的恰当表述）的胜利者姿态的一种表现。这种姿态在小布什政府执政期间达到了顶点。

正是在这个时期，有观点称美国已不仅仅是“仅存的唯一超级大国”，而是“巨超级大国”，它有能力建立一个“新型的帝国”。但国际政坛很快就给出证据，表明这根本不可能。我在2008年发表于世界各大报刊的一篇文章中写道：美国“必须确定它是想成为一个帝国还是民主国家，它想要统治世界还是想要国际合作。问题就是这样。或者……或者……两选一，两种选择就像油和水一样不能调和”。

觊觎统治世界的地位甚至对美国这个拥有巨大潜力的国家来说也是一个无力承受的负担。结果正如普京在慕尼黑所说的那样（关于这点，我在于美国所做的几乎所有演讲中均提到过），世界并没有变得更安全。而且相反。这种政策的后果对美国自身也是有害的。后果包括：世界上几乎所有地区的反美情绪都在增长；天文数字的军费和与远离美国本土的军事行动有关的开支加重了本来就很严峻的金融问题；世界上最富有国家的许多社会问题得不到解决。

我在发表于《国际先驱论坛报》上的一篇文章中写道：最主要的是“世界不同意在华盛顿写好的剧本中充当‘群众演员’角色”。

在美国演讲时，我不辞辛劳地提醒美国人想想约翰·肯尼迪总统1962年在美国华盛顿大学的演讲："我说的是什么样的世界？我们向往的是怎样的世界？这不是美国枪炮强加给人类的美式和平。不是死亡的世界，也不是奴隶式的安全。我说的是真正的世界，一个让地球上所有人都能正常生活的世界，一个让所有人和民族都有发展的机会和希望，都能为自己的孩子创造美好生活的世界。这不仅是美国人的世界，而且是所有人的世界。"换句话说，要么是所有人的世界，要么就不存在世界。

我曾向听众提出一个问题：你们希望美国成为世界宪兵，以便它可以用坦克和导弹将民主强加给其他民族吗？没有一次有人给予肯定回答。或许，一些人同意我的看法，另一些人，不管怎么样，也在思考。

谋求"绝对统治"的政策是站不住脚的，它造成的严重后果越来越明显。许多美国民众，不仅是美国的政治精英，也包括普通公民，都看到了这一点。人们明白必须进行变革。

2008年，还在美国总统竞选活动开始之前，我在圣路易斯做完演讲后，两个年轻人向我提了一个问题："在我们觉得美国的状况不是太好的今天，您对美国有什么建议？"我绕开话题，说："这可是个新情况，在此之前都是美国给别人提出建议。"但两位年轻人非要听我的意见。于是我说："我不告诉你们应当怎么做，也不会给你们提供一个'列车时刻表'般精确的方案，但我相信美国需要自身的，即美国式的改革。"听众们纷纷从各个角落里站起来，为我说的话喝彩。

奥巴马当选

难怪在总统竞选过程中两位候选人——巴拉克·奥巴马和约

翰·麦凯恩——都说到必须改革。甚至连共和党人麦凯恩也认为需要和他的前任保持距离。

2008年奥巴马赢得总统大选是一个重要分界线。我想起曾与一位总是把选票投给民主党的美国老朋友的谈话。在民主党内初选阶段，他支持的是希拉里·克林顿。他说："我对奥巴马有好感。但我不相信，在我们国家一个叫巴拉克·奥巴马的黑皮肤候选人能够赢得总统选举。"但是几个月后，这成了现实。

奥巴马当选给世界带来了巨大的希望。诺贝尔和平奖就是对他的希望和支持的某种"预付款"。他答应结束战争，着手进行"民族建设"，也就是解决国内而不是远在其他大洲的那些迫切问题。

我注意到某些美国政坛元老在奥巴马任期伊始给他提出的建议。比如，兹比格涅夫·布热津斯基建议他重点关注美中关系。他在北京的演讲可以看成是对建立某种美中"共同管辖"的呼吁。对于该建议，我写道："中国在世界政治与经济领域的意义无疑会继续增大。但我认为，那些想玩弄新'地缘政治游戏'的人一定会失望。中国未必会同意这种做法，而且玩这种游戏的时代已经过去了。"

而亨利·基辛格的建议实际上也源自新的世界地缘政治分裂。这也可能会使我们误入歧途。我写道，需要现代化的新方式。我将希望寄托在奥巴马身上，像我这样的不止一人。

我与奥巴马总统有过两次会晤。第一次发生在2009年春我的美国之行期间。我先与副总统拜登就一系列问题进行了详谈，之后与总统做了简短的谈话。两次谈话的结果汇总成了一封电报，第二天我就通过俄罗斯大使馆发给了梅德韦杰夫总统。我觉得尤为重要的是，奥巴马认为有必要打破削减核武器进程的僵局。为此，我在谈话中说道，美国必须在反导问题上迈出建设性的一步。我觉得，总统和副总统接受了这一想法。

第二次与奥巴马会谈是在同一年夏天他到访莫斯科时。这次见面验证了我对他的印象：他是个认真的、具有现代思维的人，乐于对话，有能力作出负责任的决定。

奥巴马来到圈楼商场。在这里他给大学生做了一次演讲。我与他也是在这里见面的。他由于同普京总理的长时间会谈而迟到了一小时。我对他说，我完全明白这次谈话对他们二人的重要性。对此他回答道："我更愿意多倾听，因为我觉得，对普京来说，完整表达自己的意见很重要。谈话很坦诚、友好。我非常满意。"

他补充说，在美国他有许多关心的事和难题需要解决，但他觉得来俄罗斯、不拖延已经开始的改善两国关系的工作非常重要。他认为，俄美关系的现状正是八年前美国政府放任自流的结果。我支持奥巴马的这一观点：当然，问题很多。"正如我第一次在白宫与您会谈时说的那样，支持率可能会下降。但是一定要从现在起就开始行动，绝不容许'停下来思考'，就像老布什政府所做的那样。"我说，"您在访问期间会遇到俄罗斯社会的代表，人们希望与美国建立良好的、平等的关系。希望美国能够听取俄罗斯的意见。"

在简短的会谈中，我们触及了几个重要话题——核裁军和它与反导及常规武器问题的相互关系，俄罗斯-美国-中国的三角关系，梅德韦杰夫总统提出的签署全欧新条约的倡议等。我说，美国与俄罗斯的对话不能只局限在讨论一些迫切而严峻的问题（比如朝鲜和伊朗核计划问题），双方应当都能感到对话的具体好处，这一点非常重要。

奥巴马说，他会长期亲自关注美俄关系的状况。我认为，这点后来得到了证实。

尽管保守派和极右力量强烈抵制，奥巴马在第一个总统任期内仍然做了许多事情。这既包括国内局势方面，也包括外交方面。国内政策方面，他提倡并"铺垫好了"重要的社会改革，包括医疗卫生改革——建立了强制医疗保险体制。他主张对市场体制进行合理调控，而他的第二总统任期的竞选对手米特·罗姆尼则坚持维护市场因素的优先性。他认为，市场因素可以按照最优的方式自行安排一切，只要对它不加阻拦。

在外交领域，奥巴马也有功绩。他践行了从伊拉克和阿富汗撤军的承诺，公开支持无核化世界构想，支持批准《全面禁止核试验条约》，停止在波兰和捷克部署反导系统。（的确，目前判断能否找到俄美双方都能接受的解决反导问题的方案还为时过早。欧洲正在部署其他系统，以后可能会影响战略平衡。尽管如此，奥巴马的决定还是一个重要步骤，它为签署削减战略性武器新条约创造了条件。）

2012年11月，奥巴马成功连任，为此我给他发了一封信，其中说："我明白您在未来几年里肩负着怎样的责任。无论对于美国还是对于全世界，这都是不平凡的几年。我坚信，美国会实现其成为领导者的夙愿，只要这夙愿是建立在与其他国家保持伙伴关系的基础之上。因为要应对今天的全球问题只有通过所有民族的共同努力。"我表示相信，"我们两国——既包括双边的，也包括在国际舞台上的——合作的前提已经具备"，两国只有在相互信任和尊重的基础上展开合作，"才能做许多符合自身和全世界利益的事情"。

2013年夏末，由于叙利亚危机，奥巴马陷入了困境。对于叙利亚使用化学武器的消息，他没有等到联合国专家的结论，就过早宣布叙利亚政府应当为此负责，甚至在没有联合国安理会授权的情况下准备对该国实施导弹打击。当有人请我对此事作出评论的时候（当时我正在日内瓦参加国际绿十字会二十周年庆典），我呼吁奥巴马权衡自己的做法，弄清局势。那时大多数评论家都认为对叙利亚的军事打击不可避免。但我仍然保留着看到另一种局面的希望。我说，应当利用圣彼得堡八国集团峰会的机会，促成俄美总统会晤，讨论此事。

会晤成功举行了。会晤期间，他们明显在寻找摆脱现状的出路。而在此之前，奥巴马向国会（也包括反对他的共和党人）建议举行投票，并表示对决议承担责任。这样，他取得了策略上的优势，赢得了时间，以便后来将解决问题的途径转移到政治外交的轨道上。这一点尤其应该感谢参与解决冲突的俄罗斯。具体的结果也同样重要：叙利亚宣布加入《禁止化学武器公约》。现有的储备将会被销毁（国际绿十字会专家认为，这个任务很困难，但是可以完成）。

奥巴马时期的美国才开始感受到自己在世界舞台上的新作用。在这里，单边行动政策注定会失败。我认为，不是一切都做得正确。我们再次看到用坦克和导弹将民主强加于人的做法在利比亚重现。但在当事国表现出务实态度、具有展开对话的意愿的情况下（比如最近美国与伊朗之间的关系），我们应当支持以和平，而不是武力方式解决问题并对此承担责任的领导人。

欧洲的命运

这些年来欧洲是我思考、演讲和与人交往中经常提到的话题。欧洲一体化进程究竟怎么了？迈向大欧洲的步伐是否还会继续？这些问题令我担忧，原因之一是我与这个大幅推进欧洲进程的倡议有直接关联。

1984年12月在英国议会演讲时，我说出了一句引人注意的话："欧洲是我们共同的家园。"很快，这个表述就成了苏联外交政策中的重要元素，成为苏联新外交的重要组成部分。

《赫尔辛基协议》以及后来，1990年秋在巴黎峰会上通过的《新欧洲巴黎宪章》为突破人为将俄罗斯与欧洲疏远的障碍提供了可能。这种人为疏远是由过去几十年的意识形态冲突和"冷战"造成的。但在苏联解体以后，赫尔辛基进程停止了、沉寂了，《新欧洲巴黎宪章》也被遗忘。欧洲一体化进程局限于欧盟的小圈子内和希望加入圈子的东欧及原苏联加盟共和国中间。这一做法实际上是拒绝承认俄罗斯为欧洲国家，于是欧洲也越来越趋同于西欧。新的，或许并不十分明显却非常现实的障碍取代了先前的问题。

当然，关于准备发展与俄罗斯的关系，关于合作重要性的话也仍然在说，但这最多只能算是出于遵守政治礼节的考虑。对我来说，这是个错误的信号。我努力使西方政要们注意事态如此发展的消极后果，劝说他们回到欧洲一体化进程的轨道上来，向他们表明发展与俄罗斯关系的迫切性和新机会。

1993年夏，斯德哥尔摩国际和平研究所邀请我给该所为纪念瑞典首相奥洛夫·帕尔梅而开设的传统讲座系列做几次讲座。他们建议我使用的题目是《欧洲安全》。

我想将我的担忧传达给听众。我表示坚决相信，推进欧洲一体化进程是解决欧洲不同地区出现的新问题，包括与俄罗斯关系的问题的最重要条件。持怀疑论调（促进俄罗斯发展是否值得？维持它的弱国地位，使它成为为西欧供应原料的附庸国是不是更好？）只能被证明是缺乏远见的。

1994年4月，我在于巴塞罗那召开的一次会议上说，我们已经来到或者正处于这样一个时期：欧洲的命运必须提前若干年决定。这一点我在1996年9月法兰克福论坛（两年前成立，我是创始人之一）上也讲过。那次的题目是《联合的欧洲：现实还是乌托邦？》。争论已经展开：大欧洲是否存在？很明显，那些将欧洲卷入这场争论的人的意思是，欧洲止于俄罗斯边境。

我的老朋友亨利·基辛格和兹比格涅夫·布热津斯基也表达过同样的意思。我们知道戴高乐将军曾发表过关于“从大西洋到乌拉尔的欧洲”的观点，然而从我的论敌口中则可以听到：不，“从布列斯特到布列斯特的欧洲”。而另一些人口中则出现了三个或者四个欧洲。这些观点无一例外地将俄罗斯作为危险因素排挤出去。

我一直相信，大欧洲是真实存在的。历史本身决定了它文明的统一性。基督教根源和欧洲文化的历史共同性是它的基础。因此，建设欧洲的未来不能只从西方开始，也要从东方着手。

我说，在我看来，联合的欧洲不仅仅指我们这个大陆上各个国家共同发展，还指一个崭新的状况和朝这个状况迈进。我在法兰克福论坛上说，很明显，通往联合欧洲的道路是漫长和艰难的，这方面的任何幻想都是不适宜的。但拒绝这一理念是危险的，至少是无益的。

论坛的另一参加者汉斯-迪特里希·根舍认同我对欧洲命运思考的方向。我与他1986年认识，那时我们就有许多共同话题。他是个经验丰富、睿智的政治家，一个拥有深刻思维、大智慧、远见的人。这些特点他不止一次地表现出来，包括在最近几年。

但大多数西欧国务活动家遵循的是另一种逻辑。根据1993年生效的《马斯特里赫特条约》的内容，欧洲经济共同体成为欧盟。这就意味着更高级、更广泛的一体化。扩大的方针仍在继续。在欧盟的西欧成员国数目达到十五个以后，扩大的进程开始波及东欧国家。2004年，欧盟接纳了十个东欧国家为其成员国，包括匈牙利、波兰、捷克、斯洛伐克以及三个原苏联加盟共和国拉脱维亚、立陶宛、爱沙尼亚等。后来，在2007年，保加利亚和罗马尼亚也加入欧盟。

同时一体化程度也在不断加深，它囊括了所有主要领域——经济、政治、法律、社会等。欧盟演变成一个巨大的经济体，成为国际政治舞台上一支独立自主的重要力量。这是个不得不考虑的新现实。1997年，三年之前签订的《欧盟与俄罗斯伙伴关系与合作协定》生效。第二年召开了第一届欧盟-俄罗斯合作委员会会议。

然而，加快欧盟扩张的政策造成了十分矛盾的结果。越来越明显的是，该进程的速度和广度并没有得到充分考虑。我并不怀疑它带来的积极影响，我认为，21世纪头十年既是欧盟“胜利进军”的时期，也是问题积累并最终浮出水面的时期。开始是法国和荷兰全民公决拒绝了欧洲宪法方案。接着经济增长放缓。与其他快速发展的经济体相比，欧盟国家失去了竞争力。

2009年在斯特拉斯堡的一次演讲中，我对各界社会代表说：“每一个进程、每一个联合都有自己在速度和广度上的可能极限。‘消化’后果的能力并非是无极限的。欧洲大陆上的一切问题都能够通过从西部建设欧洲的方式解决，这一期望被证明是过高的。

“与欧盟联合的进程的速度如果能保持在经过深思熟虑的合理范围内，它将会为欧盟制定与俄罗斯和其他在可预见的未来不会成为欧盟成员的国家之间的关系模式赢得额外的时间。

“以最快速度将其中的大部分国家‘吞并’进欧盟，却同时在与俄罗斯的关系上继续保持不稳定性和不确定性，这样的关系模式很明显已经不再具有生命力。”

这就导致双方阵营都出现了对俄罗斯与欧盟紧密合作的必要性产生怀疑的人。我在2005年发表于《俄罗斯报》上的一篇文章中写道：在一些俄罗斯政要和专家中普遍存在一种观点，认为与欧盟的关系需要一个停顿，不要急于深化联合进程，而是应当将注意力放在其他更有前途的方面。同时也有某些欧洲政客开始对欧盟和俄罗斯紧密合作的可能性表示怀疑。

对俄罗斯的批评（有时是有根据的，但经常是匆忙作出的）常伴随着过度发挥的结论。比如说，俄罗斯不适用民主原则和程序，不适合建立公民社会，不会放弃“帝国野心”，因此欧洲与它不是同路人。我问道，这些指责和其政治基础的背后隐藏着什么？我自问自答道：“我想，是企图使俄罗斯尽可能长久地维持‘被掐得半死’的状态。”结论是不愉快的，但无论是当时，还是现在，都有理由得出这样的结论。

我在这篇文章中提出的另一个问题是：排挤一个像俄罗斯这样的伙伴值得吗？这是“一个在大多数国际问题上与欧盟持相近立场且经常能够对欧盟政策起到补充作用，因而与欧盟一样给对方提供机会以实施更加有效的政策的伙伴”。

俄罗斯与欧盟的融合和伙伴关系会以何种形式实现？我想起2002年在德国东南部城市帕梭召开的“联合欧洲中的人”论坛上，有人向我和赫尔穆特·科尔直接提出了这个问题。我总是很乐意与科尔一起参加讨论。他不仅以谈话集中体现了一个国务活动家的老道经验，他还是位才能卓越的人，反应极快，对提问应付自如。科尔说，必须与俄罗斯建立高效的新型关系。我同意他的观点。可立马就有一位年轻人提问：“如果您二位都认为俄罗斯和欧盟有很多共同点，它们应当更亲近，那为什么不将俄罗斯接纳为欧盟成员国呢？”听到这个问题，他巨大的身躯几乎要从椅子上跳起来。实在没想到科尔会作出这样的反应。结果，他说了些类似“这不可能发生，因为这永远都不可能”这样的话。这让我惊讶不已。他丝毫没有隐藏自己的反应。

遗憾的是，过去这些年俄罗斯与欧盟的关系并没有变得明朗，甚至更为复杂了。新的问题产生了，俄罗斯的欧洲历史选择被质疑。某些观察员在普京2013年10月对瓦尔代俱乐部与会者的讲话中找到了质疑的理由。普京在讲话中对欧洲提出的意见的回应不仅具有政治和经济性质，还具有意识形态和哲学性质。有些人就此得出结论：俄罗斯“正在远离欧洲”，将自己的注意力转到另一个方向。

我认为，这不应当发生。更准确地说，绝不允许这样的事发生。双方应当更加认真地考虑，积极恢复建立伙伴关系的途径。归根结底，大欧洲和北美大陆的国家应当将建立巨大地理空间跨度的伙伴关系和洲际共同体作为自己的任务。在一次国际政治论坛会议上，我曾提过要建立一条从温哥华到符拉迪沃斯托克的安全与合作带。我希望，新一代领导人能够胜任这一虽困难但可实现的任务。

在德国

说到欧洲，我不得不单独说一下德国，因为它与俄罗斯有着特殊的联系。

退位后，我的第一次国外之行就是去德国。乘坐的是普通航班。这之前，因为总书记和总统的身份，我乘坐的都是专机。但我和赖莎·马克西莫芙娜并没有对此特别在意。可能是因为以前享受这样的特权我们也没有觉得有太多的意义。唯一不方便的是，在飞机起飞后我们发现同机的还有一大群俄罗斯和德国记者。得知我们要去德国的消息后，他们被各自的媒体分配了“陪同”戈尔巴乔夫夫妇的任务。在一万米的高空，他们按顺序来找我或是赖莎，简单问候一声，交谈两句，如果可以的话，就地（应该是“就机”）进行一个简短的采访。

在我们到达前，德国媒体在评论中选择了“谨小慎微”的措辞。他们写道，德国人当然一如既往地应当感谢戈尔巴乔夫对两德统一所做的贡献，但他现在已经不在位了，因此他的到访完全是象征性的。媒体暗示，民众不应当对此次到访有过多的期待，它的政治意义或许根本微乎其微。

而且据我们了解，俄罗斯联邦驻德国使节们收到了直接指示：在戈尔巴乔夫到访期间，不给予他任何关注。

我们被直升机从法兰克福直接送到波恩的宾馆门前。这家名为“彼得斯贝格”的宾馆位于彼得山山顶，它是联邦政府接待客人的官邸，对此我们都比较熟悉。1990年秋正式访问期间，我们就在该宾馆下榻。这里还是签署苏德关系重要条约的地方。我们仍然被安排在总统套房。

我与赫尔穆特·科尔进行了长久而坦诚的会谈。

科尔是20世纪下半叶世界政治舞台上的重要人物之一。

众所周知，最初我们的关系因为他对我、对我们的改革发出不明智的攻击之词而显得黯淡无光。但很快他醒悟并认错了。在与他进行首次会晤之后，我就发现他是个开诚布公、表现出合作诚意的人。我们之间建立了信任关系。这种信任在我不当总统以后仍然保留下来。每次来莫斯科，赫尔穆特一定来基金会见我。

在基金会不大的餐厅里，我们小范围地举行了一个晚宴。赫尔穆特、他的助手、我、伊琳娜以及基金会的一个员工。他很高兴喝上两三杯伏特加，并一定混着啤酒一起喝。

科尔对自己在建立欧元过程中的作用非常自豪。一次来我们基金会期间，他在一张二十欧元的纸币上签名并署上日期——2002年1月1日，送给我作纪念。

我记住了这样一件事。1998年夏天，科隆市举办庆祝科隆大教堂奠基七百五十周年庆典。我和赖莎·马克西莫芙娜被邀请前往参加。我们提前来到大教堂，坐在前排的座椅上。旁边坐着我们的熟人。他们是社会民主党人，其中就有北莱茵-威斯特法伦州州长约翰内斯·劳。教堂渐渐坐满了客人。从后排传来脚步声，只见一大群人往前排走来。这是联邦总理科尔和他的随从们。看到我，他假装惊奇地停了下来。因为这次我们来德国是受到德国社会民主党的邀请，所以没有特意告诉科尔我们要来，虽然他一定从报纸上得知我来到了德国。

就算他事先是知道的，他也没有表现出来。相反，他表现出惊奇的样子，并当众“责备”我：“米哈伊尔，您下次来德国的时候，至少事先告诉我一声嘛，这样我可以安排与您会面。”看来，他因见我坐在他的政治对手当中而生气了。·两个月之后就要举行联邦议会选举。两个主要对手——德国基督教民主联盟（及其同盟党派德国基督教社会联盟）和德国社会民主党——将展开决定性的厮杀。结局尚不明确。但看起来，科尔近十五年来对自己的不可战胜是信心十足的。他稍带傲慢地朝约翰内斯·劳及其团队点了点头，然后用大家都能听到的声音大声对我说：“请转告坐在您旁边的那些人，让他们别指望了。选举的结果已经提前决定了！”说完继续往前走。

赫尔穆特·科尔做了十六年总理，这是联邦德国一项不可超越的纪录。但这次选举他输了个精光。社会民主党人格哈特·施罗德成了总理。一年后约翰内斯·劳当选联邦总统。

我与赫尔穆特·科尔1992年3月的谈话三分之二内容都是关于独联体改革进程的。他对该问题特别感兴趣。我对苏联解体后果的讲述给他留下了较深的印象。比如，我说到一个住在莫斯科的人无法寄钱给自己生活在乌克兰的母亲。

不需要对德国人长篇大论，也不需要向他们解释一个国家被分裂的切肤之痛。他们也才刚刚推倒了柏林墙。

在德国总理府绍姆堡宫面对面会谈之后，科尔夫妇邀请我们去他们家里吃晚饭。对于我们与赫尔穆特和汉娜洛蕾·科尔的关系来说，这也许是十分自然的举动。科尔到过我的故乡斯塔夫罗波尔。我与赖莎·马克西莫芙娜在1990年秋的正式访问期间参观过位于代德斯海姆市的科尔母亲的家。

……很晚的时候我们才到“家”，也就是彼得斯贝格宾馆。大厅里有十几位俄罗斯和外国记者等着我们。于是我们不得不继续工作。

我当然承担了主要的工作。但因为提出了不同的问题，所以赖莎·马克西莫芙娜也不得不参与进来。

> “米哈伊尔·谢尔盖耶维奇，”一名记者开始对我提问，“除了政治问题以外，您的德国朋友们对您二位离开政治舞台后的自我感觉也十分感兴趣。比如说，个人方面。”
>
> 我转向妻子：“这个问题我想请赖莎·马克西莫芙娜来回答。”
>
> “顺便问一下，”那位记者附和了我的提议，“赖莎·马克西莫芙娜，您的身体还好吗？”

这个问题经常有人问她。大家都知道，1991年“八月政变”之后，我们全家的生命受到现实威胁，她的身体出了很严重的问题。好几次住院治疗，有时也在家里治疗。但在1992年那次访德之前，最困难的时期已经过去了，因此在回答问题的时候她把重点放在了别的方面：

> 我们两人自我感觉如何？这很不寻常。说到我的健康状况，在克里米亚发生政变的日子过后，现在已经慢慢恢复正常了。而说到我们共同的自我感觉，这当然非常非常复杂，甚至是非常沉重的。我指的不是我们个人生活的变化。可能有人不同意我的观点，但我还是要说：米哈伊尔·谢尔盖耶维奇1985年开始改革之后，很多东西都发生了变化，现在我们非常担心的是俄罗斯的国内局势。由于今天我们国家几乎没有人日子过得不错，因此我们的自我感觉哪里会好呢？

在宾馆大厅里，记者们一个接一个挨着我们坐下。就这样变成了看不到头的连续采访。已经半夜了，也就是说，莫斯科已经是凌晨2点钟了……

访问的第二天排满了与德国主要政党的政治会谈。每一次会谈之后，都召开一个即兴的新闻发布会，虽然事先并没有安排这一环节。

对我们感兴趣的不仅是现任的政要们。我们也与德国前总理赫尔穆特·施密特举行了谈话。社会民主党人施密特在1982年辞职后似乎淡出了政坛。他成了《时代周报》的发行人和撰稿人。这份报纸在德国口碑很好，尤其是在知识分子当中。作为一个“普通公民”，施密特仍然是德国最受尊敬、影响力最强的人之一。

德国的十六个州每一个都在波恩设有代表处。萨尔州州长奥斯卡·拉方丹在代表处设宴招待了我们，赴宴的有社会民主党的领导层。

席间最引人瞩目的应该是社会民主党荣誉主席维利·勃兰特，他对德国和欧洲来说都是一位历史性人物。正是他同他的团队成功结束了基督教民主联盟似乎漫无止境的二十年统治，他也因此成为德意志联邦共和国的第一位社会民主党人总理。

也正是他在对波兰进行正式访问期间，在华沙犹太人殉难者纪念碑前下跪以表忏悔。虽然，从个人方面来看，他好像没有什么好赎罪的。年少的左派社会民主党人赫伯特·弗拉姆（这是勃兰特原先的姓名）从纳粹德国逃到挪威，后来又到了瑞典，成为流亡政客。

勃兰特是第一位访问民主德国的西德重量级人物。正是他为民主德国“新东方政策”的实施注入了新的活力。他不顾当时的“冷战”气氛，开始与苏联和其他东欧国家建立良好关系。

长期以来，我与维利·勃兰特互有好感。我知道，勃兰特病得很重。但在席间，他和其他人似乎都忘了这一点。他们说起各种笑话、“恶搞”和段子，气氛非常轻松。勃兰特喝了几杯红酒，笑得很开心，很有感染力。

这次几乎没有谈到政治，只是在宴会结束之前他向我转达了邀请，希望我秋天来柏林参加国际民主联盟大会并做长篇报告。我答应并履行了我的承诺。但勃兰特本人却没能参加大会，他的病情已经到了最后阶段。

波恩的道别是真诚的。我们二人当时都不知道，这是我们最后一次见面。

根据正式计划安排，当天晚间“外交部长根舍夫妇为戈尔巴乔夫夫妇在外交部大楼举行招待晚宴”。

在我们比较熟识的几个德国人当中，我敢说，根舍夫妇与我们之间有着真正的友谊。当然，我这么说也是由于我在根舍身上看到了一个能够深刻理解我们的“新思维”政策的人。但这并不意味着我们关系中完全没有矛盾。我们各自捍卫本国的利益。有时两国的利益并不相符。也有过这样的情况，根舍在与我的对话中捍卫总理科尔的立场，虽然猜得出，他自己对问题的看法与他的上司并不相同。但根舍并没有“露馅”：他严格遵守着政治纪律。

在根舍代表德国政府与苏联领导人进行长期会谈的过程中，他赢得了我的信任，不久又获得了我的好感，因为他的一贯坦诚和正直的品格。

我们到访期间，根舍因公事正在哥本哈根，但他特意飞到波恩跟我见面，之后又回到丹麦继续自己的访问。我认为，作为外交部长兼副总理，他的这种姿态能够说明许多问题。

第二天一早，我们参观了著名的哈默施密特宫，也就是总统府。联邦德国前总统里夏德·冯·魏茨泽克（1990年德国统一后的第一任总统）及其夫人邀请我和赖莎共进早餐。

1941年，二十岁的第三帝国军官里夏德·冯·魏茨泽克在东线与苏联作战。他并不是希特勒的崇拜者，也不是抵抗运动的战士，虽然他的私人朋友中有人参与了刺杀纳粹元首的行动。魏茨泽克总结了以前的教训并在联邦德国总统的位置上证明了这一点。正是他为今天的德国新一代阐明了对1945年5月8日这个日期的新理解："随着时间的推移，越来越明显的是，今天我们应当共同宣布5月8日是解放日。它将我们所有人从惨无人道的纳粹暴力统治体制下解放出来。"

那些熟悉联邦德国战后发展情况的人会证明，就算在这样一个正在民主道路上前行的国家，对于如此重量级的政治家来说，这也是一个极其勇敢的政治行为。

我们从波恩抵达慕尼黑。

虽然下着雨，仍有几百人在机场等着我们，只是为了说几句祝愿的话，握个手，或者送上一份小小的纪念品。在巴伐利亚州的三天里，我们一直觉得自己处于地震的震中，但不是令人担惊受怕的、危险的地震，而是蔓延到我们周围的友好地震。

在马克思–约瑟夫斯广场举行了与市民交流的隆重见面会。来了好几千人。周围居民楼的窗户无一例外地被"占领"，从那里可以观望这里发生的一切。成群的人随便找到一个什么突出的位置就坐下来——石墩上、水泥花坛上、阳台上。从窗户和房顶上传来欢迎客人的呐喊声，他们晃动手里的旗帜、三角头巾，甚至布罩之类的东西。

3月6日，巴伐利亚州州长邀请我们到珍宝馆参加午宴。这是一间建于16世纪的拱形大厅，起初是用来收藏奇珍异宝的地方，可是很快就被改建成一间宴会大厅。战争中被摧毁的珍宝馆在重建后成为州长隆重招待客人的地方。

午宴后，我们要去位于圣玛利亚广场的市政厅。我们走到市政厅著名的自鸣钟下面的阳台上。他们请我对聚集在广场上等待我出现的市民们说几句话。

第一句我是用德语说的："亲爱的慕尼黑市民们！"这引起了一阵欢呼。我的话非常简短："对于如此热情的接待，我感到受宠若惊。你们对我和我妻子的友善使我们备感愉快。"

在该市名人云集的市政大厅里，市长致了欢迎词："您看，人们是多么热情地接待你们。您给东欧国家民主进程、'铁幕'的坠落以及东西方的亲近注入了活力。您所做的这一切，过去、现在、将来慕尼黑人都不会忘记。但首先他们不会忘记的是您支持德国人的统一愿望的勇气，这一点我们对您尤为感激……"

按照安排，星期六纯粹是旅游项目：先参观位于阿尔卑斯山附近的新天鹅堡，然后是维斯教堂（我们被告知，这是巴伐利亚地区最漂亮的洛可可风格教堂），晚上回到慕尼黑去剧院看戏。

如此轻松的日程安排让我们很高兴。经过了昨天与慕尼黑市民的热情交流，短暂的休息对我们来说是再好不过了。结果却不是这么回事。

直升机将我们送到位于慕尼黑以南一百多公里的天鹅崖山脚下。直升机在看似空旷的山区地带着陆。但仅仅过了几分钟，不知从哪里一下子冒出人来，起初是几十人，后来多达几百人。他们将直升机围了个水泄不通，并开始清晰地喊出昨天起我们开始熟悉的词语："戈尔比[①]！戈尔比！"

不久，直升机又将我们带到阿尔卑斯山的另一个地方——维斯教堂。我们再次见到许多人在等候我们的时候，已经不再感到惊奇。但仍然有一些意想不到的事情发生：附近一所中学的整个班来迎接我们，他们乘坐的大巴上用俄语写着："欢迎戈尔比和赖莎！"

施泰因加登市市长约瑟夫·塔费茨霍夫也用俄语对我们表示欢迎。

在教堂主事的陪同下，我们走进了这座教堂。紧接着响起了教堂的乐声。

看起来，很多人对前苏共中央总书记在教堂里的举止非常好奇。第二天就有报纸写道："在不久前刚修缮完毕的教堂里，自称无神论者的戈尔巴乔夫参加了联合国的祷告。"

① 这是对戈尔巴乔夫姓氏简短亲切的称呼。

基希迈尔神父学会了这段祷告词的俄文版，并与我们一起朗诵，而我们不得不拿着小纸条跟着读。下面我完整引用这段总共只有十行的祷告词：

主啊！我们的地球只不过是浩瀚宇宙中的一颗星辰。
我们有能力使这个星球上的生灵
不再受到战争的涂炭，
不再忍受饥饿和感到恐惧，
不再被无意义的界限隔离，
不再论人种、肤色或者世界观。
请赐予我们力量和悟性吧，
以便我们从今天就开始做起，
以便我们的子子孙孙
能够自豪地称自己为——人。

第二天早晨，我们离开了热情好客的巴伐利亚前往北方的北莱茵-威斯特法伦州。该州虽然面积上差不多是巴伐利亚的一半，但人口（约1 800万）却明显超过了后者。

该州的首府是美丽的杜塞尔多夫。但我们的目的地是相对不太出名的威斯特法伦东部城市居特斯洛。贝塔斯曼出版集团的总部就位于该市，此次出访计划正是由该集团董事会制订的，与在巴伐利亚一样，安排非常细致，精确到分钟。

但我们注定无法向德国人表现我们的守时。由于大雾，飞机没有在居特斯洛降落，而是在邻近的帕德博恩着陆，这里没有人在等我们。

终于，我们晚点抵达了贝塔斯曼董事会大楼。离入口只有几十米远，可我们却走了至少十分钟：人们将车队围住，我们艰难地从人群中走出，伴随着欢呼声、请求握手和签名等。另外，还有几位电视台的摄影师在一旁拍照摄像。警察给我们开道。

在居特斯洛，我们直观感受到人们对俄罗斯的友好态度。

我认识了“人道主义”联合公司的彼得·丹格曼，他曾募集并往俄罗斯运送了22架次的慈善物资。

另一个名为“援助无国界”的组织两年内往圣彼得堡运送了140吨粮食和药品。

希格森夫妇和德英协会募集了7.5吨人道主义物资运往乌克兰。

善行数也数不完。在首次非正式访问期间，我们就见证了德国人乐于帮助我国同胞的巨大热情。他们尤其希望将这点展示给我们看。

晚上，北莱茵-威斯特法伦州州长约翰内斯·劳为我们举办了招待晚宴。

下一站，也是我们此行的最后一站是汉堡。内行人提醒我们：汉堡不是巴伐利亚。这里是北方，人们不善于直接表达情感。可是汉堡人打破了这一常规预测，他们用一种我称之为“意大利式的”热情迎接了我们。

汉堡给我和赖莎都留下了深刻的印象。

我从来没想到这个城市如此美丽。我过去认为，这里的一切一定都带着强大的工业化印记。结果我却发现这里的大自然保护得异常完美，建筑风格与大自然并不显得格格不入，而是和谐地融为一体。

晚上，在一系列正式接见之后，我们觉得很累，于是想在城里随便走走。“随便走走”也只是说说而已。事先没有安排的出行在负责客人安全的德国安全部门工作人员中引起了小小的骚动。

我们决定先乘坐汽车走一段。车绕过了内阿尔斯特湖，从俾斯麦纪念碑旁驶过。然后突然来到明亮的、被灯光照得五彩斑斓的宽阔街道上，晚间有许多人在大街上漫步。

我们没有下车，而是一直开到圣米哈伊尔大教堂。这座巴洛克风格的教堂是该市的象征之一。从这里，我们开始步行。

天气阴暗潮湿，实际上对于汉堡来说，这是常有的事。从路旁一家啤酒馆的窗户里透出一缕柔和的灯光。

“进去坐坐。”赖莎·马克西莫芙娜建议。

所有人都表示同意。只有跟在后面的德国安保人员稍微露出担忧的神色——要不要加强安保以防万一呢？

啤酒馆里的确很温暖舒适，人并不多，只有两个位子坐着人。酒馆主人认出我们以后，开始时有点吃惊。想必他一定在暗自思量，这样的“访问”没有提前安排和告知是不可能发生的。但很快他就镇静下来，表现出专业的友好态度，开始有条不紊地招呼我们（除了后来挤出几分钟跑去拿相机以外）。

第二天，我参加了由国际问题研究所举办的一个讨论会。该研究所当时由著名社会民主党人埃贡·巴尔领导。他在20世纪70年代初对维利·勃兰特政府“新东方政策”的提出作出了卓越的贡献。

这一天的早晨，我们参观了汉堡郊外的奥尔斯多夫墓园，这里埋葬着384名卫国战争中被俘后死在德国的伟大士兵。

我们向死难者墓碑敬献了花圈，上面写有题词：“献给法西斯的殉难者苏联士兵”。德国人把墓地照顾得很好，他们把这既视为自己的人类义务，又看作和解的表示。

按计划，我们要乘坐汉堡枢密院的游艇游湖（枢密院就是阿尔斯特区政府的别称）。正当我们准备上船的时候，下起了大雪。游湖看来是没希望了！赖莎·马克西莫芙娜问了一个看起来非常自然的问题：

“是不是取消游湖？”

“绝对不可以。”有人回答她。

原来，虽然天气不好，但在我们即将经过的湖岸边，每个码头和与湖相连的河道两旁都早就站满了迎接我们的人。难道可以辜负他们的期待，让他们失望吗？的确不可以。

而离开的前一天，在我们在市政厅的会谈结束后，在古纳雅尔出版集团庞大的现代建筑风格的大楼里举办了大型招待会。招待会开始前，我发表了前面提到的那次演讲。

招待会的结尾，和事先计划的一样，举行了一场不大的音乐会。最精彩的节目是沃尔夫·比尔曼和妮娜·哈根的表演。

妮娜·哈根是一位年轻的演员和歌手。她的母亲是民主德国著名演员夏娃-玛利亚·哈根。沃尔夫·比尔曼是位吉他弹唱歌手（或者按我们的概念，是位“游吟诗人”），他一生差不多都居住在民主德国。他的歌曲内容相当富有批评性，因此他多次遭到类似“软禁”的各种形式的限制。

他和妮娜·哈根一起带来了意外之喜。他们合作用德语和俄语演唱了一首以前我从未听过的《戈尔巴乔夫之歌》。他们把俄语译文发给我们，沃尔夫还递了一张纸给我，上面写着这首歌的创作过程。

纸上的内容是这样的：

亲爱的赖莎和米哈伊尔·戈尔巴乔夫！

四年前，德国犹太人米拉·斯拉乌茨卡娅从波兰带回一首关于戈尔巴乔夫的欢快歌曲。她曾在共产国际为季米特洛夫和陶里亚蒂工作，后来从1936年到1956年的二十年间在远东社会科学院学习（据我了解，沃尔夫在这里指的是古拉格。——戈尔巴乔夫注）。妮娜·哈根请我翻译。但老实说，我觉得这首歌有点粗俗。于是我重新写了一份德语歌词，谱了新曲。您可以在唱片里听到，名字叫《有樱桃吃真好》。

这首歌我们在德国，也包括以前的民主德国，举办的数百场演唱会中对成千上万的观众唱过。大多数人都喜欢这首歌。他们喜欢的是，当说到今天的世界时，他们听到的不只有灰心和抱怨，还听说了一个因曾为拯救这个世界作出一点贡献而饱受赞美的人。至于他做的是否已经足够多，做得是及时还是太晚，时间将会给出答案。而且这也将取决于我们自己。

5月份，我将首次在莫斯科开演唱会。如果那时您有时间和愿望，请您来听听我的其他歌曲，您还可以将我的歌和奥库扎瓦以及维索茨基的比较比较。

致以最衷心的祝福！

您的沃尔夫·比尔曼

歌曲相当长，我就不完整地引用了。它和其他许多歌曲一样，都是时代的标志。从比尔曼的信中可以看出这首歌大概写于1989年。它反映了那个时代的欣喜、疑惑和恐慌：

米哈伊尔·戈尔巴乔夫，
你是谁，是鱼还是肉？
小心，别让人骑到你头上，
但也别骑在我们的头上。
米哈伊尔·戈尔巴乔夫，
学聪明些，学狡猾些，
像个孩子，又像个男人
也要像女人那样勇敢。
噢，噢，戈尔比，
所有能做的就是希望
我的俄罗斯母亲
能够上道。
哦，哦，伙计们，

站稳脚跟
用力把火吹旺！
火啊，请你温暖我，
这会给我增添勇气。

米哈伊尔·戈尔巴乔夫，
无论在东方还是西方
你有朋友，也有不少敌人，
他们诅咒你灾难临头。
米哈伊尔·戈尔巴乔夫，
而我，而我祝你好运，
希望你继续前行，
同时后脑勺上不要中枪。

戈尔比，不要示弱，
如果你还需要一点力气，
我把我的扔给你。

在稳固的基础上

《过去和未来之间的欧洲、德国与俄罗斯》——这是我在于美因河畔法兰克福召开的庆祝德国统一二十周年大会上的发言题目。我在祝贺德国人以后，说的第一句话是："你们登上了一个高峰。德意志民族承担的责任你们成功地付诸实践了。这为在民主道路上行进或者正在寻求这条道路的所有国家树立了榜样。"

为了实现这一切，世界上许多东西都必须改变，比如必须在苏联各民族和社会生活方面进行重大改革。但同样必须具备的条件还有：国际关系中的变革、“冷战”的结束。德国在改变。

对我们那一代领导人——乔治·布什、玛格丽特·撒切尔、弗朗索瓦·密特朗、赫尔穆特·科尔等人来说，这些年最严峻的考验就是德国问题，多少年来它一直是欧洲和世界上最尖锐的问题。我说，这是世界政坛裸露的一根神经。

我还提到指引我们走上历史分界之路的一些里程碑：20世纪50年代中期康拉德·阿登纳访问莫斯科、联邦德国与苏联建立外交关系、维利·勃兰特的东方政策、列昂尼德·勃列日涅夫与赫尔穆特·施密特的会谈。我也谈到民主德国在帮助战后许多苏联人尤其是战争参与者克服“反德综合征”方面发挥的作用。

我说，1989年6月我和赫尔穆特·科尔还在讲，德国统一是21世纪的事。“但仅仅过了几个月，到了11月份，柏林墙就倒塌了。问题不在于我们是糟糕的预言家。不是。人民大声、清晰地说出了自己的意见。民主德国的民众走上街头要求立即统一！他们的要求得到了西德人民的一致赞同。‘我们是同一个民族。’这就是那个时代的呼声。”

这在民主德国成立四十周年之际举行的火炬游行期间表现得尤为突出。东德所有地区的代表齐聚柏林。我和东德领导人还有其他客人站在主席台上。我们看到成千上万张年轻的脸，感受到年轻人特殊的心情。我看到这样的标语：“戈尔巴乔夫，再待上哪怕一个月吧。”人民公开喊出支持统一的口号。我旁边站着沃伊切赫·雅鲁泽尔斯基和波兰总理拉科夫斯基。拉科夫斯基对我说：“一切都完了，您明白吗？”我回答说：“是的，我明白究竟发生了什么。”

谁也不能漠视民众表达出的这种立场。他们的呼声被听到了。如果我们在自己的国家进行了民主变革，给民众以自由，那么就不可能在这方面拒绝中东欧国家人民同样的要求，不可能拒绝给予德国人民实现统一的权利。

在法兰克福的讲话中，我重申了多次讲过的话："当有人问我，谁是统一进程中的主要人物，我的回答是：人民。两个国家的人民。一个是坚决但平和地宣布统一愿望的德国人民。另一个是对德国人的愿望表示理解的苏联人民。他们相信，今天的德国与以前的德国根本不同，因此对德国人民的意愿表示支持。没有这一点，苏联政府就不可能做出当时那样的举动。"

如今，当你读到一些关于那个时代的评论或者回忆的时候，可能会产生这样一种印象，两德统一的过程似乎非常顺利，就像天赐的美事，一切几乎完全是幸运巧合，甚至是靠某些参与者的天真带来的。不，不是这样的。

我肯定地说："这不是件简单的事。对许多欧洲活动家和他们领导的国家来说，这需要冒很大的风险。每个遭受过侵略的国家，基因里几乎都保留着对德国实力增强的担忧。而两德统一必然会使德国实力大增。

"今天，我们可以对法国总统弗朗索瓦·密特朗曾宣称他是如此热爱德国，所以'宁愿看到有两个德国'的说法付之一笑。

"我们可以惊讶于玛格丽特·撒切尔的神经过敏，但别忘了她与几百万英国人一样经历了德国空军对英伦岛屿的狂轰滥炸。更不用说俄罗斯了，它在这场战争中遭受了最惨重的伤亡、损失和破坏。

"谈判不可能轻松，难道这不是明摆着的事？双方进行了激烈的争论和观点的争锋，有时甚至感觉事情马上就要以双方互不理解而结束，谈判即将破裂。

"但最终成功了。这符合欧洲和世界形势的客观要求，这一过程的参与者们表现出远见和勇气，还有崇高的责任感。当决定性时刻到来的时候，所有人都在所需的文件上签字，于是这些文件马上就具有了历史意义。"

统一后的最初几年，德国大病一场接一场，但它成功解决了所有主要问题。我想起20世纪90年代初我和赖莎在波恩与赫尔穆特·科尔的谈话，他说："你知道吗，米哈伊尔，我们预料到经济会很困难，这需要巨大的投入。我们必须这样做，整个国家都承担了这项工作。但令我非常惊奇的是，"他继续说道，"东德人和西德人像两个不同的民族。总共才过了四十年，但我们一直在'弄清关系'，在许多问题上看法不一。"

的确，将一个整体一下子分开是多么简单，而后想恢复成整体又是多么困难！我知道，这只不过是其中的一个困难。后来在1997年我又一次去莱比锡，也是在10月3日，德国统一的周年纪念日。

在讲话中，我想起了这段往事。我的演讲结束后，德国人开始表达自己的看法并向我提问。"我听他们讲话，能感觉到他们的痛苦和不满。我说：'请您说一说，您反对统一吗？那还不晚，还来得及分开。''不，您说什么呢！不，不，不！然而，然而工作始终不够所有人干，而且这里对我们东德人的态度也不是特别好。问题很多。'

"我说：'知道吗，我只能对您说一句，所有这些问题都是你们的。如果您愿意，我可以提一个建议，让俄罗斯审核并通过一项决议，将你们的问题换成我们的，也就是俄罗斯的问题。'这个回答在现场引发一片笑声，通过这种形式，我们了解了彼此的意思。"

那次讲话中，我还说了俄德关系。我总结说，这些年来两国关系发展得很成功。与此相关，我提到参加"圣彼得堡对话"论坛的事。该论坛是由德国总理施罗德和俄罗斯总统普京共同建立的。根据普京的请求，八年来，只要我的身体条件允许，我一直担任论坛的俄方主席。

双方参加论坛的公民社会权威代表人数逐年增多，其中包括学者、商人、非政府机构领导人、"未来工厂"的年轻成员、媒体代表、文化工作者、教育和医疗卫生领域的代表等。

我们可以断言：2006年的“圣彼得堡对话”论坛具有真正意义。它符合双方国家和社会的要求，有着良好的发展前景，一定会继续展开富有成效的工作，为俄罗斯和德国人民谋福利。

“圣彼得堡对话”论坛的活动获得了社会认可。欧洲文化基金会给它颁了个大奖。颁奖仪式在德累斯顿的圣母大教堂举行。这是德累斯顿最漂亮的历史建筑之一，第二次世界大战期间曾被摧毁。不久前它刚刚修复好，恰逢德累斯顿建城八百周年。这件建筑精品因此又成为修复的杰作。我和前东德总理洛塔尔·德梅齐埃作为双方的联合主席，代表“圣彼得堡对话”论坛从前西德总统里夏德·冯·魏茨泽克的手里接过奖杯。

在俄德关系的发展中起到非常重要作用的是德国总理安格拉·默克尔。我们多次见面，公开、富有成效地讨论过德国与俄罗斯的关系以及两国公民社会的关系。安格拉对我讲过她的生活，讲述她在民主德国是如何成长为一个人和未来的政治家的。今天她是位强力、有远见卓识的政要，她的影响力不限于德国，而是波及整个欧洲。我觉得，对于政治中的“人为因素”应当起到何种作用，她便是个很好的例子。

我想，在建设大欧洲，一个没有分界线的欧洲，一个彻底消灭“冷战”遗产的欧洲的过程中，可以期待两国共同发起重大倡议。如果两国在这个方面能够通力协作，倡议会有很大的机会获得成功。

欧洲政坛上的重量级人物

我觉得，在大欧洲范围内应当保留主权国家的作用。全欧组织和一体化联盟都不能够代替主权国家，不可能把它们挤下世界舞台。像英国、法国、波兰这样的国家，它们拥有悠久的传统和广泛的联系，可以追求在欧洲发展进程中发挥重要作用。俄罗斯应当特别重视与这些国家的关系。

我与这些国家及其领导人的关系是长久和紧密的。即使在我离开克里姆林宫后的这些年，我也多次去过这些国家。

我与英国，与伦敦有很多联系。从这里，我开始与玛格丽特·撒切尔夫人接触，她是个特别的、杰出的政治家。我多次去过伦敦。此外，苏格兰城市爱丁堡、格拉斯哥和阿伯丁之旅给我留下了深刻的印象。给我留下美好记忆的还有为抗儿童白血病和癌症基金会募捐的慈善晚会。出席晚会的都是英国社会的精英——著名政治家、文化工作者、商界代表和作家。

几乎每次在伦敦时，我都会与撒切尔见面。英国人对她任职首相期间的活动评价不一。我与她的交往也不全都是美好的。我不止一次想起1984年我第一次正式访问英国期间，我和她在“跳棋”餐厅大吵了一架，甚至彼此背对着对方。坐在另一边正与玛格丽特的丈夫交谈的赖莎·马克西莫芙娜后来说，她看到了这一幕，开始担心访问会失败。后来，我们二人的交往中也有过不少紧张时刻。但我不得不承认撒切尔夫人身上的卓越品质。作为一个政治领袖，她有清晰的世界观和实现目标的坚强意志。

她从来都没有放弃支持我们改革的立场。她对我们的真诚从未表示过怀疑。她相信苏联领导层已经坚定地走在改革道路上，改革有可能会取得成功。而改革一旦成功，受益的将是所有人，包括西方在内。同时她却并不给我们开方子，告诉我们应当怎样做。

我记得，在她离职前不久，在巴黎召开的一次全欧会谈中，她对我说：“我知道，您现在不容易。但您现在所做的一切，将会给未来几十年打下基础。我确信，一切都会成功的。”

她并不太喜欢在她被迫卸任首相以后西方领导人与我们交往的方式。1991年7月，我参加了在伦敦召开的七国峰会。就在我即将离开伦敦前，她请求与我在苏联大使馆见面。正如常言所说的那样，破口大骂西方领导人并不是真正支持改革。

“他们都做了什么啊！”这位已经是前首相的撒切尔女男爵大声喊道，“在您最艰难的时刻，他们只是给予口头支持。这样的政治家一文不值！他们什么也干不成，他们出卖了您！”

当然，与任何领导人一样，她也并不总是对的。比如说她对雷克雅未克会谈的反应：“再有一个雷克雅未克的话，我们就坚持不住了！”我不止一次告诉她，看起来，她好像更愿意坐守核武器库。她对经济的新自由主义态度虽然在“修正”英国旧体制上发挥了作用，但总体来说没有经受住时间的考验，加深了许多社会矛盾。

多年来，我与她一直保持着友好关系。2005年10月，我去美国途中在伦敦停留，以祝贺玛格丽特的八十岁大寿。女儿伊琳娜陪同我。我和她商量该送什么礼物，最终选择了一只漂亮的薄瓷花瓶。当然，我不仅对撒切尔夫人说了祝愿的话，还与她讨论了一些政治现状和问题，谈到一些领导人。玛格丽特说得很肯定，也带着批评的语气。她突然说：

“米哈伊尔，您想不想再次当政？”

我吃了一惊。老实说，那时玛格丽特的身体状况看起来已经不是太好，有时候记忆会出问题。而且我认为，应当给新一代领导人机会。我对她也是这么说的。

“我想！”她坚定地回答。

我与玛格丽特·撒切尔的继任者们有过多次交往，也是唐宁街10号英国首相办公室的常客。他们每个人都为国家竭尽全力，但就个性魅力和领导气质而言，撒切尔夫人依然无法被超越。

对自己的国家同样具有历史影响力的领导人是法国总统弗朗索瓦·密特朗。我们经常会讨论重大想法和构思。他对欧洲和世界命运有着深刻的思考，常表达极富远见的想法。其中最主要的就是他的“欧洲邦联”思想，这与我提出的建设全欧洲共同家园的想法有不少的交集。遗憾的是，密特朗的继任者们没能继续发展这一思想，将它提上欧洲议事日程。我想，实现如此巨大构想的时间会来到的。

密特朗希望，法国能够在世界舞台上发出特别的声音，能够将一些涉及全人类利益和未来的重大问题提上议事日程。在我们的谈话中，全球问题、贫穷和生态危机问题通常占有重要地位。他是社会公平思想的忠实支持者。在我参加的那次伦敦七国峰会上，他表示赞同采取切实措施帮助苏联进行经济改革。

密特朗在第二个总统任期的大部分时间都重病缠身。这在我们的会谈中能感觉到。我与他最后一次见面是在1995年。当时老布什总统邀请我们、玛格丽特·撒切尔和布赖恩·马尔罗尼去科罗拉多州斯普林斯市参加电视台的“世界领导人回忆录”节目的录制。录制之前，撒切尔很紧张，密特朗外表却很平静。赖莎·马克西莫芙娜和他聊天，突然她感觉他状态不对劲，于是问道：

“您怎么了？密特朗先生？”

“这是年纪大了，戈尔巴乔夫夫人。”他回答道。然后，他重新调整好状态，和我们一起走进了演播室。在接下来一个多小时的录制过程中，他在强烈甚至刺眼的灯光下与主持人对话，回答主持人提出的问题。

几个月之后，他便去世了。

我的欧洲伙伴中的另一个重量级人物是沃伊切赫·雅鲁泽尔斯基。我与波兰的联系首先正是因为他。

我与他相识是在欧洲转折时期，即20世纪80年代中期，当时他是波兰国家领导人。那是一个不寻常的年代，国家领导人之间的信任尤为重要。我和雅鲁泽尔斯基将军之间的信任很快就建立了。那时我们与波兰的关系刚从所谓的“受限主权学说”的阴影下解放出来。

我们两国关系的历史有过沉重的包袱，曾经受过巨大考验，发生过悲剧。这些不能忘记，但也不能让它们永远毒害我们两国以及两国人民之间的关系。必须迈出的第一步，就是确定真相。我与雅鲁泽尔斯基商定建立一个历史学家联合委员会。历史学家在俄罗斯的档案馆找到一些能够证明卡廷惨案是斯大林领导层之罪的文献材料，我将它们转交给了波兰总统，并在塔斯社发表声明。

在我眼中，沃伊切赫·雅鲁泽尔斯基是一个坚定不移的波兰爱国者，有巨大影响力的政治家。他懂得与俄罗斯的睦邻关系无论对于本国的民族利益，还是对于欧洲的和平与合作都具有重要意义。所以我非常惊奇，在波兰竟展开了反对他的行动并近乎演变成刑事迫害。

2007年4月，我致信波兰国会主席和国会议员。信中我写道："今天，在1981年的波兰事件已过去超过四分之一世纪之后，用先入为主的偏见甚至是带有犯罪性质的姿态来解读沃伊切赫·雅鲁泽尔斯基在那个艰难年代发挥的作用，在我看来，无异于一种极度丑陋的报复行为。"我提醒议员们注意出身将军、后来成为总统的雅鲁泽尔斯基在促使波兰走向政治和解与民族和谐方面起到的作用。他使波兰成为东欧第一个做到在民主转型过程中没有发生流血冲突的国家，他使波兰获得了独立和主权。

我一直坚信，我们两国人民关系中刻不容缓的现实问题是加强相互了解、建立互利合作的睦邻友好关系。"这一点谁也不会为我们——俄罗斯人民和波兰人民——做到。"我在致波兰国会的信中写道。根据我的经验，我深信，毫不夸张地说，俄罗斯和波兰的真正爱国者的历史使命正在于此。这同时也是他们在两国人民的后代面前，很大程度上在欧洲面前的历史使命。

东方一瞥：中国

从总统位置上退下以后，我就没有机会再去中国。1989年5月那次令人难忘的访问也成了唯一的一次。这次访问中，我与邓小平以及其他中国领导人进行了会谈，结束了两国三十年的疏离，使两国关系得以恢复并走上友好的轨道。

经常有人问我，为什么我不走邓小平带领中国走的那条改革之路。我的回答是：要那样做的话，必须把苏联人换成中国人。不同的国度，不同的文化，不同的起始条件，还有许多其他不同的地方。

当然，中国的改革取得了巨大的成果，向前迈进了一大步。世界上与贫穷和落后斗争取得最大成果的就是中国和印度。两国差不多使几十亿人口脱离贫困。中国成了世界工厂，建成了现代化的基础设施，城市发展呈立体化趋势。

中国领导人没有忘记改革期间我们为使中苏关系正常化所做的努力。下面我将引用中国前外交部部长（1988—1998）钱其琛书中的一段话："戈尔巴乔夫作为一个历史人物和政治家，其缺点和优点自然有待后人来评价。但是他此次访问北京所承担的历史使命必将在中苏关系史册上写下浓重的一笔。"

接下来，书中写道："就这样，两国确立了正常的睦邻友好关系。"钱其琛外长还有一个很重要的阐述："那时确立的中苏关系正常化框架成为中俄关系快速建立，直到确立平等互信基础上的战略协作伙伴关系的基础。如果我们那时没有抓住这个好机会，那么两国关系很可能会朝着完全不同的方向发展。"

钱外长引用了我在北京记者会上的讲话："中苏关系正常化不针对任何第三国，不会给第三国的利益造成损失，这与当代社会发展的趋势有机结合在一起。"同样的话，我也对乔治·布什总统说过。我相信，国与国之间的关系就应当这样建立和保持。

我很高兴，我对中国的访问以及和邓小平的会谈给两国关系发展带来的活力保持到今天。如今中俄关系已建立在战略伙伴关系的基础之上。

20世纪90年代，我的书在中国还没有出版过，2002年，新华出版社出版了我的一本重要著作《对过去和未来的思考》。书中讲述了我对历史、革命和当代世界发展道路的思考。后来中国也翻译出版了我的其他书。我的观点受到中国记者、外交官的关注。我与中国学者和政治家在世界政治论坛上的交往也是富有成效的。

在邓小平诞辰一百周年之际，新华社请我分享与之交谈的往事，并谈谈我对他倡导的改革和中俄关系的看法。为了回应这一请求，我写了一篇文章。我想在这里引用它的主要内容。日期是2004年8月19日。

> 十五年前，应中国领导人的邀请，我对中华人民共和国进行了正式访问。这发生在我们两国对抗了差不多三十年之后。
>
> 为了这次访问能成功举行，双方都需要做大量工作。在双方的共同努力下，1989年5月前完成了必要的条件准备。我们和以邓小平为首的中国领导人都认为访问一定要如期进行。我对此表示认同。因为我们打算做的事符合苏联和中国最重要的民族利益。世界也对此满怀期望。
>
> 我认为北京会谈是十分成功的。这不仅是我们两国关系，而且也是世界政坛完成的一次重大、积极的转折。经专家认真核实，双方拟定并于后来实施了漫长中苏边境的去军事化方案和一系列边境争议问题的解决办法。当然，关注的焦点问题是经济合作和科学文化交流。
>
> 中国的所有领导人都参加了会谈。但毫无疑问，起主导作用的是邓小平。用他的话来说，我们“结束过去，开辟未来”。我们抛弃了彼此间的不信任、旧账和委屈。
>
> 邓小平那时差不多有八十五岁了，但他依然精力充沛。他的坦诚和务实给我留下了深刻印象。的确，我们——中国和苏联——必须走过一段漫长的路，才能在这样的级别上、以这样

的基调开展会谈。

邓小平的改革开放政策不仅对中国的国内形势，也对国际局势产生了巨大影响。我想，邓小平宣扬的哲学思想中最重要的一部分就是深刻理解维持和平对中国的必要性，以及中国作为世界强国、联合国常任理事国对促进世界积极变化应当担负的责任。

邓小平领导的中国一贯反对国际关系中的控制和霸权主义；与此同时，对在平等、互利合作和尊重世界历史文化多样性的基础上建设国际新秩序持建设性态度，并亲自作出示范。当我听到今天的中国领导人讲他们致力于世界的多极化、提高国际法和联合国权威的时候，我觉得，这当然表现出他们继承了邓小平的建设性遗产。

邓小平登上世界政治舞台首先是作为一名伟大的改革家、中国现代化和改革开放的总设计师。我非常关注中国的改革，欣赏它的现实性和高效性。同时我也赞同邓小平关于不能不顾一切照搬外国模式和榜样，应当考虑自身民族特色的观点。

我认为，邓小平和他的战友以及继任者们——今天新一代的领导人——最大的贡献在于他们能够在世界上人口最多的国家保持政治和社会稳定之间的平衡，保证中国经济在高速发展的同时积极融入世界经济。

近些年来，中俄关系得到了快速发展，对此我十分欢迎。我欢迎双方的关注和务实态度，包括为弄清复杂问题而进行的公开对话。这才是伙伴和朋友之间应该做的。这是健康、成熟关系的标志。本着这种态度，无论出现什么问题，都能成功解决。

这篇文字后来刊登在中国的报刊上。

中国要解决巨大的难题。任何民族的历史发展都不总是“直线型”的。当走到一个岔路口时，它就需要作出艰难抉择。

所有人都应当关注这个伟大国家的稳定和发展。至于政治体制改革和如何完成这项艰难的任务，只能由中国人自己决定。

中国当前的政治模式包含着非常重要的因素，它们对于完成国家的现代化目标起着非常好的促进作用。我指的是定期的，十年一次的党和国家最高领导人的更迭。邓小平退休，然后是江泽民和胡锦涛，这表明政权的代际更替不但没有破坏稳定，而且相反，它使稳定得到了保持，避免了停滞。新一代领导层能自由作出决定，而前任领导人的尊严得到保障。中国政治模式的这些特点表现出中国以历史，包括我们的历史为鉴的能力。我觉得，中国人具有根据国家发展新阶段的要求随机应变的能力。

我相信，在世界政治舞台上，中国在解决全球生态问题方面的作用会越来越重要。

我在采访中多次说过，现在我们不可能向中国和印度这样的国家提出与发达工业国家一样的生态要求，因为在全球变暖方面发达国家比其他国家的错更大。不过中国人明白：随着国家经济实力的增强，中国承担的生态责任也应当增大。中国许多城市糟糕的生态现状也迫使他们必须关注生态。

我看到，世界强国都倾向于与中国合作。在这种情况下，绝对不能玩“地缘政治游戏”，在各种“轴心”和“三角”关系中谋求自身利益。对于这一点，我和老布什看法完全一致。我和奥巴马总统也谈过这一点，他对此表示赞同。

1994年3月，应中国台湾主要报社的邀请我访问了台北。此次访问最精彩的也许就是在孙中山博士的纪念堂举行的演讲。巨大的演讲厅座无虚席。台湾的所有媒体代表都出席了。我演讲的题目是《国际社会的前景》。

我说，今天我们有充分理由来谈论国际社会的前景，正是由于“冷战”结束，世界上不再有互相威胁、遏制和摧毁的国家集团或组织。世界发展过程中的重大转折——无论人们喜欢或是不喜欢——都是在苏联改革的影响下发生的。

演讲结束后，我被提了很多问题。其中有一个是：“您怎么看待邓小平之后的中国？”我回答说，我祝愿邓小平身体健康，最主要的是祝愿在他带领下开始的重大、深度改革取得成功。听到我的回答，整个大厅里的听众都站起来热烈鼓掌。

有几个电视台直播了我与大学生、学者、政要、商人以及社会各界代表的面谈会。其中，与蒋介石之子蒋纬国的谈话颇有意思。他到过莫斯科，在中国台湾负责过防务工作，因此对核对抗的危险发表了一套内行的见解。“很少有人能够真正想象出这会演变成什么样子。”他认为，哪怕是局部的核冲突都很有可能演变成全球性的核危机。他以一种怀旧的心态回想起，苏俄共产党与国民党革命派之间曾有过许多共同点。他表示支持加强和发展中国与俄罗斯的关系。会谈期间，他一次也没有对北京说过哪怕一句批评的话。

与台北市民的见面给我留下了很深的印象。他们大部分人都认为台湾是中国的一部分。有时他们让我想起1989年在北京和上海与市民交流时他们表现出的热情。

世界政治重心正在逐步向亚洲转移，而亚洲也是多种多样的。我对它一直保持着极大的兴趣。在我从总统的位置上退下以后的这些年，我一直与印度的政治家（索尼娅·甘地、查兰·辛格、因德尔·库马尔·古杰拉尔）以及日本和其他国家的政要们保持着联系。我努力关注这些国家发生的大事，当然，我最感兴趣的是它们与俄罗斯的关系。我相信，俄罗斯同印度的关系会稳定发展，它已经处于很高的水平，而现在又出现了新的合作机会。

我们与日本

日本的情况要复杂一些。我们两国关系的潜力是巨大的。但也有障碍。最主要的问题就是众所周知的所谓领土问题。当我1992年去日本的时候，我对1991年4月在访日期间与日本首相海部俊树就此事进行的数小时会谈还记忆犹新。

那时日方对“北方领土”问题态度非常强硬，要求我们必须承认1956年的《苏日联合宣言》，将施科坦岛①和赫巴马伊群岛②移交给日本。我的立场是唯一的：1956年的《苏日联合宣言》由于形势变化而失去了法律效力。我劝说日本首相：“让我们发展两国关系，使它上升到信任与合作的新高度。当我们的合作不仅涵盖远东和西伯利亚，甚至还包括欧洲地区的时候，也许这一争论就消失了，我们定会找到俄日双方均满意的解决方案。”

整整一年后我再次访问日本。为此，日本专门成立了一个社会委员会来筹备我的这次访问，负责委员会工作的是前首相中曾根康弘。这是一位非常知名、影响力极高的人。在与他以及其他日本政要的会谈中，我注意到两点。

第一，改革年代发生的变化为建设新型俄日关系创造了条件。我感觉到在最敏感问题（即南千岛群岛③的四个岛屿）上语气的变化。正如我从日本回国后在莫斯科举行的新闻发布会上说的那样，我的感觉是，原来的强硬立场被不排除妥协和过渡阶段的更有弹性的政策所取代。因此，我们在1991年4月与海部首相的数小时会谈期间所做的工作结出了第一颗果实。

第二，在那场新闻发布会上我还做了以下补充：“同时应当成为一个现实主义者，不能夸大其词。日方政要们是强硬的，非常实

① 日本称色丹岛。
② 日本称齿舞群岛。
③ 日本称北方四岛。

际，他们自己很有责任感而且要求对方也同样有责任感。因此，也许可以说，这一切都还处于开始阶段。”

我的日本之行在良好的气氛中进行，日本社会表现出巨大的兴趣。我们见证了成千上万日本人对我们表达出真诚的好感和良好的祝愿。从某种程度上说，这对我是一个惊喜。唯一一个对我的访问不感兴趣的人是俄罗斯联邦驻日本大使。

此后我多次访问日本。那里有许多我的朋友。戈尔巴乔夫基金会与日本的大学和研究机构保持着关系。我们与日本著名宗教政治运动团体创价学会领导人池田大作合写了一本对话的书《20世纪的道德课》。我在书中阐述了一个重要思想：政治必须与道德相结合。

在我多次访日期间，我曾同数百名日本人交谈，因此可以肯定，大部分日本人对我在1991年宣布的对领土问题的立场持尊敬的态度。而在今天俄罗斯领导人所持的立场中，我看到了对我们当时所陈述原则的继承。

俄罗斯与日本之间目前还没有建立睦邻友好关系。但双方均需要睦邻友好与合作。俄罗斯和日本的接近对于维持地区平衡是必需的。

热点地区

回顾从前，我不得不提出一个问题：难道以后国际政治舞台上还是武力因素，首先是军事力量，起主导作用吗？难道证明这种方式不仅不能解决，反而会加剧问题和冲突的证据还不够多吗？而且在应对一些新问题和挑战（首先是生态问题）时，这种方式根本就行不通。难道非要一次又一次地违背“新思维”、对话和多边合作的原则，才能相信它们的必要性和不可替代性吗？在中东地区这种现象年复一年，甚至十年又十年地持续上演。

在与该地区领导人交往的过程中（我曾与已故的约旦国王侯赛因、他的继任者阿卜杜拉、以色列总统西蒙·佩雷斯、巴勒斯坦领导人等多次会晤），我得出一个坚定的结论：该地区的和平是可能的。1991年，由苏联和美国共同担任主席的马德里会议规划了未来国际协调机制的轮廓。可后来美国再次决定采取单边行动在中东地区“建设”和平与秩序。我不能不回想起美国国务卿乔治·舒尔茨1988年在莫斯科对我讲的话：“我们尝试过独立调解中东问题，曾想将苏联挤出该地区。我自己也在中东国家的首都之间来回穿梭，在这种‘穿梭外交’上花费了几十个小时。然而我们得出结论，不应当将你们排挤出该地区。让我们一起行动吧。”

但单边行动的诱惑是如此之大。美国决定通过导弹打击把该地区“民主化”，之后又对伊拉克发动了军事干预。该政策的后果大家都很清楚。这就促使我对该持续热点地区，以及在全世界范围内民主的命运和实现民主的途径表明自己的态度。在世界政治论坛上我们也经常讨论它，它是本世纪的中心问题之一。

我在一次论坛发言中说，民主具有共同的原则和价值观，但形式不是单一的：“它应当能够反映文化、传统和民族的特点。只有这样它才是成功的，只有这样才能避免滑向独裁主义。这对转型中的国家尤其重要。”还有一点同样重要：“作为民主的当然支持者，我们应该明白：民众对民主的态度取决于它解决迫切生活问题的效果。因此可以说，当前民主正在民族和国际范围内经受考验。

“不能解决贫困问题的民主只会导致人们开始将希望寄托在独裁类型的领导人身上。因此，我们看到现在民主进程发展缓慢，甚至看到一些民主潮流倒退的现象。”

2011年初，我写了一篇文章来评价埃及发生的大规模集会。该文发表在《国际先驱论坛报》以及其他国家的报纸上。我写道，各国政要和世界媒体发表的许多评论透露出不少令人担忧的基调："对人民运动会导致混乱，从而产生宗教极端主义的反作用以及与国际社会的对抗的担心几乎成了基调。"不能说这样的担心没有根据。"但人民发出了自己的声音。起先是在突尼斯，而现在是在埃及，人民宣称不想继续在独裁统治下生活了，他们对现存的、持续数十年的政权体制不满意。最终，人民的声音是决定性的。"

长久以来，阿拉伯世界和国际政坛被强制接受一种虚假的二分法：或者是独裁体制，或者是极端主义和恐怖主义。那些来到开罗市中心解放广场、走上埃及其他城市街头的人们希望能够冲破这个怪圈。

我在那篇文章中还写道，在埃及和其他阿拉伯国家必须解出的"算式"中有很多未知数。

在伊斯兰文化历史中有过一段时期，那时它在世界文明发展进程中处于领先地位。它对科学、教育和文学的贡献毋庸置疑。伊斯兰世界蕴藏着渴望社会公正与和平的巨大潜能。捍卫这些价值观的伊斯兰世界具有远大的前途。我写道，像土耳其、印度尼西亚、马来西亚等国的民主进程和社会经济成就今天已成为现实。这些例子提供了让人乐观的理由。

埃及后来的事件证明了一些人的预感，他们认为变革将会十分困难和痛苦，甚至会有挫折和倒退。

可能，造成改革潮流没能席卷整个阿拉伯世界，而是快速走向消退（此外，也不是所有国家都同等程度地准备好改革，虽然最终这些改革是不可以避免的）的原因之一在于外部势力的作用阻碍甚至扭曲了这一进程。这一点在叙利亚表现得尤为明显。

一方面，叙利亚是一个执政模式数十年来不变的国家。它的领导层相信自己的民族使命，但未能对积累的社会经济问题作出有效反应。社会变动在这样的国家里不可避免，迟早会发生。另一方面，外部力量干涉这些国家的内政几乎从未有什么好结果。这不仅是它因为违反了国际法，还因为它的支持者们没有充分体会到情况的复杂性，各方利益、历史积怨、各种宗教和文化矛盾之间千丝万缕的关联。在这方面，叙利亚是情况最为复杂的国家之一。难怪美国前驻叙利亚大使说过："我们对这个国家的了解很缺乏，对这个国家里发生的事也不清楚。"

但是叙利亚刚一发生骚乱，外部力量马上就开始角逐"催促"局势发展。对它们来说，最主要的是保障自身在"阿萨德之后的叙利亚"的利益。这样的立场是导致中东（不仅仅是该地区）灾难的原因之一。

召开由各方参加的讨论叙利亚局势的会议的想法，只是在口头上得到了联合国安理会成员国的支持，实际上却没有付诸实践。被任命为联合国和阿拉伯国家联盟危机调解特使的联合国前秘书长科菲·安南不得不放弃自己的使命。不久前他在莫斯科痛苦地告诉我，他没有感觉到世界大国对他在努力协调对话上给予实际支持。

局势一度到达危险的边缘，再往前就会发展成导弹打击、人员伤亡、冲突激化。这一切最终没有发生，俄罗斯和其他所有社会政治力量的外交努力作出了巨大贡献，它们坚决反对叙利亚冲突升级。但冲突的根本原因并没有消除。持续的军事行动、几十万的难民、大部分叙利亚反对派不愿意坐到日内瓦的谈判桌前——这一切随时都会使局势更严峻，并演变成为地区冲突的火药桶。

埃及民主进程中断主要是由于内部原因。民众并非总是善于利用自由的机会，走上前台的并非总是那些能够带领人民成功应对转折阶段各种复杂情况的领导人。在前文提到的文章中我写道："在寻找通往民主的道路时应当明白，这条路是艰难的，民主不是万能的魔法棒。"

在事件的最初阶段，埃及社会的主要力量团结在一起。但等到制定宪法和后来的总统大选前后，矛盾开始显现。各集团和教派代表之间开始产生抗议、冲突，并有人员伤亡。哥普特基督教徒的处境极为艰难。最主要的是，人们没有感觉到，向民主转型即使没有带来生活改善，至少也能带来这种改善的希望。民主选举的总统也没能真正成为民主领袖。城市的中产阶层和军队联合起来反对他，而他被推翻以后，坚定支持他的人几乎没有了。

现在很难预测事态将会如何发展。民主潮流的消退并非罕见的现象，但独裁体制的领导人也未必就会高枕无忧。所有这些体制的共同缺陷就是政权与社会脱节，反馈链被破坏——没有它，政权迟早会变得无法控制。

当然，这些领导人可以继续安慰自己，情况还不是那么糟糕，他们还能“控制局势”。但他们不可能不问自己：这种控制力能有多稳定？我想，在内心深处，他们明白这不是永恒的，它越来越成为一种形式。这就产生了一个问题：接下来该怎么做？保持惯性继续往前滑行？继续加强独裁制度的结构机制，还是寻找通往民主的道路？

第二条道路是艰难的，甚至是痛苦的。因为它意味着迟早反对派会上台。滥用职权行为会被曝光，一直延伸到上层的腐败链条会被扯断，而必须得有人为这一切负责。独裁制度需要这样的未来吗？

应当鼓起勇气，进行实际的变革。因为无论如何，谁也无法实现永久不受控制的统治。

历史不是宿命的

几乎每年我都与我的诺贝尔和平奖得主朋友们见面。参加过诺贝尔和平奖得主峰会的有吉米·卡特、西蒙·佩雷斯、亚西尔·阿拉法特、莱赫·瓦文萨、弗雷德里克·德克勒克、金大中、若泽·拉莫斯·奥尔塔、里戈韦塔·门楚、希尔琳·艾巴迪、贝蒂·威廉斯、梅里德·科里根、阿道弗·佩雷斯·埃斯基维尔、卡洛斯·菲利普·西门内斯·贝洛、旺加里·马塔伊、乔迪·威廉姆斯、穆罕默德·巴拉迪，还有像联合国、国际和平局、联合国儿童基金会、国际劳工组织、无国界医生组织、国际防止核战争医生组织、联合国难民事务高级专员公署等其他获得诺贝尔和平奖的组织代表。

与他们的每一次交流都给了我新的想法，而且让我相信在当今世界复杂、不可预测的条件下不应当悲观失望和陷入恐慌。历史不是宿命的，总有地方让人行动起来，发挥主动性和创造性。我见到的所有诺贝尔和平奖得主都在用自己的方式不断参与历史进程，力所能及地对事态发展施加影响。这是国际公民的社会积极性的表现之一。他们不能将世界的责任只委托给当今的职业政客们。毋庸置疑，这些政客们不容易，但他们也经常觉得，我们的宣言和倡议只是在碍事，只会“成为绊脚石”。政客们经常不理会社会的要求和警告，因而犯了许多错误。而后果却经常不是由他们负责，而是由普通民众，有时甚至是几十万，上百万人来负责。这难道不是事实吗？所以我们不能沉默。

我们在会面结束后一般会通过一些文件——对我们关注的问题的宣言或是声明。有时它们会涉及当时的一些迫切问题和尖锐冲突。我们也经常就当今世界极为重要的方面发表意见。制定宣言是一项富有创造性的工作，这是一群无法以旁观者姿态冷漠地看待周围发生的事情的人在观点上冲突和接近的过程。宣言制定工作中，我记得最清楚的是诺贝尔和平奖得主们对我数十年来一直在思考的那些问题发表的意见——它们是政治和道德的相互关系以及全球可控性问题。

2004年，诺贝尔和平奖得主们发表声明称，我们这一代人身上肩负着对下一代人的道德责任。“我们没有权利将战争和生态灾难作为遗产留给他们。符合人类利益的政策应当以道德价值观作为依据。

“当今的政治不能为所有人建立一个充分安全和稳定的世界，对此我们表示极大的担忧。因此必须采取建立在稳固道德基石之上的另一种政策。

“同情和良心是人类天性不可分割的部分。它们促使我们互相关心。国际合作、多边行动是这一原则合乎逻辑的结果。这应当体现在更加公正的、建立在法律至高无上原则上的国际秩序中。”

我们强调：“单边政策和依靠武力解决具有深刻经济、社会、文化以及宗教根源的问题的方针是不会获得成功的。”我们要求抛弃“将武力视为灵丹妙药的做法、对包括允许使用核武器的观点在内的预防性战争理论和构想的宣传”。同时，我们得出有必要彻底更新世界政治的结论。

我们认为：“人类制造出了现代化毁灭技术。而为了生存，人类还需要掌握社会合作技术。”

长期以来，政客们和相当一部分社会人士都认为，政治和道德是不相容的。对此我一直不能赞同。道德的黄金定律是这样说的：用你希望别人对待你的态度去对待别人。该原则还有另一种表述：己所不欲，勿施于人。我们宣称，该原则应当扩展到国际外交领域：“今天，国际关系伦理和国家政策中的道德标准具有至关重要的作用。国家之间必须恪守‘己所不欲，勿施于人’的原则。而强国应当记住，它们的行为会对别国起示范作用。”

诺贝尔和平奖得主峰会还有一个重要的观点，我想在此引用一下：“我们认为，无论是利用人类不断增长的、前所未有的新可能性，还是抵制威胁到所有人的危险，都需要克服自发性，保障世界进程的可控性。”为了使全球化成为稳定发展的现实因素，“必须制定出能够掌控这一进程的更民主、更透明和更负责任的措施”。

我在发言中谈了我对上述观点的理解："可控性不是指要建立全球政府。这里说的是另一方面，指的是保持和完善、更新和调整各级复杂机制，以保证世界进程有一定的可控性。”如果以后还有人试图将某个国家或者国家集团的民族利益绝对化，那就是走一条通往不可控的混乱之路。

这就是今天人类面临的选择：继续滥用导致毁灭性混乱局面的强者权力，还是有秩序地转向新型世界发展模式？转向建立在严格遵守国际法和国家合作原则基础上的新型国际关系，同时也是不断调整自身以适应新问题和新挑战的新型国际关系。建立这种模式需要共同努力，而且不仅仅靠世界各国，也依靠公民社会和社会运动团体。

我注意到，世界政治和实业精英们开始承认这一点。2010年在达沃斯召开的世界经济论坛的主题是："改善世界状况：重思、重设、重建”。论坛开始前一天，论坛掌门人克劳斯·施瓦布呼吁“寻找应对全球挑战的集体行动的新模式以及在当今世界有效的新型领导模式”。

我相信，新模式会接受“新思维”的主要原则，会吸收那些年我们发展人类运动、结束“冷战”的经验。

最后我想提一个问题：有没有特征表明，各国政要的思维和行动中有放弃使用武力和军事手段的迹象？国际事务的“新政策”是否已在世界范围内实施？

目前我还没有准备好回答这个问题。建设性步伐迈得还太过小心，不够连贯。制定、达成妥协和一致方针的努力经常刚一开始就被打断或者压制下去。在军备竞赛、武器出售、污染严重的企业、宗教冲突和不平等关系等各方面都纠缠了太多的利害关系。尽管如此，仍然存在谨慎乐观的理由。

最主要的理由就是这样一个简单事实：今天我们不能允许自己陷入悲观、灰心和恐慌。当然也不仅是因为这一点。毕竟我们还不能说，历史什么也没有教会我们。20世纪下半叶虽然也因“冷战”和核冲突的威胁显得危机重重，但毕竟没有重蹈该世纪上半叶爆发两次世界大战的覆辙。在各国的共同努力下，我们让世界避免了一场灾难并最终结束了“冷战”和核军备竞赛。虽然我们还不能正确支配这一伟大财富，但我认为，并非一切都失去了。人类还有机会建立一个合理公正的国际秩序。

我确信：历史不是宿命的。是的，它有自己的逻辑和规律。但也有所谓的历史嘲讽和“任性”。最主要的是，在历史发展进程中始终存在选择。同一个历史结局可能需要付出不同的代价，这取决于使用的方法。许多方面取决于具体人物、领导人的行为，取决于我们能够影响的社会选择，取决于我们的责任感、睿智、良好的意愿和决心。

目前还很难说在放弃了轰炸叙利亚之后是否会采取有效措施协调叙利亚的内部冲突，伊朗核计划谈判是否会有结果。更加困难的是如何解开阿以冲突的结。然而，这些年来首次产生了这样的印象，“机会之门”已被打开。是的，怀疑主义者会说，什么也没有变，协议只是临时的，一切都必然会回到原位。怀疑主义者一直都不缺，我们需要的是能够驳斥怀疑主义者的沮丧并作出其他选择的务实主义者和乐观主义者。

根据我的理解，乐观主义者不是伏尔泰式的人物，他通过玫瑰色眼镜看世界，哪怕不幸接踵而至，他都坚信一切是好的。乐观主义者是不满足现状，不向现状妥协，尽自己的能力去主动寻找能使世界变得更加美好的机会，帮助解决人类此时此地面临的实际问题的人。

从这个意义上说，我是一个乐观主义者。

改革和俄罗斯的未来

这是一本关于时代联系的书。当我们思考我们国家以及人民在20世纪末21世纪初到底发生了什么，什么样的未来在等待着俄罗斯等问题时，必然会回到改革年代。今天改革已过去二十多年了。不过给出最终评价的时间可能还没有到来。据说，周恩来在回答法国记者提问他是如何评价法国大革命的时候，他回答道："评价为时尚早。"他也许是对的。不过很多事现在看起来已经清晰了许多。

今天的俄罗斯再次强烈地感受到变革的必要性。社会对国家的现状不可能满意。二十多年来的改革尝试并没有进行到底。当然，不能说人们的生活没有发生变化，但他们的许多期望并没有实现。而且，国家生活中并没有发生有利于大多数公民的真正革新。

政治僵局、经济停滞、未能解决的社会问题的积累、对公民权益和尊严的限制——这一切都很像改革前的国家状况，引起人们的不满。虽然2011年12月的抗议活动被暂时压制，但今日的当权者们不可能感觉不到民众的不满。

今天已经不能再重复我们许久以来坚持的理由：国家需要时间，如此大规模的变革不可能在几年内就发生。是这样的，我自己也不止一次在演讲和与国外政要们的谈话中引用过这一论据。然而新的社会的转型过程已经持续了二十五年，该论据的说服力在逐年下降。

问题就产生了：如何对现状作出回应，该怎么办？我担心的是许多人不在该找的地方寻找问题的答案。他们认为，只要抛弃改革时期的民主成就，就可以找到答案。他们试图恢复独裁体制，回到行政施压和“拧紧螺丝帽”的方法上。他们过分赞扬保守主义，把它上升为国家意识形态。他们确信，这才更符合我们的传统，符合俄罗斯的“文化符号”。

总统在讲话中经常引用俄罗斯保守派哲学家（伊凡·伊里因、康斯坦丁·列昂季耶夫）的话。但这些话不能完全脱离他们在其中生活和思考的那个时代。而我们生活在21世纪，这是个充满新技术和新挑战的世纪。保守主义的意识形态不能给这些问题提供答案。

当然，社会需要保守主义的传统价值观，也需要其他价值观。但在我国历史上保守主义政策都导致了什么样的后果？通常都导致了停滞，紧跟着就是社会动荡。偶尔停滞年代也相对平安，这是由于之前实施的改革活力仍在，或者是由于良好的外部因素。但这些活力迟早会耗尽，外部因素也会改变。

俄罗斯当局别指望把保守主义当作解决问题的灵丹妙药（它不足以让当局安慰自己），也别寄希望于人们会为了一时的安宁和秩序而接受一个暗淡的未来。这是误解，是自欺欺人。我越来越相信，这背后隐藏的只是渴望拖延时间，只是尽力保住权力，保住少数人从当前形势中牟取的利益。

人们的眼睛是雪亮的。他们的耐心也是有限的。他们已经走上了“沼泽”广场和萨哈罗夫大街，要求变革。而如果不实行变革，那么抗议不仅会重来，形式还会更加激烈。这是危险的，应当避免这种情况发生。俄罗斯确实不需要新的动乱。俄罗斯需要变革，需要能够打开通往真正革新社会、改善人民生活水平之路的变革。

还在停滞时期，我就开始思考国家变革的必要性。当然，不是只有我一个人产生了这样的想法。一些著名学者提出关于社会经济关系和现代制度的建议，一些地区开始尝试实行创新计划。但它们都未能得到国家领导层的支持，尤其是1968年以后，整个国家都变得以保守为主。这通常与勃列日涅夫的名字联系在一起。

我记得勃列日涅夫生活中的不同时期。记得他采取创新方式的时期，也记得他抛弃这些方式的时期，实际上他为周围那些人所限。他们利用他的年迈和疾病来牟取自身利益。他们对停滞状态非常满意。在这种条件下，他们官运亨通，推出符合自身利益的方案，其中包括对国家有害和危险的方案。仅以大规模生产，并在苏联的欧洲部分部署SS–20导弹一事为例。这不仅破坏了我们同西欧国家的关系，而且导致了美国在距离莫斯科只有五分钟飞行距离的地方部署弹道导弹。当然，还有阿富汗。我想，只要一提到这个国家就足够说明问题。

安德罗波夫上台的时候，开始认真研究勃列日涅夫留下的沉重遗产，尤其是干部队伍。他知道，问题不在于某些个人。我记得，社会上爱思考的那部分人对他在一篇文章中的话作出了怎样的反应：我们并不真正了解我们所在的这个社会。人们理解了这句话的意思，认为这是承认国家面临严峻的问题，必须改革。

我与安德罗波夫交往多年，也有过私下交流。我知道，他经常与学者、文学家和文化工作者积极沟通。他觉得这样的交流很有必要，或许党政“规格”妨碍了他。

在安德罗波夫生命的最后几年，我与他经常联系。今天很多人都在问：如果他能够多活一段时间，将会怎样？他会不会在国家发展中进行大规模变革？关于这一点，我有明确的答案，这里我想重申它。

从个人影响力和智力来看，尤里·弗拉基米罗维奇当然是出类拔萃的人物。但他毕竟只是自己那个时代的政治家。他准备使用传统的方法，依靠行政杠杆，用提高纪律性和“整顿基本秩序”的口号来实行变革。他认为，我们的人民习惯于此。他自己也对此抱有希望。我认为，他不会更进一步。

安德罗波夫长期担任克格勃领导，在这之前他作为苏联驻匈牙利大使见证了1956年该国发生的事件。这些都深深影响到他的观点和想法。与异见作斗争而采取强硬措施，甚至将人们关进疯人院，镇压持不同政见者的运动（该运动规模在我们国家其实很小），通过法律和行政手段来限制知识分子和文化生活——这一切都是在他领导的克格勃的倡议下进行的。安德罗波夫还是制订和实施1979年苏军进入阿富汗计划的主要人物之一。我想，他所做的一切是不可忽略的。

至于契尔年科，他成为国家最高领导人时，已经病入膏肓。很明显，他不可能作出任何改变国家局势的尝试。就连提出长远的政治和经济改革建议本身都是不可能的。

在历史政治文献中，改革的开始是与我当选为苏共中央总书记联系在一起的。从某种意义上讲，这种划分是对的。我的当选表明党的领导层对于改革必要性的认识成熟了。至于我个人，可以说，民主倾向早在我年轻时就是我世界观的一个特点。我在莫斯科大学学习，那里就算是在斯大林时代也保留着知识分子圈。莫斯科的生活对我来说意味着全新的、广阔的信息和文化“空间”，让我有机会与各类人士广泛接触。这一切塑造了我独立思考的个性。大学毕业后我回到斯塔夫罗波尔，先在共青团工作，后来调到党组织，那时的确可以说我“负责一切”。此外，我还有具体工作的经验和为民众负责的态度。

在地方上工作以及后来在最高权力部门工作了几年后，我深刻地认识到国家积累的问题的严重性和尽快解决它们的必要性。但如果就此认为，具体计划或者改革构想在我当选总书记之前就已经成熟，那是过于夸张了。

接下来就是1986年春召开的苏共代表大会，会上提出了“改革”这一术语。最初这是针对党的工作而言的。1986年4月8日在陶里亚蒂市讲话时，我提到后来被载入史册的广义上的改革。那时党和国家领导层里已经有一部分人开始明白，除了改革是没有其他选择的。这反映了整个社会的心理。人们拒绝不自由和禁锢人的主动性和能力的条条框框。他们要求变革。大家一致的感觉就是：再也不能这样生活下去了。

苏联在社会主义口号下，以巨大努力、损失和牺牲为代价建成的体制为国家奠定了强大的工业基础。苏联在极端条件下发生过积极作用。但在正常条件下，它让国家陷入了落后局面。

经常有人问，我们是否明白即将发生的转折的全部意义。是的，我们明白。但最初只是大致明白。我可以作证，那时的国家领导层清楚，改革必须要深刻而且长远，不能停止，不能和之前的苏联体制改革尝试一样浅尝辄止。

我们非常清楚，应当拒绝什么，应当远离什么：应当拒绝呆板的意识形态、政治和经济体制，应当远离国际舞台上的正面冲突，应当远离军备竞赛。这得到了社会上倾向革新的人们的支持（一段时间里，他们被迫只能沉默、保持中立），甚至连那些后来被证明是斯大林主义坚定跟随者的人们也表示了赞同。

找到另外一个问题的答案则要困难得多：往哪儿走？要达到什么目的？为了找到答案，我们在很短的时间里踏上了漫长的道路。我们从社会经济加速发展战略开始，在机械制造、机床制造和其他重要领域向新体制转型，着手进行干部队伍更新。我们认为，这会为我们采取新型生产组织形式并将其推广到国民经济的所有部门创造条件。但我们遇到了问题，现存的管理经济和全部社会生活的行政命令体制限制和拒绝任何创新。从修补现有体制的思想开始，我们最终认识到更换它的“支撑梁”的必要性。但同时改革的人道主义性质不能改变，同样保持不变的是从中衍生出的信念：变革，哪怕是最极端的变革一定要具有渐进的性质，这样才不会使国家骤然遭受伤筋断骨的危险，避免动乱和更大的损失，当然，还可以避免流血。

经过思考，我们开始了改革，并将它作为社会主义制度的自我完善方式。其他方式是不可能的。通过清算斯大林时代极权专断的遗产可以纯洁社会主义，这是我个人的深刻体会，是我历经痛苦得来的经验。把戈尔巴乔夫看作放弃社会主义理想的极端自由派是错误的，同样错误的是把他看作一个在改革年代什么也没有学会的正统共产主义者。

我不属于那些容易“换皮”，改变信仰像换手套一样容易的人。从中学时代还在写一篇名为《斯大林是我们的战斗荣耀，斯大林是我们青春奔放的动力》的作文发展到否定斯大林体制，我走过了一条艰难痛苦的道路。

列宁的后期著作对我有很大的影响。他承认：“我们决定直接转向共产主义的生产和分配方式，这是一个错误。”布尔什维克的战时共产主义政策确实导致人们干了不少蠢事。

我想，列宁对发生的一切感到害怕了——经济崩溃、城市饥荒、喀琅施塔得水兵暴动、农民起义。于是我得出结论：“人民是不可以逾越的。”

列宁所说的必须“从根本上改变我们对社会主义的观点”，还有从先前革命的方式转向“完全不同的改革方式”等思想深深地印在我的意识里。

对我在今天理解和反思社会主义产生不小影响的还有“布拉格之春”事件。当时提出了“人道的社会主义”口号。顺便说一下，后来很多人，包括我们国家的人，尤其是许多知识分子都抛弃了它。不过也是枉然。不想要人道的社会主义，结果得到了不人道的资本主义。

施行改革的思想那时没能成功，改革进程由于苏联军队进驻捷克斯洛伐克而中断。1969年，苏联共产党代表团访问捷克斯洛伐克，期间我们曾想与布尔诺国营兵工厂的工人们谈话，但他们转过身不理我们，我无法忘记这一情景。我想，他们并不是社会主义的敌人，只是想独立自主地决定本国的命运。我们当时的领导人没能正确估计始于捷克斯洛伐克的民主变革，而是把它视为“社会主义敌人的诡计”。

我们改革的口号是“迈向人道的、民主的社会主义”。该口号与“布拉格之春”的精神呼应，也符合我们20世纪60年代知识分子和西方共产主义者的追求。它不仅仅是一个口号，更是我们奋斗的目标。这一构想本身就拒绝社会主义与资本主义绝对不相容的二元对立。

我们的任务是促使社会生活的所有方面民主化，消除人与政治、国家的疏离，让人们有机会真正影响即将实施的决议，激发他们的主动性。我们认为变革的主要杠杆是公开性，是政权与社会的实际对话，是公开讨论任何问题，是废除审查制度和党、政府对大众传媒的控制（这点仍然具有现实性。今天这种对话的可能性越来越小，都快被挤压成只剩下形式的框架了），是实现集会、行动和信仰自由，是建立活动不受限制的社会组织。

对于改革的支持者们来说，改革的速度是一个极其重要的问题。整个改革时期，在这个问题上都一直有争论，今天它仍然不失其尖锐性。观点很多。经过了过去的这段时间，我如今觉得，改革的速度似乎快了些，也许对于极端自由主义与传统的保守主义思想、村社文化、对“好沙皇”的指望、差劲的自我组织能力等并存的社会来说，甚至太快了些。

这使改革的进程变得更加复杂，尤其是第二阶段，我们发掘出许多过去暗中累积起来的难题。改革的两个阶段虽不同，但有共同点：改革进程中坚持的人道主义方向、渐进式原则，对人民、人民创造历史的能力、人民的选择的信任。

改革的发起者们渐渐地（如果按历史标准衡量则是很快地）发现必须改变苏联共产党的作用，终止它凌驾于国家和社会所有机构之上的最高级别职能，构建法治国家。在1988年6月召开的党的会议上，我们成功通过了这一方针。正是从那时起，改革朝着民主和自由的方向前进，从此不可扭转。

经常有人问我：为什么我们没有与政治改革一起进行经济体制改革？它太陈旧，已经不符合时代的要求，这一点似乎显而易见。我可以提醒大家，早在1987年4月中央委员会就通过了向市场经济转型的最初决定。但它没能成功实施，因为政府和经济部门中的保守势力太强大，他们的立场也非常顽固。而同时，国际市场油价和其他原料、能源价格暴跌，导致进口商品大幅减少。导致消费市场和货币流通市场混乱、生产下降局面的因素还有分裂势力的不断增强以及共和国、边疆区与州之间经济联系的断裂。

改革不可能不涉及民族问题和社会关系中最复杂、最敏感的领域。在这方面，我们的政策是相当清晰的：在保持和巩固联盟的基础上去中央化，扩大国家民族主体（加盟共和国、州、区）的权利和特权。在这个领域里，我们很多地方都估计不足，将"民族友谊"过分理想化了，但我坚信，我们的政策是正确的。

改革对我们的外交政策和我国在世界关系体制中的作用产生了深刻的影响。在这方面，我们言行一致。我略举几例便足以说明问题。1986年1月15日，我发表声明，呼吁大幅减少核武器，直到完全消除它们，之后我们就和美国签署了长期条约。在与其他社会主义国家的关系方面，我宣布抛弃"勃列日涅夫理论"，宣布与中国关系正常化和在德国统一问题上采取建设性立场。

就算是简单列举改革的主要方向和主要措施，也足以看出改革反映了我们社会中存在已久的现实需求。

为什么改革中断了？我的回答是：它是被那些不赞同改革和反对改革的政治势力打断的。

改革的右派反对者，也就是保守主义者，实际上从改革一开始就已经在党和国家机关（包括苏共中央委员会、最高苏维埃、政府和政治局、中央和地方的党和政府机关）中出现了。领导干部队伍更新工作在开展之初就遇到了很大的困难并出现了许多严重失误。改革时期涌现的许多新人后来证明实际上是改革的反对者（卢基扬诺夫、亚纳耶夫、巴甫洛夫、克留奇科夫等）。他们进入领导层，阻碍了改革进程。这些改革的敌人们看到国家正处于迈向民主和新型社会关系的决定性转折时刻，就对实施的政策发起攻击。

我不止一次说过，这里重申：他们害怕公开的政治斗争，每一次他们试图在中央委员会全会、人民代表大会和最高苏维埃会议上与我对抗，都以失败告终。我得到大多数人的支持。因此他们铤而走险，决定发动政变。最终他们还是一败涂地。

不过改革也有其他的敌人。它受到完全相反的反对者，即极端自由主义者不断增强的炮火的猛烈打击。在经济困难不断增大的情况下，这种极端思潮迅速在社会上得到了支持。它的支持者们主张完全地、“从头到脚地”废弃苏维埃制度，尽快自上而下实行资本主义。实际上，他们大多数人对于资本主义只有最简单的概念，更不用说后来我们发现他们根本就不了解向市场经济的“过渡期”是什么样的。

鲍里斯·叶利钦被极端派找去当他们的领袖，他把自己打扮成一个“失宠的政治家”。他过去曾是斯维尔德洛夫斯克和莫斯科党组织的“铁腕”领导人。这样一个具有明显专制思维方式和实干能力的人成为打着民主幌子的反对派手中的“攻城槌”。

当然，不能否认叶利钦在处理1991年“八月政变”过程中的作用。他解除了国家回到改革前状况的危险。但后来的事实表明，我们为此付出了太过高昂的代价——联盟解体和休克式“改革”。

今天无法否认的是，苏联解体带来了最为负面的后果。在经济方面，它导致改革在各加盟共和国经济联系中断的情况下失败。负面后果还表现在民主进程、法制国家的形成和新独立国家中人权的确立等方面。大多数新独立国家都建立了“不可替代的政权”体制，远离真正的民主，这阻碍了公民社会的形成。

就这样，改革在保守派和极端民主派势力的打击下中断。但在改革年代完成的事继续产生影响。回到过去变得不可能。改革的成就，首先是公民获得了自由，为社会发展奠定了坚实的基础。改革时期，我们在国际舞台上取得的成就也是不可超越的。所有这一切是任何人都抹不掉的。

改革时期和最近的二十几年之间没有“万里长城”和无法通过的“防火墙”阻隔。完全否认改革之后的时期是错误的。但如果看不到两个时代的差别也是大错特错。改革时期和“后改革时期”有着不同的目标和方法。

的确，20世纪90年代的改革过程中，所有制关系和政治制度均发生了变化。但这些过程并不具有真正的民主性质。这既影响到改革的效果，又影响到它付出的代价。

我们在改革年代依靠的是渐进的变革，努力“不一下子摧毁国家”。我们之后的当权者们选择了一条彻底打破一切的道路。我们认为在向市场转型的过程中必须保持国家的调控作用，而20世纪90年代的改革家们相信“自由市场”的魔力。我们希望保持与加盟共和国以及其他邻国关系中的一切积极因素，而俄罗斯的领导人选择的是分裂。

叶利钦的许多行为只是看起来比戈尔巴乔夫的更极端、更强力。这种方式以牺牲改革进程的民主性为代价。

正是这种非民主性预先决定了改革结果的失败和过程中的问题，这些问题至今都未能得到解决，而且还将长期存在。它们包括：社会两极分化，贫富差距越来越大；腐败和官僚主义；众多地区的非工业化状态等。然而这些问题不仅产生了社会经济后果，更加危险的是，它们造成政治进程曲折、选举舞弊严重、军事冲突加剧和犯罪率上升。

因此我认为，改革时期和后改革时期的一个最主要教训是应当选择渐进的方法，而不是激进的、革命的方法。改革的倡导者可以制定革命性的任务，但最理想的实现途径应当是渐进式的。只有这样，才能取得真正稳定的成果。

变革很少不带来痛苦。因为它涉及民众的命运和利益。因此应当竭尽所能减轻它带来的痛苦。决不能从一开始就指望“休克疗法”。

我记得几年前在哈佛大学演讲期间，在我受到校长接见时，著名历史学家理查德·派普斯朝我走过来。他撰写了许多关于俄国历史和1917年革命的书。在罗纳德·里根总统执政期间，他曾是总统顾问，被认为是强硬派的代表。他对我说：“总统先生，我要跟您道歉。您1987年访问华盛顿时，我和您在白宫招待会上交谈过。您问我是否读过您的《改革与新思维》一书。我说读了，您问我感想如何。我回答得很坦白，说此书没有给我留下深刻的印象。的确，书里表达的思想在我看来不够大胆和激烈。然而不久前我读到叶卡捷琳娜二世写给狄德罗的一封信。我注意到她信中的一句话：‘狄德罗先生，您建议实行重大改革，但您只是写在纸上，纸是什么都能忍受的。而我却不得不写在人的肌肤上，它可是十分敏感的。’所以现在我更理解您了。”

是的，任何国家的改革都不能按照模板、《华盛顿协议》的规定和国际货币基金组织提供的方案来进行。这有些像我们曾试图将苏联模式推行到其他国家的做法。外来专家很少能了解实施改革的国家里那些历史上形成的障碍、文化特点、民族特性等。应当承认，我们这些20世纪80年代下半叶的改革者们也没能完全研究透彻，更不用说那些在我们之后上台的极端派了。

俄罗斯面临的像空气一样必需的改革不能也不应该成为苏联改革的翻版。但想避免改革也是不行的。改革开始得越迟，就会越痛苦。

与苏联改革一样，俄罗斯的改革也不会在真空里进行，而是在各种世界进程发展变化的背景下。首先是要应对持续的全球化进程和速度不断加快、将世界政治远远抛在后面的改革浪潮。同时还必须寻找应对全球安全、贫困和生态等问题的方案。

这些进程并非某一天突然开始的，它们在苏联改革时期对世界，对我国产生了很大的影响，而在“冷战”结束后它们加快了。现阶段它们有一个特点，这就是20世纪形成的、最近几十年来不断巩固的文明发展模式越来越失去生命力。

2008年开始的危机具有文明的性质。它最困难的时期似乎已经过去，但政客们千万不要被这种假象迷惑。必须寻找新的发展模式。如果继续当前的模式，世界面临的全球性问题和威胁将会越来越多，并且越来越严重。政治与经济如今比过去联系得更加紧密。如果全球化继续带领我们朝着追求过度利润和过度消费的经济方向发展，而国际政治找不到建立更加公正和安全的国际新秩序的途径，那么人类必将面临全球性的混乱和不安。这个警告不是散布谣言，不是制造恐慌，而是一个饱经沧桑、历经世故之人的预感。

当然，我没有建立世界发展新模式的现成良方。只有通过共同努力，通过艰难的智力和政治求索，才能够找到方法。必须对人类想要生活在什么样的世界里有一个大致的概念。据我看，这样的世界不可能建立在追求个人私利之上，也不可能建立在不断增加物质需求和通过无止境地扩大生产来满足这种需求之上。难道不知道这将导致什么样的后果吗？世界将变成一台巨大的机器，它将矿产资源磨碎，留下的是一座座废物堆起的大山。为了清除这些废物，人们将它们埋进土里，污染了土壤、空气和水。而在快速发展的国家和地区，人们呼吸不到清洁空气。当然，采用新技术、制定税收政策等方法可以部分应对这一挑战。但这还远远不够。最终必须使世界经济转型，将重心从过度工业消费转向以下这些社会福利方面：生态安全，人民的健康、生活质量、个性发展等。

可能会有人指责我的想法乌托邦，甚至是回到共产主义的幻想。或者至少是低估了个人利益作为经济发展因素的作用。他们会说，众所周知，这导致了什么样的后果，包括我们国家的情况。他们又说，世界上还有几亿人甚至连最基本的生活需求都得不到满足。的确，这是个重要的论据。在寻找文明发展的新模式时，应当反思过去的错误，同时考虑如何解决当前的问题。正因为如此，它应当成为各种价值观（社会民主的、传统保守的、自由主义的、生态的、民族的）的综合体。所有赞同不同意识形态的人都应当清楚地知道，现代文明还无法解决许多问题，为了找到解决方法，需要各种方法的综合和意识形态的进化。

寻找文明发展的新模式是一项艰难的、在许多人看来无法完成的任务。但我们想想，20世纪70年代末至80年代初，人类遇到了一个威胁自身生存的难题：人类积累了大量的杀伤性武器；军备竞赛速度越来越快，加剧了紧张局势；数百枚核弹蓄势待发。人类似乎不可能走出这样的困境，世界性灾难似乎不可避免。但是通过共同努力，我们从悬崖边走了回来，成功结束了“冷战”，并为后来核武器的大幅减少开了个好头。今天我们不能允许自己陷入恐慌，“随波逐流”。根据那些年的经验，应该利用“冷战”结束后出现的新机会，果断展开行动。

俄罗斯的潜力还远没有被开发出来，它完全可以参与寻找应对全人类面临的挑战的方法。但为此，它必须变得强大，必须实现现代化。

我相信，俄罗斯能够成为这样的国家。但我认为，俄罗斯要成功必须走民主道路。

最近在俄罗斯政要们的讲话中很少听到“民主”一词。民众当中也存在对民主的失望情绪。不仅仅在俄罗斯是这样。20世纪80年代末至90年代初兴起的民主浪潮在退却是一个全球现象。它的发生有着重要原因。其中之一就是民主领袖并不总能高屋建瓴地把握形势，经常辜负人们的期望。但我相信，民主道路是不可替代的。

走向民主的道路是不同的，民主原则的体现形式各异。如用历史标准来衡量，许多如今已成功建立稳定民主的国家就在前不久还经历着艰难，甚至痛苦的时期。这包括德国、智利、阿根廷、日本。一百多年前斯堪的纳维亚半岛国家还在经受饥饿。今天，民主原则在那里的每一个国家都按照最适合本国特质的形式得到了体现。俄罗斯也面临着建设民主的任务，这就必须考虑并依靠它的文化特点、传统、思维方式和民族性格。

但有些特点是民主体制必须具备的。其中某些对我来说尤为重要，因为我们还不能说，俄罗斯的生活已经具备了这样的条件：能够保证政权定期更替的正规的诚实选举、稳定的宪法秩序、各权力分支机构的权限平衡机制、政党竞争机制、人权和基本自由权利的保障体系、公正客观的司法体制、发达的公民社会。我们应当建立这些民主社会机制。

有些国家的民主制度不仅稳固下来，而且还能发挥最大的作用，保障公民的正常生活和经济的稳定发展。这些国家成功的原因是什么？我指的是像斯堪的纳维亚半岛国家、芬兰、荷兰和德国这样的国家。

这些国家都有自己的特点。它们的经济、税收政策和社会模式不尽相同。但所有这些国家都有发达的公民社会和强大的国力。还有一个共同点就是，最近几十年里它们没有沉重的军费负担，没有被军国主义思想拖累。

我们俄罗斯还没有找到稳定民主的“算法”，但这不是我们国家无法摆脱的命运，不是因为我们的人民“缺乏历史能力”或者还不适合享有民主的结果。“我们的人民不是那样的”——这一论点经常可以从左派或右派口里听到。但这永远是一个差劲的论点。

在悠久的历史上，俄罗斯人民开拓和保卫了广袤的领土，我们之中诞生了具有世界知名度的政治人物、思想家、作家、作曲家和画家。这是一个有天分的民族，既能够建立功勋，又能够胜任艰苦的日常劳动。在正常的工作条件下，俄罗斯人无论在国内还是国外都能取得巨大成功。

那么如何才能让俄罗斯人民的天分和能力完全施展开来呢？我觉得，答案是明显的：需要完善社会关系和国家体制。

需要稳固的总统制政权。在俄罗斯，人民相信总统、信赖总统，这点很重要。俄罗斯的确需要强有力的领导人。但不是“领袖”，不是斯大林。“让斯大林回归”的呼吁是危险的迷失，是考虑不周的。

几乎在俄罗斯的整个历史上，当权者的个性具有极其重大的意义。沙皇、领袖、总书记、总统的性格、喜好和心理特征几乎在国内发生的一切事情和几百万人的命运上留下了印记。我相信，21世纪的俄罗斯需要解决这种过度依赖某个主体因素的难题。

当然，考虑到俄罗斯的传统、人民的习性、广袤的领土、俄罗斯在世界上承担的责任和发挥的作用，俄罗斯总统不可能像大多数欧洲国家的总统那样只是象征性人物。我们很晚才认识到国家需要一个强有力的总统制政权，那是在苏联改革期间，可惜已没有足够的时间来完成改革。俄罗斯也需要一个强有力的总统。但不能将所有的政治杠杆都集于一人之手。他也只有两只手和一个脑袋，上帝并没有给他更多。当然，在特定的情况下，必须采取“人为操控”和非常措施，但这样的情况应当清楚地用法律规定下来。

俄罗斯需要一个强大、独立的议会。今天，俄罗斯的议会经常成为强烈批评的对象。据我看，大多数的批评都是公正的。某次一位国家杜马发言人说：“议会不是争论的地方。”或许，这只是个口误，但同时也意味深长。的确，当今俄罗斯的议员们不经过争论就通过了导致社会分裂、在最有思想的那部分人眼皮底下败坏政权名誉的法案。这些错误一定要纠正。

为了使联邦会议真正成为俄罗斯的权力机构，必须改变权力执行机关和总统对议会的态度。难道总统希望议会只是机械地重复他的决定，就跟现在一样？议会应当建立强大的、考虑周详的审议机制和对国家生活中重要问题的听证机制。

今天联邦会议的两院构成人员实际上都是被委任的。政党在国家生活和议会工作中没有起到民主国家政党应起的作用。建立具有自身意识形态、强大、负责任的真正政党是未来几年我国社会和"政治阶层"面临的重要挑战之一。

那么，"政党建设"应在什么基础上进行？我认为，应当在社会上现实存在的各不相同利益和不同思想流派（社会民主的、保守的、自由主义的，等等）的基础之上。结果应当是形成几个强大的、有能力获得议会大多数席位的政党。

我经常思考列宁的话（我不断重思列宁，一位具有历史影响力的政治家和思想家的理论）：社会主义是人民群众的生动创造。我想，这番话表明列宁将社会主义视为人民体制，也就是民主体制。重要的是他话里的"创造"一词。

还应当看到可控性问题。这对俄罗斯尤为重要。它部分地与国家的面积和多民族的性质相关联。解决这个问题应当以联邦制为基础。除此之外，没有其他途径。而且像美国和德国那样运行有效的联邦制在我们国家还不够，因为在俄罗斯的组成中有民族国家主体。任何取消这种主体类型的想法都是有害和危险的。应当考虑的是如何使它们拥有解决一切问题的广泛权力，同时使它们继续留作俄罗斯不可分割的一部分。

与可控性问题紧密相关的还有一个令人头疼的问题——反腐败问题。如果一个国家年复一年、几十年如一日地不能解决这个问题，那么它会失去人民的信任。而信任是重要的财富。有人说应当向腐败妥协，这个办法在俄罗斯基本上是行不通的。他们认为，正如卡拉姆津所说，"盗窃！"是俄罗斯大地上的通病。所以决不能向它妥协。但仅仅依靠警察、禁令和“抓进监狱”的做法是行不通的。重要的是建立有效运作的民主体制和健康的经济环境，使人们有机会发挥主动性，做好自己的事，遏制官员们过分的贪婪。

我相信，俄罗斯最终会实现自由经济与国家调控的完美结合。

我记得，自从1953年召开农业大会以后，一切都发生了变化。之前几乎处于奴隶状态的农村人放开了手脚，投入到劳动中。从此一切都变了，一切都有了！

再比如“肖金诺生产法”。它通过发挥人们的独立自主性，在同样的能源消耗、同样的设备条件下产量大大增加。只要有激励机制，人们立马就会发挥出创造力。这是工业领域实行自由经济的最初经验。也就是说，就连在苏联时期都可以解放人的主观能动性。在今天，更能够做到！

可为什么这一切都没有发生呢？我相信，这也是因为政治的阻碍。今天俄罗斯经济萧条、经济增速接近于零，是因为多年来一直没有改变发展思路，而且“经济团队”（主要经济理论家和其构想的具体实施者）也基本还是原样，仍然以货币政策为主，坚决不使用激励机制（无论是刺激需求、有效利用积累的储备，还是规划基础设施）。经济还是和从前一样被包裹在紧绷的货币政策“拘束衣”里。

近来经常可以听到有人向国家领导人发出经济政策转型的呼吁。但我认为，经济构想间的真正竞争只有在另一种政治模式框架内才有可能。这需要能够提出自己可替代性经济方案的政党和政权定期更替，以便为修正政策提供可能。没有这一点，向“最高层”呼吁起不到什么作用。

在俄罗斯建设强大的现代化国家的过程中，司法权力应当起到极其重要的作用。没有公正客观的司法就不可能有法制国家。这一最早在苏联改革时期就树立的目标远未达成。此外，近些年来在该领域还发生了一些重大变化。司法的信誉受到破坏，而要恢复将会非常困难。

安全问题对于拥有广袤领土和独特世界地理位置的俄罗斯来说一直很迫切。这既关乎自身安全，也关乎全球安全。在21世纪，要解决这一问题只能通过共同的政治努力。过去的几十年证明了奥洛夫·帕尔梅、约翰·肯尼迪和其他超越时代的领导人见解的正确性。帕尔梅说："安全只能是大家共同的、不可分割的安全。"肯尼迪则断言："要么是所有人的世界，要么就不存在世界。"而我在1988年的联合国发言中说过："只有同心协力才能结束世纪战争。我们的共同目标应当是合作、共创与共同发展。"

在苏共二十七大上，我们提出一个原则：将军事潜力限制在保证国防安全的合理范围内。因为"如今的武器装备让任何一个国家都没有希望仅仅依靠军事科技手段保卫自己"。这在今天依然具有迫切的现实意义。世界各国要想解决自身的安全问题，必须遵守合理国防和不过度增加军费开支的原则，首先使用政治手段。

我坚信，在这条道路上，俄罗斯有能力保障自己的安全。同时俄罗斯有责任为建设安全的国际秩序作出自己的贡献。今天俄罗斯在世界政治舞台上发挥着巨大的作用，而且是不可替代的、积极的作用。因此，十分重要的是，在解决重大问题方面，国际社会需要俄罗斯的参与，并且俄罗斯的贡献得到了世界的认可。

俄罗斯从苏维埃联盟破坏者那里继承了一个复杂难题，即与邻国关系的问题。这些国家与俄罗斯在历史上有着千丝万缕的特殊联系。

某个爱开玩笑的人曾经将缩写词"独联体"解释为"得罪戈尔巴乔夫的方法"①。建立这样的关系很不容易：一方面要绝对承认苏联解体后国家的主权和独立，另一方面必须建立紧密的合作（有

---

①"独联体"的俄文缩写为"СНГ"，可以看作"Сnосб Насолить Горбачеву"（"得罪戈尔巴乔夫的方法"）的缩写。

些人可能不喜欢“一体化”一词)。

问题不在于说辞，而在于在这些国家关系中，过于自私的方式是行不通的，因为多个世纪以来，它们曾经属于一个虽然具有多样性但统一的国家。想将这个关系一笔勾销是不可能的。因此，在俄罗斯与其邻国间建立紧密的合作关系是必须的，也是必然的过程。而要推动这种关系向前发展，必须排除任何支配对方的企图，在解决大小事务时都要考虑双方的利益。

我们生活在一个重要的时代。21世纪一开始就是困难的、充满意外的。它让人类直接面对许多最严峻的问题。新世纪来临前我曾说过:“21世纪要么成为致命危机总爆发的世纪，要么成为人类道德纯洁和精神健康的世纪。我坚信，我们所有人必须推动人道和公正走向胜利，必须让21世纪成为复兴的世纪，真正的人的世纪。”

对于我们俄罗斯来说，21世纪可能会成为决定性的世纪。这一代俄罗斯人、政治家和领导人可能会使国家最终走上民主稳定发展的道路。复兴的俄罗斯可以成为世界复兴过程的一个重要参与者。它有可以向世界提供的东西，有自然资源和智力资源；它有我们正在领会和掌握的历史教训；它有继续在为后代人铺设的通往和平与公正的未来之路上前行的热切渴望。这条道路是不寻常的。但我们在苏联改革时期已经做了最难的事情——摆脱了极权主义的过去。这对我们所有人来说都不容易。不但在那时，也在后来，我们都经历了许多惨痛的时刻。但我相信，这一切都不是徒然的。我对俄罗斯和世界的呼吁就是：不要丧失希望。

代结语

（米哈伊尔·卡济尼克、德米特里·戈卢博夫斯基录音）

每当有人向你提出有关智慧的问题时，你马上就会想：或许，我已经在度过我生命中最后的日子了。

我最早的回忆是挨饿。1933年，那时我两岁多。我记得，我的爷爷安德烈在我们那里的一条小河里钓青蛙，然后放在锅里煮。我记得，煮青蛙的时候，它们一个个都白肚皮朝上。但我记不得那时我吃了还是没吃。后来在法国，有一次我在巴黎市中心伴着一首歌唱巴黎的歌泛舟河上，我和赖莎一起吃了青蛙腿。

1935年，我生了一场重病。说得倒轻巧——生病了。我感觉透不过气。他们在我的床边摆上蜡烛，束手无策，只能哭泣。1935年的农村，能有什么？这时一位妇女走进来，说：你们去找点上好的蜂蜜，放到杯里给他喝。我记得：这是房间，这里是窗户，而在窗台上摆着一只天蓝色的茶壶（可能不是天蓝色的，而是深蓝的），里面有蜂蜜。我拿起茶壶就喝。喝完以后，我把茶壶盖打掉了。那个声音至今都保存在我的脑海里，甚至现在也在。

8月份的夜晚，我经常抽筋。这还是我年少时当联合收割机手时落下的毛病。

现在只要我一闭上眼，面前就会出现一块麦地，一片麦子的海洋。尤其是在6月份，麦子生长、抽穗、灌浆的季节，而鹌鹑在一边忙着自己的事。

我的爷爷安德烈和外公潘捷列都是贫农。苏维埃政权给他们分了地，过了大约十年以后，他们成了中农。外公潘捷列喜欢说："苏维埃政权救了我们，它给了我们土地。剩下的都是我们自己劳动得来的。"

我已经有五年没有回普里沃利诺耶了（斯塔夫罗波尔边疆区的一个村庄，戈尔巴乔夫的故乡。——《先生》杂志注）。这几天我做了个决定：9月或者10月一定要回去一趟。这是最好的季节。田里的庄稼都收割完毕，只有秋耕拖拉机的隆隆声。还有候鸟在飞翔。就这样，一切都在运动，此起彼伏。

谁不热爱自己的故乡，谁就一文不值。

我不喜欢对一切都无所谓的人。他们无所谓在哪里玩耍，吸引什么人。我与他们不同。

战后我与父亲一起在联合收割机上工作了五年。这段时间我们很亲近。我们经常聊天，我问了他许多问题，我们的关系越来越像男子汉之间的关系。父亲给我提出的最大意见还是通过母亲转达的。那时我已经十八岁了，他对母亲说："告诉米哈伊尔，他晚上出去玩得太晚了。让他早点回来。"

生活在前行，而人们却在离去。

在一次电视节目中，弗拉基米尔·波兹涅尔问我："如果有机会同已经离世的某个人打电话，您希望和谁聊聊？"我的回答是："我想，说到戈尔巴乔夫，众所周知，肯定是与他的妻子。"

我和赖莎一起生活了四十六年。其中四十年，我们每天都一起散步，无论身在何处，也无论天气怎样——暴风雪、下雪还是下雨。赖莎特别喜欢暴风雪天。我说："听，外面正有暴风雪呢。"而她说："没事，出去走走吧。"于是我们就出门了。走着走着，我对暴风雪也习惯了。赖莎去世了，我也不再散步。

我经常拿赖莎开玩笑。有一次，我说："你别惹我发火。"然后，我叹了口气又补充道："因为我只要有一次抬起手再放下，就会再有第二次。"而她却说："你疯了。难道你准备打我吗？"

年老的时候，很难抑制住眼泪。

现在我比以前任何时候都重视身体健康。我想兑现我对朋友们的承诺——邀请他们来参加我的九十岁生日。这当然是一种任性，但我认为，应当这样做。给自己定下目标，让它督促自己。

今天我睡得很好，昨晚却彻夜难眠。我喝了两个剂量的镇静剂，但依然久久无法入睡。直到凌晨才睡着，然后做了一个奇怪的梦。前一天我看了一部关于国内战争的电影，里面说那几年俄罗斯有1 500万人死亡。在梦中，我和某个人一起走，他把那些死去的人指给我看。简直数不胜数。走完这段路以后，我进入一个巨大、明亮的空间，于是我问再往前是什么？他说，那边是所有逝者要去的地方。

我经常在梦中找到白天我苦思冥想的问题的答案。有人对我说：这种情况下，应该把笔和本子放在旁边，立马记下来。但我只试过一次，后来我读了写下的内容，我想：不值得为了这个破坏睡眠。

早晨对我来说是最好的时间。我起得很早，6点或者6点半。掀掉被子，把床铺平，再躺上去。开始在床上做早操。最简单的锻炼，伸伸腿，弯弯腰。我甚至这样讲过：不明白伸懒腰的动作是猫跟我学的，还是我跟猫学的。

或许，我算是个猎人，但我不是战士。

美国人称之为“撒旦”，而我们称之为“P-36M”的导弹里蕴藏着100个切尔诺贝利的威力。仅仅是一枚导弹！当你知道这一点，又处在我曾经的位置上，你不会觉得你自己是个精神正常的人。

当我听到“老苏”[①]一词时，我没有任何感觉。对于我这种类型和具有我这样影响力的政治家来说，这个词简直就是胡扯。

十年级的毕业考试上，我写了一篇自由命题作文《斯大林是我们的战斗荣耀，斯大林是我们青春奔放的动力》。此文得到了“优秀”。但今天我可以说，我觉得自己是最坚定的斯大林主义反对者之一。

俄罗斯的历史是很复杂的。很难确定哪段是最好的时期。它总是在不断演变，演变，不停地发展和扩张。

当有人问我，二十年后的俄罗斯会是什么样，我舌头都不打弯

①“老苏”一词是对苏联和受到苏联意识形态影响很深的人的蔑称。

地马上回答，会更糟糕。

俄罗斯的主要问题在于，民众被从政治中排挤出去。

今天的抗议活动和20世纪80年代末90年代初的抗议活动之间有许多相同点和不同点，但这些都不重要。我认为，重要的是另一点：今天的抗议是严肃的。这不是简简单单的呼喊和大声喧哗。这是经过深思熟虑的抗议，它表达了民众最基本的愿望和情感。因此，它不能被忽视。

现在有时候我会听到人们说，“我们要诚实的选举”这一口号已经过时了。我不同意这个观点。该口号无论如何都不能废除。这是最重要的口号。

真正的领导人希望拥有一个积极的、正常的、严肃的反对派。俄罗斯现任领导人的弱点在于他们不懂这一点。委婉点说，他们不喜欢反对派。

我希望，总统能明白，在某个时刻离开，抛开一切，让位给新的力量是多么重要。这需要勇气，但人们正是根据这样的决定来评论一个人，来判断其个性的影响力。

可以用来概括我们国家现在所发生的一切的词是——“混乱”。

应当走自由之路。

美国人犯了一个巨大的错误。他们喊道：我们需要一个更加民主、更加公正的国际新秩序。他们喊得最响，也最先抛弃这个口号。

现在我不满意的是，欧洲没能处理好自己的内部事务，没能使自己最终成为世界往好的方向发展的发动机。

我首次访问加拿大就惊心动魄。1983年我在那里待了七天，在这段时间，美国广播电台把我“埋葬”了。据他们报道，在一次部长的宴请上我们喝多了，我突发心肌梗死去世了。不管怎么说，这是他们的风格。他们很难摆脱这种风格。

请把书递给它的作者！这是我的第一本回忆录，它出版于1995年。我想给你们读一段关于我老家所在的那片土地的文字："那里生长着各种梨树和苹果树。到底有哪些品种？那时我对这个问题并不感兴趣。我只记得果实很好吃。最主要的是，它们在不同的季节成熟，所以整个夏天和秋天都有得吃。苹果树和梨树后面是李树，果实有浅色的，也有深色的。果树林慢慢和榆树林接上了。这是真正的原始森林，差不多占了果园的三分之一。那里有我个人隐秘的地方。一次，我弄到一本名为《无头骑士》的书，正是在那片森林，我消失了大概三天。母亲都要发疯了，不知道如何是好。但在把书看完之前，我一直没现身。"

最近我经常遇上这样的情况。我从二楼下到一楼去办什么事，拿什么东西，但我走到一楼的时候却忘了自己为什么从二楼下到一楼。

我是个乐观主义者。我的许多谈话都是用这句话来结束的。那么我们这次就到此为止吧。

生活比所有老师都要知识丰富。

载于《先生》杂志2012年9月刊

后　记

就这样，我完成了本书的写作。

坦白地说，我不认为会发生使俄罗斯和乌克兰的关系，甚至使世界政治前景遭受严峻考验的事件，也不相信世界会处于重大灾难的边缘。

我对发生的一切痛心疾首。下了太多的赌注，风险太高。这促使我想表达自己对时局的看法和对出路的思考。

对于每个俄罗斯人来说，乌克兰以及我们与它的关系都是一个特殊话题。长期以来，两国同属一个统一的国家，它们被一条深远和紧密的历史、文化及家庭纽带联系。可以这样说，邻国发生的事情就像发生在我们身上一样。

危机的借口是乌克兰签署了与欧盟联合的协议。我最初就非常担心一个事实：该问题并没有同另一个同样重要的问题联系起来考虑，即这将对乌克兰与俄罗斯的关系产生什么样的影响。

应当建立一个谈判和协调机制，以便在充分考虑各方利益的基础上建立俄罗斯–乌克兰–欧盟“三角关系”。

很遗憾，并没有这样做。欧盟拒绝与俄罗斯协作和就此问题与俄罗斯进行对话。乌克兰总统亚努科维奇从自身政治利益出发要了一个手段，最终决定不签署与欧盟的这一协议。这引起了许多乌克兰人的不解和反对。于是示威游行和抗议活动就开始了。最初是和平的，后来主动权逐渐被激进分子、极端派和教唆人士掌握。

形势变得越来越紧张，但我没有失去信心，我相信乌克兰领导人会找到摆脱困境的合适出路。不过很快我就清楚地看到，他们无法完成这一任务。

事态的发展越来越危险。2014年1月23日，我给俄罗斯总统普京和美国总统奥巴马发了一封公开信，呼吁他们主动展开对话，以便立刻停止暴力和防止大规模流血冲突。

信的内容是这样的：

> 你们能达到这一目标。对抗双方应当坐到谈判桌前。主要是制止危险的进一步升级。
>
> 不能不看到，基辅事件威胁到的不仅仅是乌克兰本身和它的邻国，而且也包括欧洲和整个世界。
>
> 人们的担忧是可以理解的。俄罗斯和乌克兰几个世纪以来都是非常亲密的国家。这里说的不仅仅是历史关系。这是两国人民之间紧密的亲缘关系。
>
> 找出这样的例子不费吹灰之力。在我家里，母亲是乌克兰人，父亲是俄罗斯人。我已故的妻子是乌克兰人。这样的例子比比皆是。可以说，我们两国人民之间有着血缘关系。
>
> 绝对不能让乌克兰人打乌克兰人的现象出现。这极其荒唐。但看起来，事态已发展到这样的地步，如果没有两国领导人的通力协作，灾难必将爆发。
>
> 弗拉基米尔·弗拉基米罗维奇，奥巴马先生，我请求你

们抓住机会采取坚决的行动，帮助乌克兰回到和平发展的道路上来。

我对你们寄予厚望。

我的信可以说是“内心的呼喊”。但它并没有被听到。事态继续自发地、雪崩式地往前发展。我在信中提醒两位总统预防的“极其荒唐”的现象成了现实。当欧盟三国（德国、法国和波兰）外长在基辅举行会谈的时候，乌克兰的混乱又加剧了。他们达成的协议没有解决任何问题。亚努科维奇离开了他的国家，而议会在激进分子的压力下开始采取措施，限制许多公民权益和俄语的地位。

甚至在这样的条件下，我仍然保留着希望，希望能够成功阻止危机的发展，使局势正常化。我在2014年2月23日美国联合通讯社对我的采访中再次呼吁外部力量参与调解。我说，应当竭尽所能“防止乌克兰危机导致悲剧性的分裂。应当给人民达成共识的机会”。

我相信，如果从一开始就把这一点作为根本原则的话，许多糟糕的事情就可以避免。但情况一天天恶化，事态几乎沿着最糟糕的路线发展。

为什么会这样?

西方，我指的是美国和北约国家的领导人，将一切罪责都推到俄罗斯头上，认为这都是“莫斯科指使的”。然而不是俄罗斯造成了这次冲突，它的根源在乌克兰自身。

我认为，乌克兰危机的深刻根源在于苏联改革的中断和不假思索、冒险地把苏联“分解”。主要责任在于那时的俄罗斯领导层，他们的做法加剧了苏联加盟共和国的离心。同时我必须提醒，无论是在1991年的“八月政变”之前还是之后，乌克兰领导人都破坏了联盟的改革，尽管当时大部分加盟共和国都一致认可了联盟协议的文本。

我用尽了各种可能的政治手段（正是政治手段）来保持国家联盟的统一。我对乌克兰提出过商讨经济联盟、统一国防和外交的建议。这些谈判可能会解决所有问题，包括塞瓦斯托波尔和克里米亚的地位问题以及黑海舰队问题。

但我的建议和提醒无人听从。在一片掌声中，俄罗斯联邦最高苏维埃通过了联盟解体的决议，他们忘了在民族关系问题上应当极度谨慎，对每一步的后果都应当深思熟虑。有人会说，这都是过去的事了。不，过去与现在是通过许多条线索联系在一起的，它一次又一次提醒我们前任领导人犯过的错误。

如何才能化解乌克兰危机和它带来的全球性后果?

只有一条路可走，那就是对话，寻找一致性。

这需要既在国际层面上，也在乌克兰各政治力量之间进行相互关联的建设性对话。

对外部“角色”在乌克兰危机各阶段的作为应当提出严重批评。该国几乎遭受被分裂的命运。现在应该是帮助它的时候了。

接下来需要乌克兰各政治派别之间就如何拯救国家、如何实现民族和谐展开最广泛的对话。在相互指责、敌对、杀戮之后，达成这一点非常困难。不应该有任何幻想。因为没有其他选择。必须痛下决心。

2014年5月，乌克兰选出新总统，他担负着巨大的责任。很多方面也将取决于新产生的议会将如何负责任地、深思熟虑地展开工作。应当尽快启动实际的、具有广泛代表性的圆桌会议。

我清楚地记得，1988年我与波兰总统沃伊切赫·雅鲁泽尔斯基讨论过召开圆桌会议的想法。那时我对他说：您可以指望我们给予完全的理解和支持。那时波兰当局与反对派之间积累了许多不信任，甚至是敌对情绪。但双方都做到了全民族利益高于一切。

今天乌克兰最需要的是在宪法体制和国内外政策的基础上实现全民族的和谐。要达到这样的和谐，只有依靠乌克兰人自己。但一个必要条件是考虑各民族、各阶层、各地区的利益。

至于乌克兰的外交政策，应当首先搞好与俄罗斯的关系。我相信，大多数乌克兰人不仅明白这一点，而且也希望如此。这一点西方也必须明白。西方领导人是时候放弃将乌克兰纳入北约的企图了。

我非常希望乌克兰能结束混乱状态，希望9月5日和19日达成的《明斯克协议》能够成为乌克兰全民族和解和民众生活改善的第一步，希望俄乌能再次建立起两个真正兄弟民族之间的关系。

乌克兰危机使俄罗斯与西方国家间关系急剧恶化。美国总统奥巴马宣布，必须孤立俄罗斯。他与其他西方领导人拒绝与俄罗斯总统在八国集团框架内展开谈判，并对俄罗斯实行经济制裁，使许多领域的合作受到严重限制，他还决定加强北约在俄罗斯邻国的军事存在。所有这一切都让人想起“冷战”年代。

如何才能停止这种危险的倾向，不让欧洲和世界产生新的分裂?

我确定，俄罗斯与西方国家并不想要新的“冷战”。一切尚为时不晚，某种程度上的相互交流仍然保持着。

最近几星期以来出现了一些初步的征兆，它表明人们正在试图冲出俄罗斯与西方关系的怪圈。由于俄方的克制，双方避免了相互制裁的升级。欧盟表示愿意就欧盟与俄罗斯、白俄罗斯、哈萨克斯坦海关联盟之间建立自由贸易区问题达成协议，逐渐恢复（虽然很艰难）欧洲安全合作组织框架内的相互协作，以巩固达成的乌克兰停火共识。

但也要注意到一个事实：将双边关系拉出低谷目前还做不到。这不仅会伤害俄罗斯，也会给它的西方伙伴和整个欧洲带来损害。

欧洲没有成为全球范围内改革的领导者，反而沦为政治动荡、争夺势力的范围，甚至最终的军事冲突的角斗场。这一切造成的后果就是，在其他中心的力量和影响快速增大的背景下，欧洲不可避免地衰落，欧洲在国际事务中开始失去自己的声音。

现在清醒地、深思熟虑地看待问题非常重要。要记得，世界面临着关乎全人类利益的挑战和问题。如果没有世界各大国之间的合作，这是根本无法解决的。

这就意味着，必须回到“新思维”的基本原则，它是我们在东西方关系最紧张的时刻向世界提出的建议。

那时最主要的挑战是全球核冲突危机。这一威胁暂时解除，但核武器问题、新一轮军备竞赛的威胁并没有从议事日程上消失。与此同时，其他威胁在增大。这首先包括全球气候变化。专家们的预测一年比一年严峻。最近的一次（在联合国环境纲要的报告中）预测结果是——到2050年，世界平均气温将升高5℃，北冰洋的冰川将会消失。人类还从来没有在这样的条件下生活过!

这里还要补充一些其他的全球性问题：淡水和粮食资源持续紧缺、国际恐怖主义问题、网络安全问题、流行病防治问题。难道我们能够允许在上述所有领域的合作成为当前大国关系危机的牺牲品？！

有人说，今天的尖锐冲突很大程度上是由普京和奥巴马两位总统私人关系“不好”造成的。他们还说，在当今世界领导人格局下别指望情况会发生实质性的好转。我认为这种观点是大错特错的。我们不选择自己的伙伴，如果私人关系“不好”，那么领导人在自己国民和世界面前的义务就应该是抛开私人关系，真正从国家立场出发。

我坚信，在处理国际事务时人类终将回到“新思维”的原则。这一点是不可避免的，如果我们不想毁灭我们共同生存的这个世界的话。因此，我呼吁不要浪费时间，把握住今天才是最重要的。